(F/D/E)

Mentions légales
Impressum
Imprint

Éditeur / Herausgeber / Editor
Wolfgang Gäfgen

Conception / Konzeption / Concept
bureau-progressiv.com, Benjamin Kivikoski & Philipp Staege
in Zusammenarbeit mit / en coopération avec / in cooperation with Wolfgang Gäfgen

Design / Gestaltung / Design
bureau-progressiv.com, Benjamin Kivikoski & Philipp Staege

Rédaction / Redaktion / Managing editor
Wolfgang Gäfgen, Clemens Ottnad

Textes / Texte / Texts
Christian Gögger, Olivier Kaeppelin, Clemens Ottnad, Michel Poivert

Traduction / Übersetzung / Translation
Philippa Bowe Smith, Catherine Debacq, Christian Schulteisz

Relecture / Lektorat / Copy editing
Clemens Ottnad

Lithographie / Lithografie / Image editing
Repro Mayer, Reutlingen

Production / Produktion / Production management
DCV

Impression et reliure / Gesamtherstellung / Printing and binding
Offizin Scheufele, Stuttgart

Ventes et marketing / Vertrieb und Marketing / Distribution and marketing
DCV
sales@dcv-books.com

ISBN 978-3-96912-024-8
Imprimé en / Gedruckt in / Printed in Germany

Paru chez / Erschienen bei / Published by
DCV
www.dcv-books.com

DCV

Remerciements à
Dank an
Acknowledgments to

Benjamin Kivikoski
Jens Lyncker
Clemens Ottnad
Uwe Seyl (†)
Jürgen Steck
Hans Martin Wörner

Miracles photographiques
Mysterien der Fotografie
Photographic Miracles

Wolfgang Gäfgen

Avec des textes de
Mit Texten von
With texts by

Christian Gögger
Olivier Kaeppelin
Clemens Ottnad
Michel Poivert

DCV

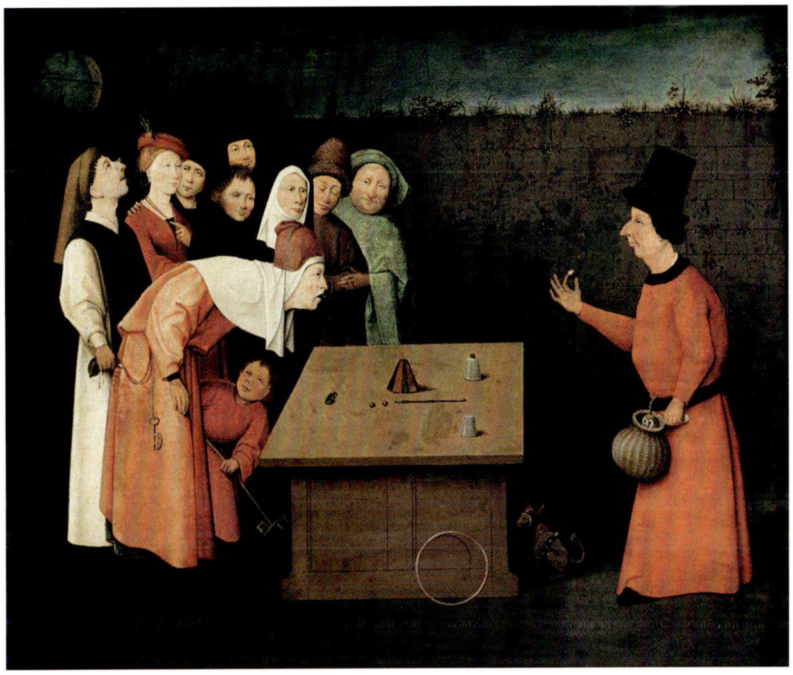

Gielis Panhedel (attribué), L'Escamoteur, années 1510, huile sur panneau de chêne, 53,6 × 65,3 cm, Musée municipal de Saint-Germain-en-Laye / Gielis Panhedel (zugeschrieben), Der Zauberkünstler, nach 1510, Öl auf Eichenholz, 53,6 × 65,3 cm, Musée municipal de Saint-Germain-en-Laye / Gielis Panhedel (attributed), The Conjurer, after 1510, oil on oak planks, 53,6 × 65,3 cm, Musée municipal de Saint-Germain-en-Laye

(F)

Remarque préliminaire Clemens Ottnad

Dans l'œuvre riche de Wolfgang Gäfgen, le grand public a jusqu'à présent surtout connu les dessins à la main et les gravures uniques sur bois ; les connaisseurs ont parfois pu occasionnellement découvrir ses découpes de carton grand format dans des expositions. Dans le passé par contre les œuvres photographiques n'ont été montrées que sporadiquement, alors qu'elles constituent un complexe à part entière dans l'œuvre de Wolfgang Gäfgen, qui comprend des centaines de travaux en noir et blanc et en couleur. Cependant, tant sur le plan du contenu que de la forme, il existe des interactions et des relations étonnantes entre les groupes d'œuvres si différents – dessins, gravures, œuvres sur papier et photographies. Ce n'est pas un hasard si, dans l'œuvre de l'artiste, qui s'étend sur plus de six décennies, le noir velouté et irisé des feuilles mezzotinto des années 1970 et la séduisante fusion de la lumière dans les photographies plus récentes sont liés d'une manière ou d'une autre.

Pour l'époque actuelle, l'œuvre photographique de Wolfgang Gäfgen se compose exclusivement de photographies prises à l'aide de la technologie analogique et sans recours à des programmes de traitement d'images ou à des manipulations assistées par ordinateur. Au mieux, les appareils photo numériques ont été utilisés pour déterminer la disposition méticuleuse du motif, l'éclairage spécifique ou la composition exacte de l'image avant les prises de vues finales. Souvent disposés sous forme de séries de tableaux, les mystérieux jeux d'ombre et de lumière créent également des mystères matériels soigneusement mis en scène à partir d'objets quotidiens apparemment arbitraires, de souvenirs personnels et de matériaux profanes : éclats de miroir et cristal brisé, tissus de vêtements qui bruissent sensuellement, poudres magiques qui se dissipent dans l'air, vieux paniers et formations de fils emmêlés qui développent une vie fantomatique propre. Instantanés de l'éternel, une nature morte et une scène en mouvement à la fois. Les figures humaines qui apparaissent parfois semblent être impliquées dans des actes cultuels, non sans que Wolfgang Gäfgen sache y accoler avec esprit et ironie des citations cachées de l'histoire de l'art ancienne et plus récente.

Mais si le dessin se caractérise avant tout par la réalisation directe de la ligne et de la forme sur le chemin du cerveau à la main de l'artiste, les différentes techniques d'impression sont déjà rejointes

(D)

Vorbemerkung Clemens Ottnad

Aus dem reichhaltigen Œuvre von Wolfgang Gäfgen sind einer breiteren Öffentlichkeit bislang vorwiegend die Handzeichnungen sowie die unikaten Holzdrucke des Künstlers bekannt gewesen, Kenner mögen in Ausstellungen gelegentlich noch auf seine großformatigen Kartonschnitte gestoßen sein. Fotoarbeiten dagegen waren in der Vergangenheit nur vereinzelt in Präsentationen und in geringer Anzahl zu sehen. Dabei stellen sie – die Fotografie in jungen Jahren zunächst lediglich als bildnerisches Hilfsmittel genutzt – seit den späten 1960-er Jahren bis in die unmittelbare Gegenwart hinein einen eigenständigen facettenreichen Komplex im Gesamtwerk Wolfgang Gäfgens vor, der aus vielen hundert Arbeiten in Schwarz-Weiß und in Farbe besteht. Sowohl inhaltlich als auch formal ergeben sich zwischen den so unterschiedlichen Werkgruppen der Zeichnungen, druckgrafischen Blätter, Arbeiten mit Papier und der Fotografie jedoch erstaunliche Wechselwirkungen und Beziehungen. Nicht umsonst sind sich in dem über 6 Jahrzehnte umspannenden Œuvre des Künstlers beispielsweise die samten schillernden Schwärzen von Mezzozinto-Blättern aus den 1970-er Jahren und der verführerische Lichtschmelz erst jüngst entstandener Fotografien doch artverwandt.

Für heutige Zeiten kaum vorstellbar umfasst das fotografische Werk von Wolfgang Gäfgen dabei ausschließlich Fotografien, die in analoger Technik und ohne jeglichen Einsatz computergestützter Bildbearbeitungsprogramme und Manipulationen zustandegekommen sind. Digital-Kameras wurden allenfalls verwendet, um im Vorfeld der endgültigen Aufnahmen das minutiöse Arrangement des Motivs, die spezifische Lichtführung oder den exakten Bildausschnitt festzulegen. Häufig als Bildserien angelegt entstehen im geheimnisreichen Spiel von Licht und Schatten aus beliebig erscheinenden Alltagsgegenständen, persönlichen Erinnerungsstücken und profanen Materialien sorgsam inszenierte Mysterien des Stofflichen: Spiegelscherben und zerbrochenes Kristall, sinnlich raschelnde Kleiderstoffe, in die Luft zerstiebende Zauberpulver, zu eigentümlichen Gestalten mutierte Makulaturpapiere und in sich verknäuelte Drahtgebilde, die ein geisterhaftes Eigenleben entwickeln. Momentaufnahmen des Ewigen, Stillleben und bewegte Bühne zugleich. Die mitunter auftretenden menschlichen Figuren muten wie in kultische Handlungen verstrickt an,

(E)

Preface Clemens Ottnad

Among Wolfgang Gäfgen's extensive body of works, those that have come to be known to a wider audience until now are mainly his drawings and his one-off woodcuts. Connoisseurs may also have come across his large-format cardboard cuts at exhibitions from time to time. In the past, his photographic works were only occasionally to be seen in presentations, and then in small numbers. And yet, photography – initially used in his younger days as no more than a creative tool – has from the late 1960s to the immediate present represented a distinct, multifaceted nexus of works within Wolfgang Gäfgen's oeuvre consisting of many hundreds of images both in black and white and in colour. In terms of both form and content, however, astonishing interactions and relationships emerge between the very different groups of works that constitute his oeuvre, i.e. drawings, prints, works in paper and photographs. It is no coincidence that in the artist's oeuvre, which stretches over more than six decades, we find that the shimmering velvet blacks of mezzotint sheets from the 1970s and the seductive gloss of only recently produced photographs, for example, are generically related.

Hard as it may be to imagine today, Wolfgang Gäfgen's photographic oeuvre consists solely of photographs that have been produced using analogue technology and completely without the use of computer-aided image processing and manipulation. If at all, he would use digital cameras prior to taking the final photographs in order to determine the meticulous arrangement of the motif, the specific lighting or the precise image detail. Often conceived as series of images, what Gäfgen creates using apparently randomly chosen everyday items, personal mementos and mundane fabrics in an enigmatic play of light and shadow are carefully staged mysteries played out by materials: Shards of mirror and broken crystal, sensually rustling clothing fabrics, magic dust scattered in the air, waste paper mutated into peculiar shapes and intertwining wire structures that develop an unearthly life of their own. Snapshots of the eternal; still life and live stage at the same time. The human figures that sometimes do appear seem to be involved in cultish acts, but not without Wolfgang Gäfgen accompanying them with art-historical references from the distant and more recent past which he gleefully hides with a mixture of wit and irony.

(F) par d'autres processus et procédures d'inversion qui ne peuvent être complètement contrôlées que dans une certaine mesure et nécessitent un équipement mécanique suffisant. En outre, dans le cas de la photographie analogique, les procédés chimiques complexes et le savoir-faire artisanal assurent des transformations presque métaphysiques d'un genre particulier : le « dessin lumineux » du négatif au positif, de la lumière et de l'obscurité, ligne et surface, de la couleur au noir et blanc.

Ce volume réunit pour la première fois dans cette ampleur une sélection représentative de 234 œuvres photographiques de Wolfgang Gäfgen portant sur les trois dernières décennies, des années 1990 à 2022, et introduit ainsi le lecteur aux mystères de la photographie.

(D) nicht ohne dass ihnen Wolfgang Gäfgen mit Esprit und Ironie auch lustvoll versteckte Zitate aus der älteren und jüngeren Kunstgeschichte beiseite zu stellen verstünde.

Ist aber die Zeichnung zu allererst von der direkten Umsetzung der Linie und der Form auf dem Weg vom Gehirn zur Hand des Künstlers geprägt, kommen schon in den verschiedenen druckgrafischen Techniken weitere Prozesse und Umkehrverfahren hinzu, die sich auf dem Weg zum „vollendeten" Bildwerk nur bis zu einem gewissen Grad vollständig und bewusst steuern lassen und außerdem einer hinlänglich maschinellen Ausstattung bedürfen. Bei der analogen Fotografie sorgen darüber hinaus insbesondere die komplexen chemischen Prozesse und die handwerklich-technisch versierte Vorgehensweise – zwischen Künstler und Labor feinsinnig abgestimmt – für geradezu metaphysische Verwandlungen der besonderen Art: der „Lichtzeichnung" vom Negativ ins Positiv, von Hell zum Dunkel, Linie mit Fläche, von Farbe und Schwarz-Weiß.

Der vorliegende Band versammelt demzufolge in dieser Breite erstmals eine repräsentative Auswahl von 234 Fotoarbeiten von Wolfgang Gäfgen, der den Schwerpunkt auf die vergangenen drei Jahrzehnte von den 1990-er Jahren bis 2022 legt, und führt auf diese Weise in die Mysterien der Fotografie ein.

(E) While drawing is primarily characterised by the direct transfer of line and shape from the artist's brain to his or her hand, the various printing techniques not only require sufficient machinery, but also involve additional processes and reverse procedures for the purpose of obtaining a "finished" image that can only to a certain extent be fully and consciously controlled. Furthermore, in analogue photography the complex chemical processes and the technical skill required in the process as a whole – fine-tuned between the artist and the laboratory – produce almost metaphysical transformations of a particular kind: "light drawing" from negative to positive, light to dark, line with area, in colour and black and white.

This volume is the first to collect a representative selection of 234 of Wolfgang Gäfgen's photographic works focusing on the past three decades from the 1990s to 2022 and introducing the viewer to the mysteries of his photographs.

(F)

Les fantômes de la verité
Olivier Kaeppelin

I

Les linges, les tissus. Ils nous couvrent, ils nous enveloppent. Ils nous protègent. Ils nous cachent. Wolfgang Gäfgen les dessine, les photographie. Non le textile, la trame, l'objet abandonné dans un coin, la matière délaissée en un lieu mais la trace, grâce à la lumière, le pli, le passage d'un corps sans anatomie. Un corps insaisissable. En vrai, je ne vois pas le corps. La vérité du corps n'existe pas. Ce qui le recouvre en sait plus à son sujet que la réalité qu'il offre. Je vois le réel par ce qui le dissimule, par son secret, le secret des plis.

(D)

Die Phantome der Wahrheit
Olivier Kaeppelin

I

Die Tücher, die Stoffe. Sie bedecken, umhüllen uns. Schützen uns. Verbergen uns. Wolfgang Gäfgen zeichnet, fotografiert sie. Nicht das Textil, nicht das Gewebe, nicht das Objekt, das Material, das verlassen in einer Ecke, an irgendeinem Ort liegt, sondern die Spuren, die sich dank des Lichts einzeichnen, die Falten, Einlässe in einen Körper ohne Anatomie. Ein flüchtiger Körper. Eigentlich sehe ich ihn gar nicht. Er besitzt keine Wahrhaftigkeit. Was ihn verhüllt, sagt mehr als sein eigenes Dasein. Durch die Verhüllung erst sehe ich das Wirkliche, durch das Geheimnis, das Geheimnis der Falten.

(E)

The Phantoms of Truth
Olivier Kaeppelin

I

Cloths, fabrics. Covering us, enveloping us. Protecting us. Concealing us. Wolfgang Gäfgen draws them, photographs them. Not the textile, the weft, the object abandoned in a corner, the material deserted somewhere, but the trace, made visible by the play of light, the fold, the passage of a body with no anatomy. An elusive body. The truth is, I don't see the body. The truth of the body does not exist. What covers it knows more about it than the reality it offers. I see the real through the prism of what it hides, its secret, the secret of folds.

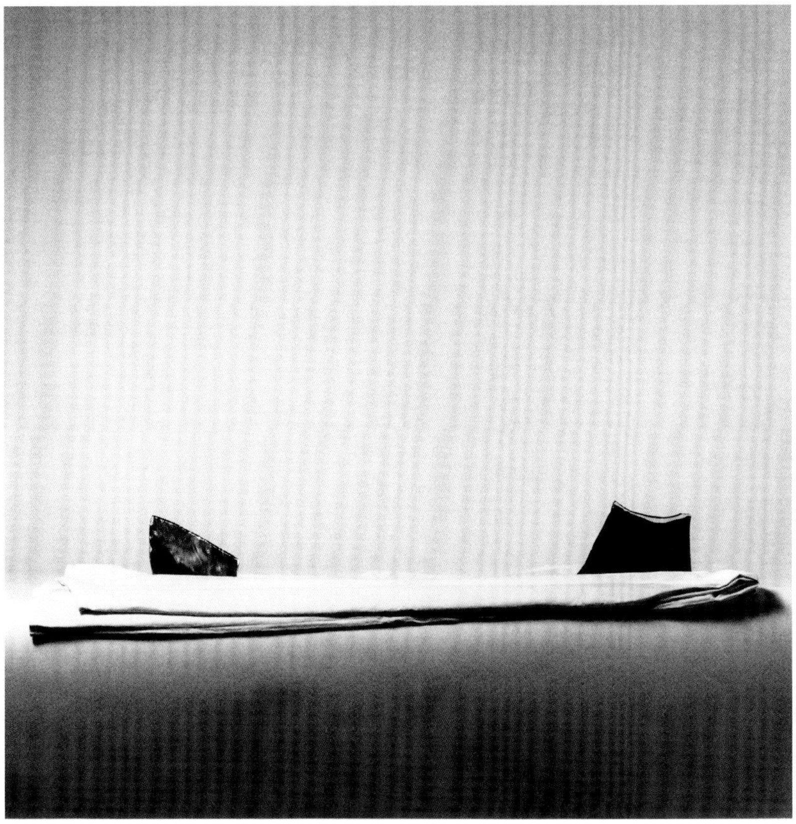

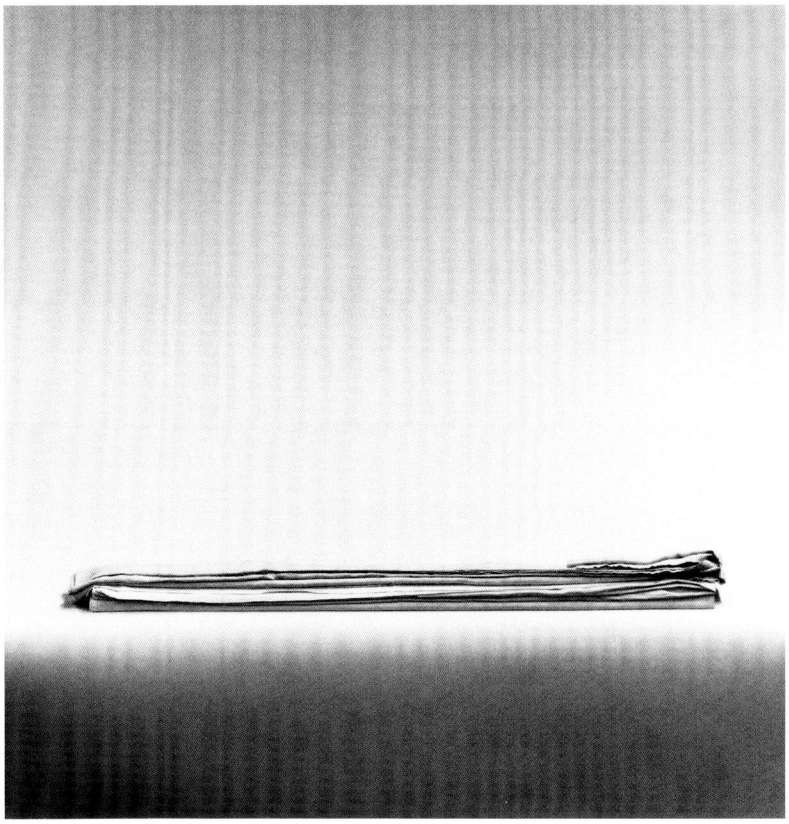

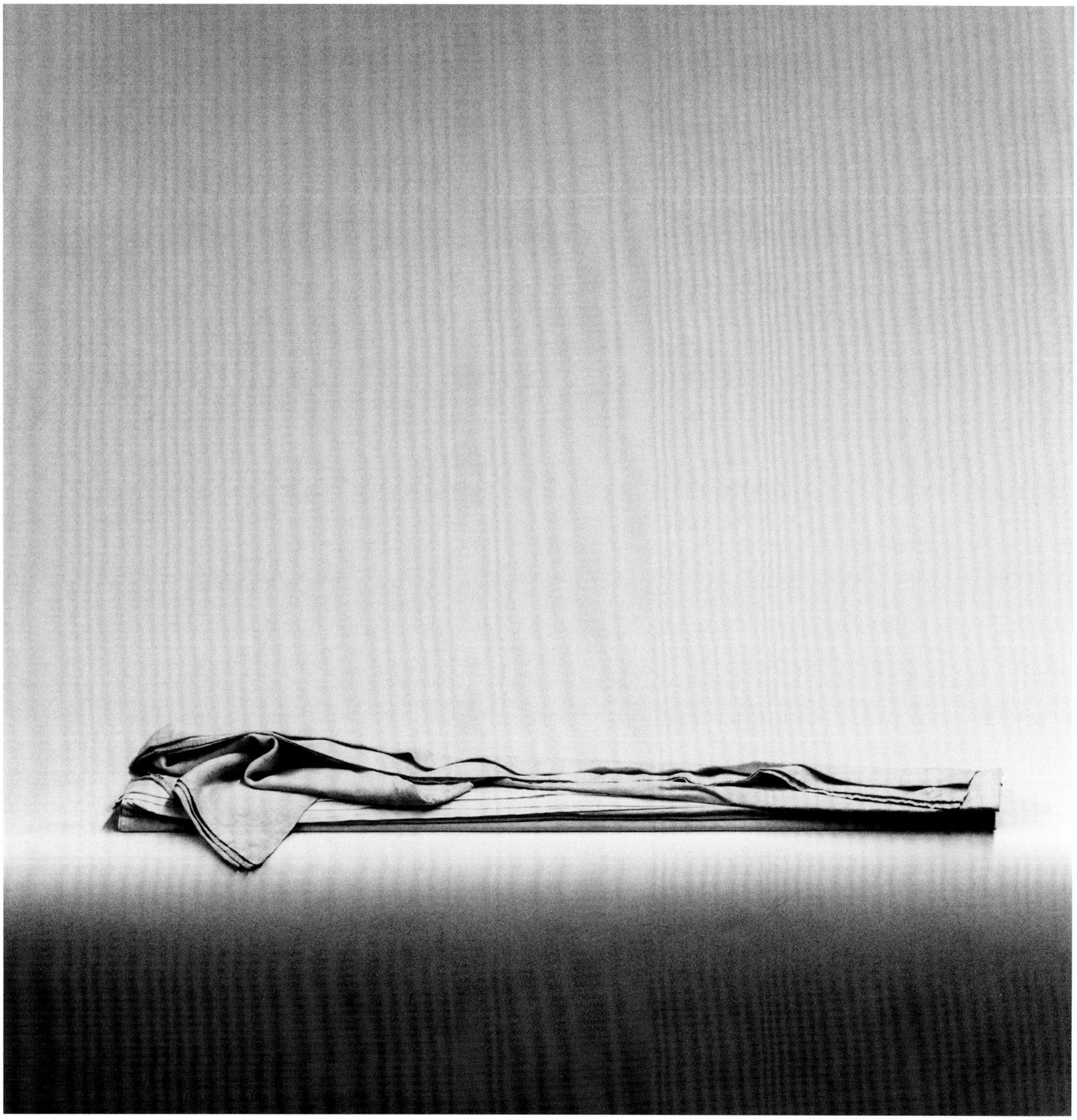

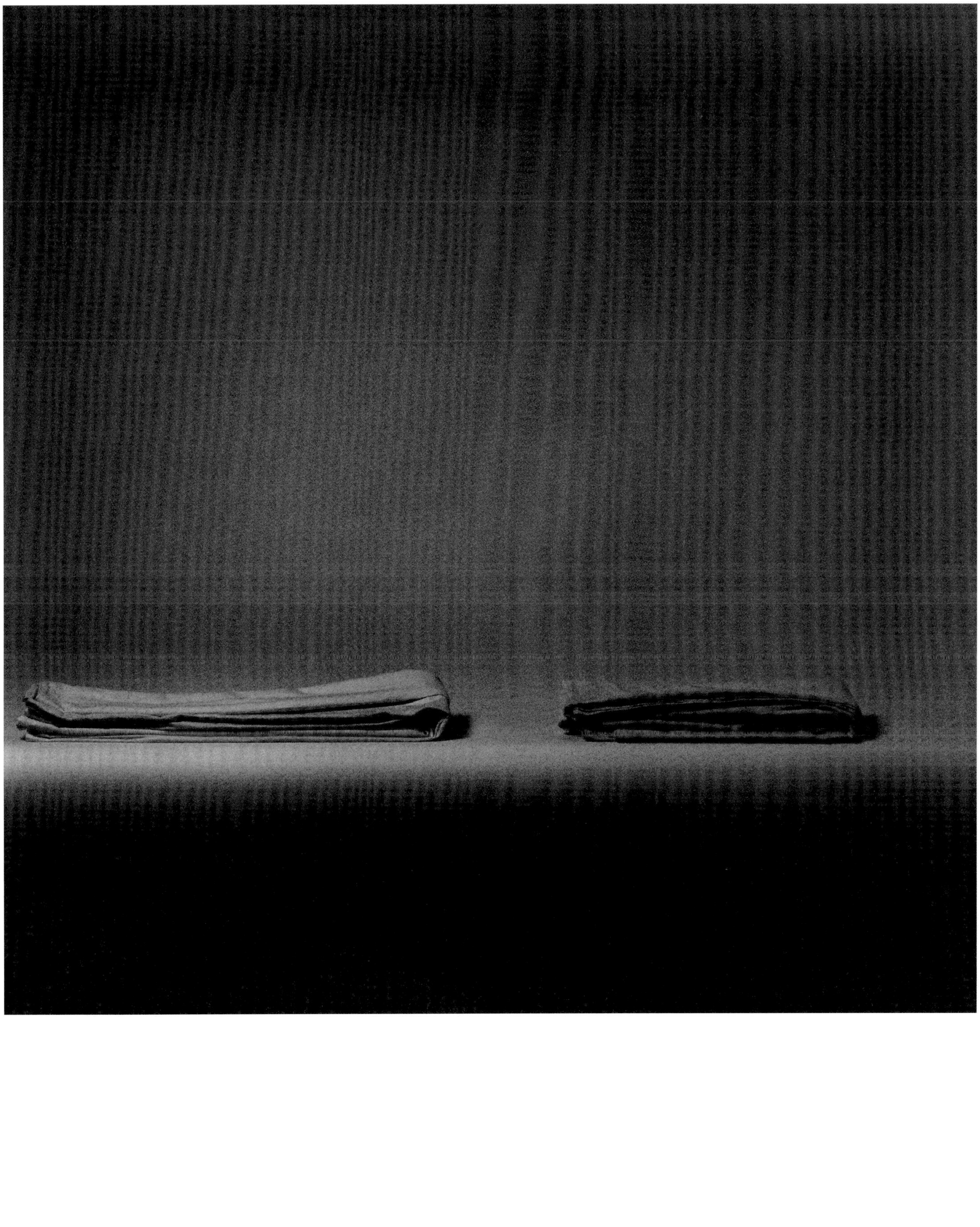

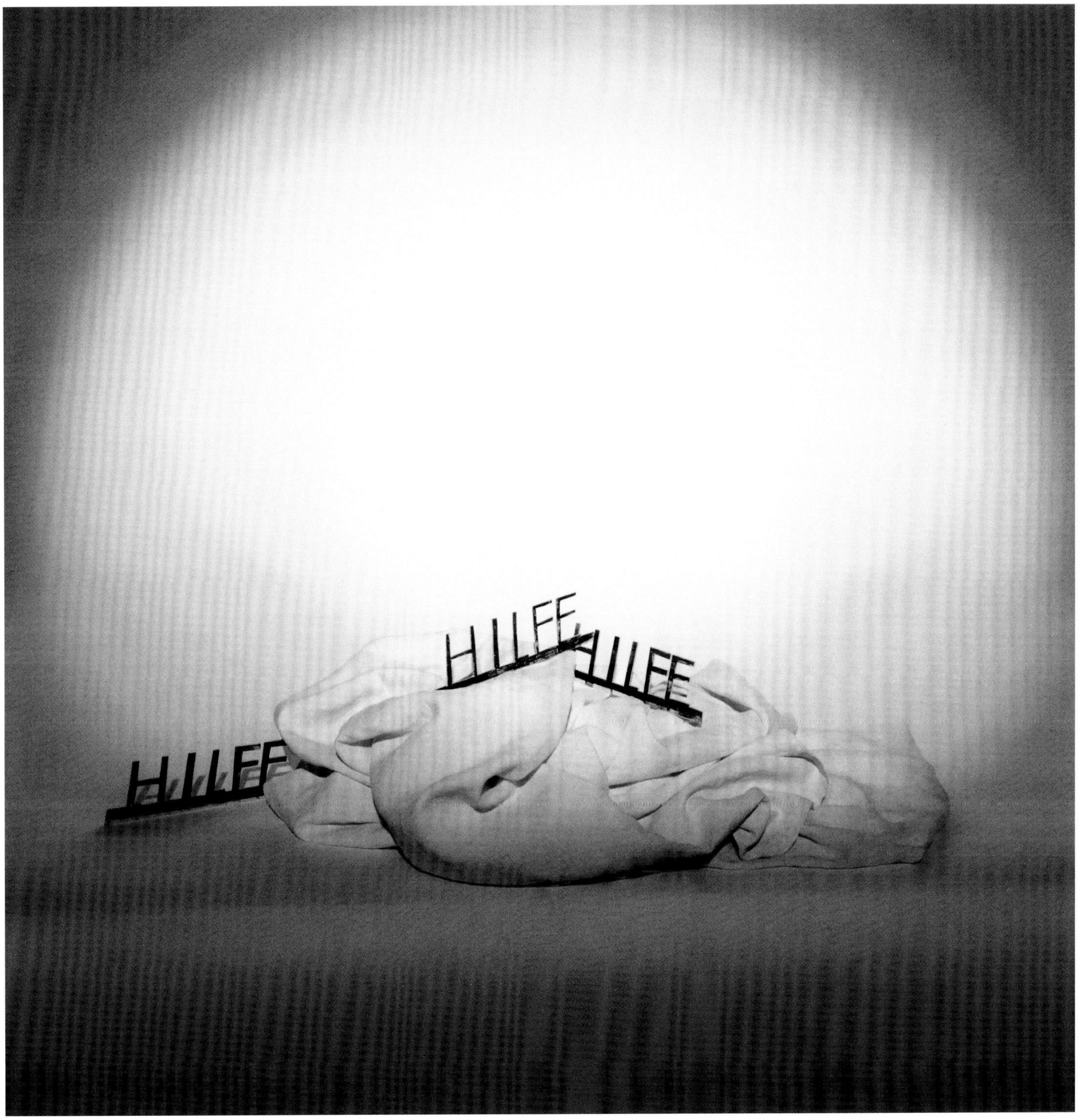
HILFE
HILFE
HILFE

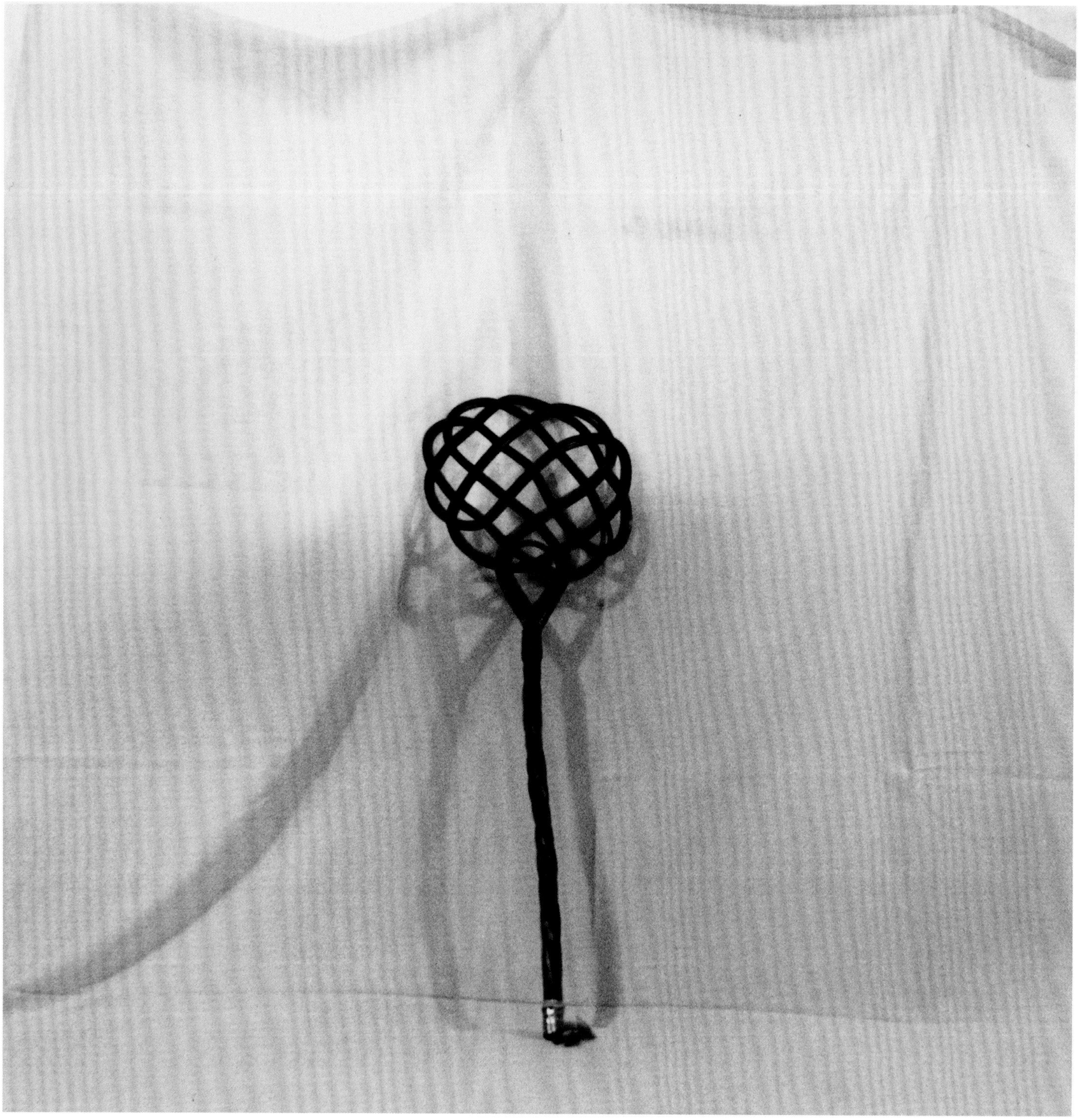

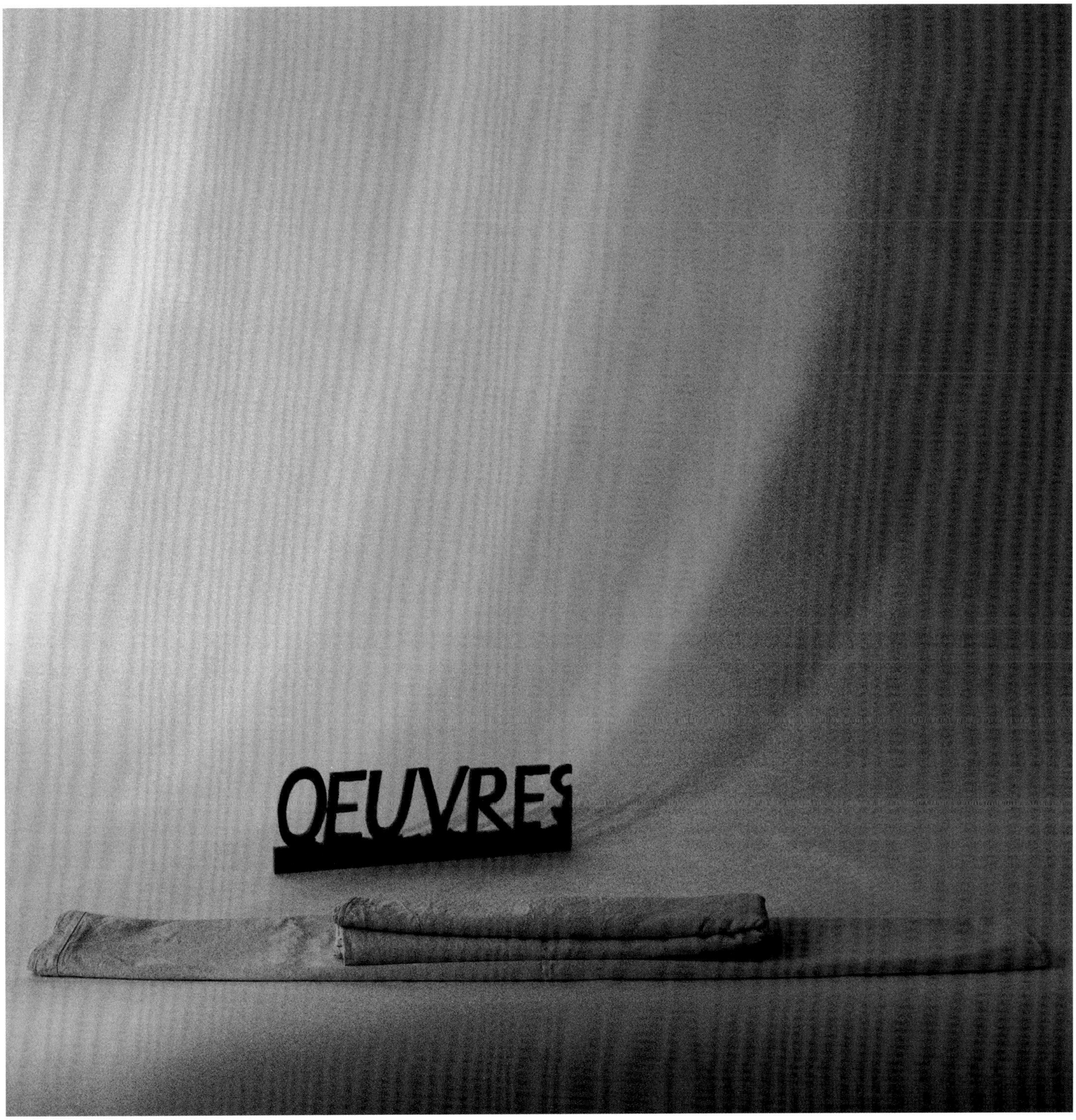
OEUVRES

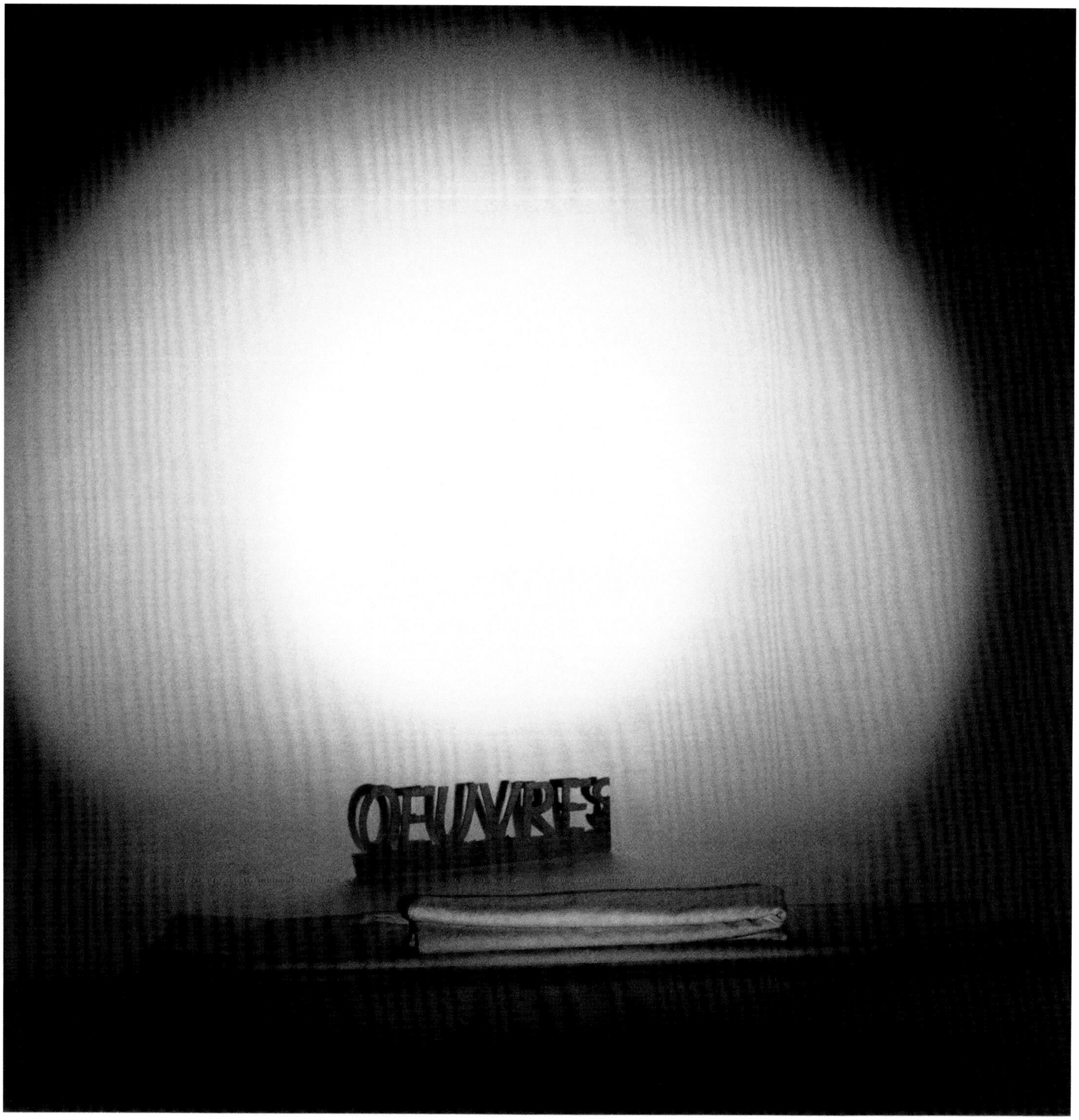
OEUVRES

(F)

Les fantômes de la verité
Olivier Kaeppelin

II

Le corps d'un maçon, d'un charpentier, d'un artiste créé, fabrique. Avec sa pensée, ses mains il laisse des formes qui habitent et transforment l'espace. Il laisse des figures que je touche des yeux, avec les doigts. Il laisse des œuvres. Elles lui sont étrangères. Sont-elles le fruit de l'illusion ? Il joue avec elles. Préfère-t-il l'illusion à la vérité ? Il n'en décide pas. Il les voit s'accoupler, se séparer, s'accoupler à nouveau. Ces mouvements, ce sont ses œuvres. Elles sont tout, elles ne sont rien. Formes dans la neige qui fondent aux chaleurs de printemps. Toute forme est « flocon de neige sur un brasero ».

(D)

Die Phantome der Wahrheit
Olivier Kaeppelin

II

Der Körper eines Maurers, eines Zimmermanns, eines Künstlers erfindet, erschafft. Mit seinen Gedanken, seinen Händen hinterlässt er Formen, die den Raum bewohnen und verwandeln. Er hinterlässt Figuren, die ich mit meinen Augen, mit meinen Fingern berühre. Er hinterlässt Werke. Sie sind ihm fremd. Sind sie die Frucht der Illusion? Er spielt mit ihnen. Zieht er die Illusion der Wahrheit vor? Er entscheidet nicht. Er sieht, wie sie sich paaren, sich trennen, wieder paaren. Diese Regungen sind seine Werke. Sie sind alles, sie sind nichts. Formen im Schnee, die in der Frühlingshitze schmelzen. Jede Form ist eine „Schneeflocke in der Glut".

(E)

The Phantoms of Truth
Olivier Kaeppelin

II

The body of a builder, a carpenter, an artist, creates and fashions. With his thoughts, his hands, he leaves forms that inhabit and transform space. He leaves figures that I touch with my eyes and fingers. He leaves works. They are alien to him. Are they the fruit of illusion? He plays with them. Does he prefer illusion to truth? He doesn't choose. He sees them pair up, separate and pair up again. These movements are his works. They are everything, they are nothing. Forms in the snow melting under the heat of springtime. Forms are all "snowflakes on a brasier."

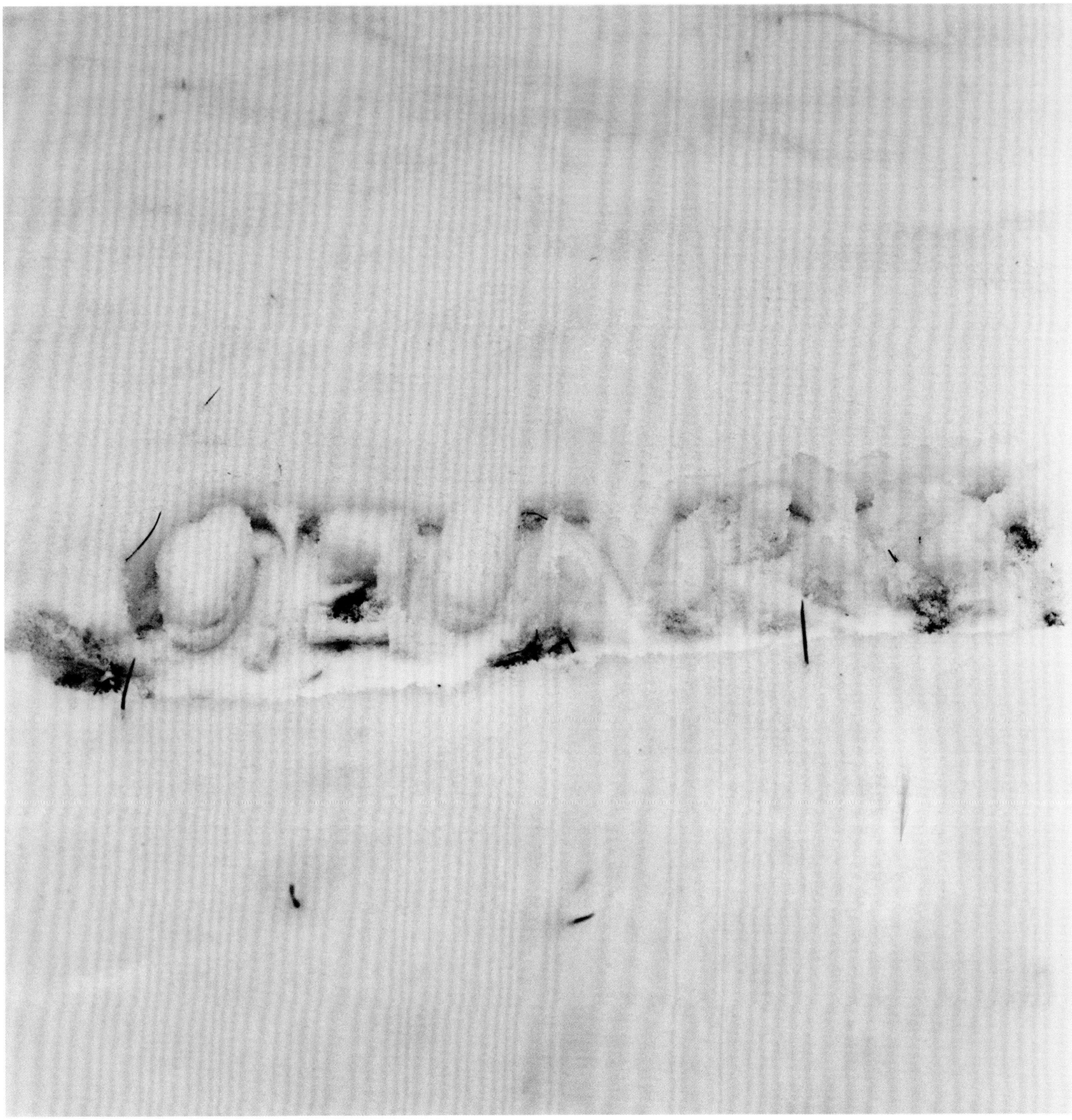

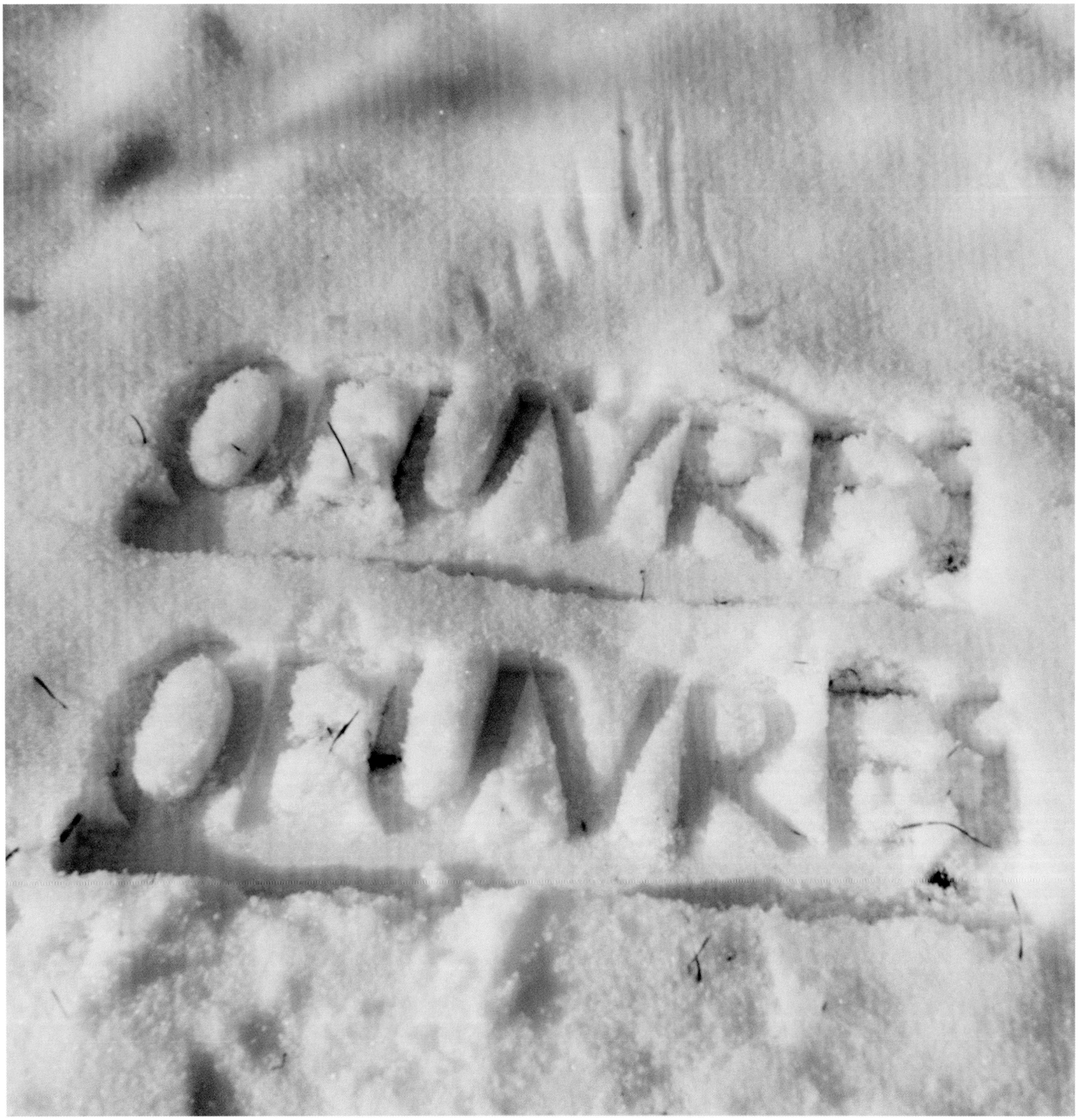
OEUVRES
OEUVRES

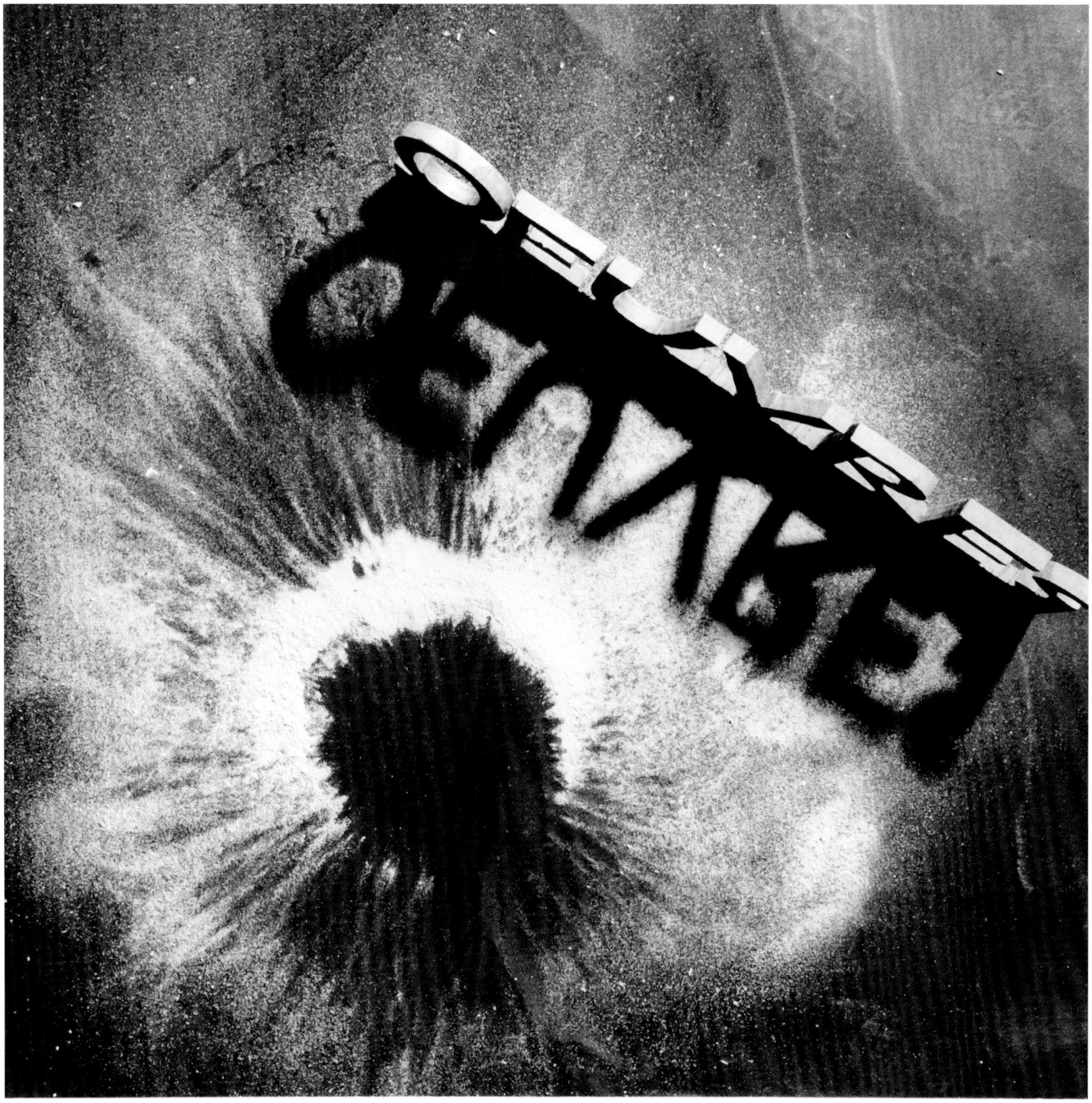

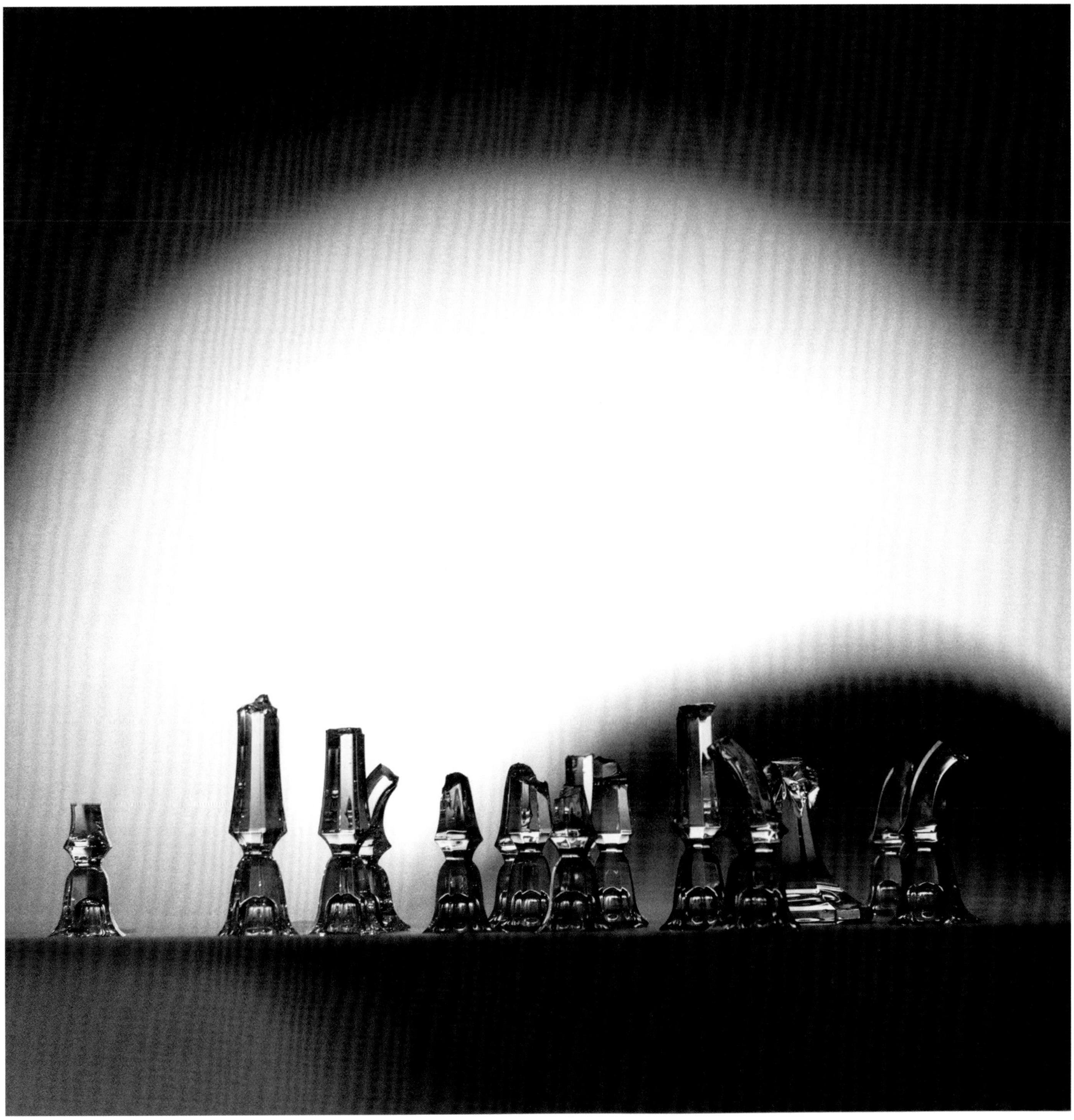

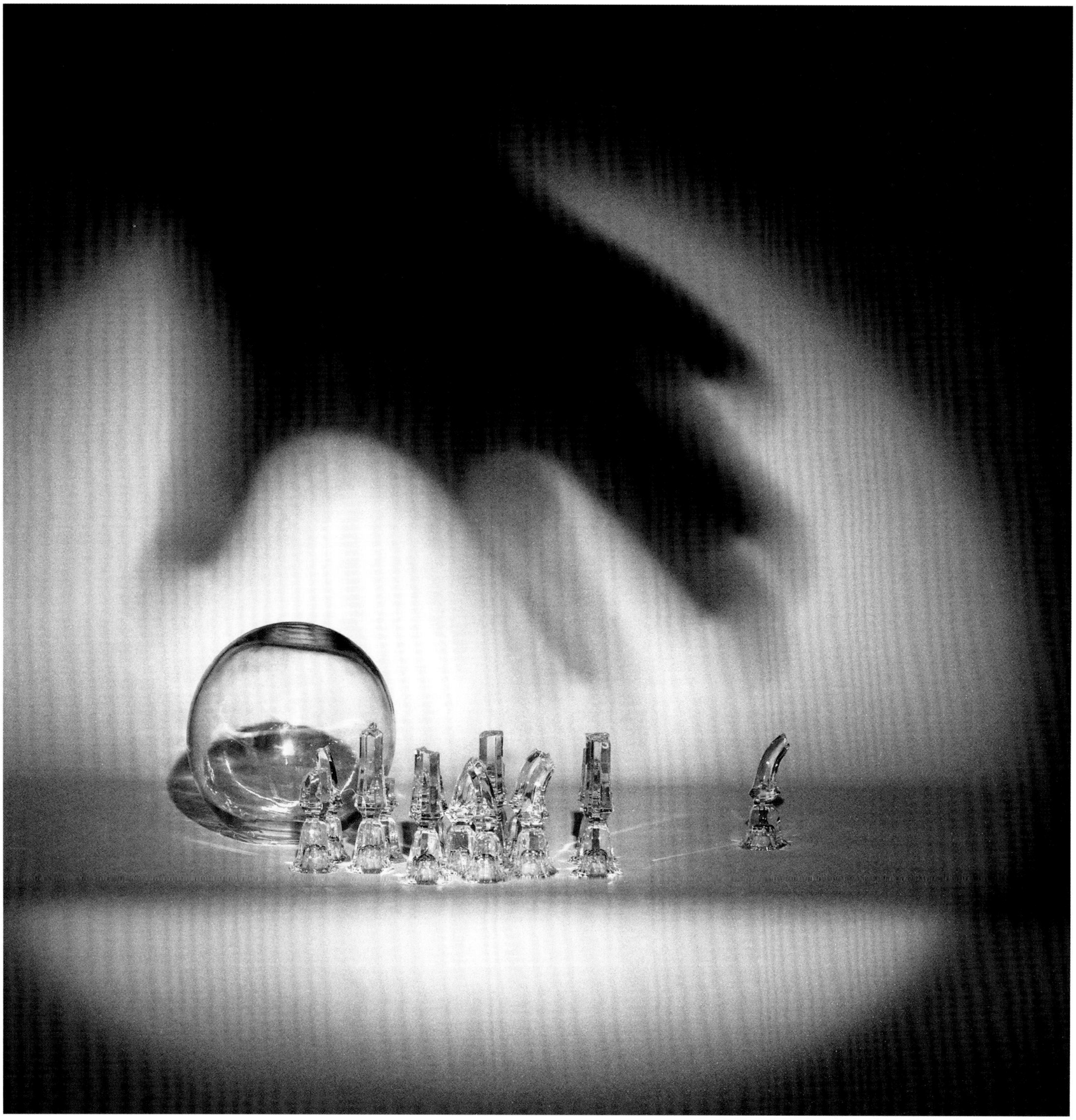

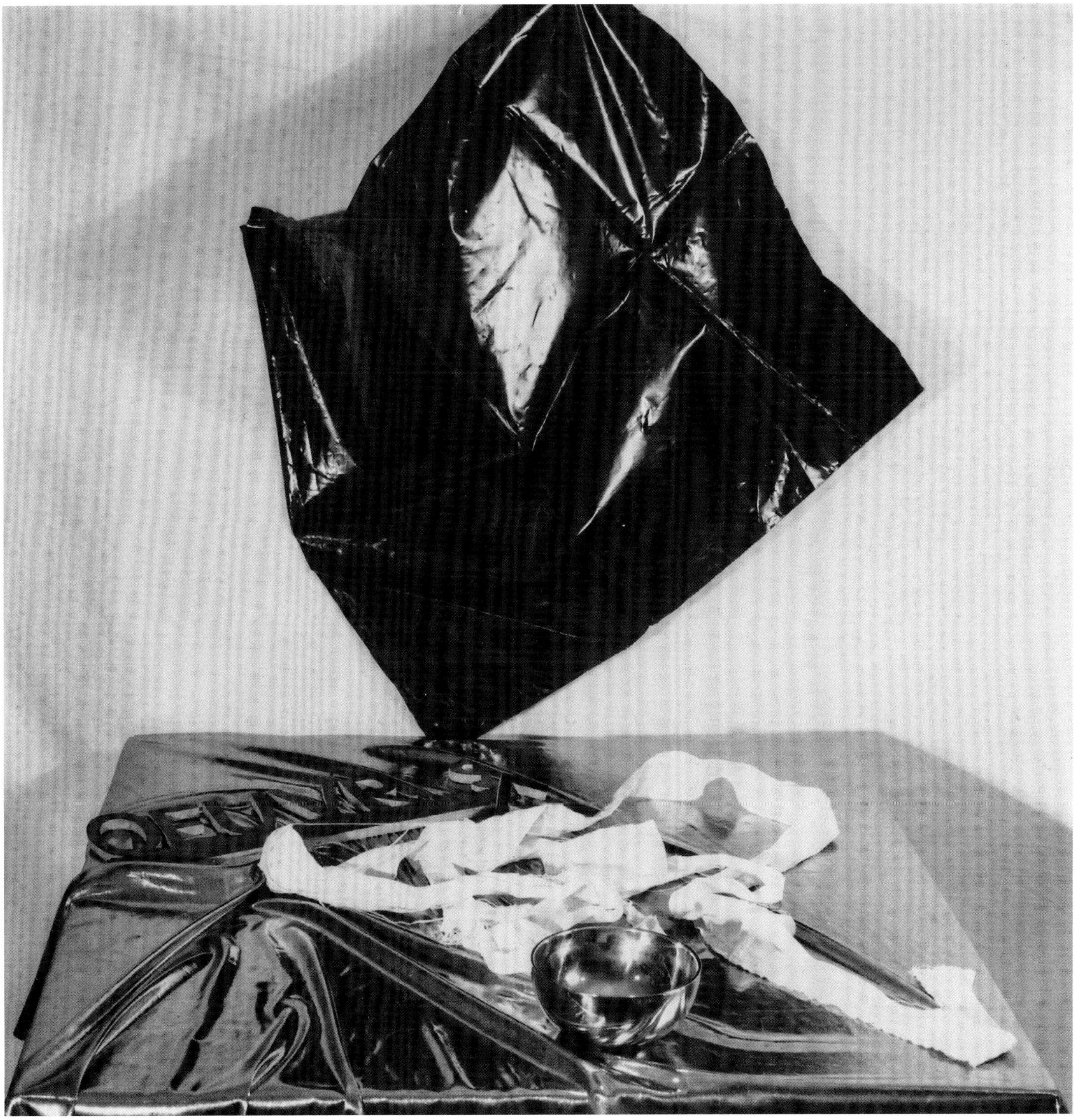

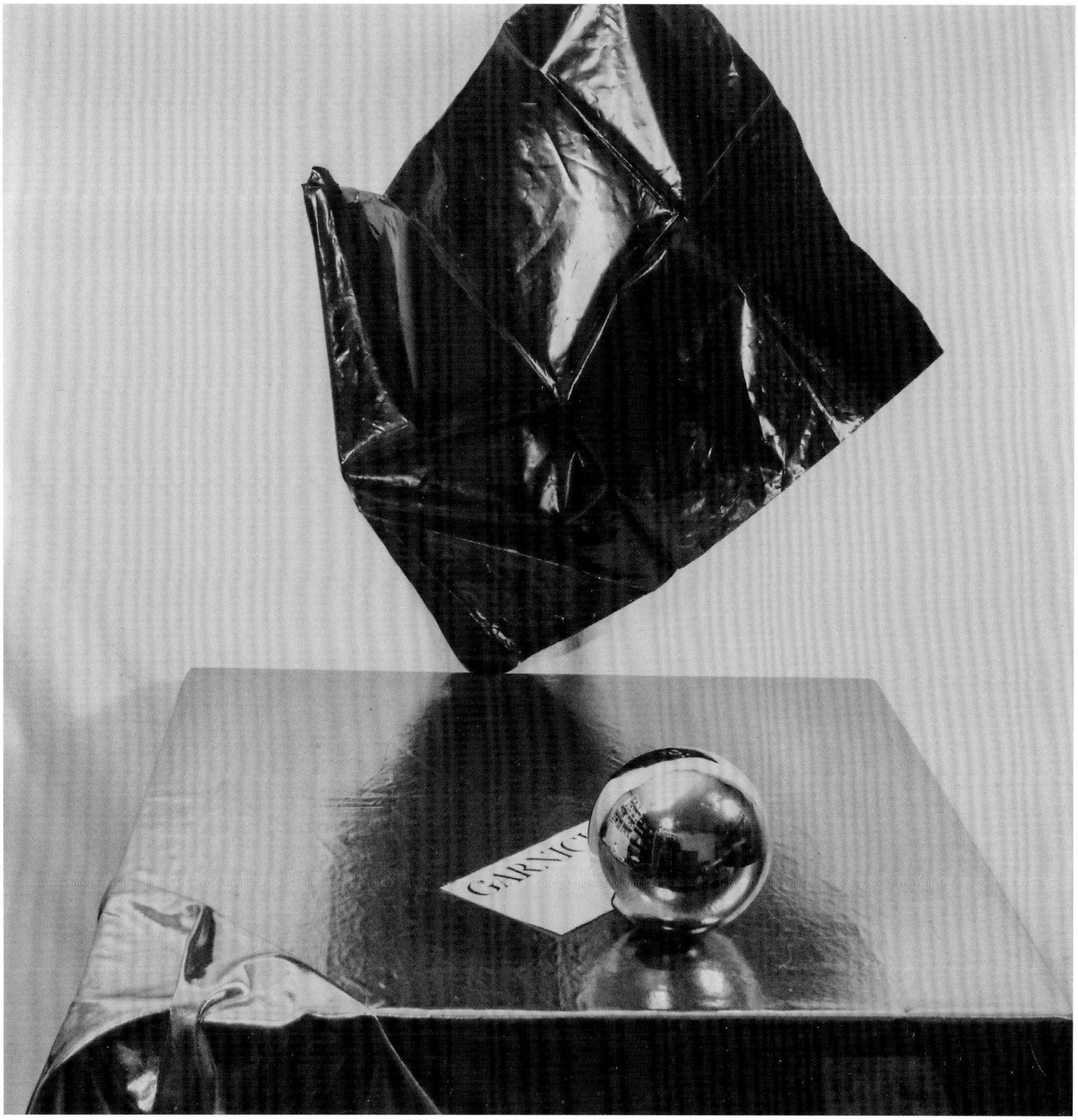

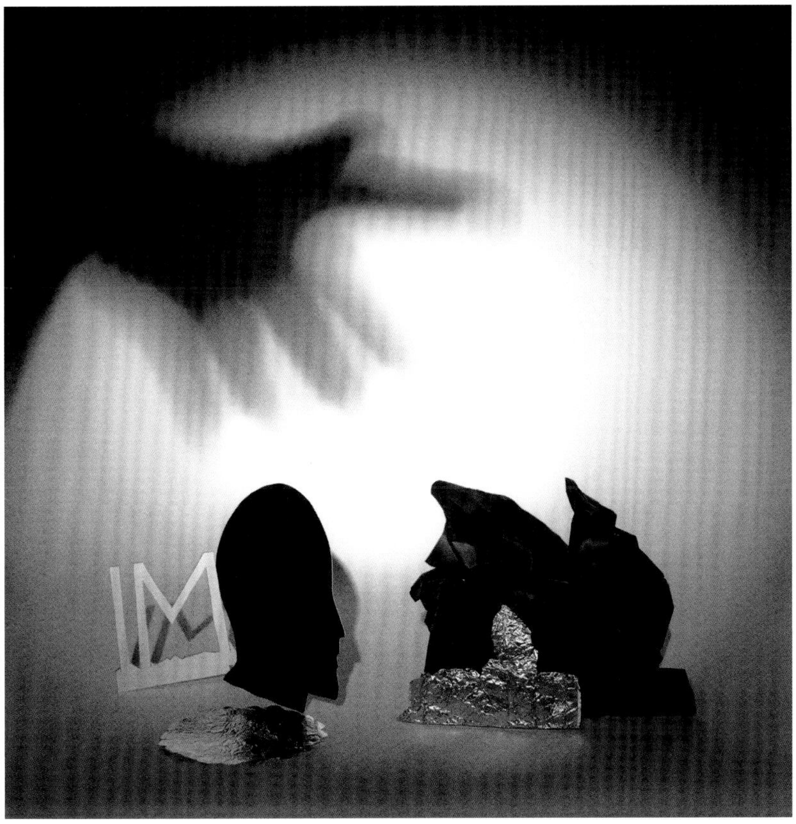

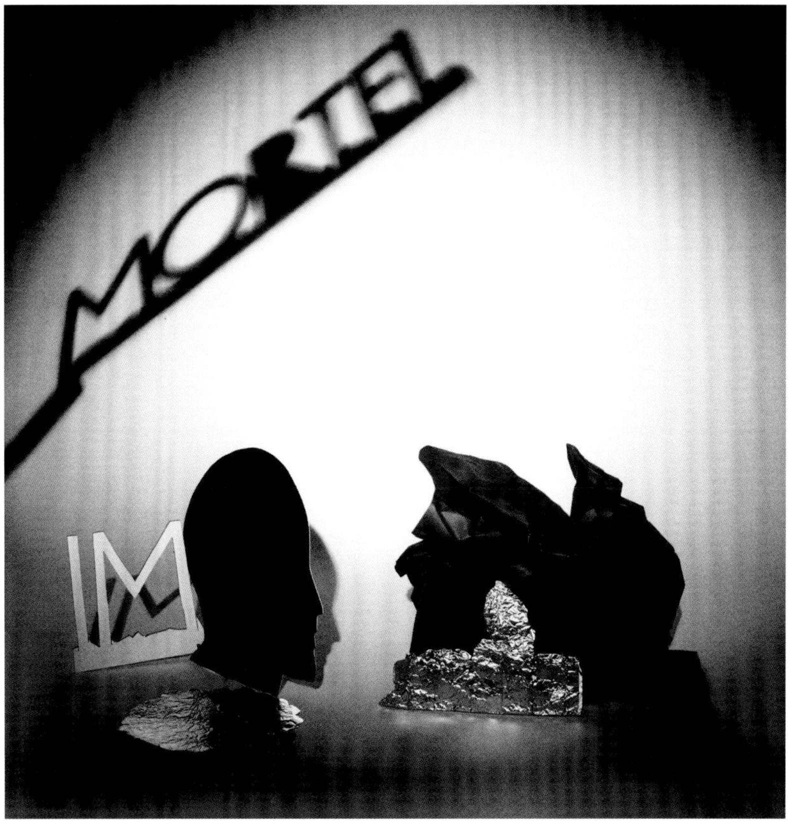

MORTEL

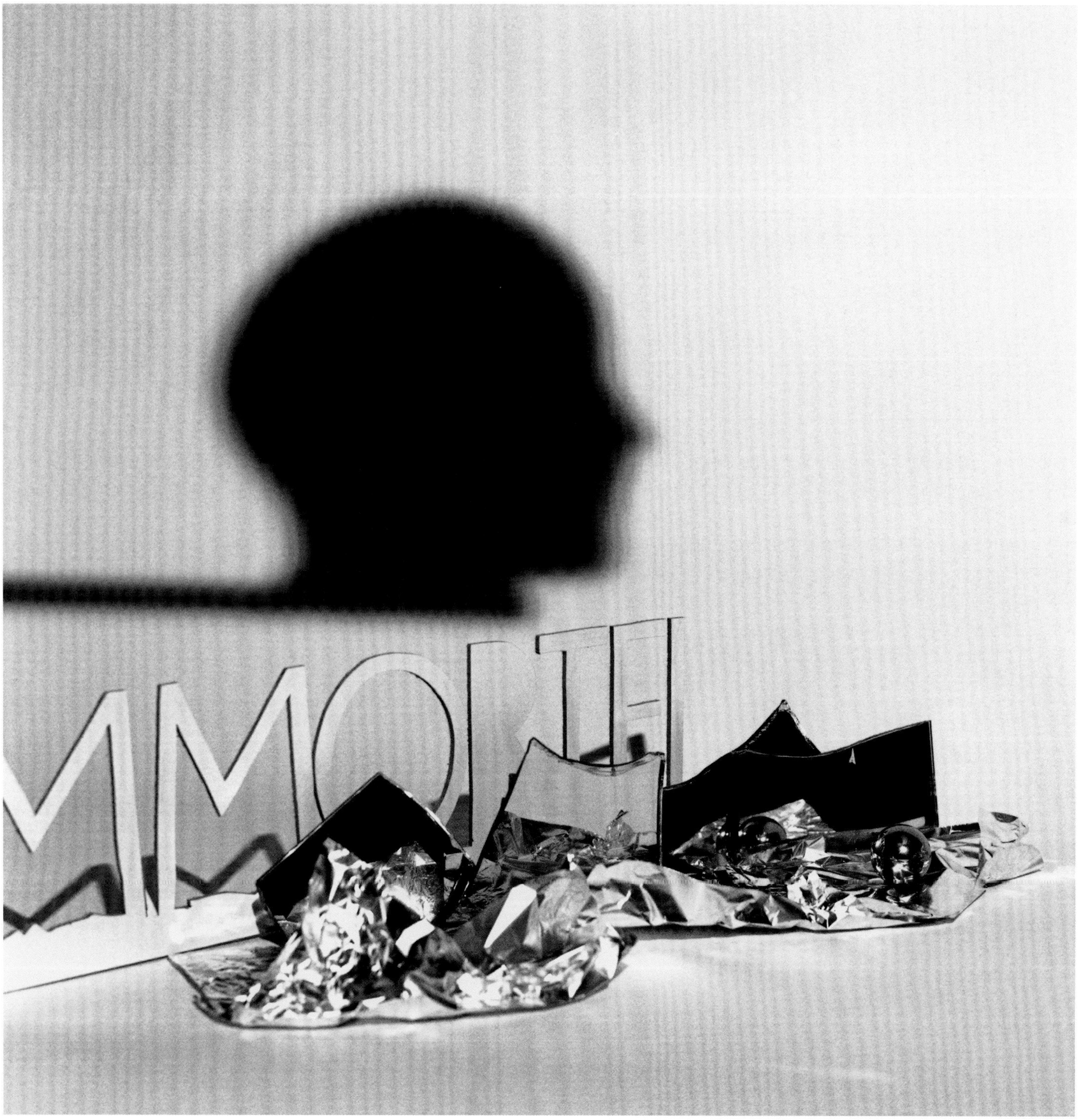

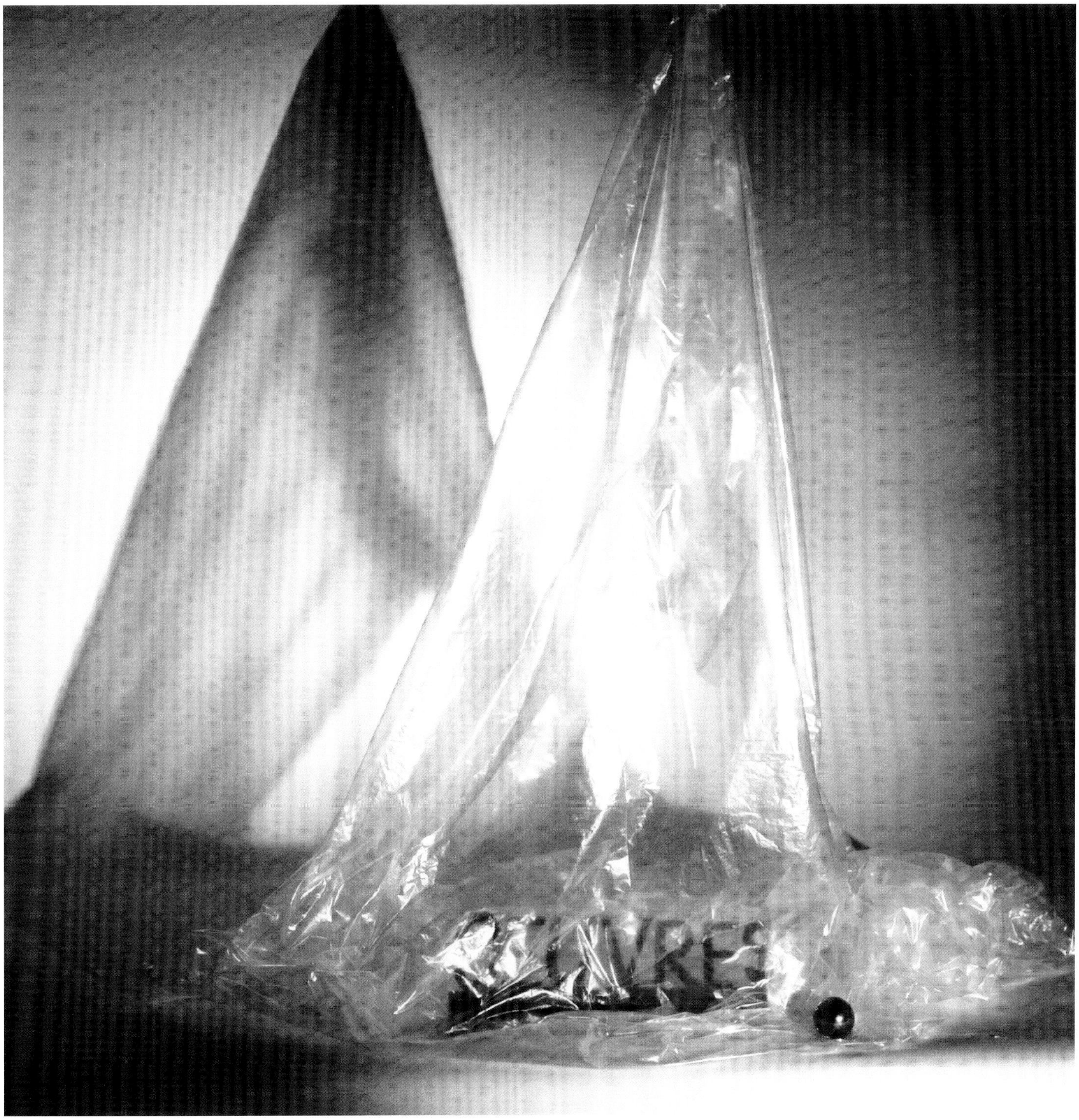

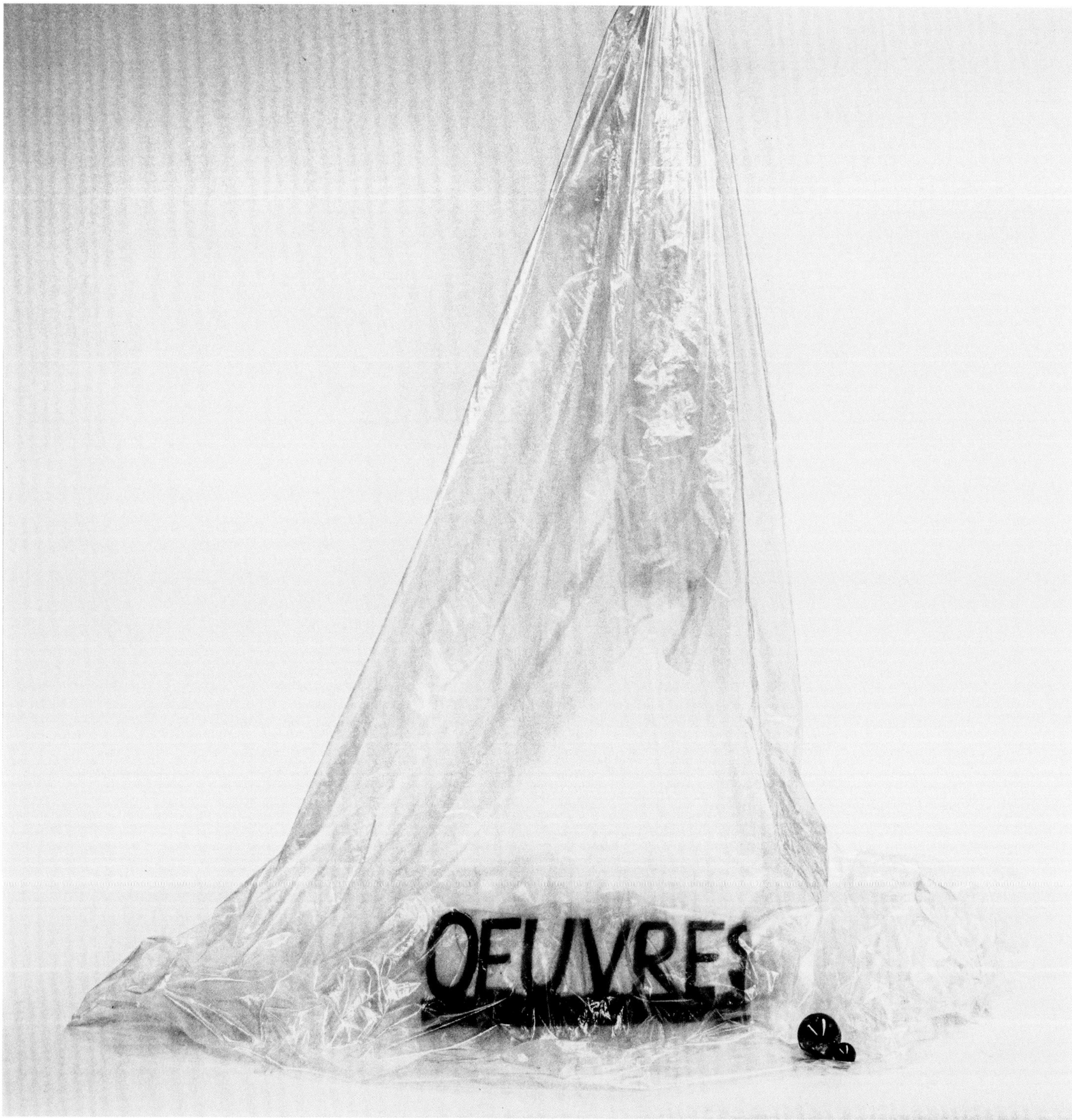
OEUVRES

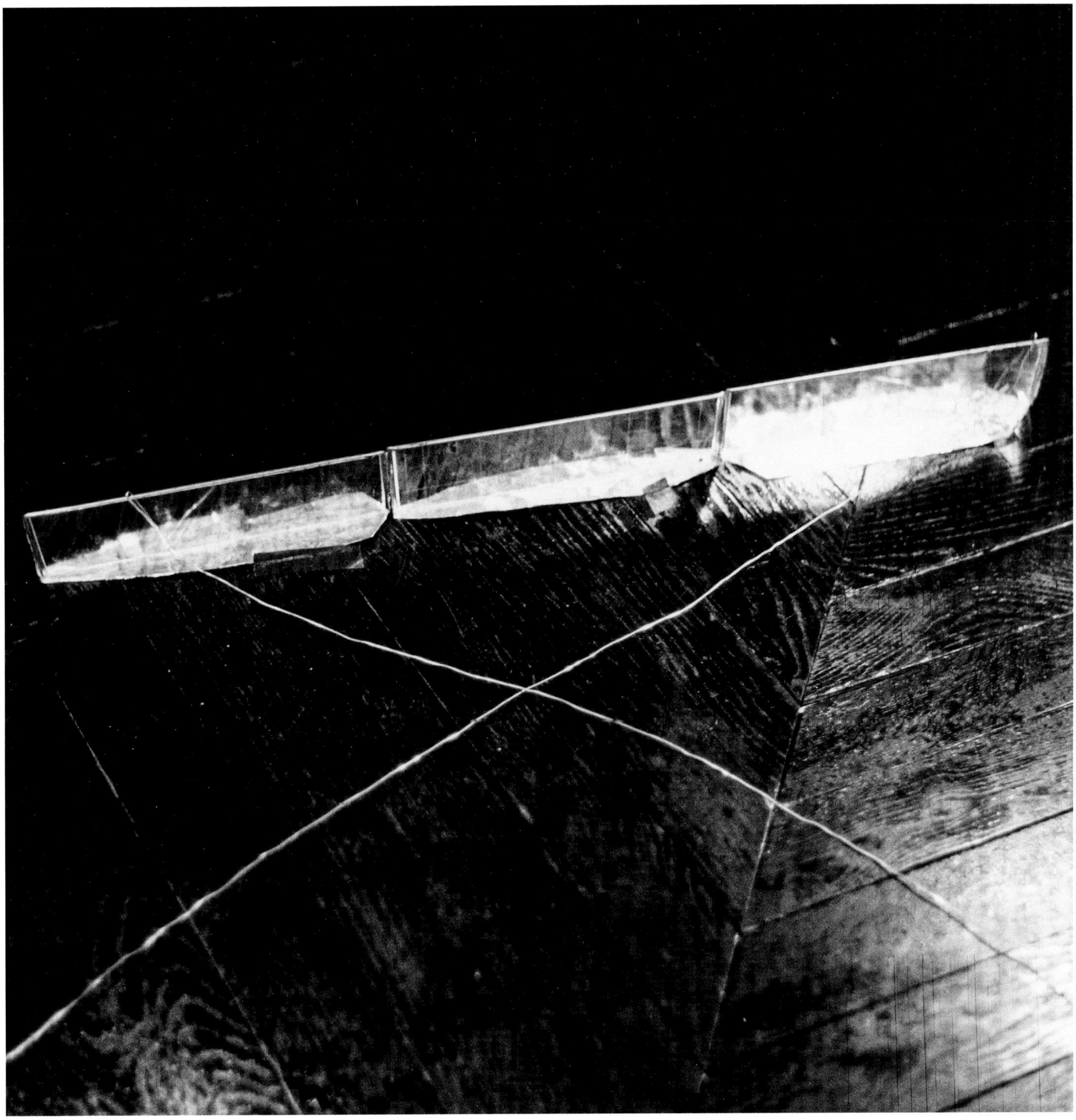

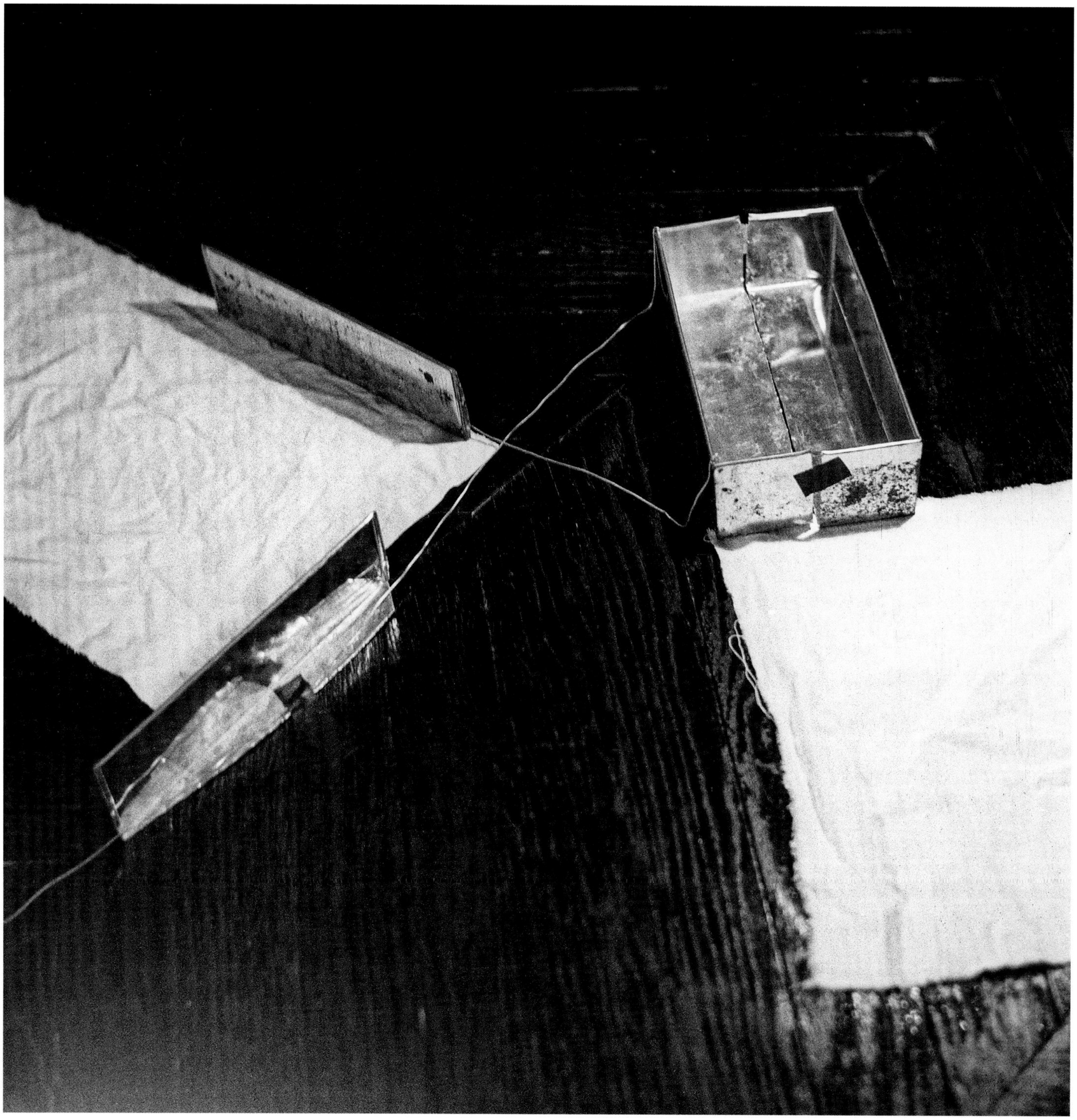

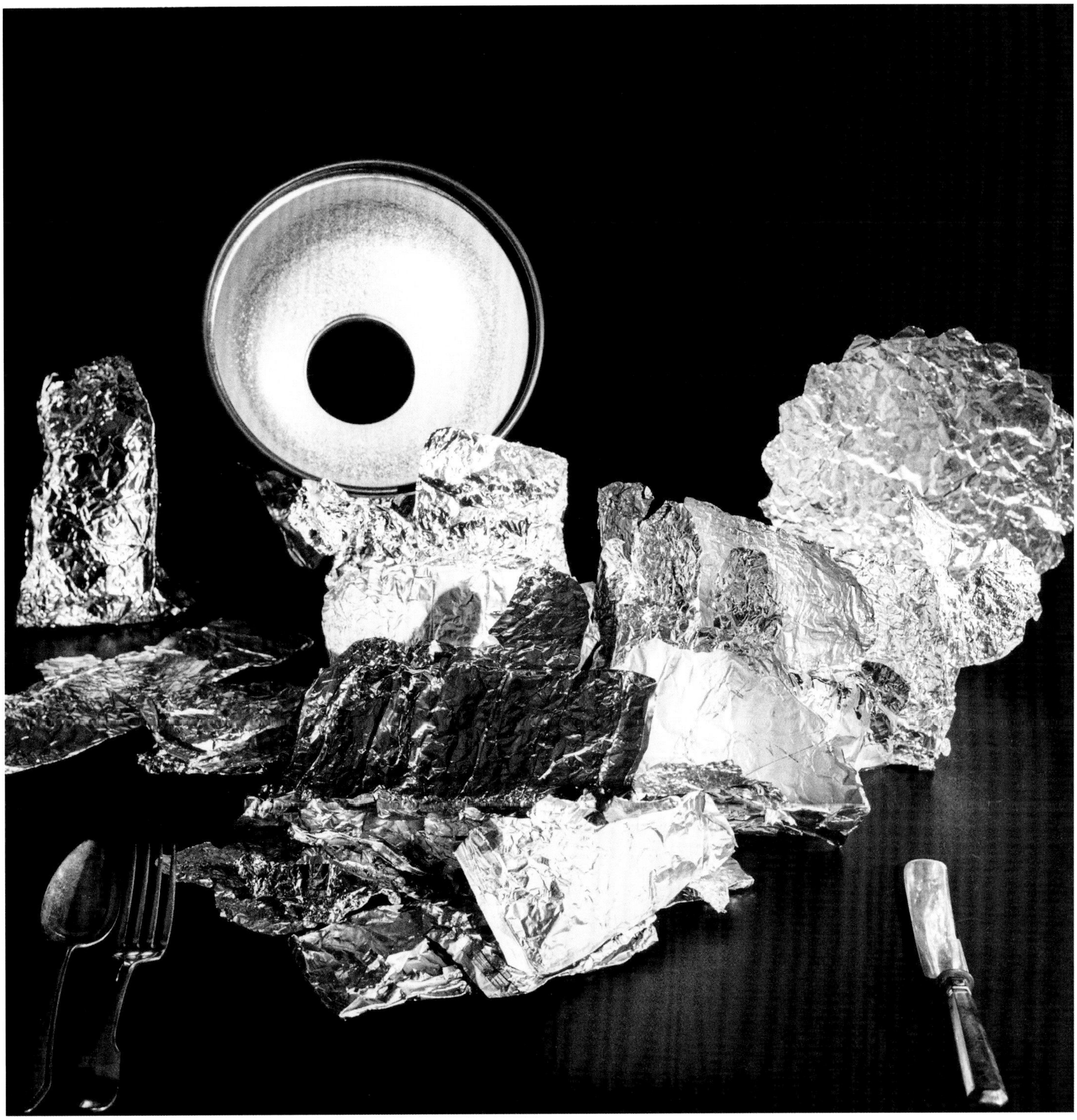

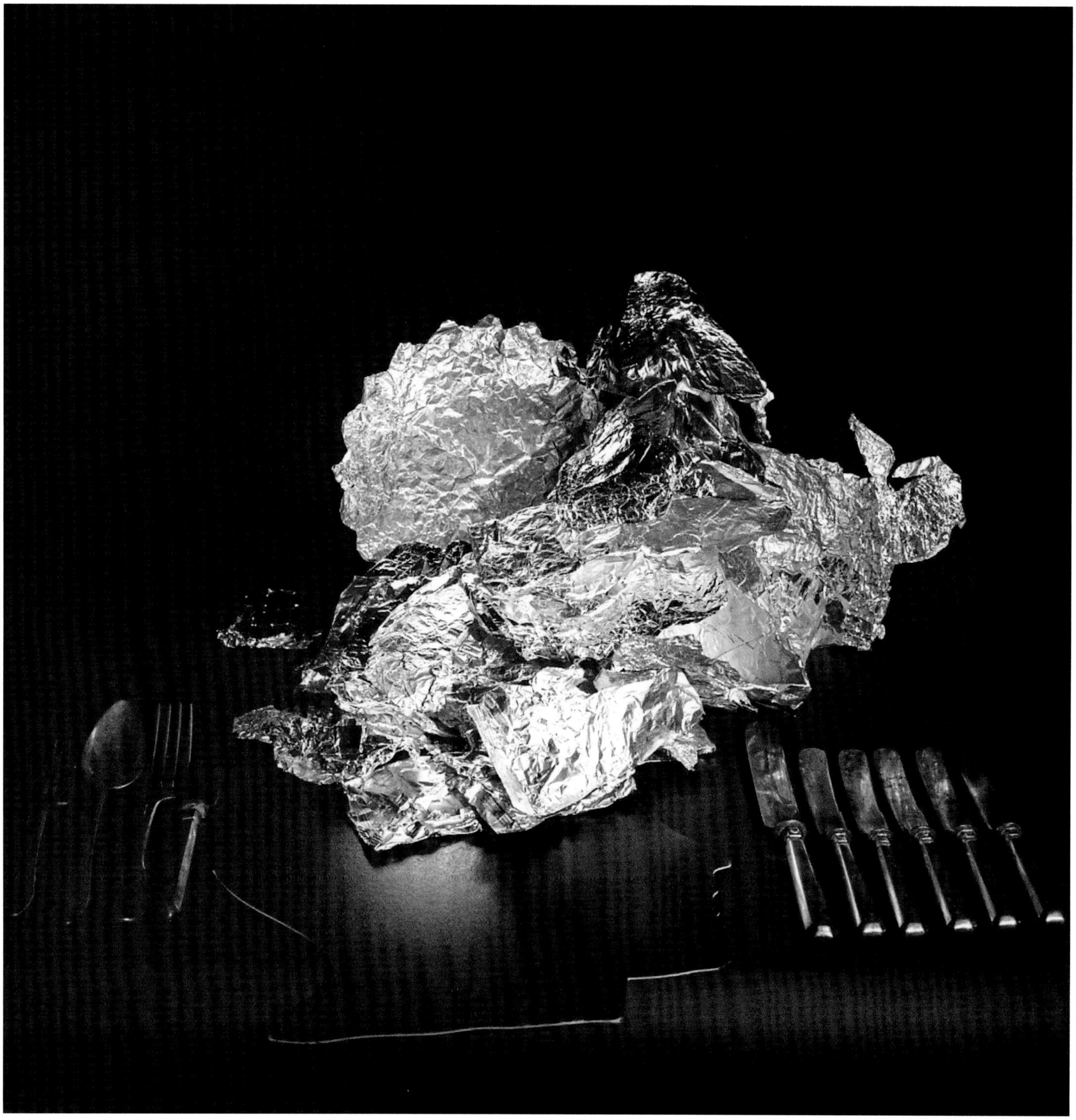

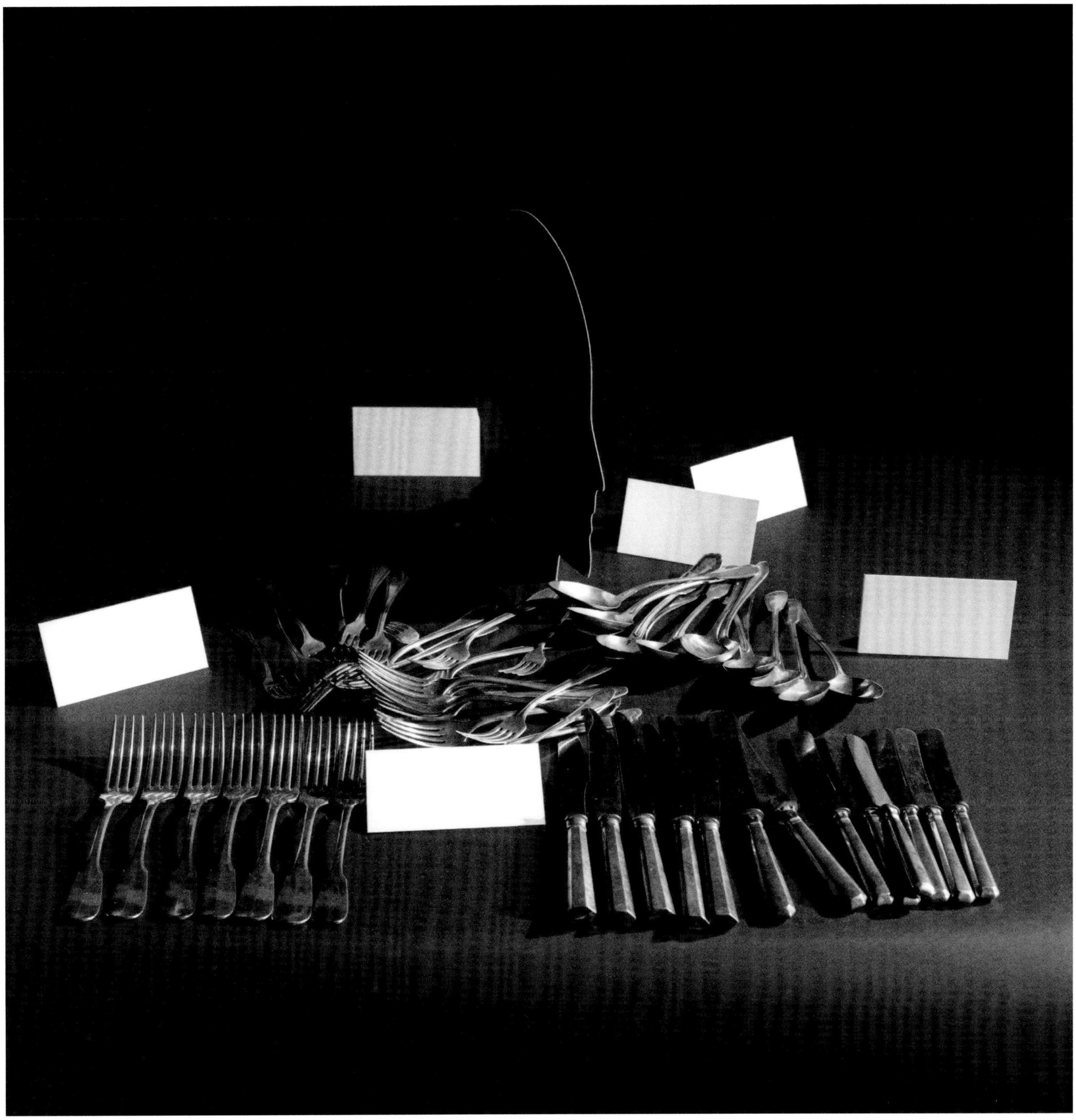

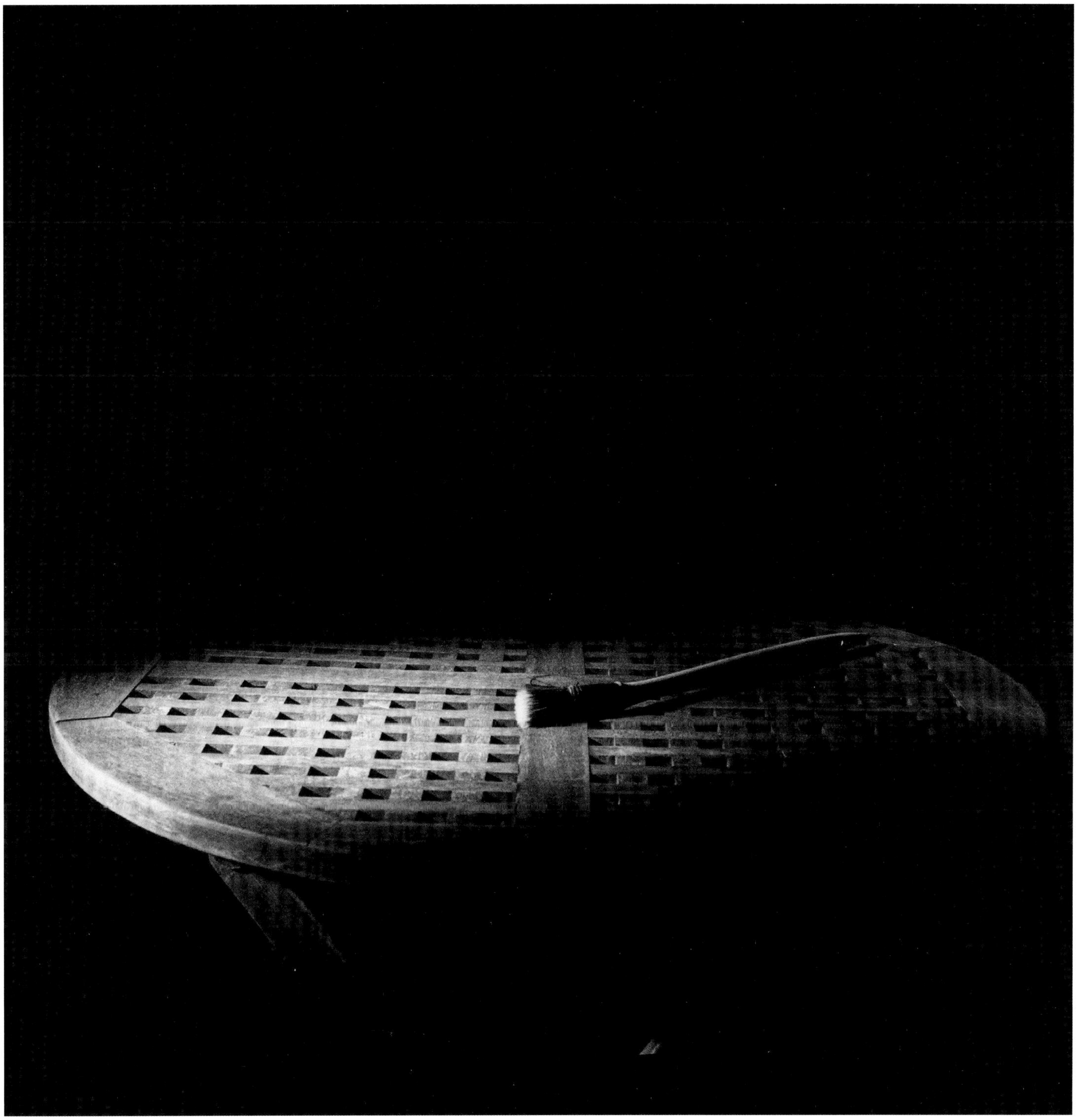

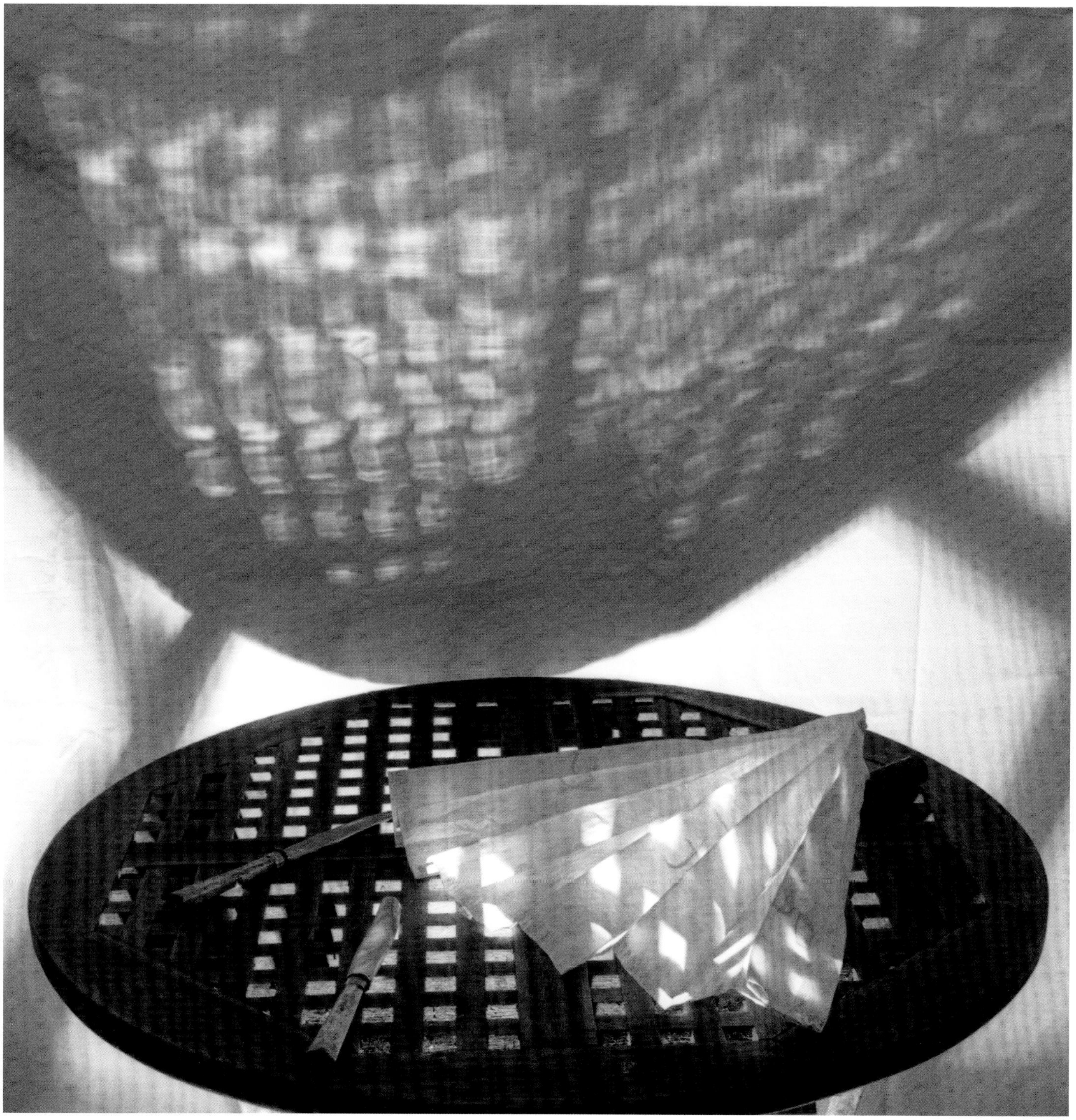

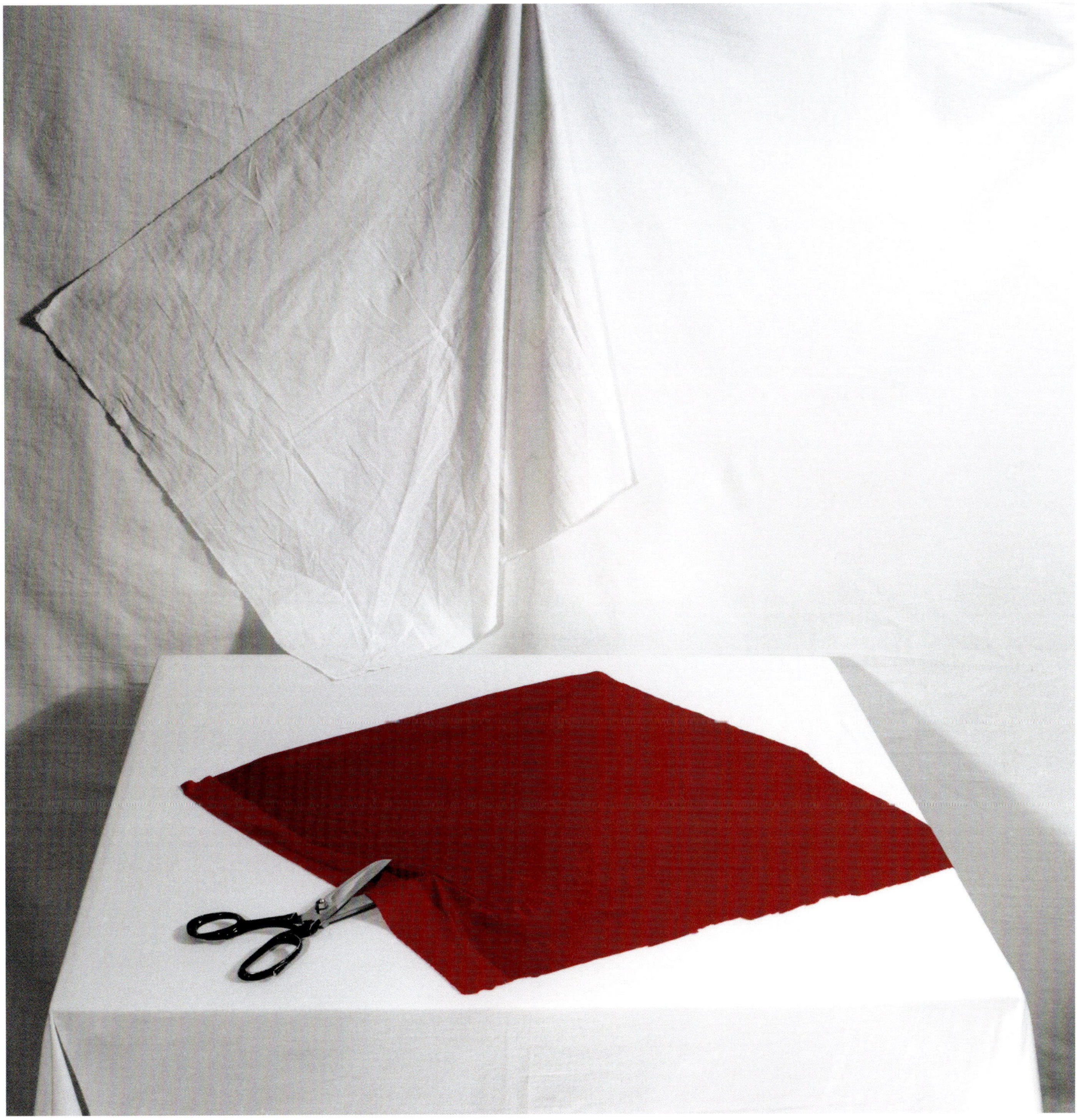

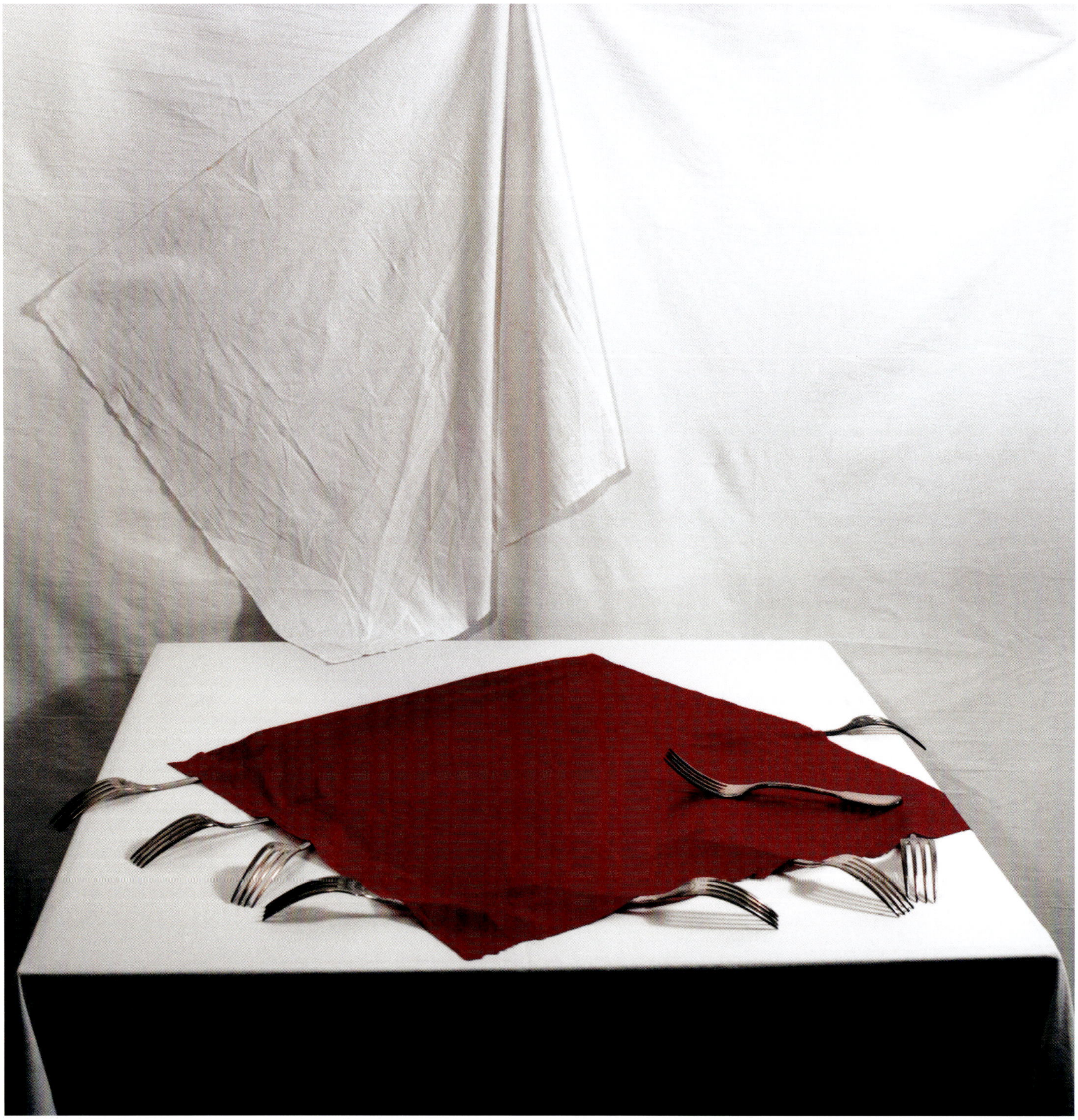

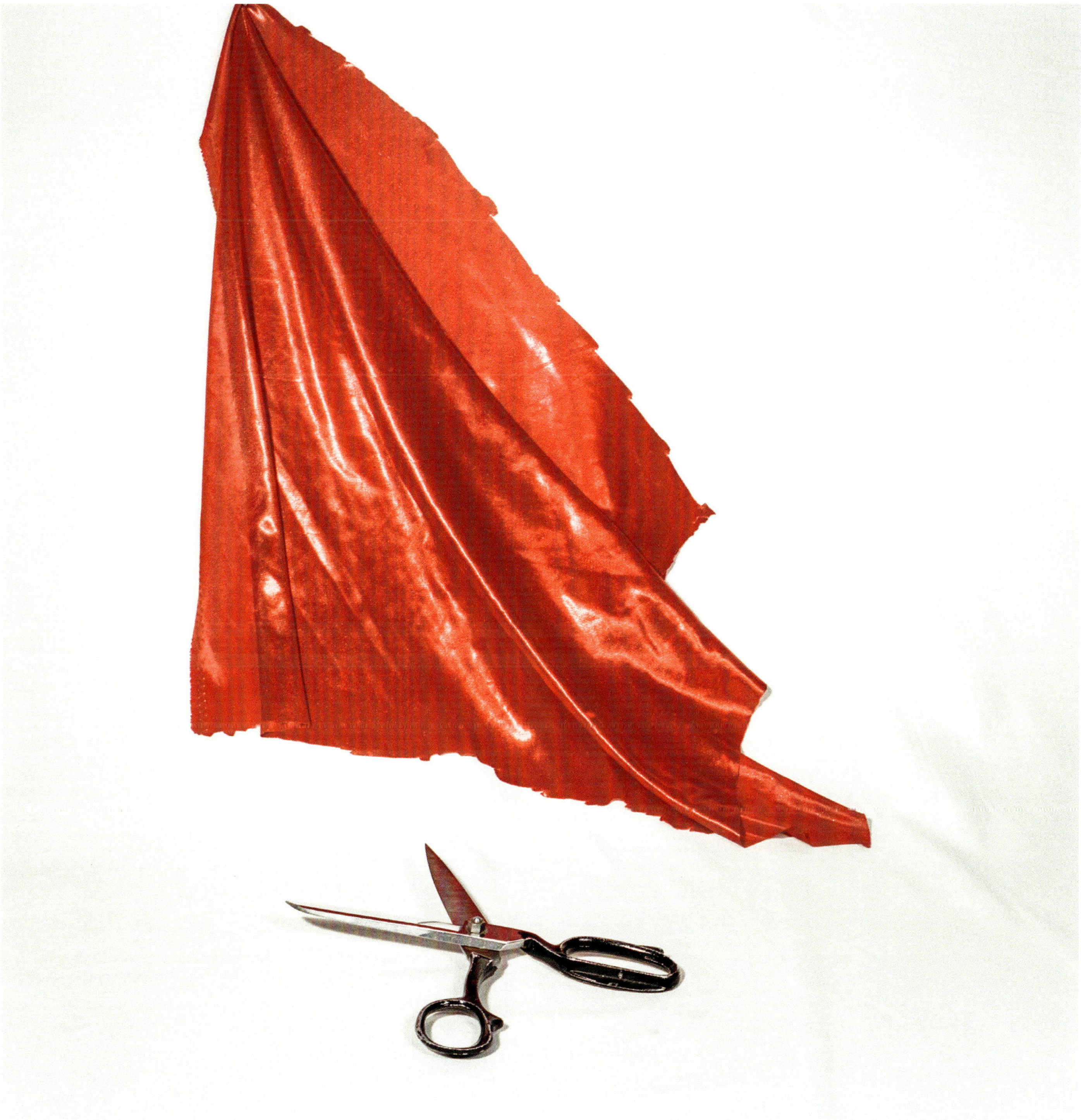

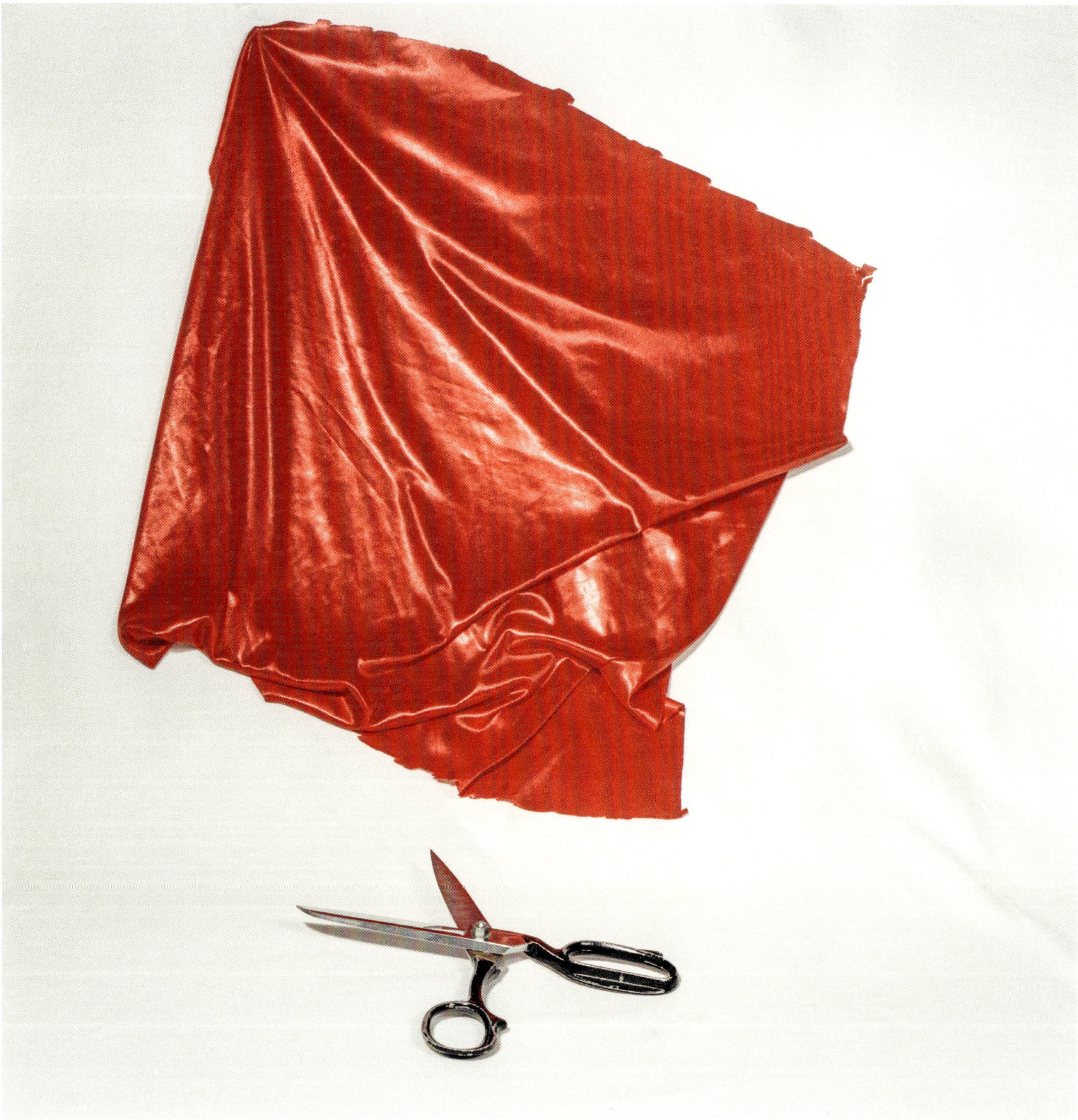

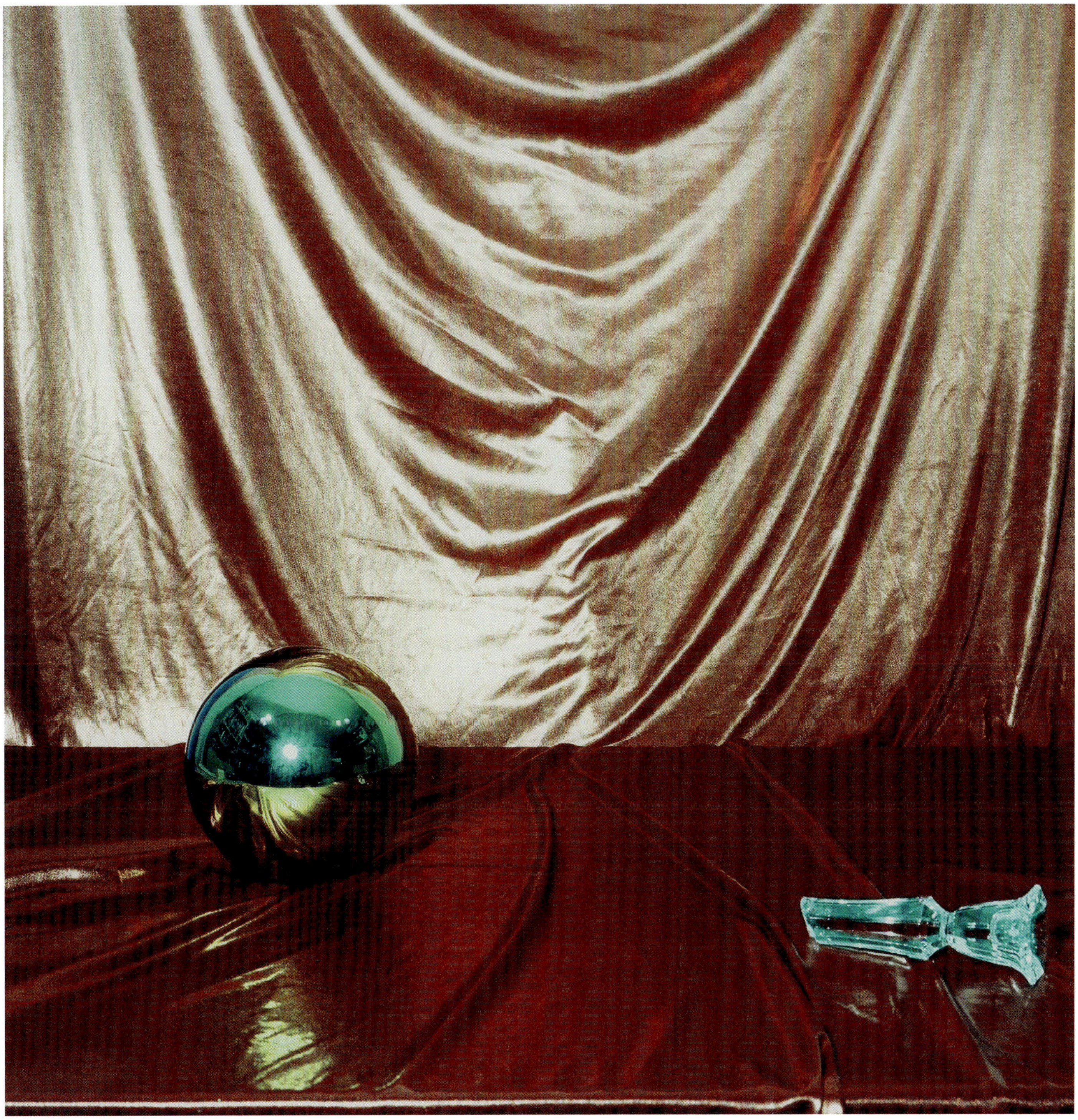

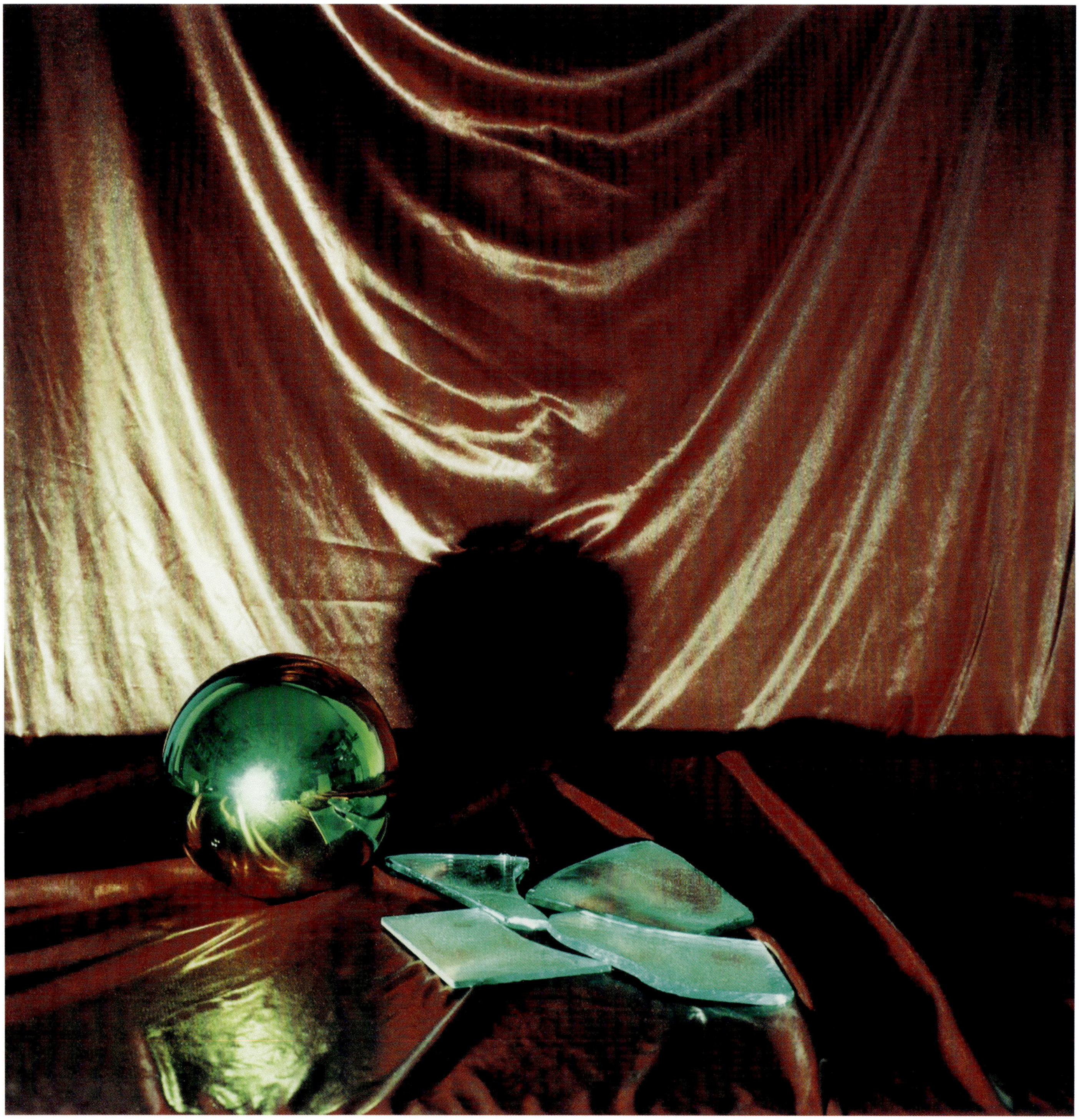

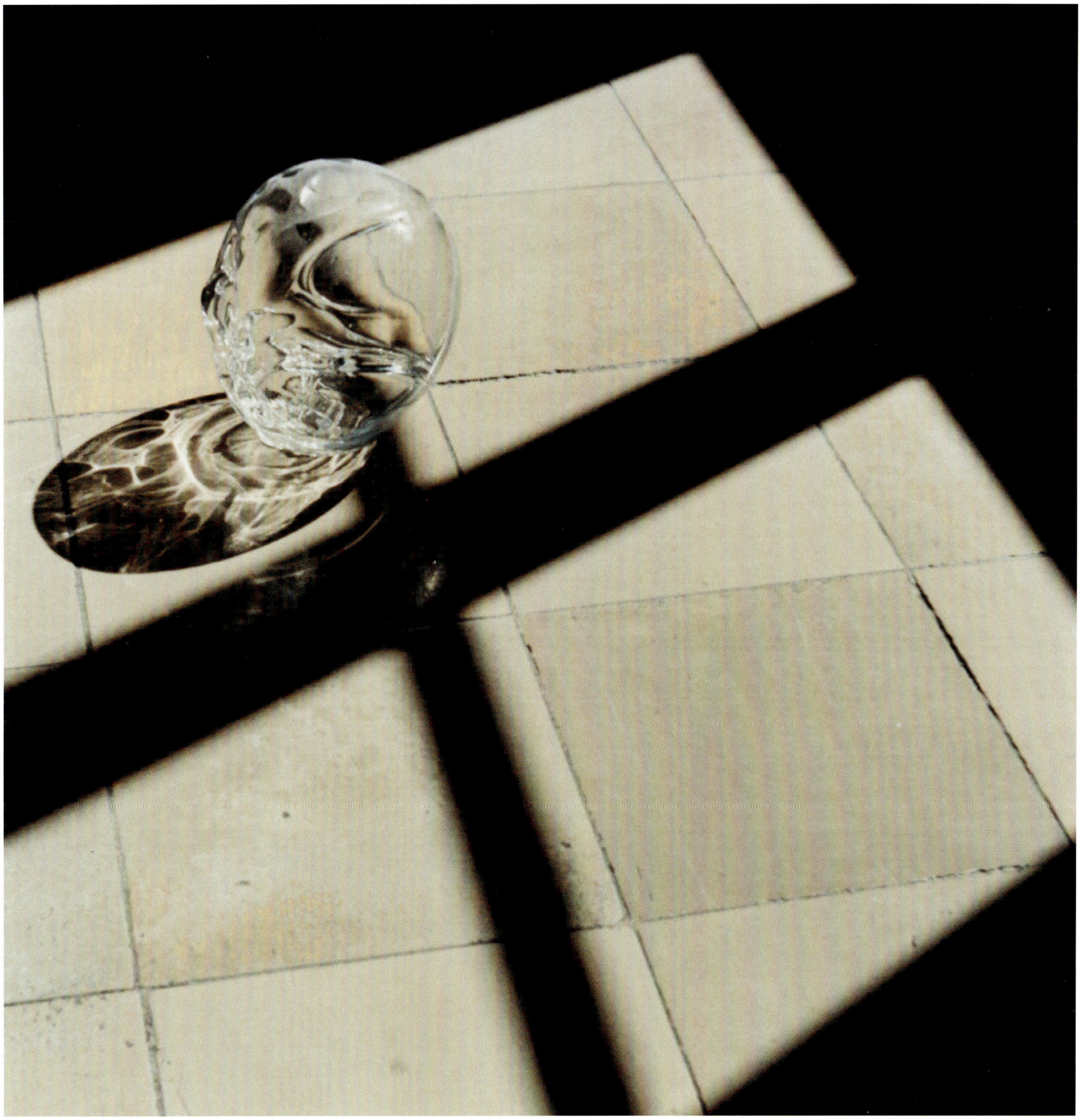

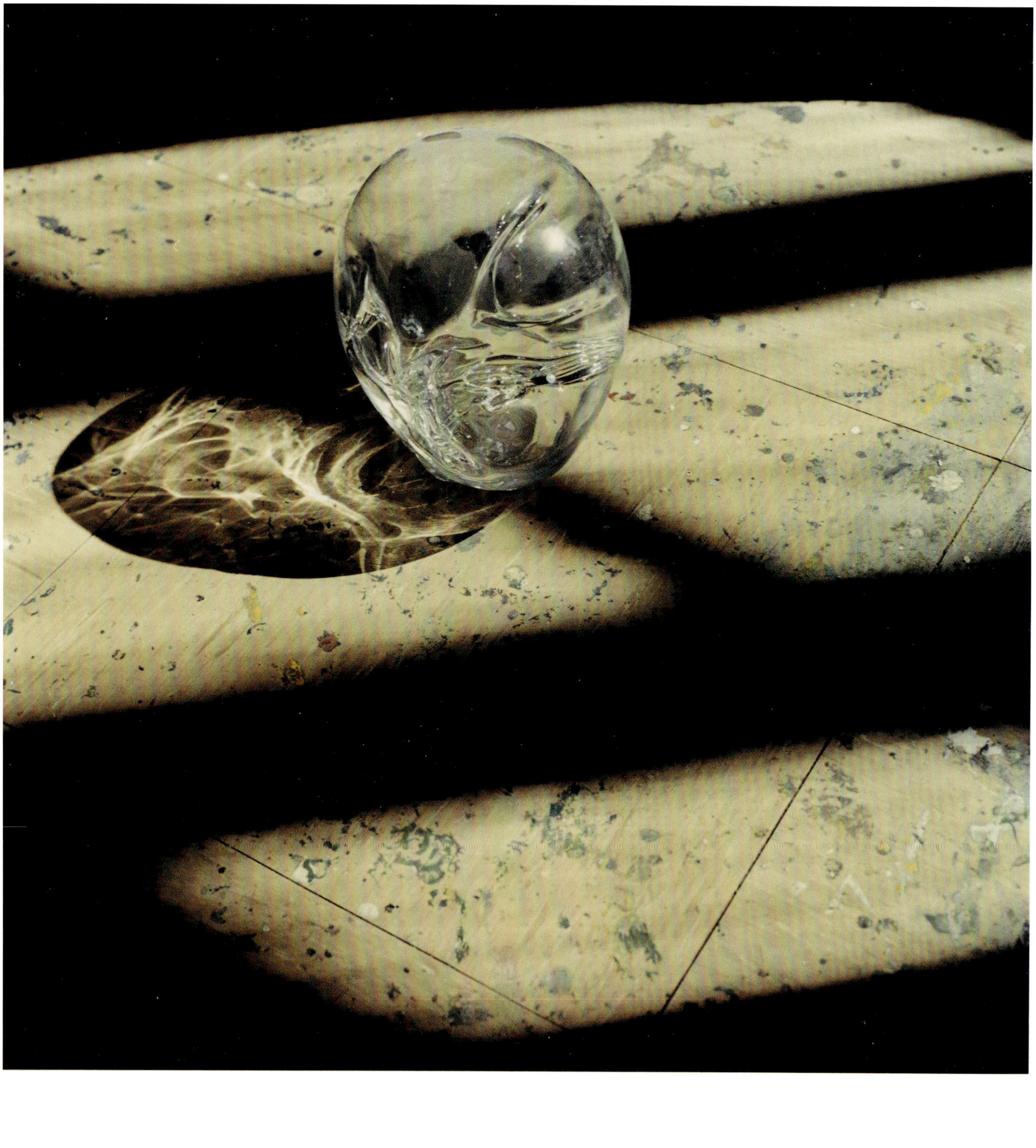

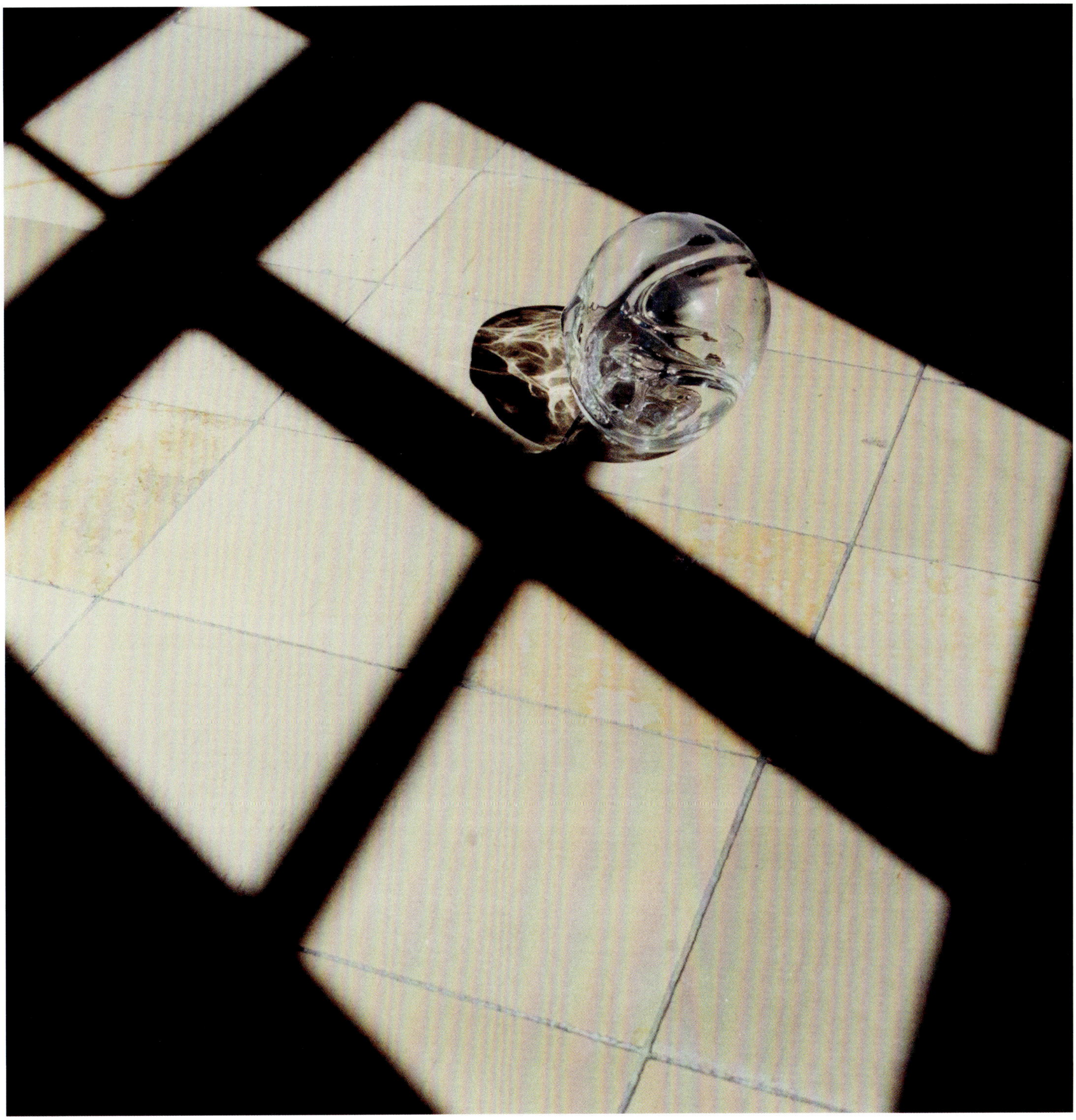

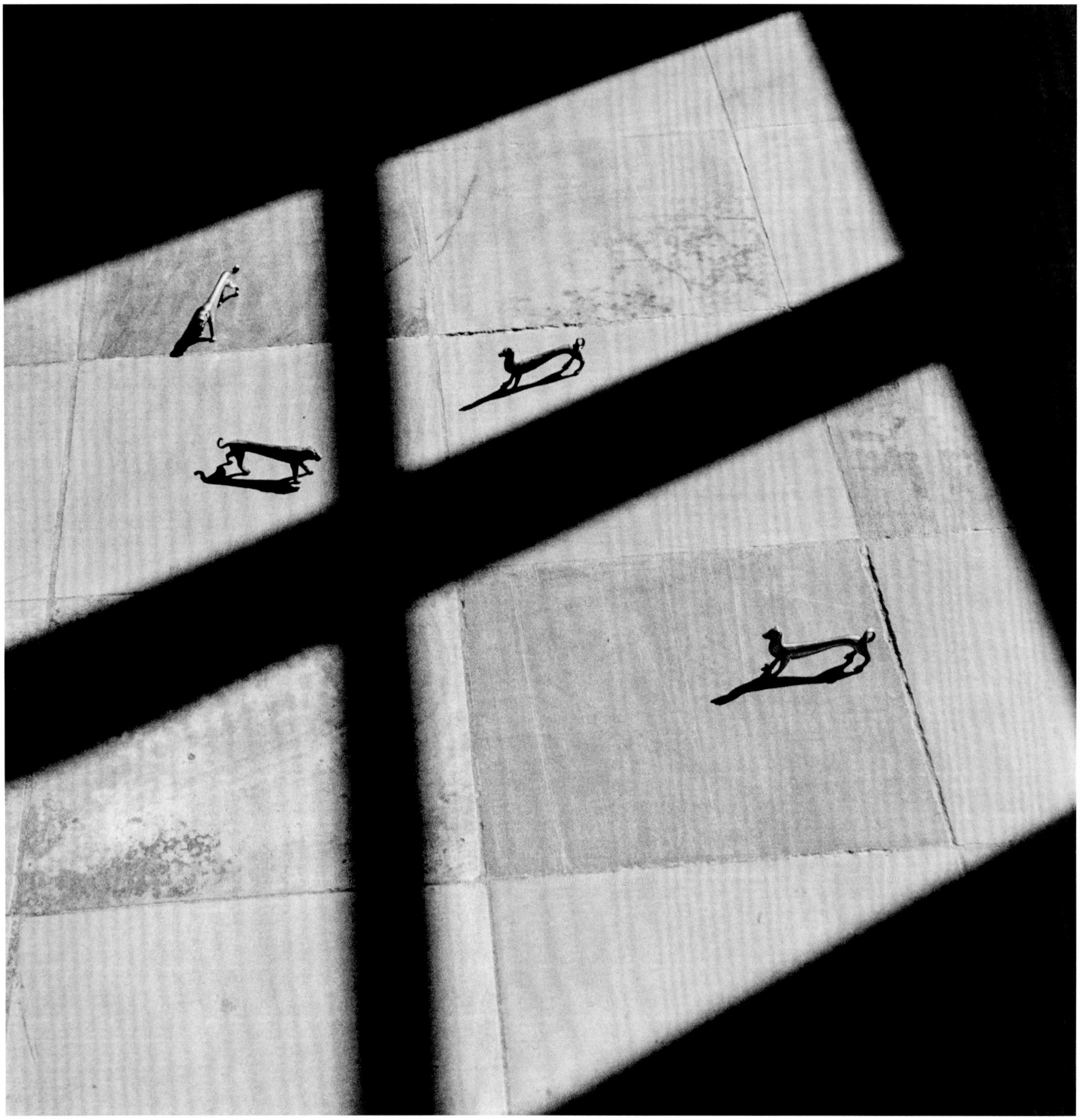

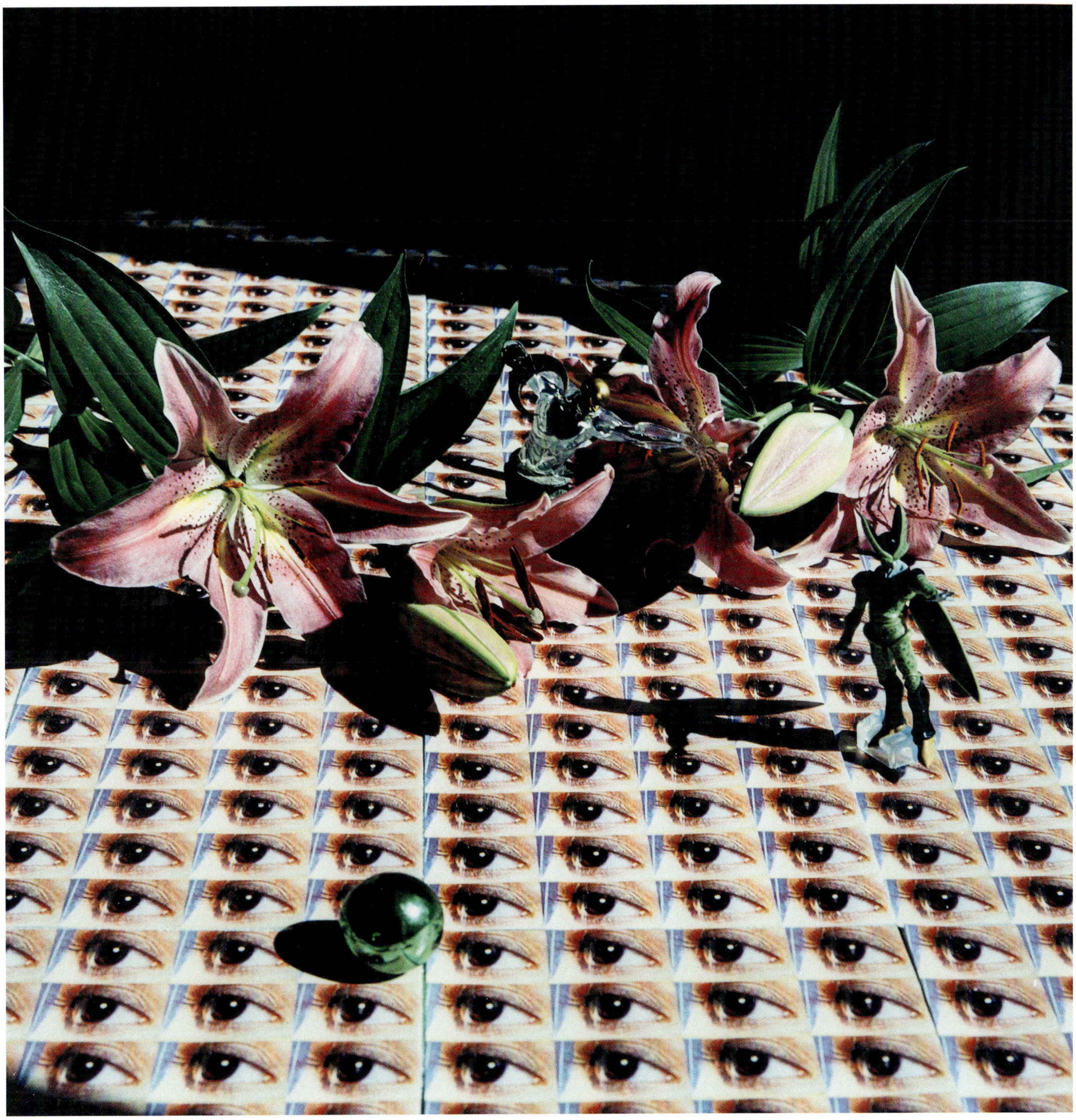

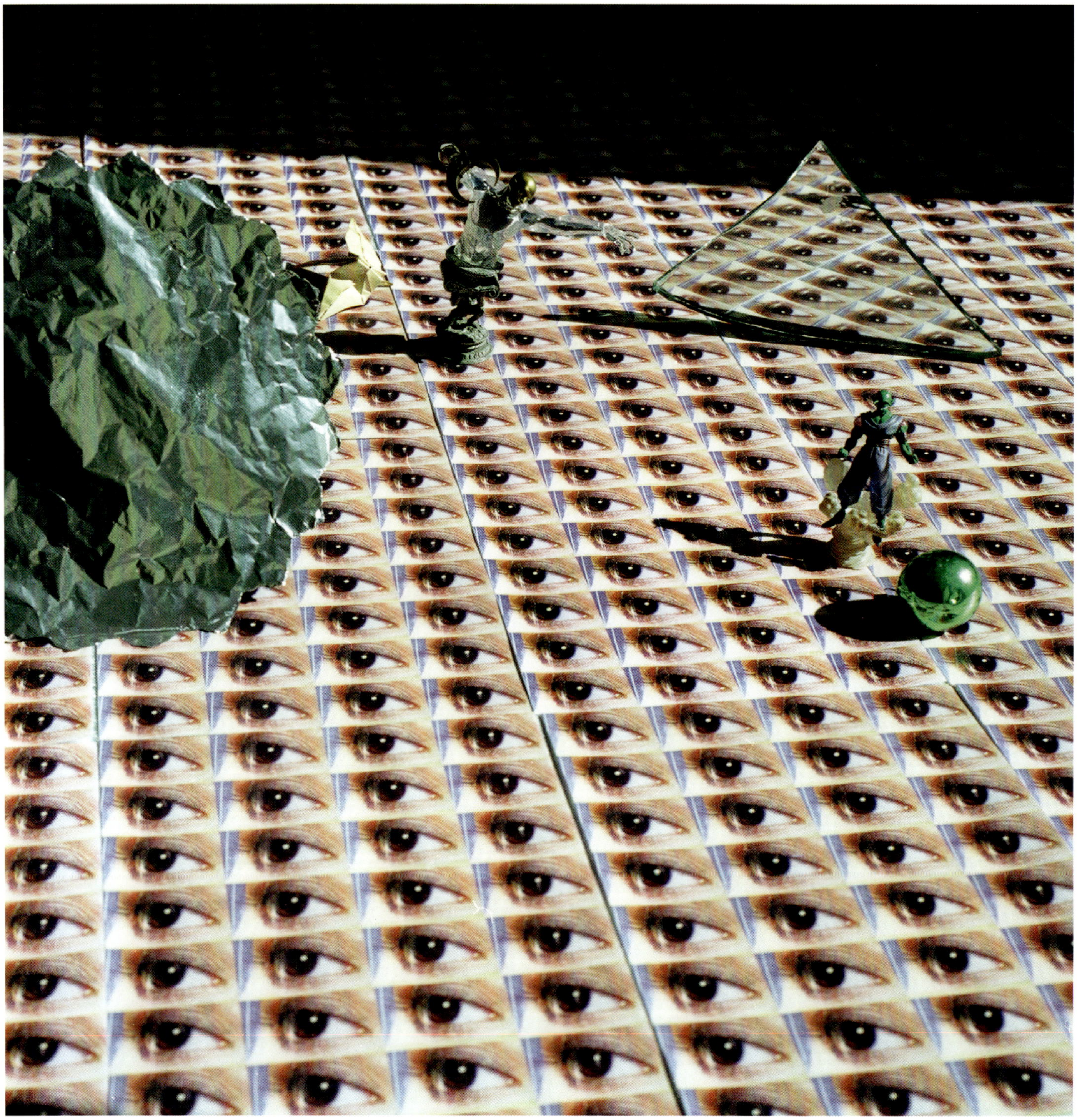

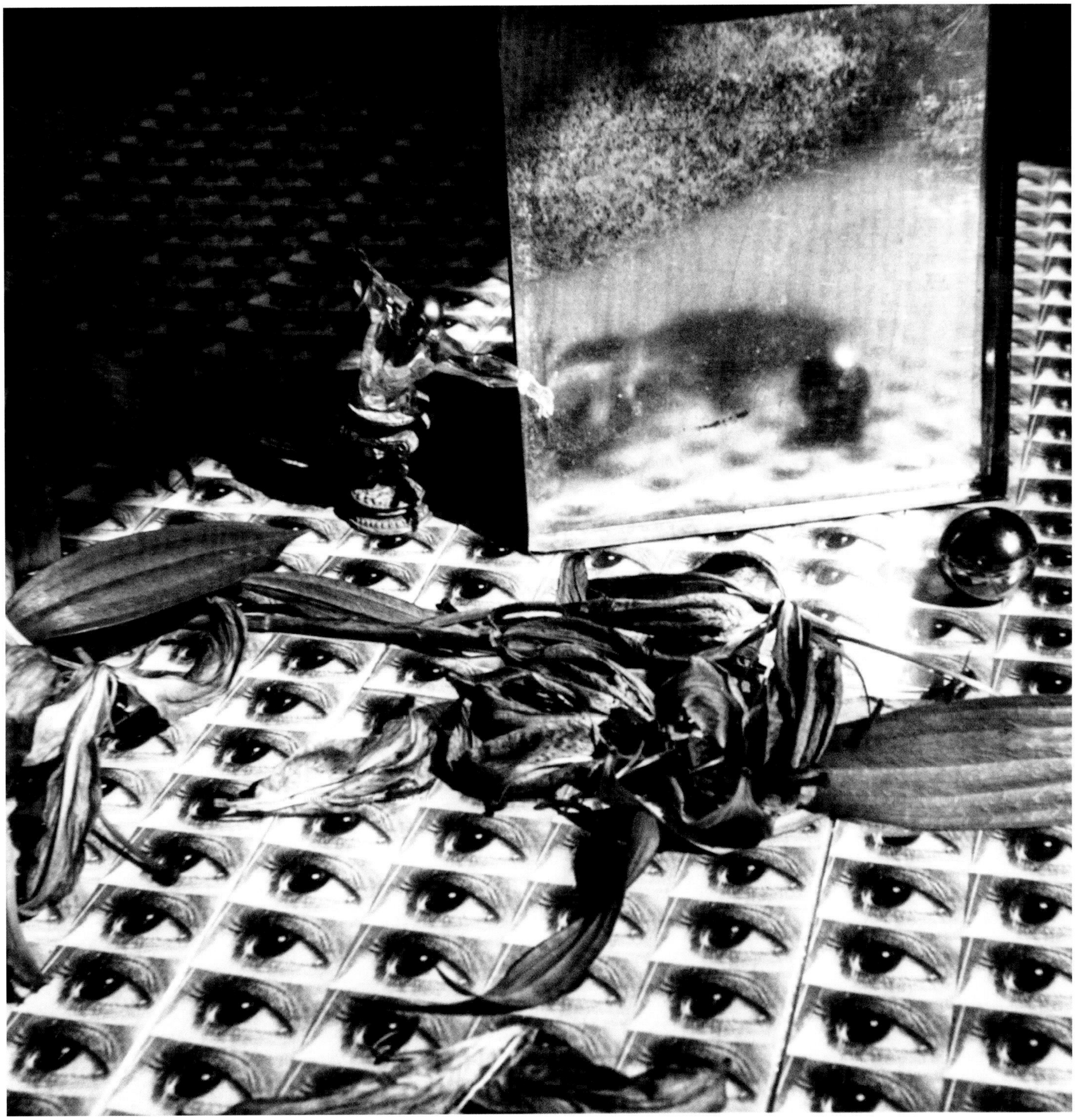

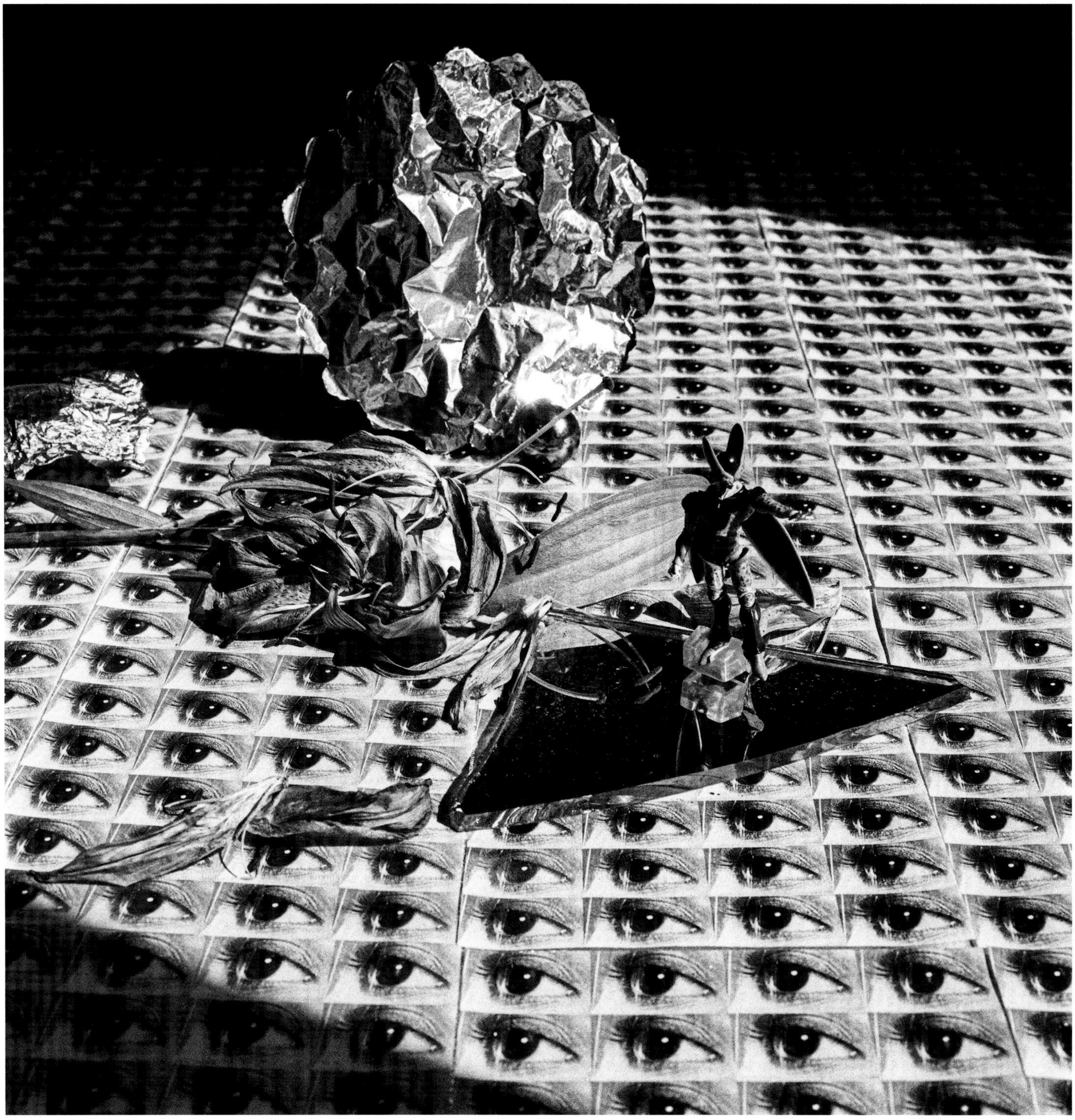

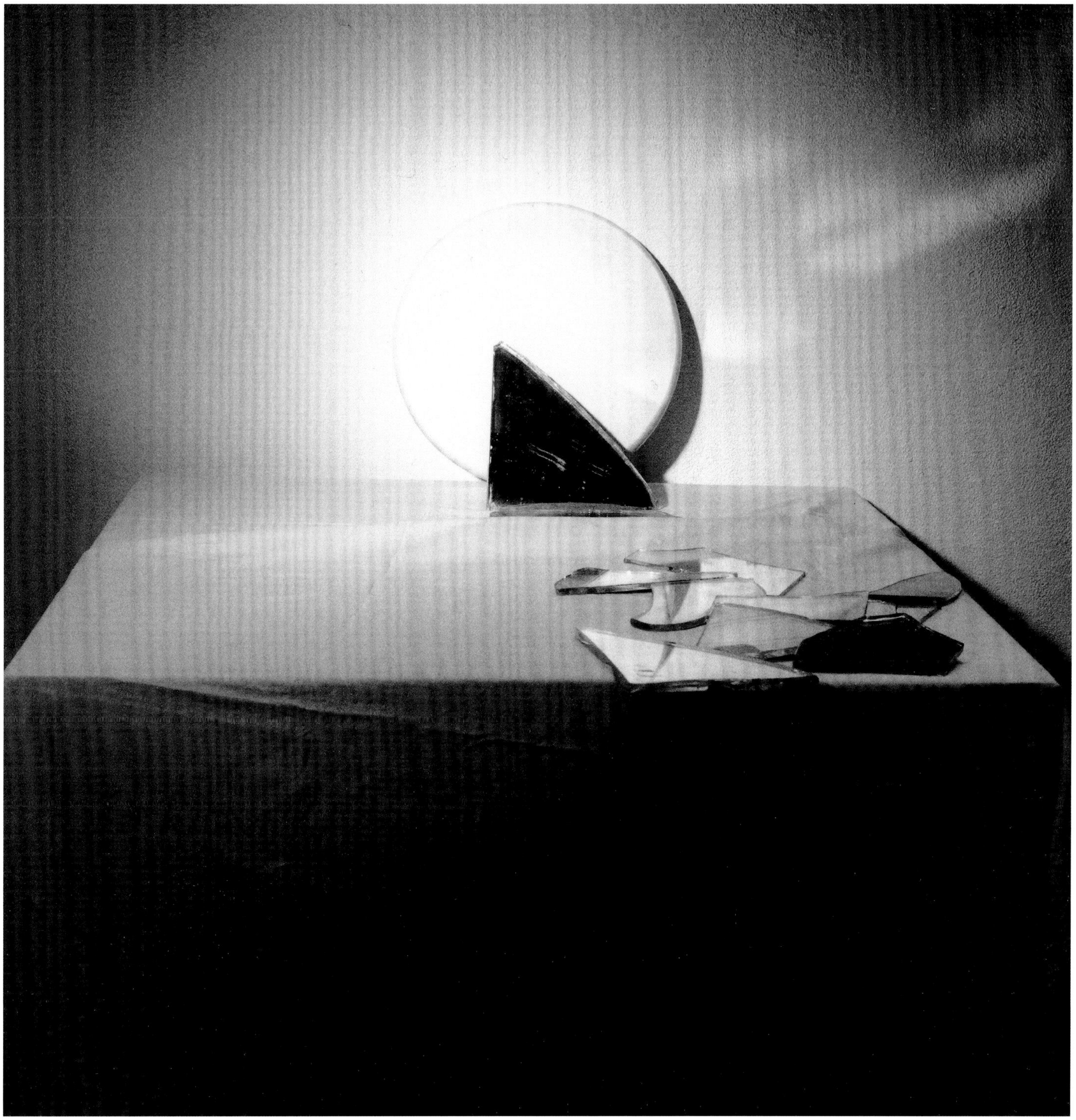

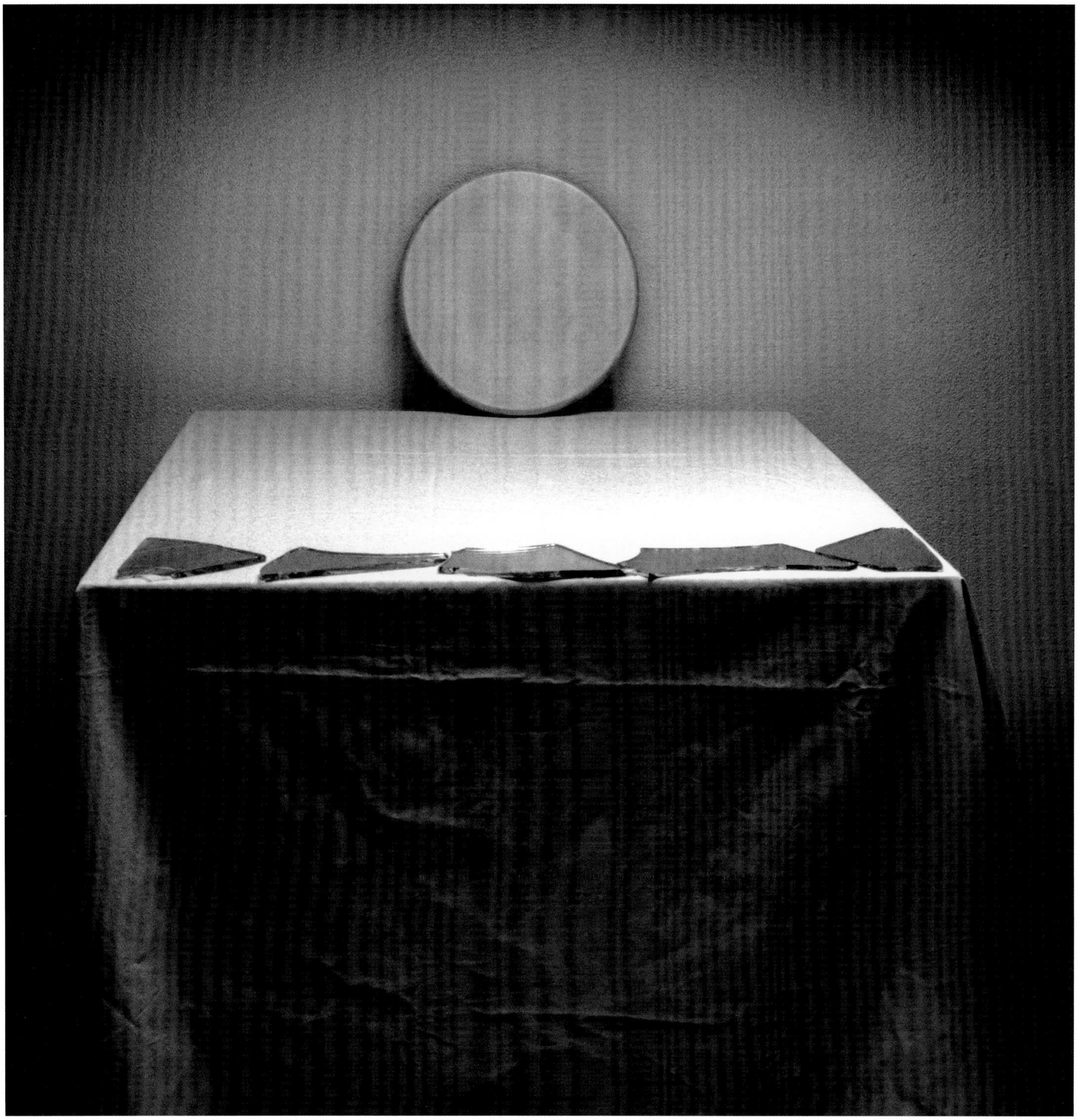

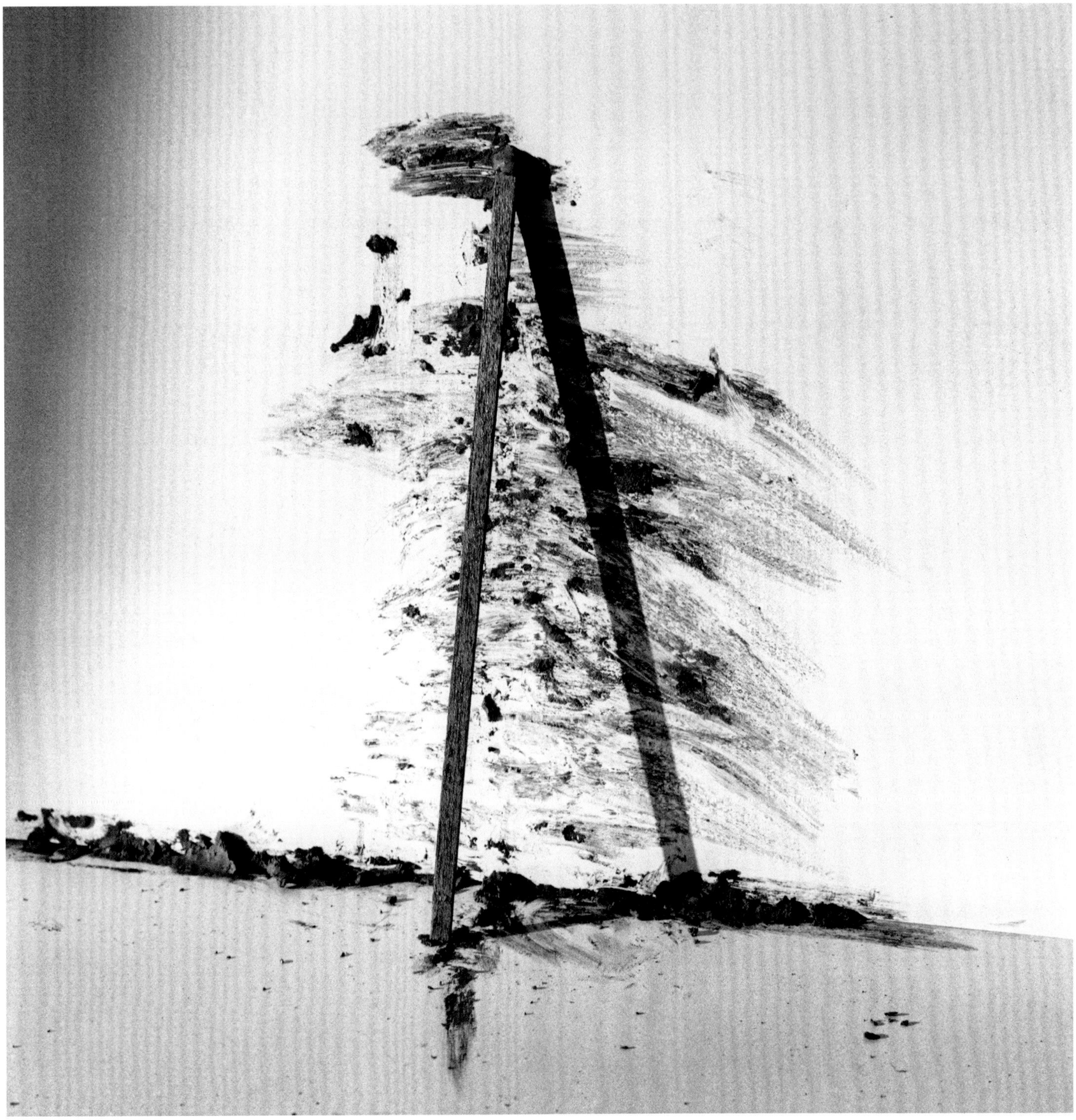

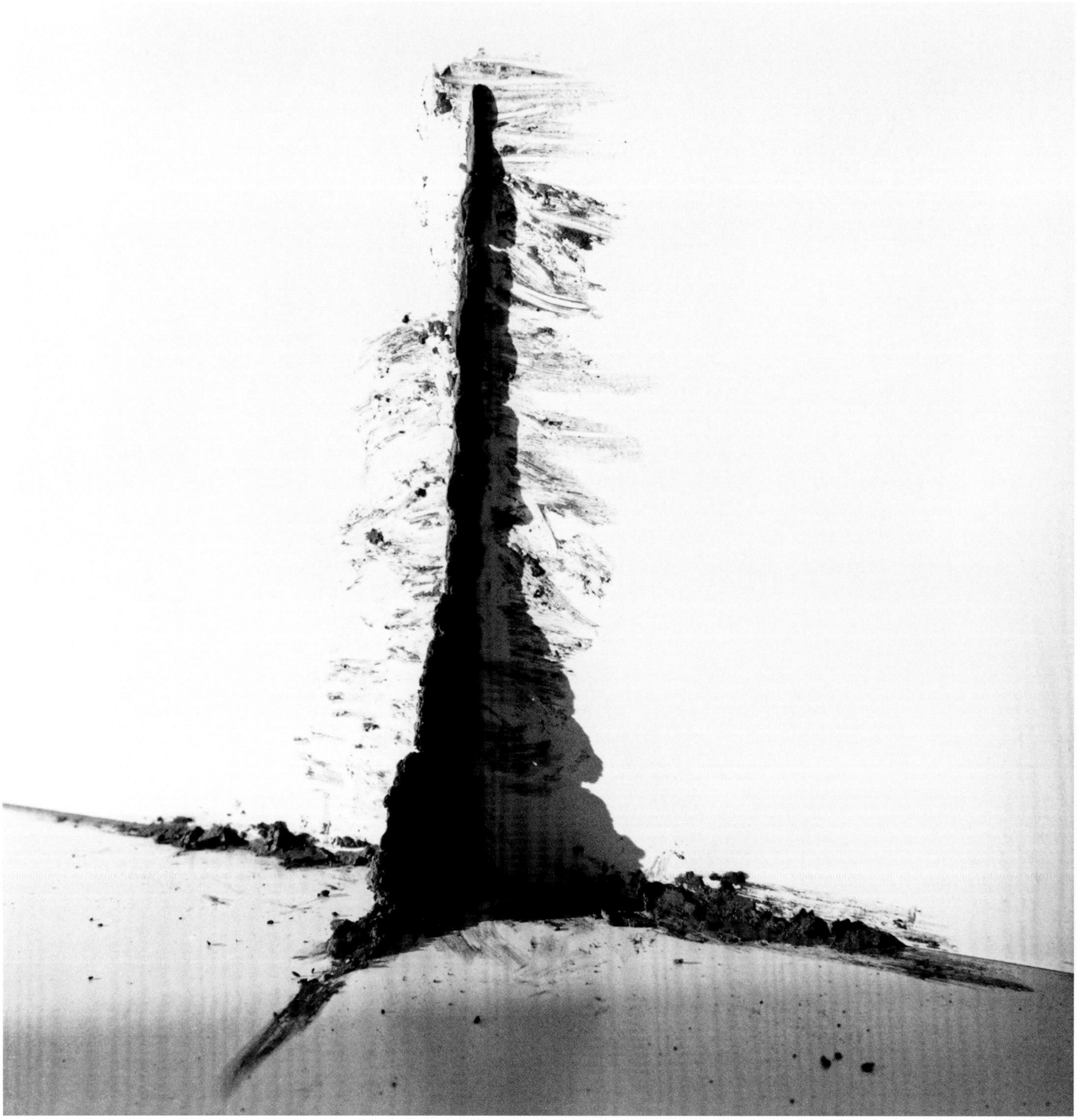

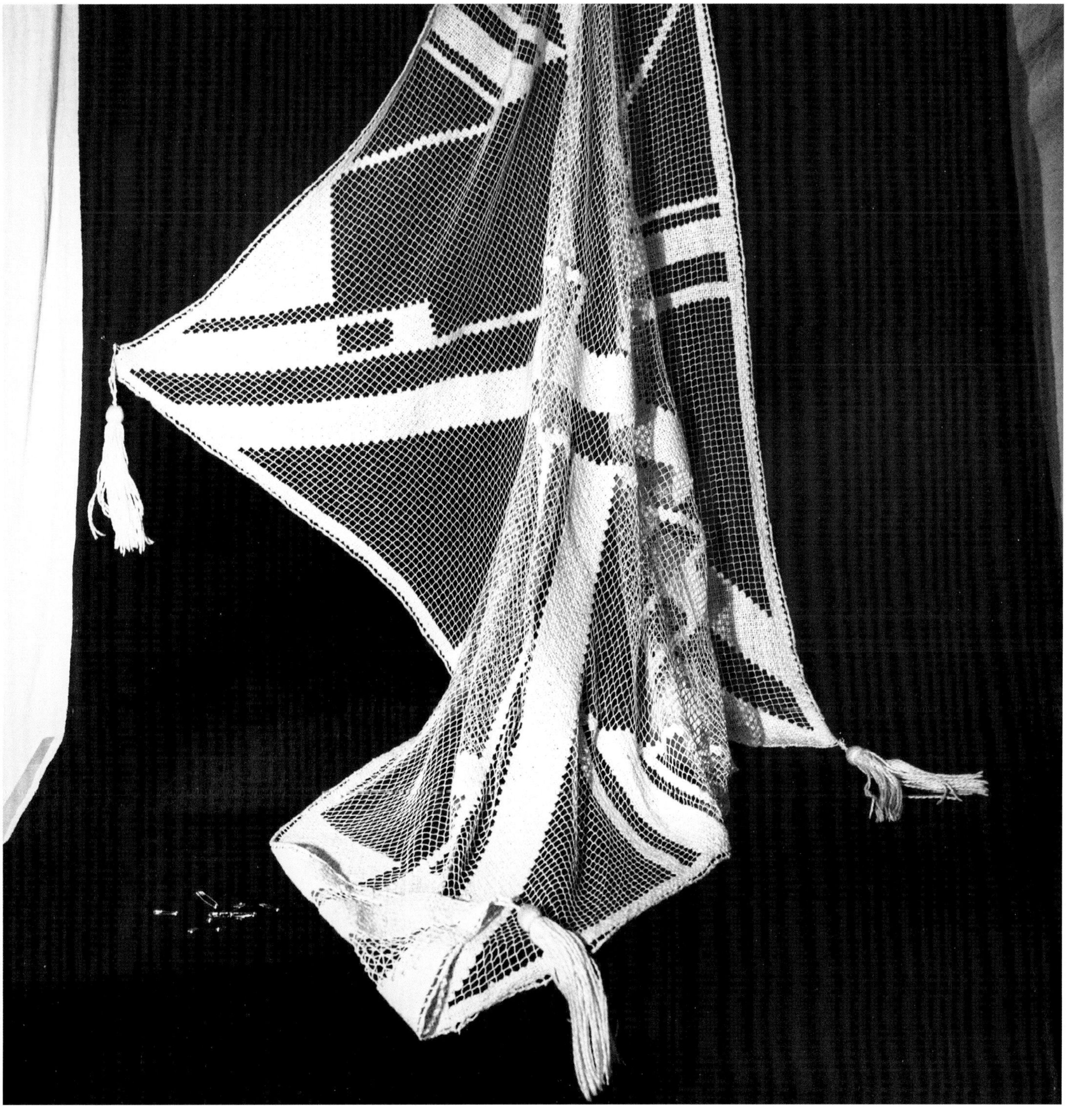

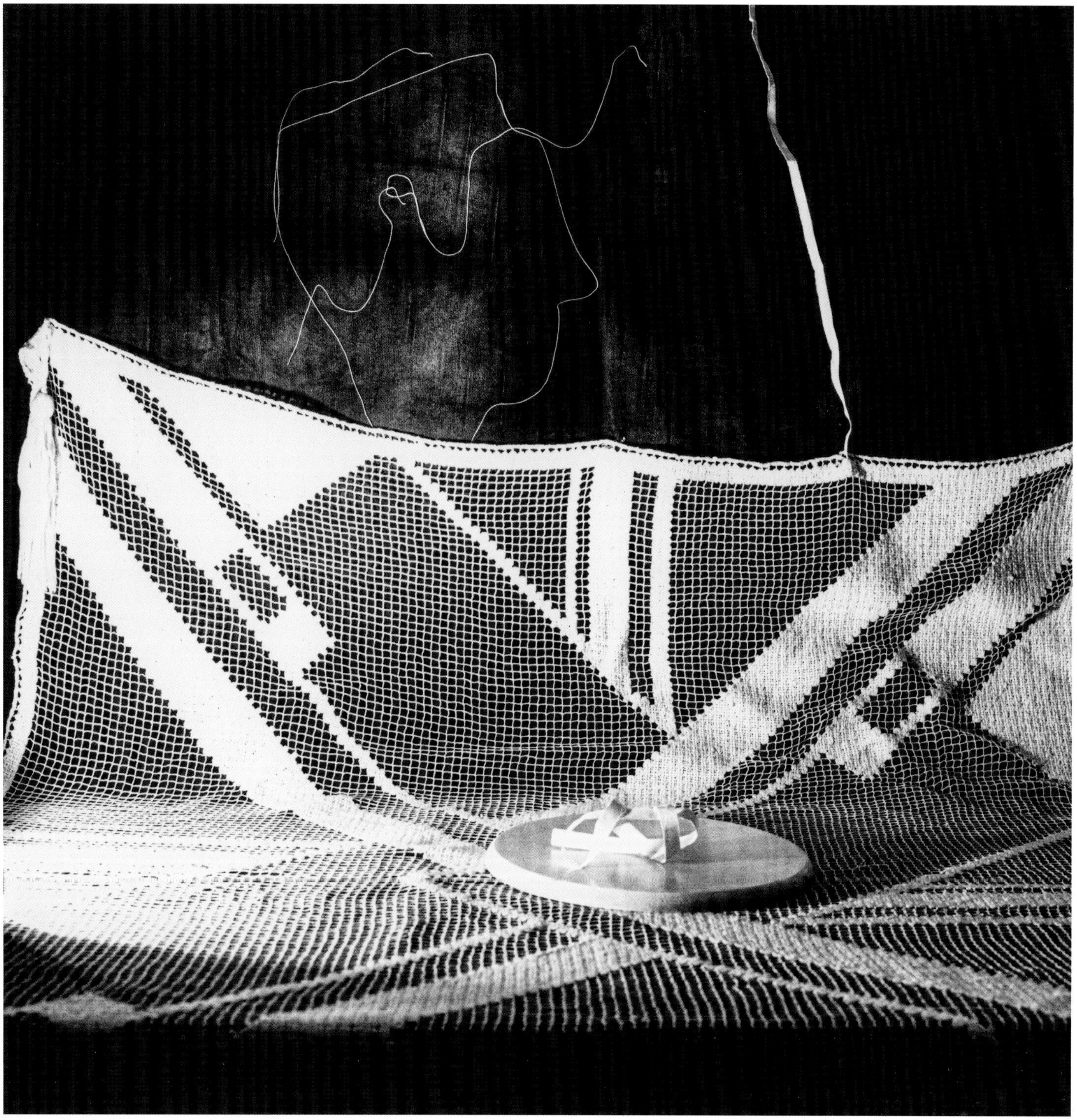

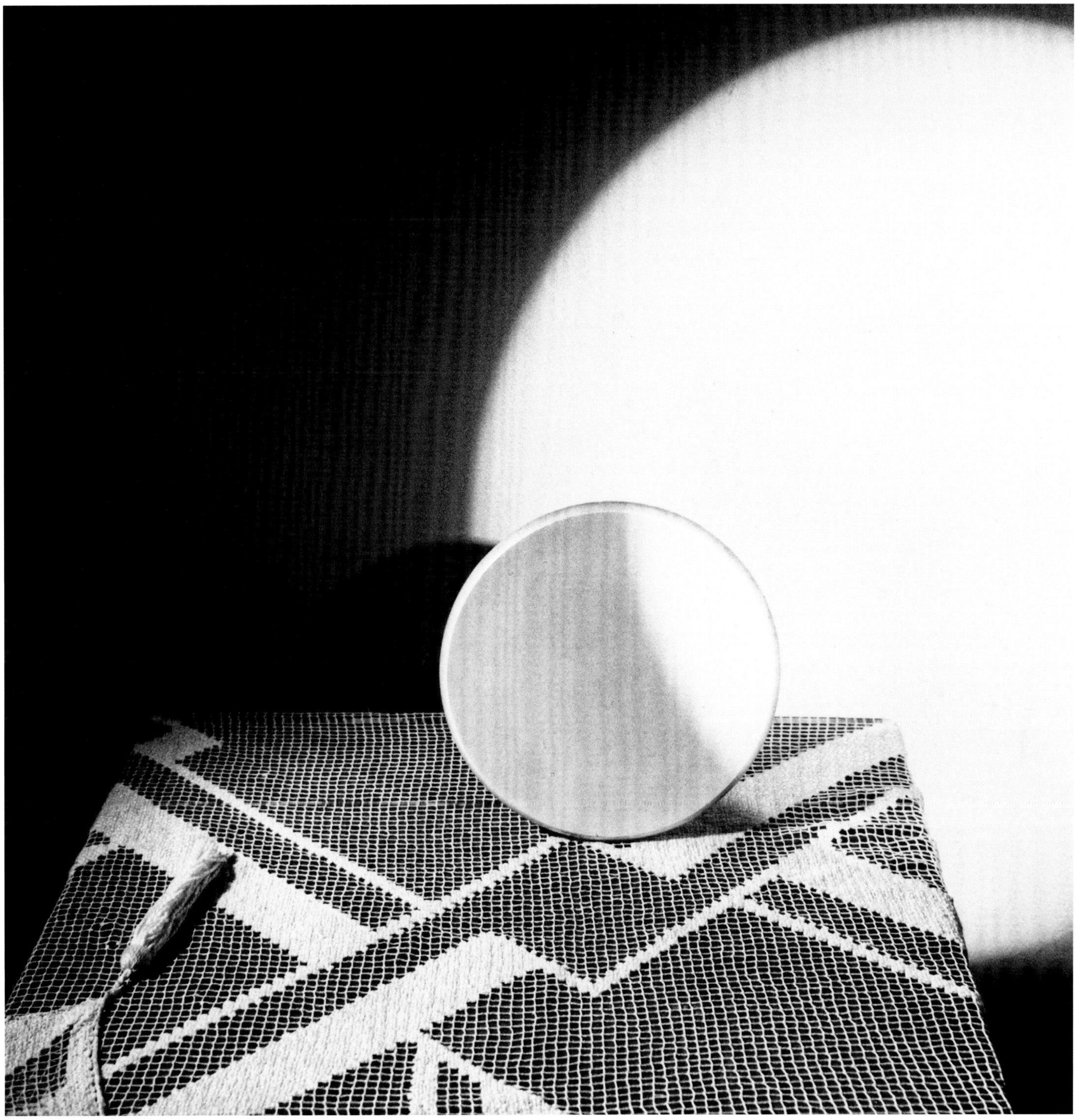

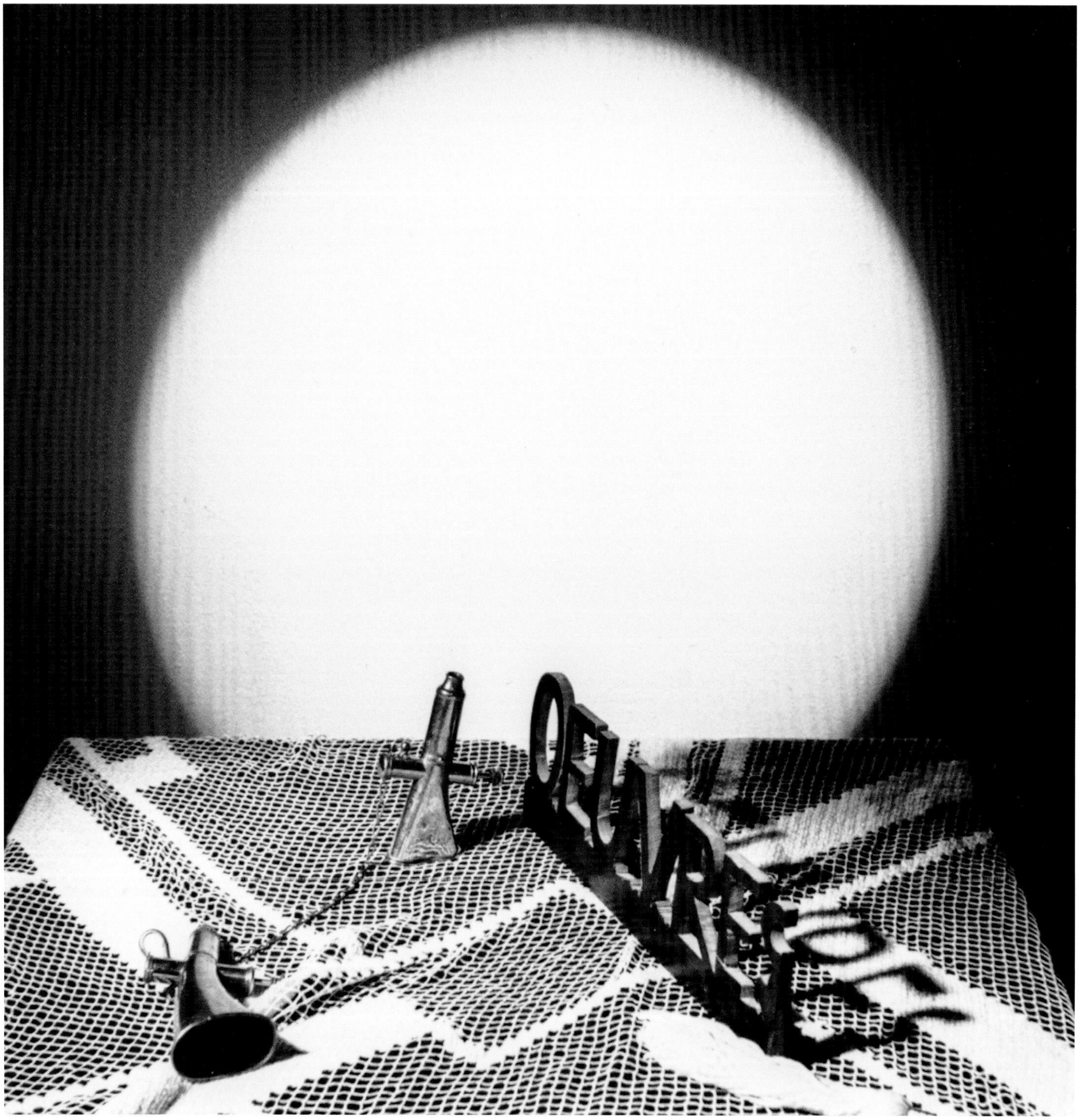

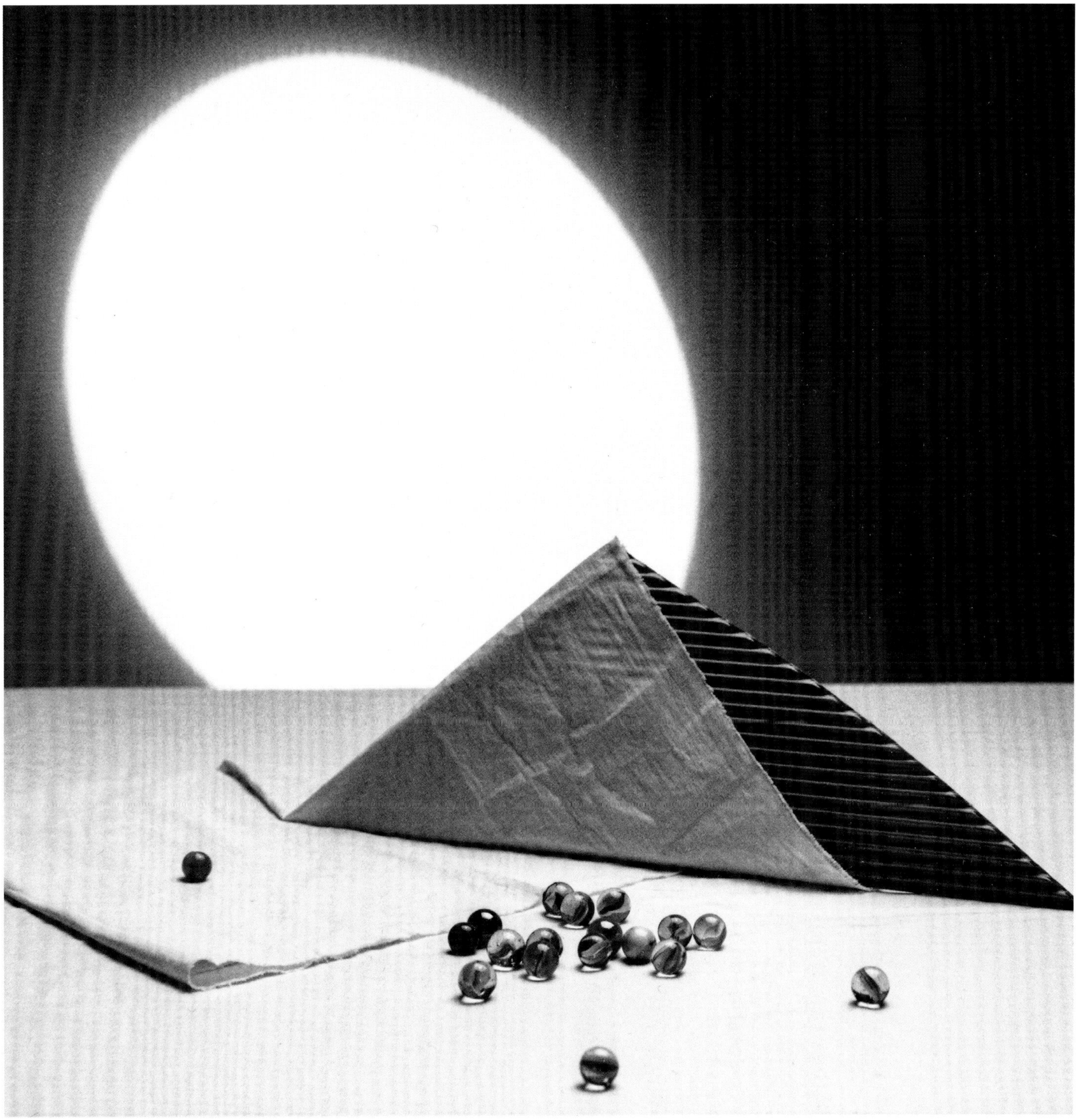

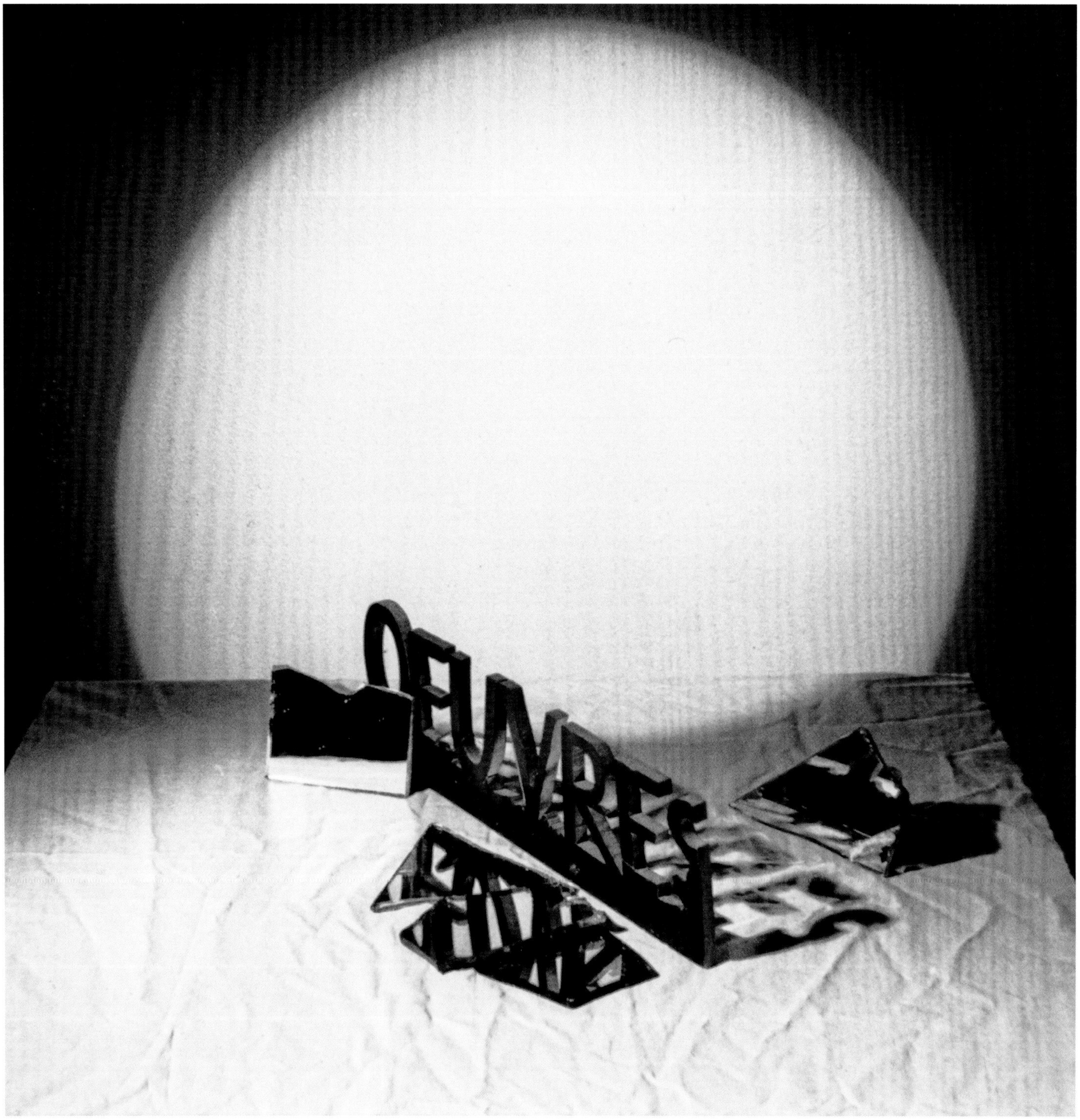
OEUVRES

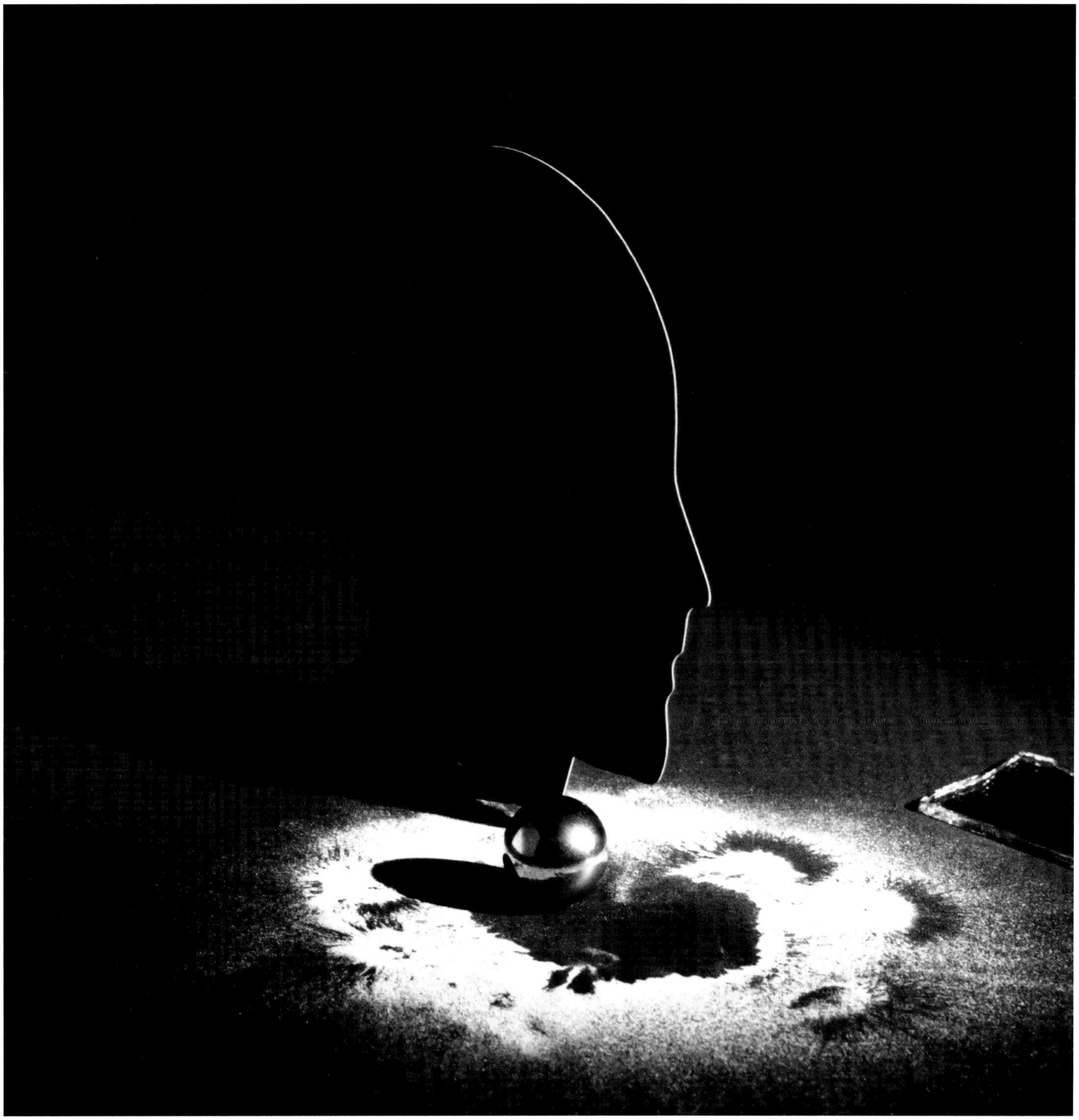

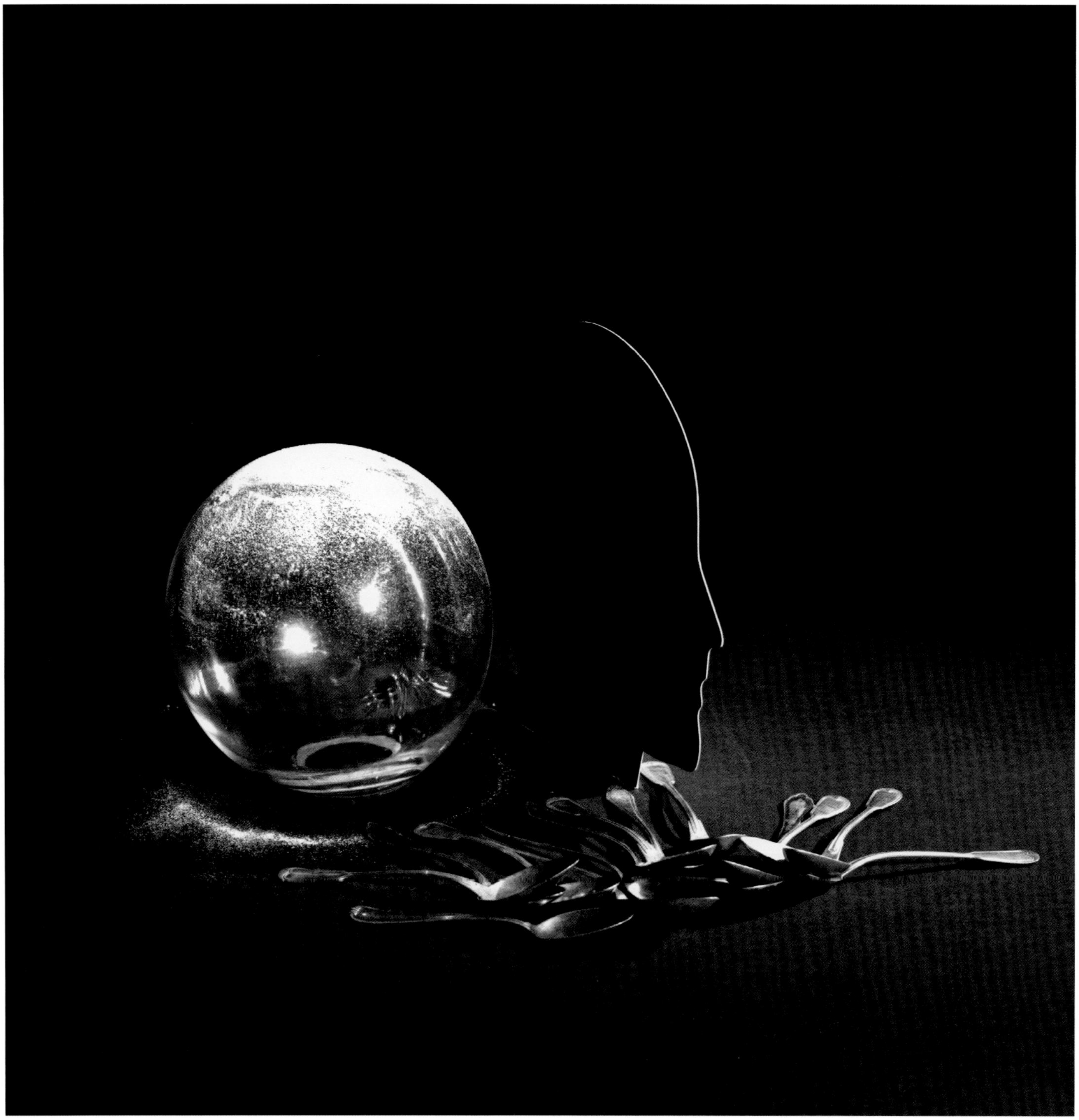

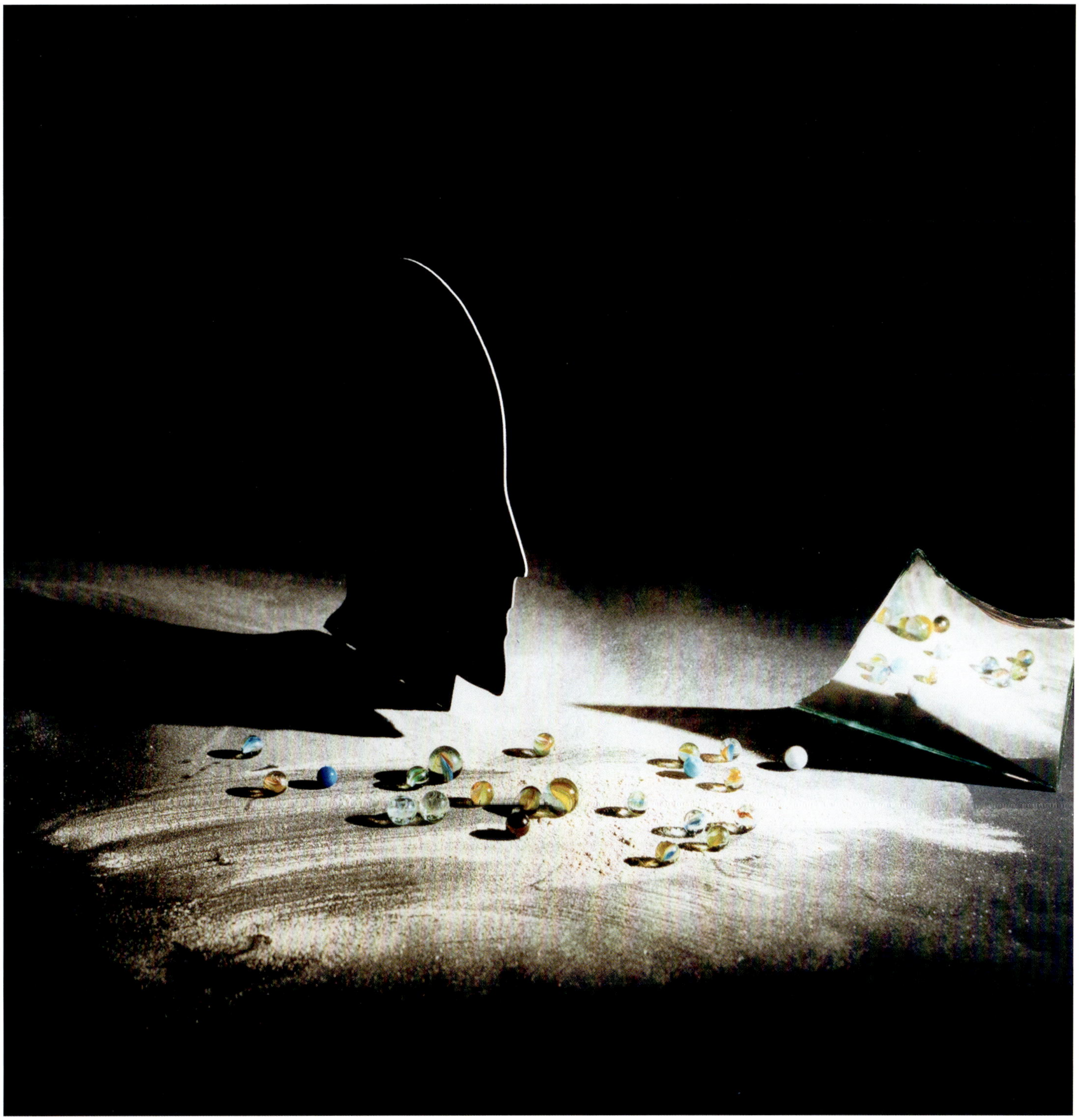

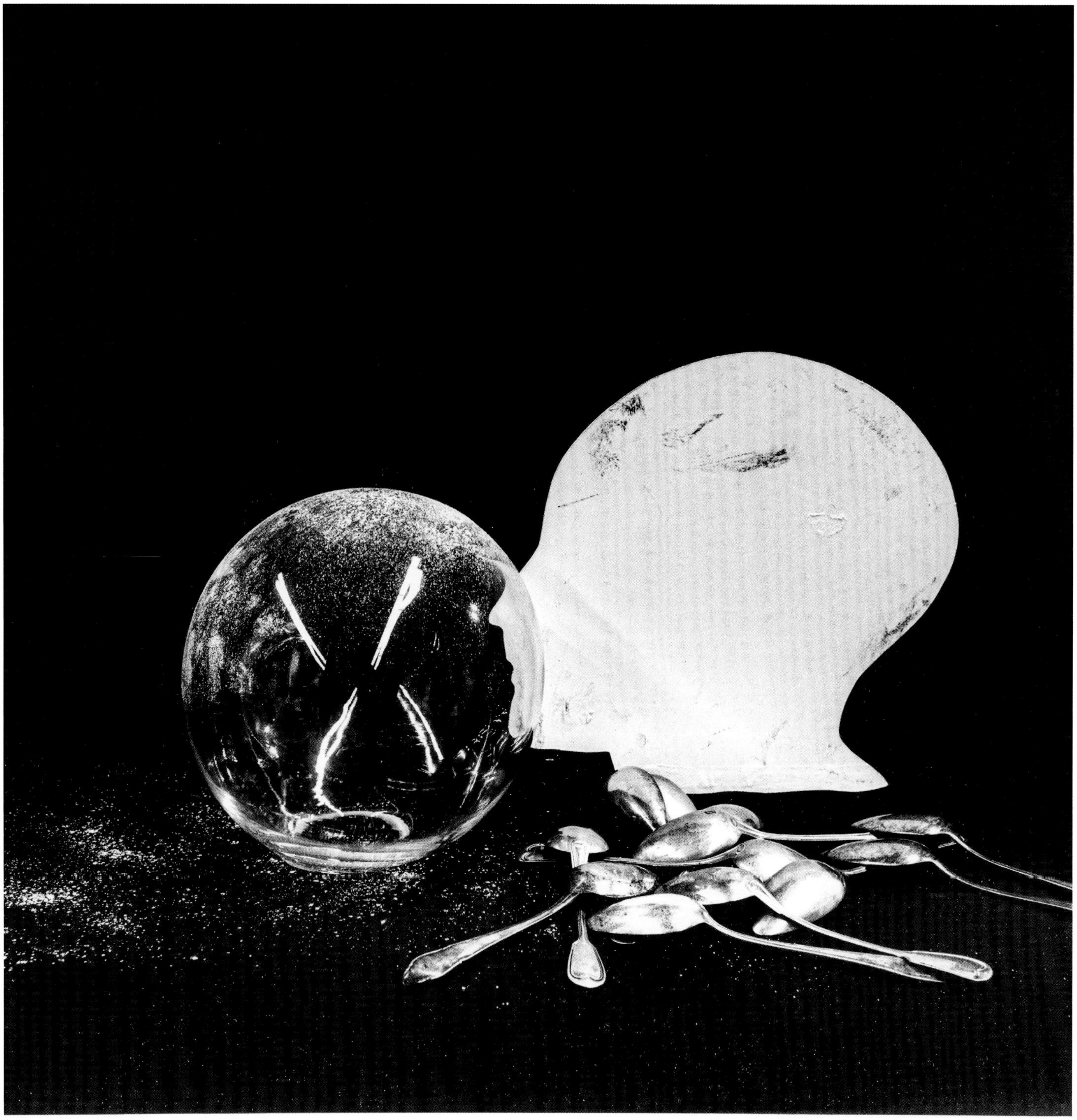

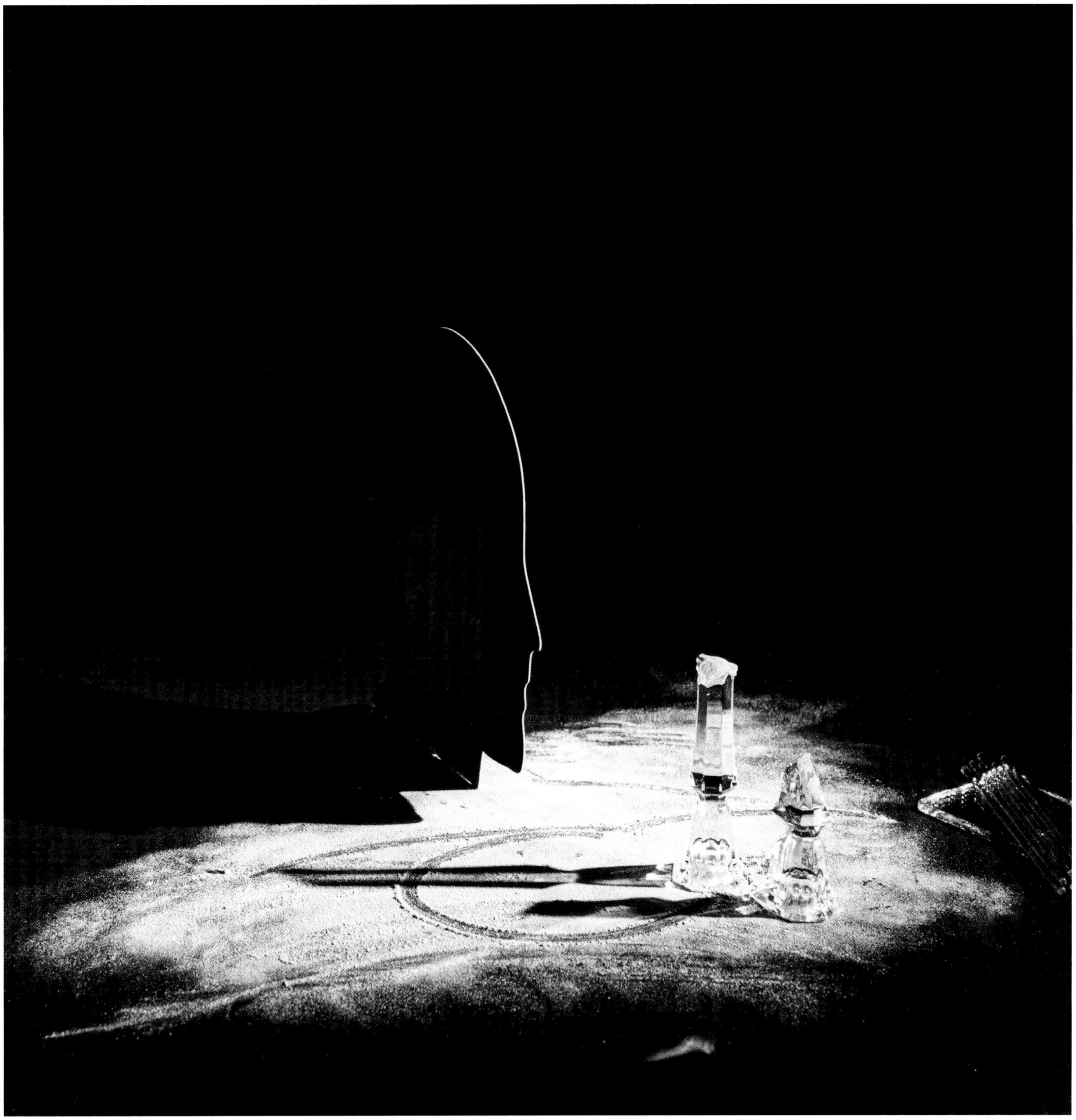

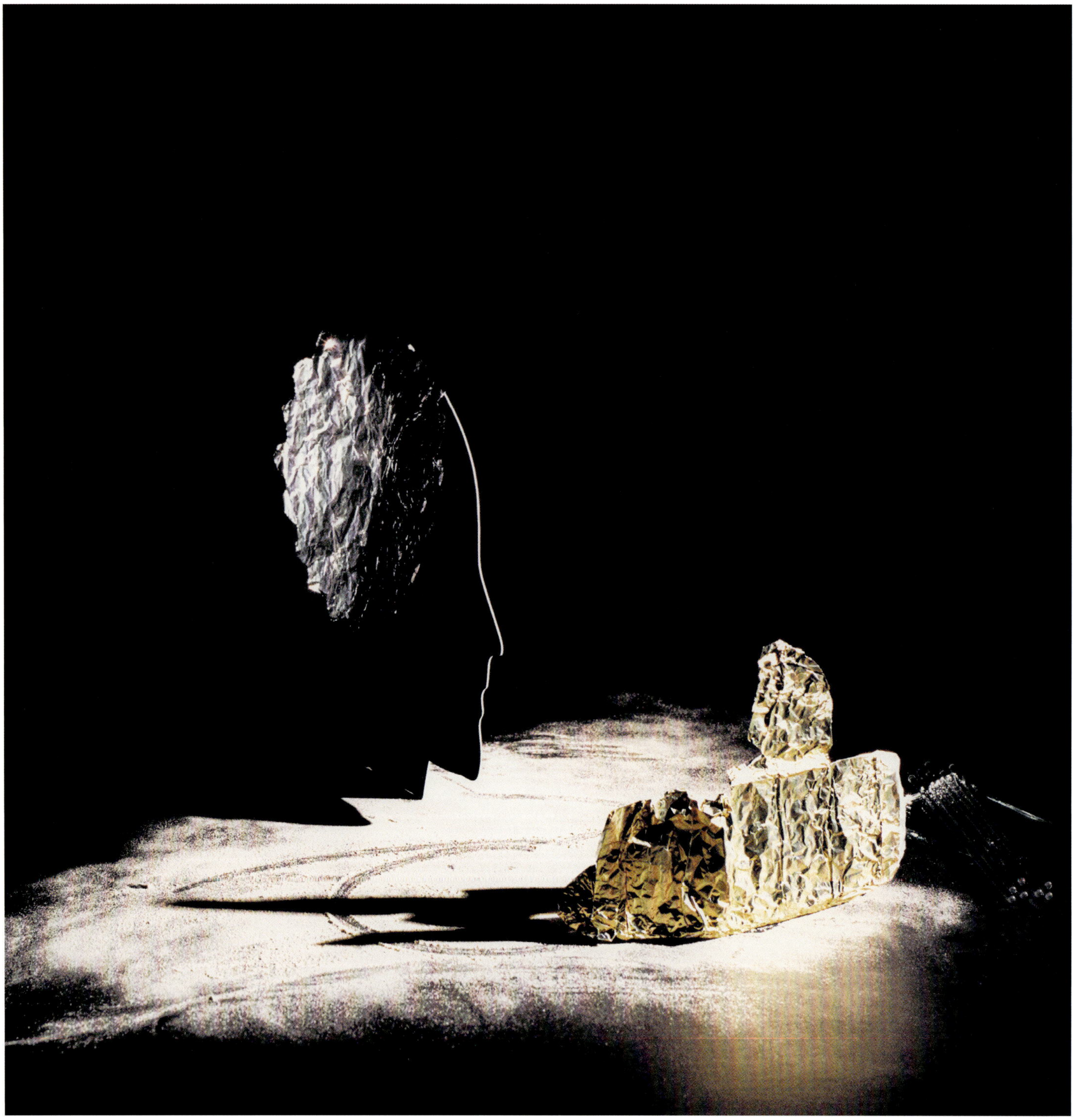

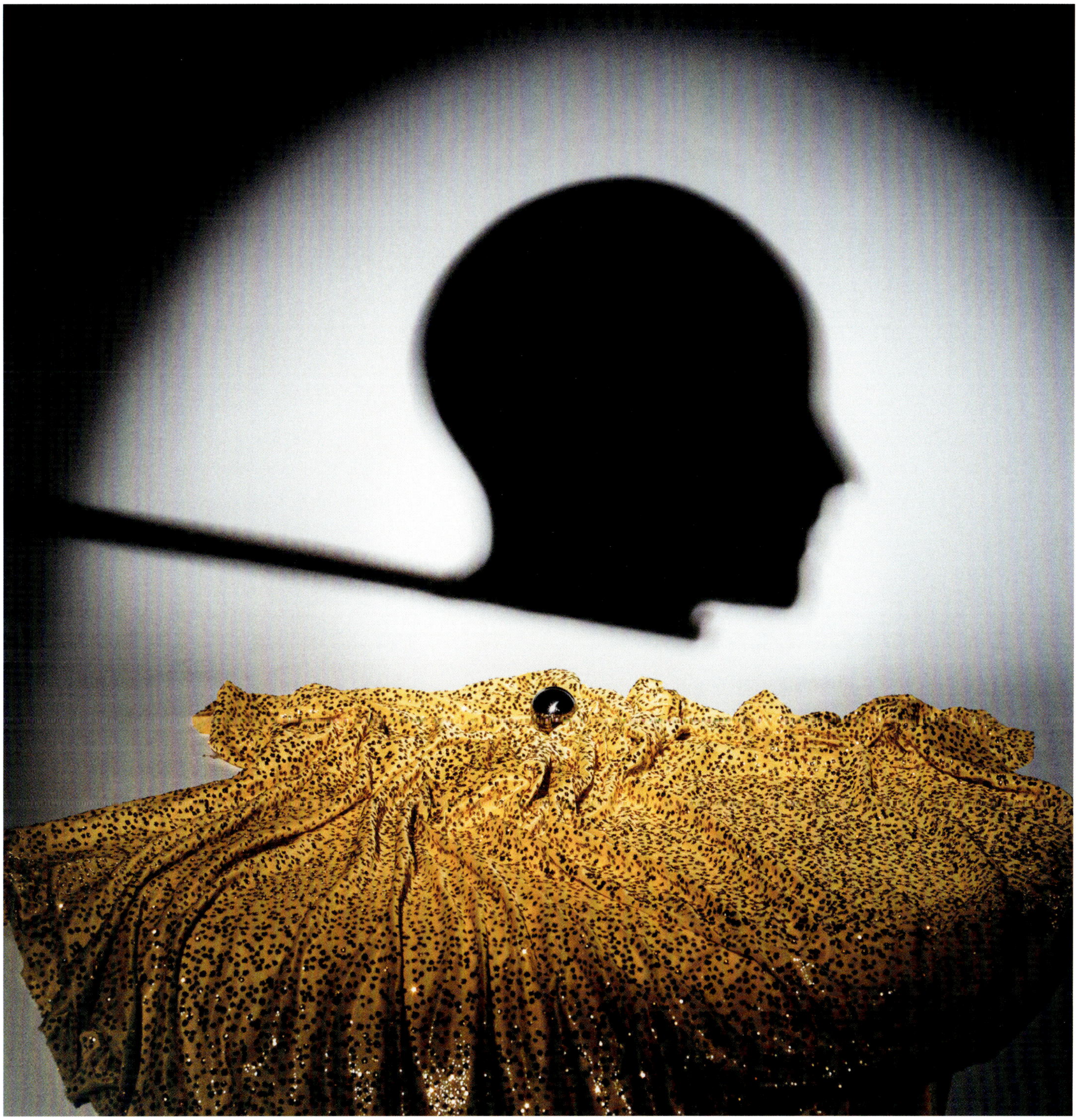

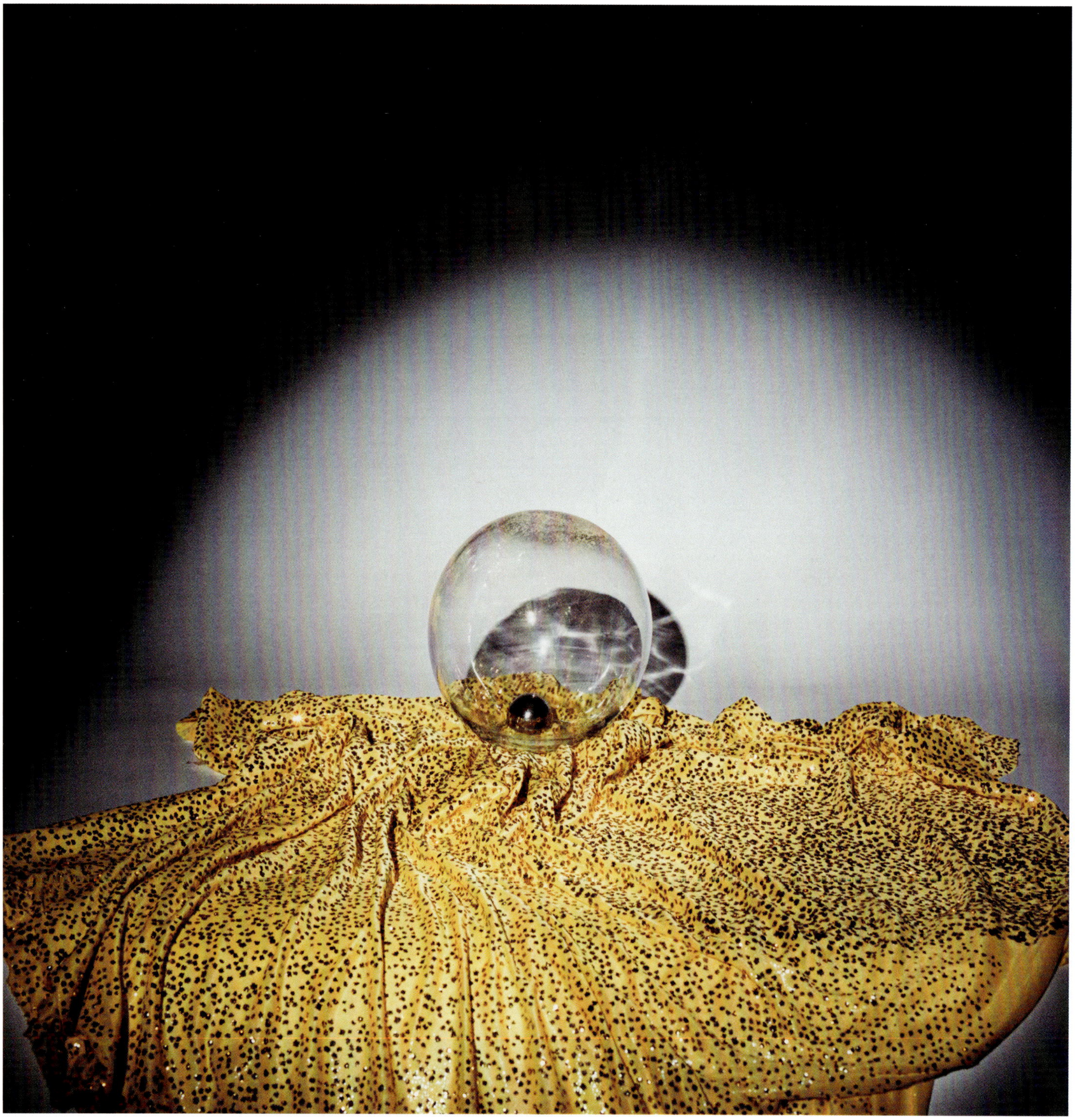

(F)

Miracles photographiques
Michel Poivert

Wolfgang Gäfgen n'a pas donné une grande audience à ses photographies jusqu'à présent. Il s'est pourtant régulièrement livré à des expériences marquées par une grande cohérence tout en étant d'une extrême diversité. Cohérence parce que ses photographies relèvent quasi exclusivement de la mise en scène d'objets dans un espace resserré. Diversité parce qu'il s'y joue des situations toujours différentes à partie d'éléments relativement réduits : quelque chose comme une nature morte infinement vivante, un établi d'artisan en perpétuel travail, un rituel toujours réinventé, le chantier infini d'une pensée en acte.

Des expériences : c'est probablement ce qui vient à l'esprit de celui qui observe le corpus photographique de Wolfgang Gäfgen. L'artiste dispose des sources lumineuses, des objets, il concentre dans un espace et un format (toujours le même : un carré) une sorte de théâtre métaphysique. Les effets qui se produisent (ombres, reflets, contrastes colorés, transparences, suggestions symboliques, etc.) semblent n'avoir d'autre but que d'animer une scène qui ne renvoie à aucune narration ou anecdote – à rien de « réaliste » au sens où la photographie documenterait un réel préalable. Il s'agit plutôt de réunir les conditions d'une expérience. On peut parler de « séries », car le corpus se segmente en ensembles de clichés sur des thèmes qu'il est difficile de nommer mais qui, avec des moyens semblables à chaque fois (mêmes objets, mêmes couleur ou mêmes effets) tente d'épuiser une proposition. On pourrait aussi parler d'*exercices*, au sens de tentative qui ne sont pas nécessairement destinées à produire un résultat, mais plutôt à manifester une activité photographique, et dont la répétition et les variations ont en elles mêmes une valeur de *praxis*. Toute l'histoire des avant-gardes historiques est faite de la relation ténue entre l'exercice et l'œuvre. À beaucoup d'égards, le corpus photographique de Wolfgang Gäfgen nous semble relever de cette relation dialectique de l'exercice et de l'œuvre. Et rejoindre en cela des caractéristiques profondes de l'histoire de la photographie, du temps des pionniers jusqu'aux pratiques conceptuelles contemporaines.

Pour appréhender les différents aspects qui composent la boule à facettes que constitue cette œuvre photographique, il faut poser un axiome : toutes les photographies ne sont pas des images. Pour nombre

(D)

Mysterien der Fotografie
Michel Poivert

Wolfgang Gäfgen hat seine Fotografien bisher nur einem kleinen Publikum zugänglich gemacht, allerdings sind seine Versuche auf diesem Feld äußerst vielfältig und zugleich sehr kohärent. Kohärent, weil er darin fast ausschließlich Objekte auf engem Raum inszeniert. Vielfältig, weil er im Spiel mit einer relativ kleinen Auswahl an Elementen die Situation immer wieder abwandelt: ein Stillleben, das gewissermaßen nie stillsteht, eine lebendige Werkbank, auf der unaufhörlich gearbeitet wird, ein immer wieder neu erfundenes Ritual, die ewige Baustelle der Gedanken.

Versuchsanordnungen: Das ist es wohl, woran jeder denken muss, der Wolfgang Gäfgens fotografisches Werk betrachtet. Der Künstler arrangiert Lichtquellen und Objekte im Raum und verdichtet sie in stets demselben (quadratischen) Format zu einer Art metaphysischem Theater. Die Effekte, die dabei auftreten (Schatten, Spiegelungen, Farbkontraste, Transparenz, symbolische Andeutungen etc.) scheinen allein der Belebung der Szene zu dienen, ohne Bezug zu einer Erzählung oder Anekdote – zu nichts „Realistischem" im dokumentarischen Sinne, wonach die Fotografie auf eine vorgefundene Wirklichkeit verweist. Vielmehr geht es darum, die Grundvoraussetzungen für ein Erlebnis zu schaffen. Man kann hier von „Serien" sprechen, da sich das Werk in Themenblöcke aufgliedert, die sich im Einzelnen zwar nur schwer benennen lassen, aber ähnliche Mittel einsetzen, um ihr jeweiliges Thema auszuschöpfen (gleiche Objekte, gleiche Farben, gleiche Effekte). Man könnte auch an Übungen im Sinne von Proben denken, die nicht unbedingt ergebnisorientiert sind, sondern vor allem Manifestationen der fotografischen Tätigkeit, deren Wiederholung und Variation an sich einen Praxiswert haben. Die gesamte Geschichte der historischen Avantgarden besteht aus dem spannungsreichen Verhältnis von vorläufiger Übung und endgültigem Werk. Wolfgang Gäfgens Fotografien scheinen mir in vielerlei Hinsicht Teil dieses dialektischen Verhältnisses von Übung und Werk zu sein. Und sie reichen mit ihren Merkmalen weit in die Geschichte der Fotografie zurück, von den Pioniertagen bis hin zu zeitgenössischen konzeptionellen Ansätzen.

Um die verschiedenen Aspekte dieses facettenreichen Werks zu erfassen, muss man ein Axiom aufstellen: Nicht alle seine Fotografien sind Bilder.

(E)

Photographic Miracles
Michel Poivert

Wolfgang Gäfgen has, until now, only ever exposed his photographs to a limited audience. He has nevertheless regularly produced extremely diverse yet coherent experiments. Coherent because his photographs are almost exclusively about staging objects in a tight space. Diverse because consistently different situations are played out using a relatively limited range of elements: like a still life with infinite life, an artisan's workbench in perpetual labour, an endlessly reinvented ritual, the boundless construction of a thought in action.

Experiments: this is probably what comes to mind when observing Wolfgang Gäfgen's body of photographic work. The artist arranges light sources and objects and assembles a sort of metaphysical theatre in a given space and a given format (always the same: a square). The effects produced, from shadows, reflections and coloured contrasts to transparency and symbolic suggestions, appear to have no purpose other than to bring alive a scene that does not refer to any narrative or anecdote – to nothing that could be said to document a pre-existing reality. Instead, the aim is to create the conditions for an experiment. We can speak of series because the work is segmented into sets of shots on themes which are difficult to name but which seek to explore an idea to its limits, drawing on similar means each time (the same objects, same colours or same effects. We could also speak of exercises, in the sense of attempts that are not necessarily meant to produce a result, but rather to manifest a photographic activity, and whose repetition and variations contain within them a role as praxis. The entire history of bygone avant-garde movements is made up of the tenuous relationship between the exercise and the work. In many respects, Wolfgang Gäfgen's photography seems to us to be part of this dialectical relationship between exercise and work. It is thus aligned with the deeply-anchored characteristics of the history of photography, from the time of the pioneers to contemporary conceptual practices.

To understand the different aspects that make up the mirror ball that is this photographic work, we need to establish an axiom: not all photographs are images. Many of the photographs are not so much a representation resulting from his practice but, rather, experimentations. Viewers are not projected

(F) de photographies, c'est en effet moins une représentation qui résulte de sa pratique, que des expérimentations. Le spectateur ne s'y projète pas comme dans un monde réel ou fictionnel, il s'agit moins d'une description ou d'une illusion que d'une construction qui s'offre au regardeur. Celui-ci ne possède aucun code ou presque pour s'y repérer, et doit en matière d'espace, de couleur ou de tout autre élément formel et symbolique, apprendre à avancer en terre étrangère. Ce qui nous est offert est instable, c'est-à-dire essentiellement dynamique. Certes, quelques mots donnés à voir (« Oeuvres » ou « Nichts » par exemples), tentent d'échapper à leur condition d'énoncé pour devenir des « choses » et indiquent un chemin : il sera question de création sans aucune garantie de résultat. La photographie de Wolfgang Gäfgen est un laboratoire. Et si l'on tient toujours à regarder les photographie de Wolgang Gäfgen comme des images, on dira qu'il s'agit d'images d'expériences, plus que d'expériences d'images.

Car cette photographie ne peut pas être qualifiée d' « expérimentale ». L'artiste ne s'emploie pas à excéder les possibilités du matériel photographique, ses procédés n'y sont pas déjoués. Pour reprendre l'expression de Vilém Flusser, Wolfgang Gäfgen ne joue pas contre l'*apparatus*.

Il s'agit d'autre chose. Cet autre chose c'est le dessin, dont Wolfgang Gäfgen est l'un des grands représentants contemporains. L'œuvre photographique ne peut pas être ici tenue à l'écart de ce qui est la pratique privilégiée de l'artiste. La photographie est-elle ici, comme chez nombre de peintres, une forme d'étude, de carnet iconographique, de répertoire de modèles ? Si l'on peut sans peine trouver des rapports entre les deux œuvres graphiques, il semble difficile de contenir la photo de Wolfgang Gäfgen dans ce qui serait une coulisse du dessin ou un registre de documentation. Sans hiérarchie, il s'agit d'un « cousinnage » entre photo et dessin (un « air de famille ») qui s'observe, au-delà de motifs similaires tels que certains ustensiles (couteaux par exemple), dans l'exercice permanent de dérèglement spatial, d'associations *a priori* incompatibles qui forment un carnaval d'intrus réunis dans un partage du même univers, qui fait songer à celui d'une géométrie non-euclidenne : un monde sans dessus-dessous mais capable de cristalliser en formes spatiales. La photographie forme ainsi un compagnon de route du dessin, dans le désir intense d'explorer un monde possible.

Mais il est un paradoxe : autant le dessin de Wolfgang Gäfgen peut être d'une redoutable précision et prendre un aspect « photographique », autant ses photographies s'ingénient à contruire un monde irréel. À moins de considérer la chronologie de l'œuvre, et d'avancer l'hypothèse qu'au tournant des années 1990, alors même que Wolfgang Gäfgen s'éloigne d'un dessin mimétique, c'est justement le travail photographique qui prend le relais, et libère l'artiste d'une obsession pour le dessin « classique » et lui préfère un dessin « photogénique ». Ou bien, autre hypothèse : les mises en scène photographiques, tout aussi réglées qu'elles apparaissent, seraient un dispositif qui aurait fait exloser l'espace de la représentation chez Wolfgang Gäfgen,

(D) Viele von ihnen resultieren weniger aus der fotografischen Praxis als aus dem Experiment. Dem Betrachter wird keine reale oder fiktive Welt geboten, in die er sich hineinprojizieren kann, keine Beschreibung oder Illusion, sondern vielmehr eine Konstruktion. Man hat kaum bis gar keine Mittel, um sich darin zurechtzufinden, und muss bezüglich des Raums, der Farben und anderer formaler oder symbolischer Elemente lernen, sich im Unbekannten zu bewegen. Was wir sehen, ist instabil, das heißt im Wesentlichen dynamisch. Zugegeben, einige der präsentierten Wörter (zum Beispiel „Oeuvres" oder „Nichts") wollen ihrem festgeschriebenen Dasein offenbar entkommen und als „Dinge" einen Weg aufzeigen: Es handelt sich um einen Schöpfungsprozess ohne garantiertes Ergebnis. Wolfgang Gäfgens Fotografie ist ein Labor. Und wer in seinen Laborergebnissen dennoch Bilder erkennen will, wird zumindest einsehen müssen, dass sie eher Bilder von Experimenten als Bildexperimente sind.

Denn man kann hier nicht von „experimenteller" Fotografie sprechen. Der Künstler versucht nicht, die technischen Möglichkeiten auszureizen, sein Verfahren erschöpft sich nicht darin. Wolfgang Gäfgen arbeitet, wie Vilém Flusser es ausdrückt, nicht gegen die Kamera. Ihm geht es um etwas anderes. Und dieses Andere ist die Zeichnung, zu deren großen zeitgenössischen Vertretern er gehört. Seine „foto-grafischen" Werke müssen mit Blick auf die grafischen betrachtet werden: Sind sie, wie bei vielen Malern, eine Form von Modellstudie, von Vorlagensammlung, ikonografische Notizen? Es lassen sich leicht Verbindungen zu seiner bevorzugten Disziplin ziehen, allerdings dürfen die Fotografien nicht auf so etwas wie ihren dokumentarischen Charakter reduziert werden, sie sind kein bloßes Beiwerk zu den Zeichnungen. Die beiden grafischen Werkbereiche stehen in keinem hierarchischen Verhältnis, sie gehören zur selben „Familie", ihr „Verwandtschaftsgrad" reicht über die Motivebene (wiederkehrende Utensilien wie Messer) hinaus, er zeigt sich in der permanenten Verletzung räumlicher Gesetzmäßigkeiten, in den vielen Assoziationen, die a priori eigentlich unvereinbar sind, aber innerhalb Gäfgens Universums einen karnevalesken Reigen von Eindringlingen bilden, der an die nicht-euklidische Geometrie denken lässt: eine Welt ohne Oben und Unten, in der sich räumliche Formen unvermutet herauskristallisieren. Und so wird die Fotografie bei ihm zur Begleiterin der Zeichnung, gemeinsam zieht es sie hinaus zur Erkundung einer anderen Welt.

Doch während seine hochpräzisen Zeichnungen mitunter „fotografisch" wirken, wirken seine Fotografien meist irreal. Das erscheint paradox. Es sei denn, man betrachtet seine Werke chronologisch und gelangt zur Hypothese, dass es Anfang der 1990-er Jahre, als er sich vom mimetischen Zeichnen entfernte, eben das Fotografieren war, das ihn vom „klassischen" Ansatz wegführte und hin zu einem „fotogenen". Eine andere Hypothese wäre, dass seine fotografischen Inszenierungen, so fein abgestimmt sie auch sein mögen, den Raum seiner Darstellungswelt gesprengt und seine Art zu zeichnen verändert haben. Denn bei Wolfgang Gäfgen

(E) into a real or fictional world; they are presented with a construction rather than a description or illusion. Viewers have very few or no codes to find their way around and must learn to move forwards in a foreign land in terms of space, colour and all other formal and symbolic elements. What is offered to us is unstable; in other words, essentially dynamic. Certainly, some of the words we glimpse ("Oeuvres" or "Nichts" for example) try to escape their nature as a statement to become "things" and indicate a path, pointing to creation with no guaranteed result. Wolfgang Gäfgen's photography is a laboratory. And if we insist on looking at Wolfgang Gäfgen's photographs as images, we could say that they are images of experiments, rather than experiments with images.

For this photography cannot be described as experimental. The artist does not try to push past the boundaries of the photographic material, his processes are not thwarted by it. To use Vilém Flusser's expression, Wolfgang Gäfgen does not play against the apparatus.

His photography is about something else. That something else is drawing, a field where Wolfgang Gäfgen is one of the leading contemporary proponents. The artist's photographic work cannot be separated from his favoured practice. So does that make this photography, as with many painters, a form of research, some sort of visual notebook, a catalogue of models? While we can easily find links between the two art forms, confining Wolfgang Gäfgen's photographs to what would be a backstage role, playing second fiddle to drawing, or to an affinity with documentation, seems problematic. In an absence of hierarchy, we can observe a kinship between photography and drawing (a family resemblance) which, beyond similar motifs such as certain utensils such as knives, is visible in the permanent exercise of spatial disruption, of theoretically incompatible associations which form a cavalcade of intruders united in a shared universe, bringing to mind a world of non-Euclidean geometry: a world with no bearings but capable of crystallising into spatial forms. Photography is thus a travel companion to drawing, accompanying the intense desire to explore another possible world.

But a paradox arises: while Wolfgang Gäfgen's drawings can be astonishingly precise and look photographic, his photographs strive to construct an unreal world. One possibility would be to consider the chronology of the work and offer the hypothesis that at the turn of the 1990s, just as Wolfgang Gäfgen was moving away from mimetic drawing, photographic work stepped into the breach, freeing the artist from an obsession with classical drawing and replacing it with a preference for photogenic drawing. Another hypothesis is that the staged photography, as ordered as it appears, could be a device shattering Wolfgang Gäfgen's space of representation and transforming his way of drawing. For in Wolfgang Gäfgen's work, the photographic art of description is never used for the purposes of providing information about reality. I would therefore speak of photographic operations, what could also be called a field of attraction (like a force field). This is what

(F) transformant sa manière de dessiner. Car chez Wolfgang Gäfgen, l'art photographique de la description n'est jamais mis au service d'une information sur le réel. Je parlerais donc des « opérations photographiques » que l'on pourrait appeler aussi un « champ d'attraction » (comme un champ de forces). C'est ce que Deleuze et Guattari, dans *Qu'est-ce que la philiosophie ?*, appellent le « chaoïde » : l'œuvre photographique de Wolfgang Gäfgen me semble donner à voir des ensembles chaoïdes disposés sur une sorte de table (préférée donc au « tableau »).

Une table de dé-montage : c'est ce qu'évoque le dispositif scénique et photographique de Wolfgang Gäfgen. Tout part du support que constitue une table. C'est à dire un plan qui affirme une horizontalité en même temps qu'une ligne d'horizon théorique : un plan surhaussé. Les premières photographies de tissus pliés, avec un éclairage diurne puis nocturne, sont en cela une manière de manifeste. De cet espace rangé, de cet ordre, il sera désormais question d'en contester la valeur. La série suivante est formée d'un éclairage en cercle, c'est-à-dire une lumière qui se donne comme artificielle tout en mimant l'astre solaire ou la « poursuite » de l'éclairagiste de scène. Puis, sur le plan un tissu négligemment replié (en boule) et trois motifs identiques qui sont un mot construit en trois dimensions (comme une sorte d'enseigne, dispositif que l'on retouve souvent) : « Hilfe ». Cet appel « au secours », froidement exhibé, est suivi d'une autre composition ou le plan est nu, toujours soumis à l'éclairage par cercle, dans lequel trône une tapette à tapis en rotin, instrument qui remet en ordre et dépoussière symboliquement l'espace domestique (et ici celui de l'art).

On passe ensuite à une sorte de remise en ordre : même éclairage, cette fois le tissu a été replié et il est surmonté d'un mot-enseigne en français : « Oeuvres ». Voilà qui semble tout remettre en place dans un contraste en noir et blanc. Les œuvres sont dans la lumière et sur le socle discipliné du plan. Mais cette introduction n'est que le point de départ d'une construction du chaos, d'un long et méthodique démontage qui est l'ouverture à la création : l'au-delà de l'ordre de l'art.

Un théâtre d'ombre se met en place. La table, qui fut le premier motif de l'histoire de la photographie avec la fenêtre*, devient une scène. Des objets qui ressemblent à des pieds de verre privé de leur calice constituent une armée transparente, que l'ombre d'une main vient menacer. La fantasmagorie peut commencer, et la valise du magicien regorge de tissus brillants, d'instruments mystérieux, de couleurs chatoyantes. Le plan se relève, coule, se dédouble et se déroule, on voit surgir le profil d'une tête construit en trois dimensions mais qui représente la découpe d'une ombre (comme l'antique physionotrace), de

RÉFÉRENCE:

* C'est l'une des toutes premières photographie de l'histoire : *La Table servie* de Nicéphore Niépce (probablement en collaboration avec Louis Daguerre) date de 1833 et serait le résultat d'une expérience de physautotype. Mais la table de Niépce et Daguerre est bien « sage » face à la table « folle » de Wolfgang Gäfgen.

(D) dient die fotografische Beschreibungskunst nie zur Auskunft über die Wirklichkeit. Ich würde daher eher von „fotografischen Operationen" sprechen oder „Anziehungsfeldern" (Kraftfeldern), vergleichbar mit dem, was Deleuze und Guattari in „Was ist Philosophie?" Chaoide nennen: Ich sehe auf Wolfgang Gäfgens Fotografien Chaoide auf einer Art Tisch (statt auf einem „Tableau").

Ein De-Montagetisch: Daran erinnert sein szenischer und fotografischer Aufbau. Alles beginnt mit der Grundlage eines Tisches, also mit einer Fläche, die sowohl Horizontalität als auch eine theoretische Horizontlinie besitzt: eine höher gelegene Ebene im Raum. Die ersten Fotografien von gefalteten Stoffen, die im Tages-, dann im Mondlicht aufgenommen wurden, sind hierfür programmatisch. Dieser geordnete Raum steht für die Grundordnung, die in seinen Serien angefochten wird. Als nächstes ist ein künstlich wirkender Lichtkreis zu sehen, eine Nachbildung des Sonnensterns, der einem Scheinwerfer ähnelt, der das Geschehen „auf der Bühne verfolgt". Dann ein achtlos zusammengefalteter Stoff (ein Knäuel) und drei identische Objekte, die ein dreidimensionales Wort ergeben (diese Zeichenhaftigkeit wird noch häufiger zu beobachten sein): „Hilfe". Dem so nüchtern ausgestellten Hilferuf folgt eine Komposition, in deren Zentrum, im selben Lichtkreis, ein aus Rattan geflochtener Teppichklopfer thront, das Symbol häuslicher (und hier auch künstlerischer) Ordnung und Reinlichkeit.

Anschließend kehren wir gewissermaßen zur Ordnung zurück: Gleiche Beleuchtung, diesmal jedoch mit sauber zusammengefaltetem Stoff und darüber ein Schild mit der Aufschrift „Oeuvres". Alles scheint wieder aufgeräumt in auffallendem Schwarz-Weiß-Kontrast. Die Werke liegen, wie es sich gehört, an ihrem Platz im Licht. Aber das ist wiederum nur der Ausgangspunkt für eine gezielte Demontage, die im schöpferischen Chaos, jenseits der geordneten Kunst gipfelt.

Uns eröffnet sich ein Schattentheater. Der Tisch, der zusammen mit dem Fenster* das erste Motiv in der Geschichte der Fotografie war, wird zur Bühne. Im bedrohlichen Schatten einer Hand erhebt sich eine Armee von Objekten, die enthaupteten Glaskelchen ähneln. Die Phantasmagorie kann beginnen, aus dem Zauberkasten quellen glänzende Stoffe, geheimnisvolle Instrumente, schillernde Farben. Die Aufnahme erhebt, verflüssigt, spaltet, entfaltet sich, wir sehen das Profil eines Kopfes, aber es ist eigentlich nur der dreidimensionale Umriss seines Schattens (wie mit einem Physionotrace des 18. Jahrhunderts aufgenommen), so dass wir nicht mehr wissen, ob der Raum der des (fotografischen) Blattes oder der des vor uns aufgestellten Tisches ist. Es handelt sich hierbei um eine Reminiszenz an Cézanne, der in seinen Stillleben alles auf den Kopf

VERWEIS:

* Eine der allerersten Fotografien der Geschichte ist „Der gedeckte Tisch" (Original *La Table servie*) von Nicéphore Niépce aus dem Jahr 1833, vermutlich das Ergebnis eines fotografischen Experiments (*Physautotype*) mit Louis Daguerre. Aber im Vergleich zu Gäfgens „verrücktem" Tisch ist dieser noch ziemlich „brav".

(E) Deleuze and Guattari, in What is Philiosophy? call the "chaoid": Wolfgang Gäfgen's photographic work appears to me to show chaoid series arranged on a kind of table (rather than hanging on a wall).

A disassembly table: this is what Wolfgang Gäfgen's staged, photographic mechanism evokes. Everything starts from the support that is a table. A plane that simultaneously asserts a horizontality and a theoretical horizon line: a heightened plane. The first photographs of folded fabrics, with daytime and then night-time lighting, are a kind of manifesto. From this point on, the focus is on contesting the value of this tidy space, of this order. The next series consists of circular lighting, i.e. a light that appears to be artificial while at the same time mimicking the sun or a lighting designer's follow spot. A carelessly folded cloth (balled up) then appears on the surface with three identical motifs forming a word constructed in three dimensions (resembling a sign, a frequently used device): "Hilfe". This call for help, displayed dispassionately, is followed by another composition with a bare surface, still illuminated by a circle of light, where a rattan carpet beater is enthroned, an instrument that symbolically tidies up and dusts off the domestic space (and, here, the art space).

We then see a return to the previous model: the same lighting, but this time the fabric has been folded up and is topped by a sign-word in French: "Oeuvres". Order appears to be restored in contrasting black and white. The works are placed in the light and on the disciplined base provided by the surface. But this introduction is only the starting point for the construction of chaos, for a long and methodical dismantling which opens the door to creation: the hereafter of art.

A shadow theatre is set up. The table, which was the first subject in the history of photography along with the window,* becomes a stage. Objects resembling the stems of glasses without their bowls form a transparent army, threatened by the shadow of a hand. The phantasmagoria can begin, and the magician's suitcase is full of shiny fabrics, mysterious instruments and shimmering colours. The surface rises, flows, splits and unrolls; we see the emerging profile of a head constructed in three dimensions but representing a shadow's contour (like the 18th-century physiognotrace) so we no longer know whether the space is formed by the sheet of (photographic) paper or by the table before us. Evoking the memory of Cézanne, who turned still life motifs upside-down, but also proffering words that cast their shadows and play with their syllables: "im mortel" appears next to the silhouette of a head which appears to want to conjure up the mournful character of a (sacred) ritual.

NOTE:

* One of the very first photographs in history, Nicéphore Nièpce's *Table Servie* (probably created in collaboration with Louis Daguerre), dates from 1833 and is thought to be the result of a physautotype experiment. However, Nièpce and Daguerre's table is quite tame compared to Wolfgang Gäfgen's wild version.

(F) telle façon que l'on ne sait plus si l'espace est celui de la feuille de papier (photographique) ou celui de la table dressée devant nous. C'est le souvenir d'un Cézanne qui chamboule tout dans les motifs de la nature morte, mais ce sont aussi ces mots qui projettent leur ombres et jouent avec leur syllabes : « im mortel » se dresse aux côté de la silhouette d'une tête qui semble vouloir conjurer le caractère funèbre d'un rituel (sacré).

Au caractère allégorique des mises en scène répondent des « installations » pauvres, minimales et radicales, d'objets et de matières peu identifiables, posés au sol sur un parquet, contre un mur pour venir étayer une paroi de terre, des boîtes, des tissus, des reflets au ras du sol. Puis l'on revient à la table qui nous réintroduit dans un espace domestique, et voilà des couverts qui forcent encore l'allusion au quotidien. Mais ils conversent avec le papier alluminium qui prend des formes informes, leur fonction de réflecteur photographique semble se muer en opération sculpturale, et voilà des papiers découpés et tout une ménagère qui se distribue sur le plan de table. Wolfgang Gäfgen a décidé de tout utiliser, tout ce que le quotidien met à sa disposition entre dans la danse, les instruments et les outils, ce qui sert à faire l'image, le médium, l'appareillage, les motifs dialoguent en dehors de toute hiérarchie et préséance : c'est le banquet anarchique d'une exploration des choses – et parmi celles-ci les œuvres sont au même rang que les objets.

Par quelle magie les choses sont-elles ainsi organisées en un rituel ? Dans une séquence, on aperçoit, sur le fond noir, surgir des mains souillées d'un rouge qui fait songé au sang, et qui tracent sur de simples feuilles de papier des lettres et des empreintes. L'être qui reste dans l'ombre comme un marionnettiste cherche-t-il à nous adresser un message ? Dans la séquence suivante, en noir et blanc cette fois-ci, et dans un format panoramique, des bras étirent un fil, puis se relâchent comme pour tenter de mesurer ce qui les séparent. Un autre exercice consiste à maintenir des morceaux de sucre entre les doigts, ou sur la paume, dans une tentative d'équilibre. L'apparition du corps n'est donc pas que silhouettes ou mannequins, une certaine forme d'incarnation est en jeu. Et ce sont de véritables personnages que l'on rencontre dans une autre séquence : des femmes manipulent des matériaux. La première rappelle la série des mains rouges, elle fait songer avec son éclairage à la Vermeer et son turban à un préparateur de pigment pour un peintre classique, manipulant la poudre et la couleur. Puis elle opère des sortes de tours de magie dévoilant des constructions de sucres sous une nappe rouge, ou bien des jeux de ficelles tendues entre ses mains. La seconde manipule des rubans de papier au-dessus de la table mise avec des assiettes comme pour un repas traditionnel, mais bientôt tout se métamorphose, s'envole, comme si rien ne pouvait obéir aux lois de la gravité.

Voilà que la table apparaît en tant que table, un guéridon de jardin surmonté de tortillons de papier. Puis, en couleur, une table dressée avec nappe et couverts, et un fond neutre de drap tendu. Le carré

(D) gestellt hat, und sie wird ergänzt durch das Schatten- und Silbenspiel der Worte „im mortel", die neben der Silhouette des Kopfes stehen, als sollten sie dem Eindruck eines (sakralen) Gedenkrituals entgegenwirken.

Den geradezu allegorischen Inszenierungen stehen reduzierte, minimalistische, radikale „Installationen" gegenüber, in denen kaum bestimmbare Objekte und Materialien auf dem Parkett liegen und eine Innenwand aus Erde stützen, am Boden Kisten, Stoffe, Lichtreflexe. Anschließend kehren wir in die häusliche Sphäre zurück, wo das auf dem Tisch liegende Besteck ganz eindeutig auf den Alltag verweist. Allerdings verbindet es sich mit der Alufolie, die informelle Formen annimmt, und es scheint plötzlich umfunktioniert zu sein, vom fotografischen Reflektor zur skulpturalen Operation, und schließlich breiten sich ausgeschnittene Papiere und eine ganze Besteckgarnitur auf der Tischplatte aus. Wolfgang Gäfgen hat sich entschlossen, alles zu verwenden, was der Alltag zur Verfügung stellt, Instrumente, Werkzeuge, auch das fotografische Medium, die Ausstattung, alles tanzt mit, die Motive finden außerhalb jeglicher Hierarchie und Rangordnung zueinander: das anarchische Bankett einer Erkundung der Dinge. Hier stehen die Werke mit den Objekten auf derselben Ebene.

Aber welche lenkende Macht steckt hinter diesem Ritual? In einer Sequenz tauchen aus dem schwarzen Hintergrund rote, offenbar blutverschmierte Händen auf, die Buchstaben und Abdrücke auf leeren Papierbögen hinterlassen. Will uns das Wesen, das wie eine Puppenspielerin im Schatten bleibt, eine Botschaft geben? In der nächsten Sequenz, diesmal in Schwarz-Weiß und im Panoramaformat, spannen zwei Arme einen Faden auf und lassen dann locker, als wollten sie messen, was sie auseinander halt. In einer weiteren Übung wird ein Stück Würfelzucker zwischen den Fingern und auf der Handfläche balanciert. Körper treten nicht nur als Silhouetten oder Puppen in Erscheinung, sondern gehen gewissermaßen in Fleisch und Blut über. In einer Serie begegnen wir sogar richtigen Personen: zwei Frauen, die mit Materialien hantieren. Die erste von ihnen lässt an die roten Hände denken und wirkt in der Beleuchtung und mit ihrem Turban im Stile Vermeers wie jemand, der Farbe für einen klassischen Maler anmischt. Danach führt sie eine Art Zaubertrick vor, enthüllt Zuckerkonstruktionen unter einem roten Tischtuch und zeigt Schnüre, die zwischen ihren Händen aufgespannt sind. Die zweite bringt Papierbänder über dem Tisch an, der wie für ein traditionelles Essen mit Tellern gedeckt ist. Doch bald darauf sind die Dinge wie verwandelt und fliegen davon, als könnten sie den Gesetzen der Schwerkraft nicht länger gehorchen.

Als Nächstes tritt der Tisch als kleiner, runder Gartentisch auf, der mit Papierschnipseln bestreut ist. Dann, wieder in Farbe, mit Tischtuch und Besteck vor einem neutralen Hintergrund aus Stoff. Das rote Quadrat einer aufgefalteten Serviette verdeckt teilweise die Gabeln: Kommt jetzt ein Zaubertrick oder wird doch nur abgeräumt? Die

(E) The allegorical nature of the stagings contrasts with sparse, minimal, radical installations of barely identifiable objects and materials, placed on a parquet floor, against a wall propping up an earth partition, boxes, fabrics, reflections at ground level. Then we come back to the table, reintroducing us to a domestic space, and here is a set of cutlery, reinforcing the allusion to everyday life. They are, however, conversing with aluminium foil which takes on shapeless forms, their role as photographic reflectors seemingly mutating into a sculptural endeavour. And now we have paper cut-outs and a full set of cutlery spread out across the tabletop. Wolfgang Gäfgen has decided to use everything: all the things that everyday life offers him enter the dance, instruments and tools, whatever serves to create the image, the medium, the equipment, the motifs, in a dialogue free of the notions of hierarchy and precedence: this is an anarchic banquet of an exploration of things – and among these things, the works are on the same footing as the objects.

What magic is it that organises the things into a ritual in this way? In one sequence, we see, emerging from the black background, hands stained with a shade of red that makes us think of blood, tracing letters and patterns on plain sheets of paper. Is the being who remains in the shadows a puppeteer trying to send us a message? In the next sequence, this time in black and white, and in a panoramic format, arms stretch a thread then release it as if trying to measure what separates them. Another exercise consists of holding sugar cubes between the fingers, or on the palm, a balancing act. The appearance of the body is therefore not limited to silhouettes or figurines; a certain form of incarnation is at play. And we meet real characters in another sequence: women handling materials. The first is reminiscent of the red hands series, and with her Vermeer-like lighting and turban she resembles a pigment preparer for a classical painter, organising powders and colours. Then she sets in motion magic tricks of some kind, revealing sugar constructions under a red tablecloth, and games with strings stretched between her hands. The second woman wields paper ribbons above the table set with plates as if for a traditional meal, but soon everything metamorphoses, flies away, just as if nothing could obey the laws of gravity.

Now the table appears as a table, a garden table with paper twists on top. Then, in colour, a table laid with a tablecloth and cutlery and a neutral background of stretched cloth. The red square of an unfolded napkin partly covers the forks: a magic trick or time to clear the table? The light changes, the fabrics are satin, a glass ball takes on the shimmering light of salon baroque, a mirror is broken, rendering the reflections all the more splendid. It looks very much like a kaleidoscope. Then the light passes through the bars of a window frame which casts its shadow on the glass sphere (shaped, however, more like a head) and on knife rests in the shape of elongated dogs. The (divine?) light thus strikes everything and imposes a cross motif. Because Wolfgang Gäfgen likes to play with words, we can in turn play with them to describe this carnival:

(F) rouge d'une serviette dépliée recouvre en partie les fourchettes : tour de magie ou moment de desserte ? La lumière change, les tissus sont de satin, une boule de verre prend la lumière chatoyante d'un baroque de salon, un miroir est brisé, les reflets n'en seront que plus riches. On dirait un kaléïdoscope. C'est alors que la lumière traverse une croisée qui projette son ombre sur la sphère (mais c'est plutôt la forme d'une tête) de verre, et sur des porte-couteaux en forme de chiens allongés. La lumière (divine ?) vient ainsi frapper chaque chose et impose le motif de la croix. C'est parce que Wolfgang Gäfgen aime à jouer avec les mots que l'on peut à notre tour en jouer pour décrire ce carnaval : tout un ensemble cherche à en mettre « plein les yeux », comme cette toile cirée qui recouvre la table et dont le motif répète à l'infini un œil ouvert. Ainsi, le plan est devenu le plan de vision. Dans quel sens faut-il regarder ces lys cueillis et déposer sur ce champ d'yeux (Dieu ?) inexpressifs ? La symbolique religieuse (le lys est la fécondité et associé à Marie) est elle volontaire ?

La nappe brodée d'un motif géométrique s'est décroché de la fenêtre et vient désormais jouer en volutes suspendues au dessus du plan de la table. La lumière y fait des photogrammes, qui ne sont pas sans rappeler les primitifs dessins photogéniques des origines de la photographie. À ses coté, sur le « fond », un dessin silhouette en blanc un visage approximatif, comme le rappel des origines de l'art du dessin dans la légende de Dibutade, et qui rappel encore le physionotrace ... Décidément, avec peu d'éléments c'est toute l'histoire des rapports entre photographie et dessin que Wolfgang Gäfgen conjugue. Il les associe d'autant mieux qu'il peut dans son dispositif désormais bien rôdé, jouer en permanence avec la qestion de l'échelle : les arangements sur la table sont autant de maquettes qu'il suffit d'éclairer pour que l'on perde tout repère. Mais l'allégorie n'est jamais loin et nous plonge dans un univers qui, aussi chaoïde soit-il, devient de plus en plus cohérent. Nous sommes dans un monde où l'ombre tangible d'un être apparaît comme sur une planète miraculeuse, avec ses trésors et ses cauchemards. Les billes, les couverts, les étoffes chatoyantes, la sphère cristalline forment le contenu d'un coffre échoué sur une île déserte. Le caractère enfantin des scènes a la puissance d'une fable. C'est ce que Wolfgang Gäfgen demande à la photographie : un pouvoir *a priori* paradoxal de fabuler.

L'avantage d'une table-scène est que l'on peut y produire le plus intense chaos, comme le plus évocateur paysage, et en replier ensuite les quelques éléments suggestifs qui ont servi à faire naître un monde. Mettre la table, desservir, voilà un art domestique mis au service d'un imaginaire débridé qui a trouvé son rituel quotidien. Mais alors que dans le quotidien ses occupations sont définies par leur utilité, Wolfgang Gäfgen les détourne dans ses mises en scènes pour produire une activité dépourvue de toute fonctionnalité. Il métamorphose ainsi un protocole trivial en une machinerie fantasmagorique. Le corpus alterne des scènes pleines d'emphases et d'autres au contraire d'une rigueur janséniste : jour de fêtes et carême. Là, les objets sont recouverts de

(D) Beleuchtung ändert sich, Satinstoffe und eine Glaskugel liegen da wie im schillernden Glanz eines barocken Salons, ein Spiegel zerbricht und vervielfacht die Spiegelungen zum Kaleidoskop. Das erleuchtete Fensterkreuz wirft seinen Schatten auf die Glaskugel, die nun einem gläsernen Kopf gleicht, und auf die Messerhalter, die wie liegende Hunde geformt sind. Das (göttliche?) Licht trifft alle Dinge und drängt ihnen das Motiv des Kreuzes auf. Und da Wolfgang Gäfgen selbst so gerne mit Worten spielt, sei zur Beschreibung dieses Karnevals ein Wortspiel erlaubt: All das soll uns Betrachter wie das auf dem Tisch liegende Wachstuch „erfüllen", das mit dem immer gleichen offene Auge bedruckt ist. Die Fläche ist zum Schauplatz einer Vision geworden. Wie sollen wir die auf diesem Feld ausdrucksloser Augen (Gottes?) gepflückten Lilien interpretieren? Ist die religiöse Anspielung (die Lilie als Symbol der Fruchtbarkeit und ferner der Maria) beabsichtigt?

Das mit geometrischen Mustern bestickte Tischtuch hat sich vom Fenster gelöst und beginnt nun in sanften Voluten über die Tischplatte zu spielen. Das Licht projiziert darauf Fotogramme, ähnlich den einfachen Zeichnungen aus den Anfängen der Fotografie. Gleich daneben zeichnet sich auf dem „Hintergrund" die weiße Silhouette eines Gesichtes ab, die an die Ursprünge der Zeichenkunst in der Legende von Butades, aber auch wieder an die Profilporträts des Physionotrace erinnert ... Mit nur wenigen Mitteln gelingt es Wolfgang Gäfgen, die Verknüpfungen zwischen Fotografie und Zeichnung in ihrer ganzen historischen Dimension aufzuzeigen. Dabei kommt ihm zugute, dass er in seinem inzwischen gut erprobten Verfahren ständig mit dem Maßstab spielen kann: Bei den Arrangements auf dem Tisch handelt es sich um derart verkleinerte Modelle, dass schon eine etwas hellere Beleuchtung genügt, um jeglichen Bezugspunkt zu verlieren. Doch eine allegorische Deutung liegt nie ganz fern und so erschließen wir uns allmählich ein Universum, das, so chaoid es auch sein mag, immer mehr an Kohärenz gewinnt. Wir befinden uns in einer Welt, in der der Schatten eines Wesens greifbar wird, ein wundersamer Planet voller Schätze und Albträume. Das Besteck, die Kristallkugel, die schimmernden Stoffe, die Murmeln sind Inhalt einer Truhe, die auf einer einsamen Insel gestrandet ist. Die kindliche Natur der Szenen entfaltet die Kraft einer Fabel. Das ist es, was Wolfgang Gäfgen von der Fotografie verlangt: die Kraft, etwas grundsätzlich Paradoxes in eine Fabel zu verwandeln.

Einen Tisch zur Bühne zu machen, hat den Vorteil, dass man darauf das größte Chaos, aber auch die eindrucksvollste Landschaft darstellen kann, und dass sich anschließend alles, was zur Erschaffung der Welt nötig war, schnell wieder wegräumen lässt. Handlungen wie den Tisch zu decken und wieder abzudecken werden zu Kunstgriffen, die zu den täglichen Ritualen im Haushalt gehören und in den Dienst der Imagination gestellt werden. Handlungen, die sonst eine Funktion erfüllen müssen, werden in Gäfgens Inszenierungen von ihrer Zweckgebundenheit befreit. Aus einem trivialen Ablauf wird eine phantasmagorische Maschinerie.

(E) a whole ensemble seeks to create "an eyeful", like the oilcloth covering the table, its pattern endlessly repeating an open eye. The surface has thus become the plane of vision. How should we interpret the lilies picked and placed on this field of inexpressive (God's?) eyes? Is the religious symbolism (the lily symbolises fertility and is associated with Mary) deliberate?

The tablecloth embroidered with a geometric pattern has been removed from the window and now hangs swirling above the tabletop. The light creates photograms, reminiscent of the primitive photogenic drawings that gave birth to photography. Next to it, on the background, a white silhouette drawing depicts the approximation of a face, like a reminder of the origins of the art of drawing in the legend of Butades, and once again evoking the physiognotrace. What Wolfgang Gäfgen manages to do is conjure the entire history of the ties between photography and drawing with just a few elements. He combines the two forms particularly effectively thanks to his well-tested device, of constantly playing with the question of scale: the arrangements on the table are so model-like that simply lighting them is enough to lose all points of reference. But the allegorical is never far away, plunging us into a universe which, however chaoid, becomes more and more coherent. We are in a world where the tangible shadow of a being appears as though on a miraculous planet, with its treasures and its nightmares. The marbles, the cutlery, the shimmering fabrics, the crystalline sphere form the contents of a chest stranded on a desert island. The childlike character of the scenes has the power of a fable. This is what Wolfgang Gäfgen asks of photography: the notionally paradoxical power of telling tales.

The advantage of a table-as-stage is that the most intense chaos can be produced there as well as the most evocative landscape – and then the handful of allusive elements that served to give birth to a world can be folded away. Setting the table, clearing the table: here we have a domestic art at the service of an unbridled imagination that has hit upon its daily ritual. But whereas in everyday life these occupations are defined by their utility, Wolfgang Gäfgen subverts them in his stagings to produce an activity devoid of any functionality. He thus transforms a trivial protocol into a phantasmagorical device. The body of work alternates between scenes full of exaggeration and others displaying a Jansenist rigour: feast and famine. Now the objects are covered with sheets and concealed, the photo reverting to black and white; this economy is, however, equally suggestive, summoning as it does ghostly forms, enigmas of some sort, recalling the one Man Ray devised by covering and tying up an unknown object (*The Enigma of Isidore Ducasse*, 1920). Vistas occasionally open up to bring us into contact with water, but only so that we can sense the purpose of the plane, of a liquid surface revealed by the phenomenon of floating (walking on water?). These photographs provide a transition, paving the way for a happy return to the table, but this time set in the garden – a background of greenery encourages us to see it as real.

(F) draps et dissimulés, la photo revient au noir et blanc, toutefois cette économie est tout autant suggestive puisqu'il s'agit de formes fantômes, des sortes d'énigmes qui rappellent celle que Man Ray conçu en recouvrant et en ficelant un objet inconnu (*L'énigme d'Isidore Ducasse*, 1920). De rares échappées nous mettent au contact de l'eau, mais ce n'est que pour éprouver la fonction du plan, d'une surface liquide que manifeste le phénomène de la flotaison (marcher sur l'eau ?). Ces photographies font une transition pour mieux revenir à la table, mais cette-fois-ci dressée dans le jardin – un fond de verdure nous encourage à le croire.

Mais l'expérience est de courte durée, assiettes et couverts dansent avec un fil de fer barbelé, le monde extérieur n'est pas plus stable que le monde intérieur. Ce fil barbelé évoque la violence d'une couronne d'épine déposée là, en lieu et place d'une table qui réunit des convives absents. C'est devant cette Cène symbolique, que l'artiste a décidé de projeter l'ombre de sa tête. Le photographe apparaît ainsi en créateur (de photographies), il signe par le photogramme de son être. Mais l'empreinte laissée sur le tissus blanc rappelle ainsi le voile de Véronique, le linge qui reçu l'empreinte du visage du Christ. De là à voir un autoportrait en Christ, dans la grande tradition de l'histoire de la peinture allemande (on pense bien sur à Dürer), il n'y a qu'un pas. C'est alors tout le corpus photographique de Wolfgang Gäfgen apparaît comme une suite de petits miracles.

Mais un version moins optimiste doit prendre en compte la question de l'autoportrait qui clôt le corpus : cette figure irradiée de l'artiste (en négatif comme une radiographie) aux prises avec les cordes dont il se délivre. Elle nous renvoie à l'unique figure masculine de l'œuvre photographique : ce colosse qui apparaît de dos, imposant sa force et s'écroulant sur la table générant le chaos final : il y a dans la défaite de la force la puissance de la création. La création finale qui donnent à toute l'œuvre photographique de Wolfgang Gäfgen une dimension testamentaire.

(D) Mal sind die Szenen voller Emphase, mal von jansenistischer Strenge: Fest- und Fasttage wechseln einander ab in seinem Werk. Zu letzteren zählen auch die Schwarz-Weiß-Fotografien von unter Laken verborgenen Objekten. Trotz ihrer Zurücknahme sind auch diese suggestiv, weil gespenstig und rätselhaft, vergleichbar den abgedeckten, verschnürten Werken von Man Ray (*The Enigma of Isidore Ducasse*, 1920). In einigen wenigen fotografischen Ausnahmen führt uns Gäfgen ans Wasser, allerdings nur um noch einmal die Funktion der ebenen Fläche in seinen Aufnahmen zu verdeutlichen, der flüssigen Oberfläche, auf der etwas dahintreiben – über das Wasser gehen – kann. Diese Fotos bilden den Übergang zurück zum Motiv des Tischs, der – wie es das Grün im Hintergrund vermuten lässt – im Garten gedeckt ist.

Doch dann tanzen Besteck und Teller mit einem Stück Stacheldraht, die Welt ist hier draußen ebenso instabil wie drinnen. Der Stacheldraht evoziert eine Dornenkrone, die den Platz eines Tisches einnimmt, um den sich Gäste versammeln könnten. Auf dieses symbolische Abendmahl lässt der Künstler den Schatten seines eigenen Kopfes fallen. Er, der Schöpfer (dieser Fotografien), signiert sein Werk mit einem Fotogramm seiner Selbst. Aber der Abdruck, den er auf dem weißen Stoff hinterlässt, ähnelt dem Schweißtuch der Veronika, auf dem sich das Antlitz Christi abgezeichnet hat. Von hier ist es nur noch ein kleiner Schritt bis zum Selbstbildnis als Christus nach Tradition der deutschen Malerei (man denkt natürlich an Dürer). Aus diesem Blickwinkel betrachtet, erscheint Wolfgang Gäfgens gesamtes fotografisches Werk wie eine Reihe kleiner Wunder.

Das abschließende Foto legt jedoch eine weniger optimistische Deutung des Selbstporträts nahe: Der Künstler wird durchleuchtet (wie auf dem Negativ eines Röntgenbilds) und versucht, Bindfäden von sich zu losen. Das verweist auf die einzige Männerfigur in Gäfgens Werk, einen kraftstrotzenden Koloss, den man von hinten sieht und der schließlich auf dem Tisch zusammenbricht und im endgültigen Chaos versinkt: das Versagen der Kräfte als Macht des Schöpfungsaktes. Der letzte Akt verleiht Wolfgang Gäfgens fotografischem Schaffen eine testamentarische Dimension.

(E) The experience is short-lived, plates and cutlery dance with barbed wire, the outside world is no more stable than the inside world. The barbed wire expresses the violence of a crown of thorns laid there, in place of a table that brings together absent guests. The artist decided to project the shadow of his head in front of this symbolic Last Supper. The photographer thus appears as a creator (of photographs), using the photogram of his being to create. But the imprint left on the white cloth is reminiscent of the Veil of Veronica, the cloth bearing the image of Christ's face. It is only a short step from there to seeing a self-portrait of Christ, in the great tradition of the history of German painting (we naturally think of Dürer). Wolfgang Gäfgen's entire body of photographic work thus appears as a series of small miracles.

A less optimistic interpretation, however, cannot overlook the question of the self-portrait that closes the work: the illuminated figure of the artist (a negative image like an X-ray) grappling with the strings he is throwing off. It brings to mind the only male figure in the series: the large man shown from behind, imposing his strength before collapsing on the table as he sparks the final chaos: the overthrow of strength contains within it the power of creation. The final piece brings another dimension to Wolfgang Gäfgen's photographic oeuvre as a whole, assigning it a role as testament.

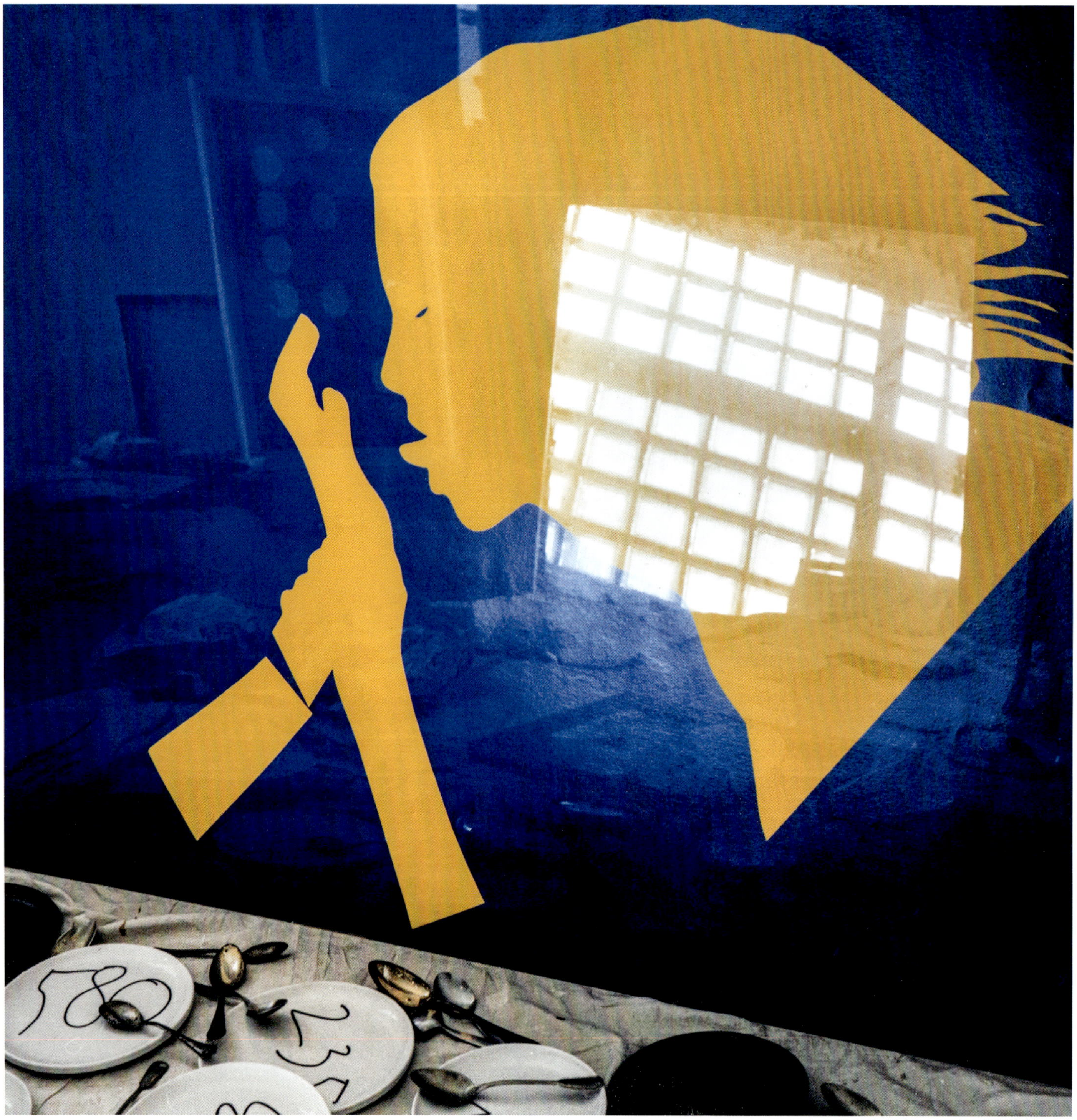

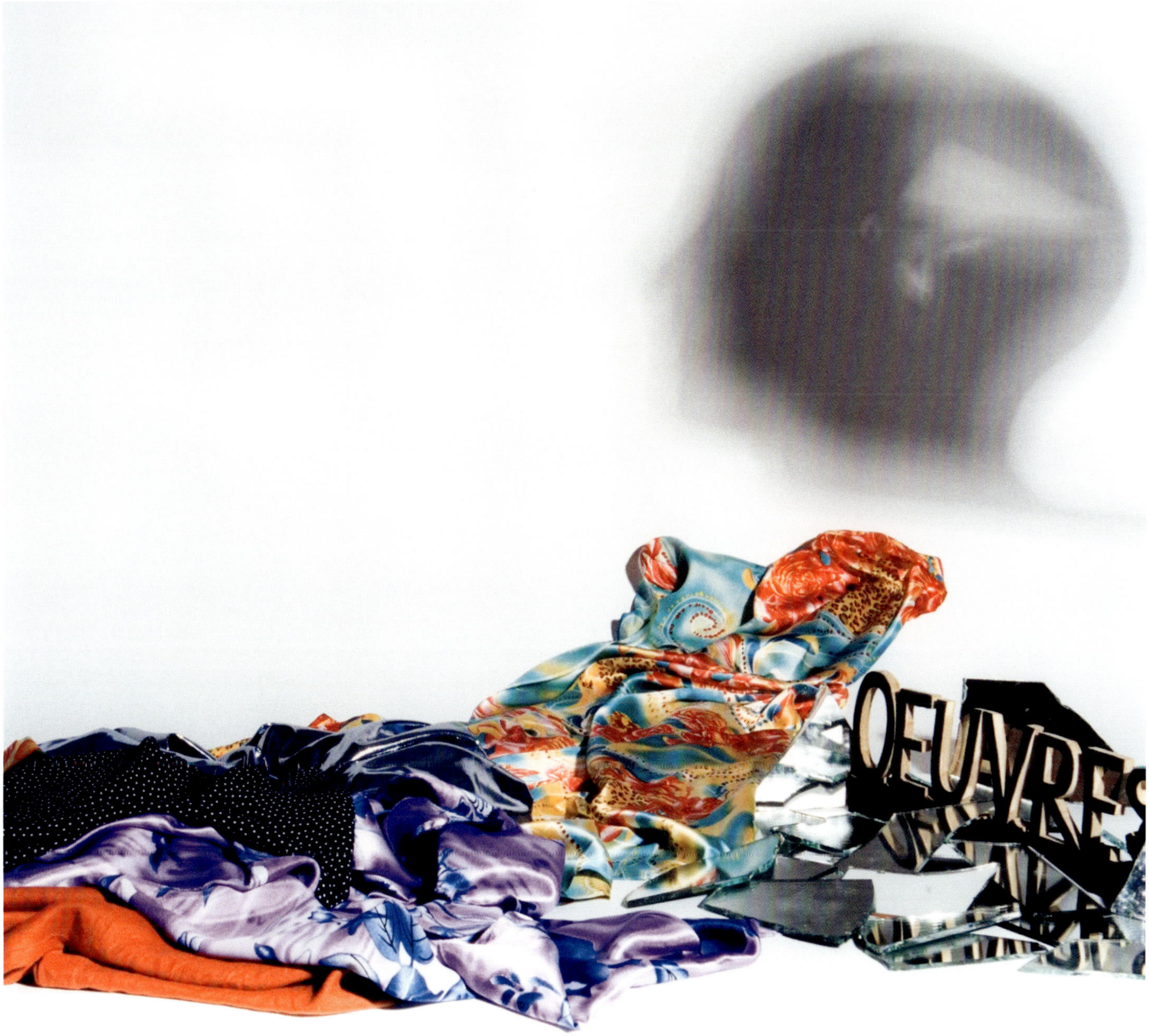
OEUVRES

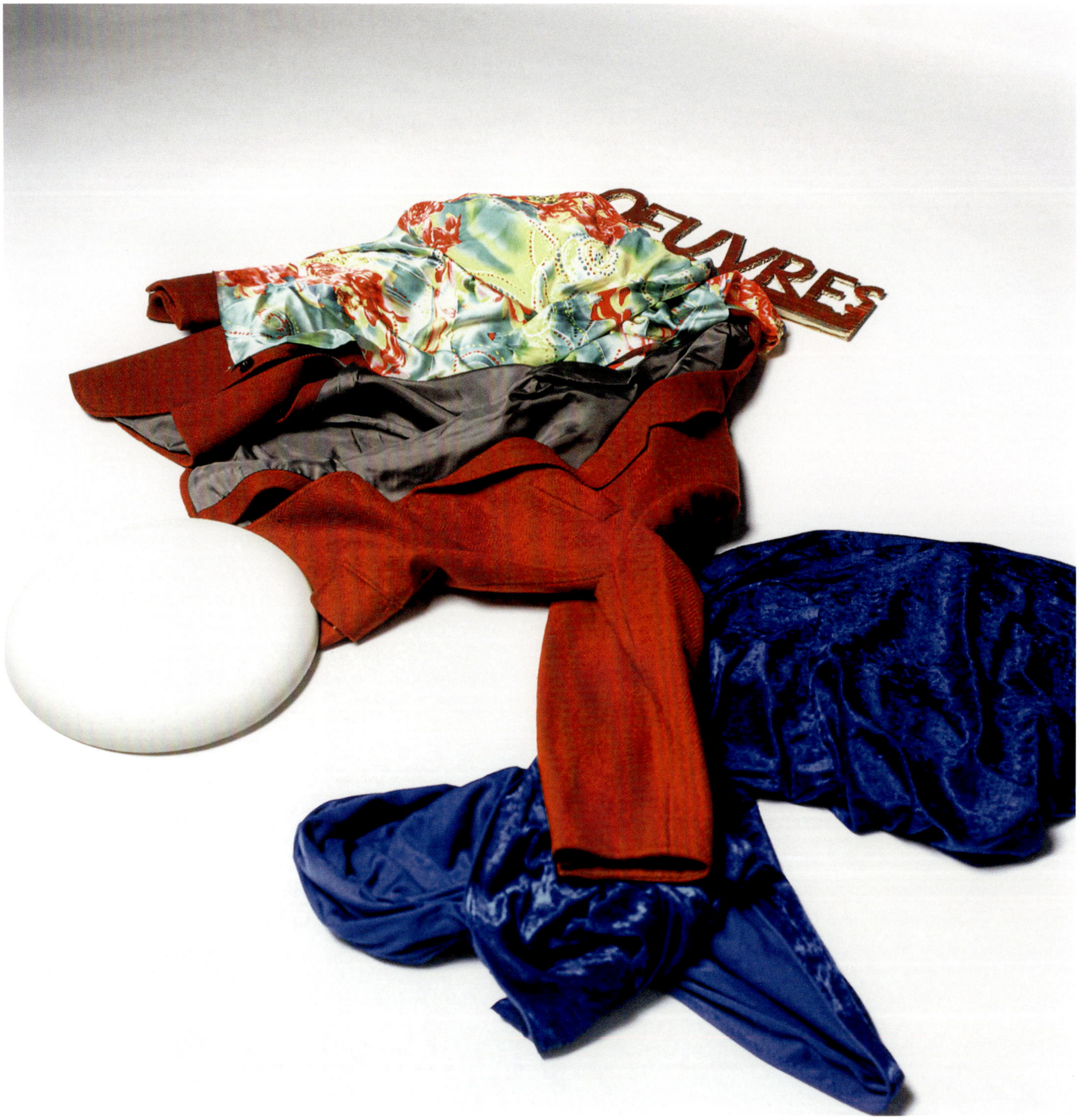
OEUVRES

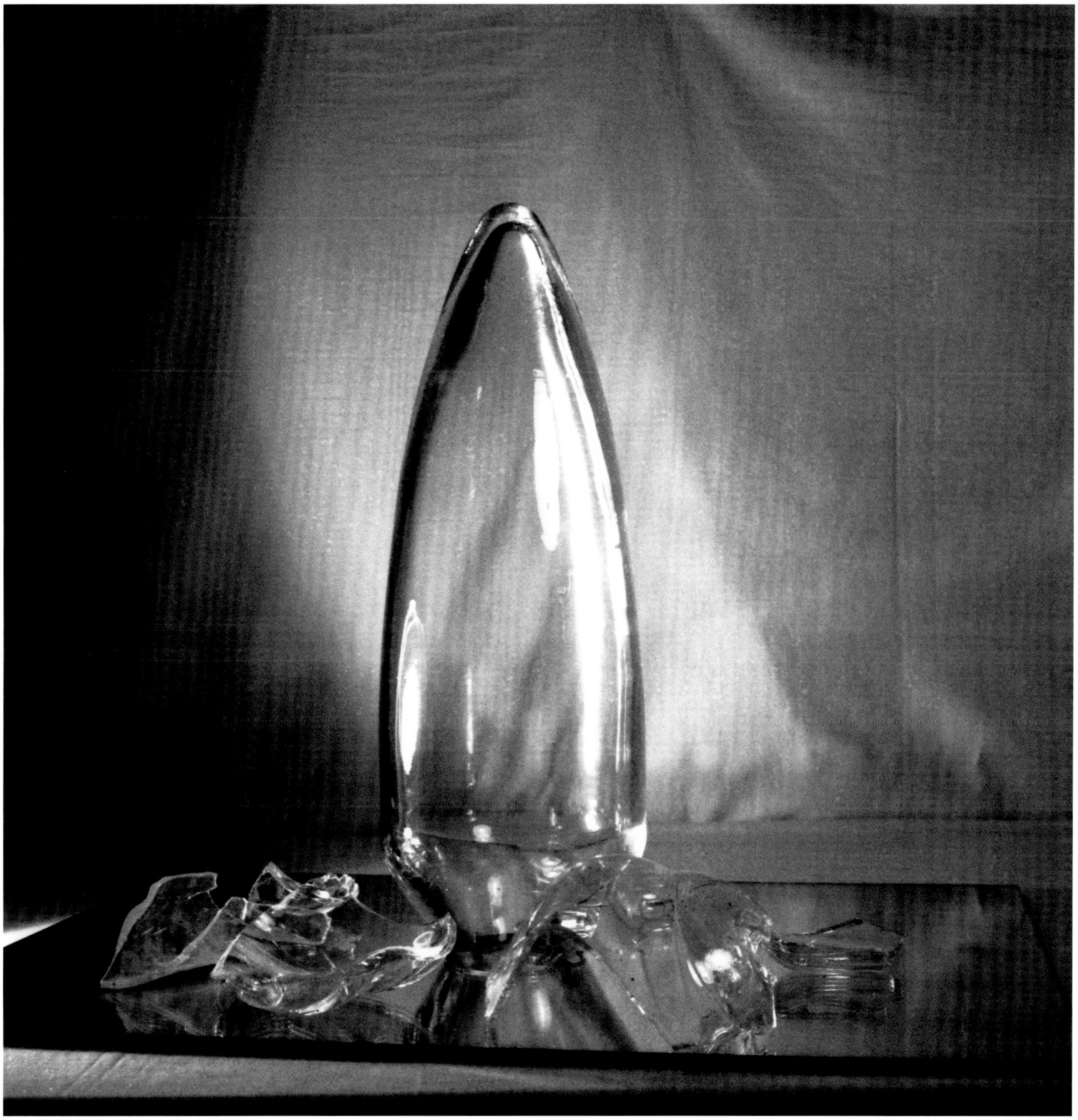

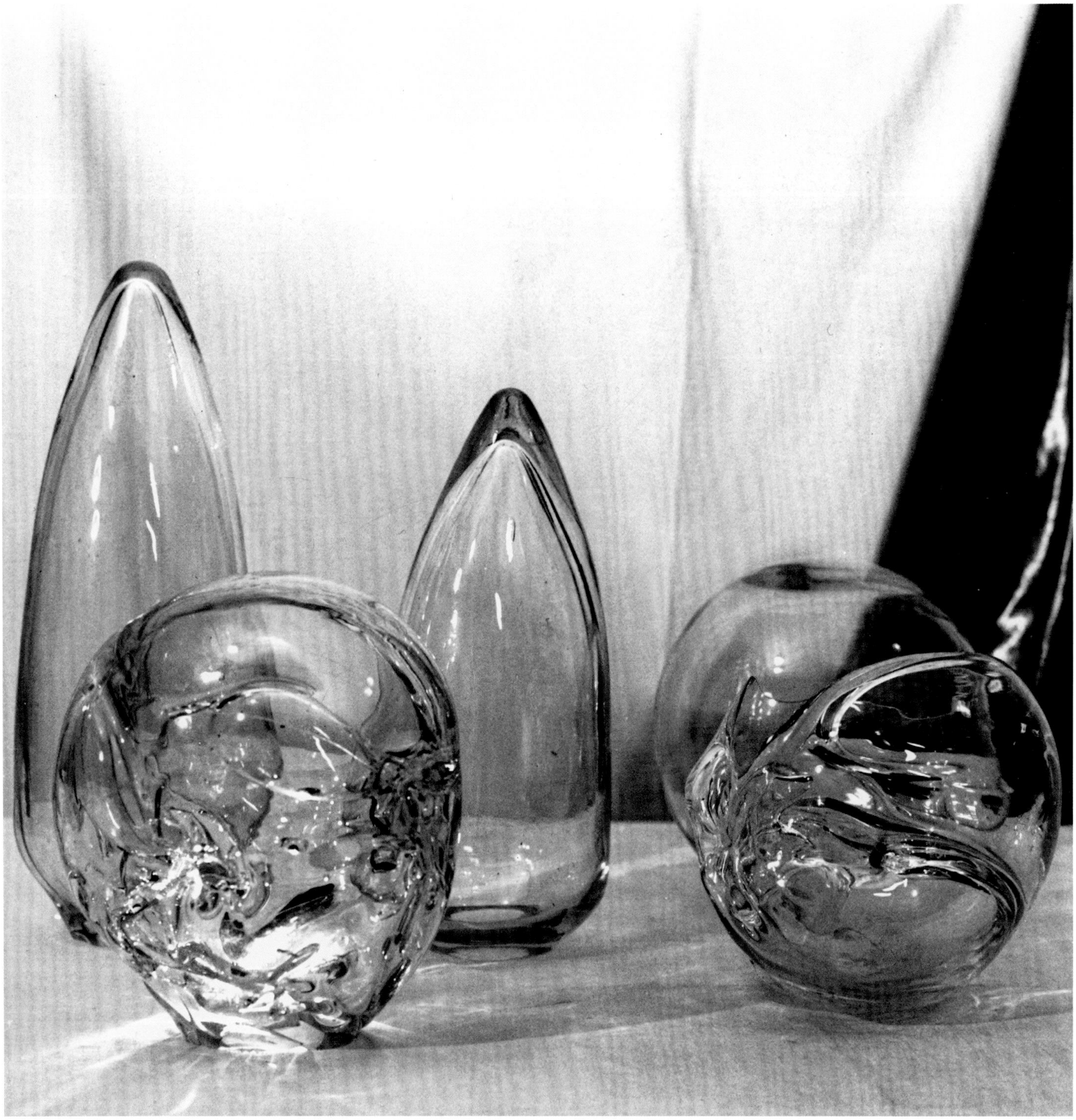

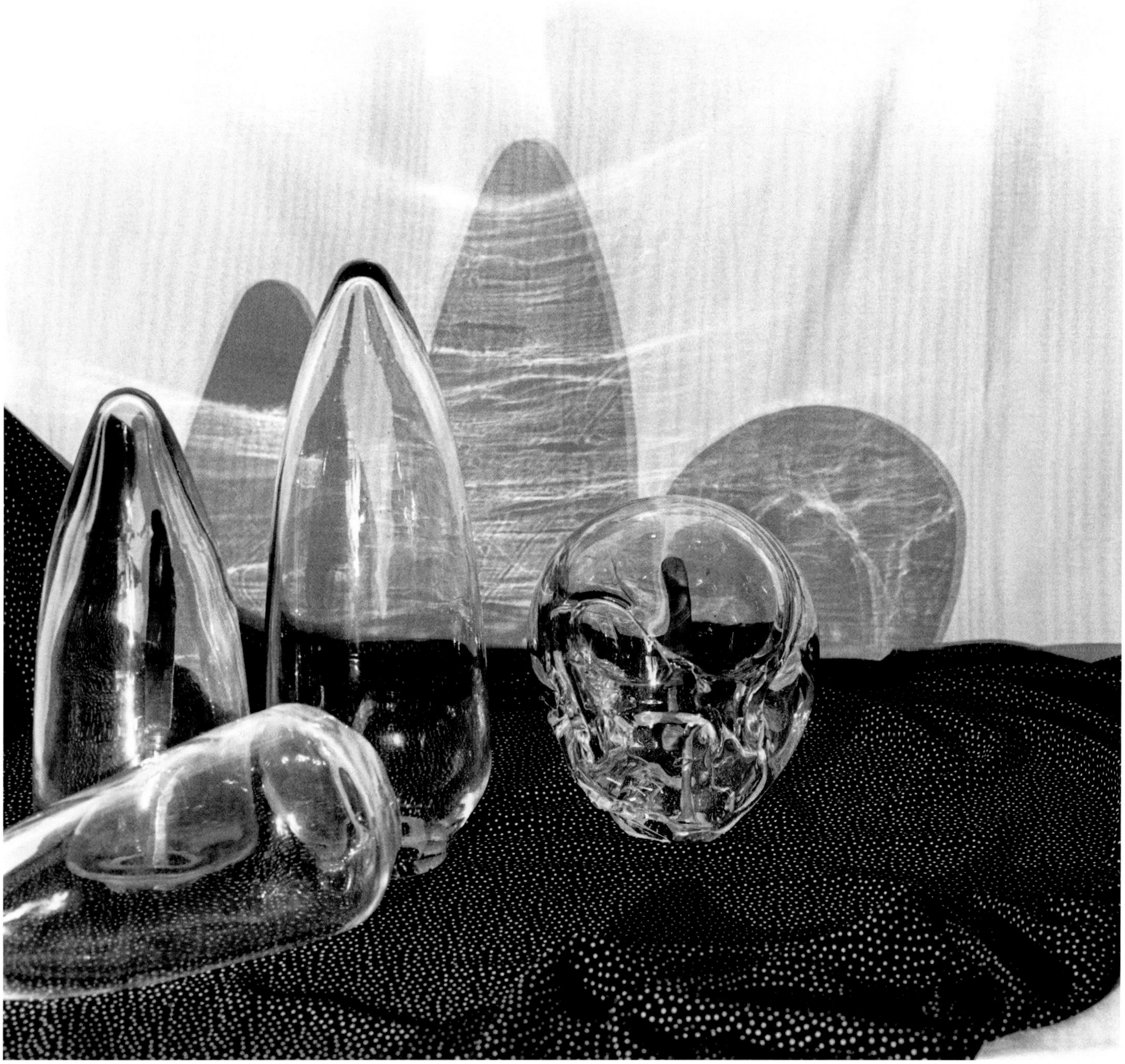

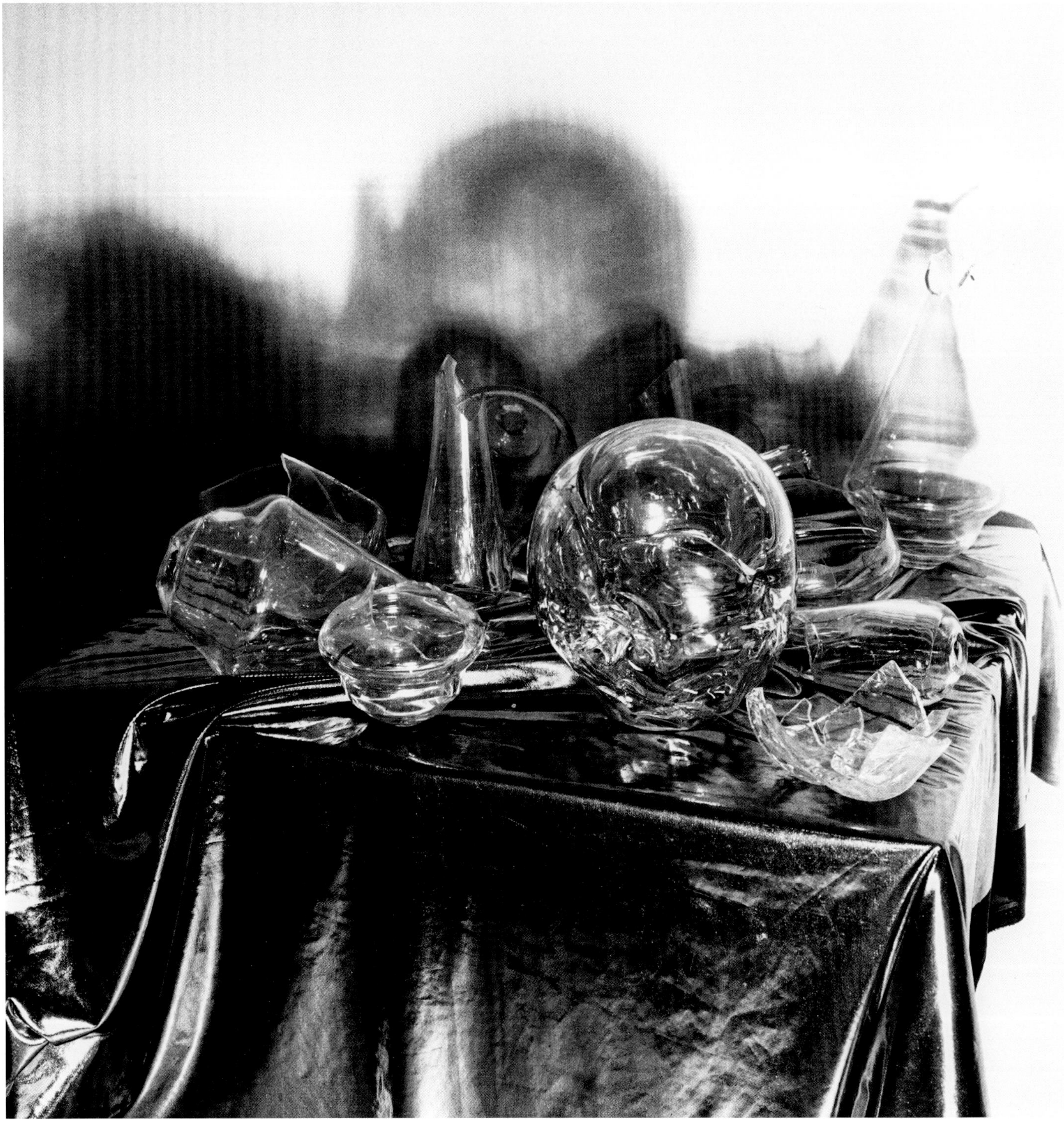

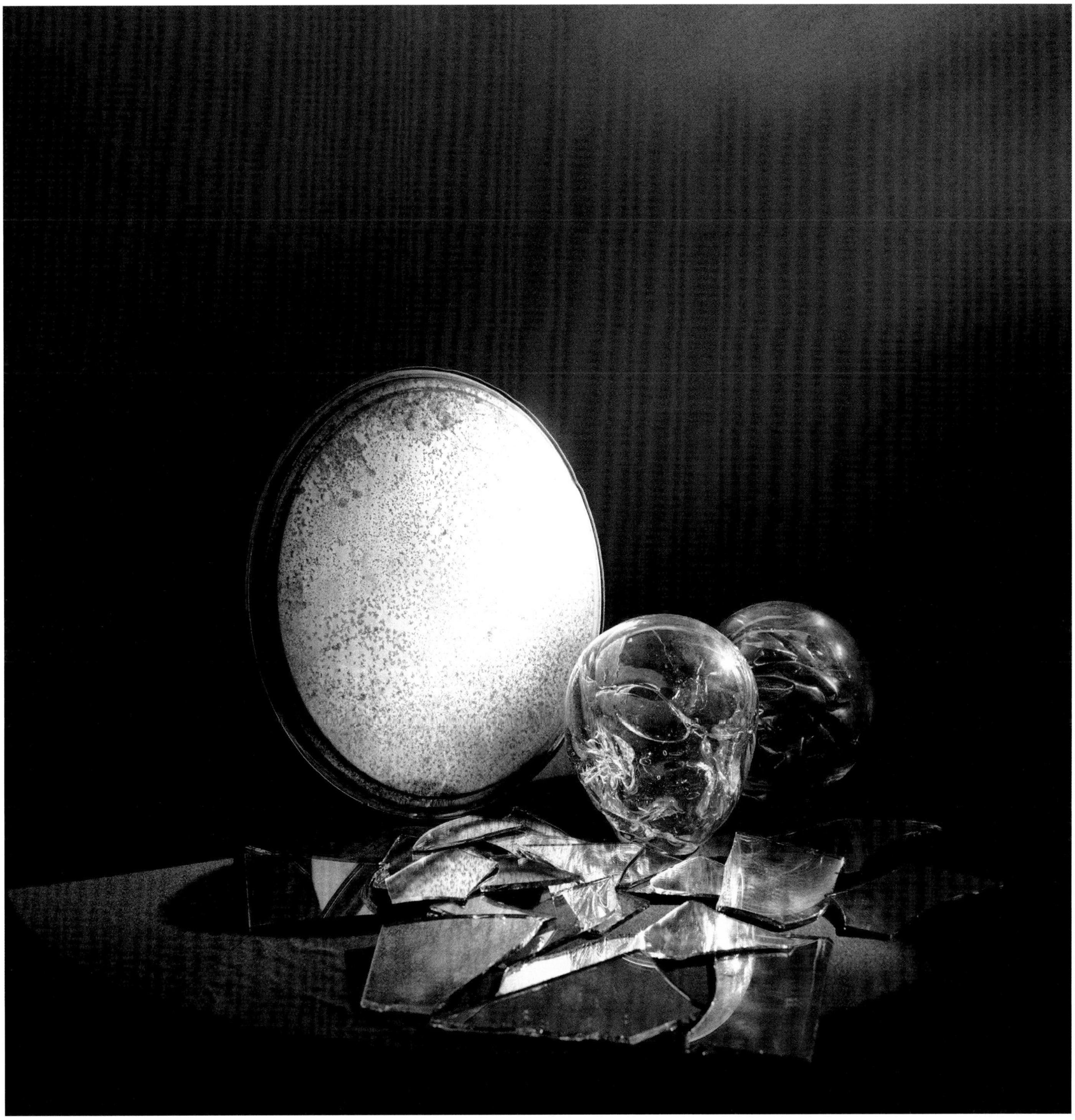

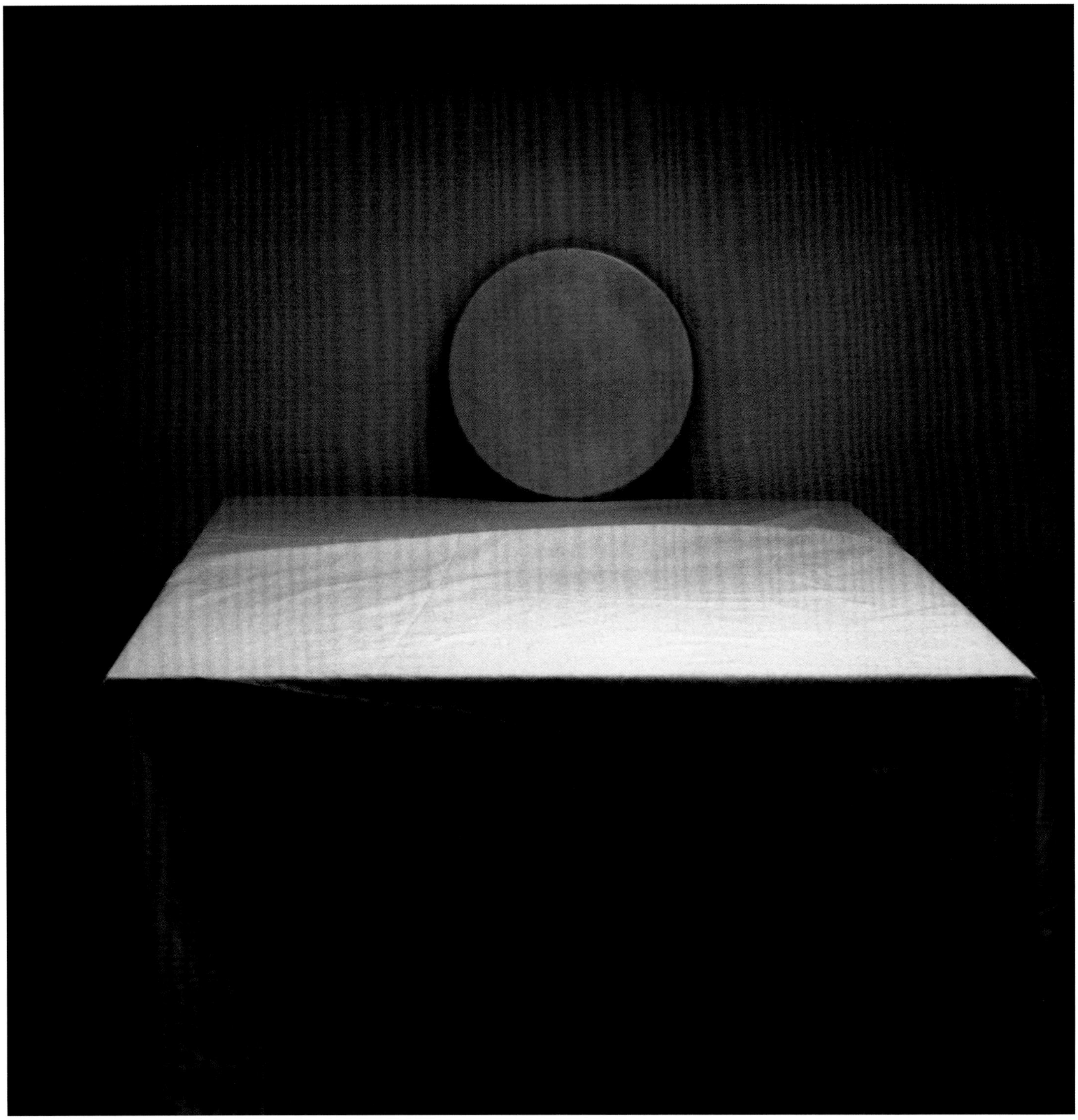

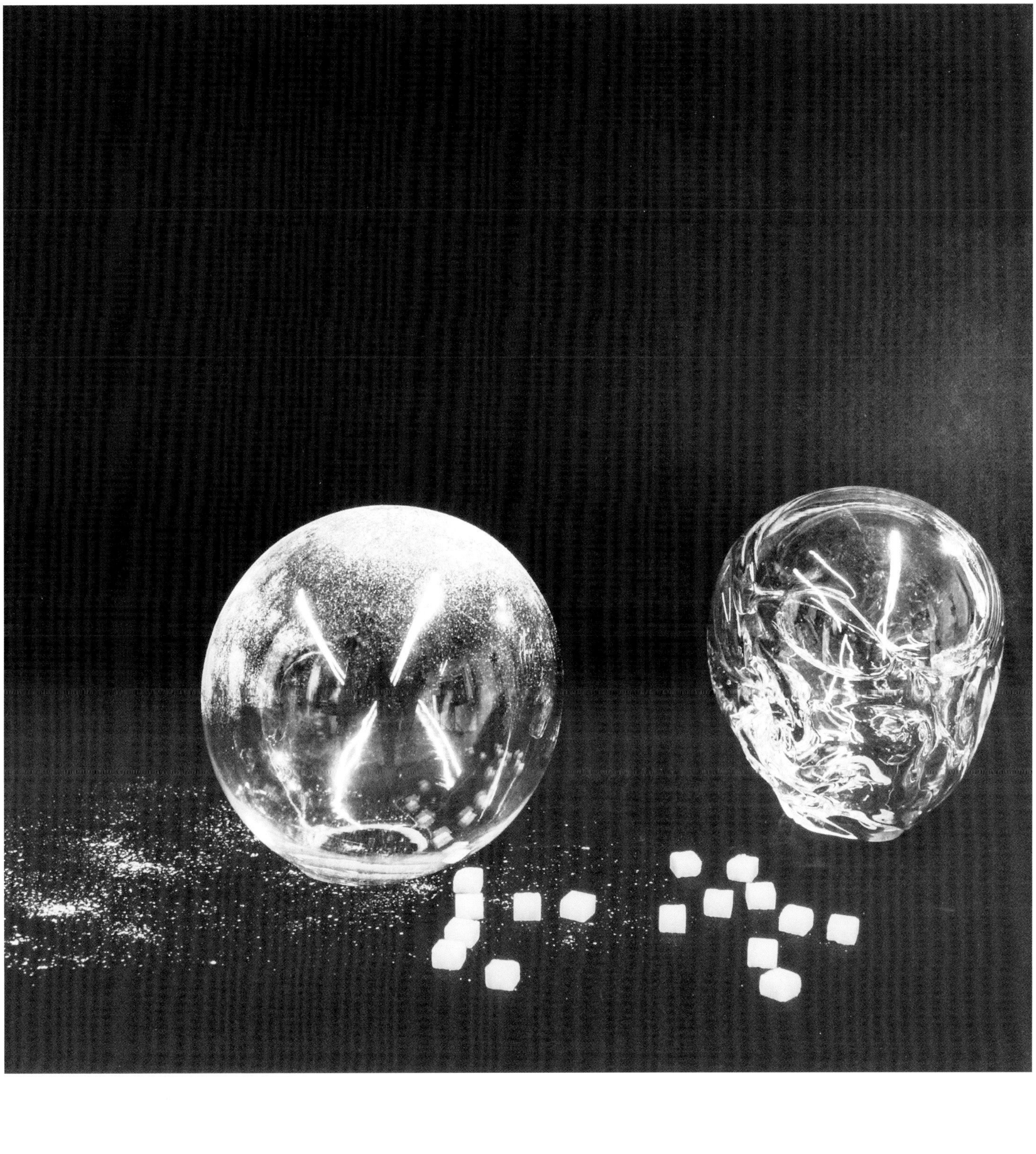

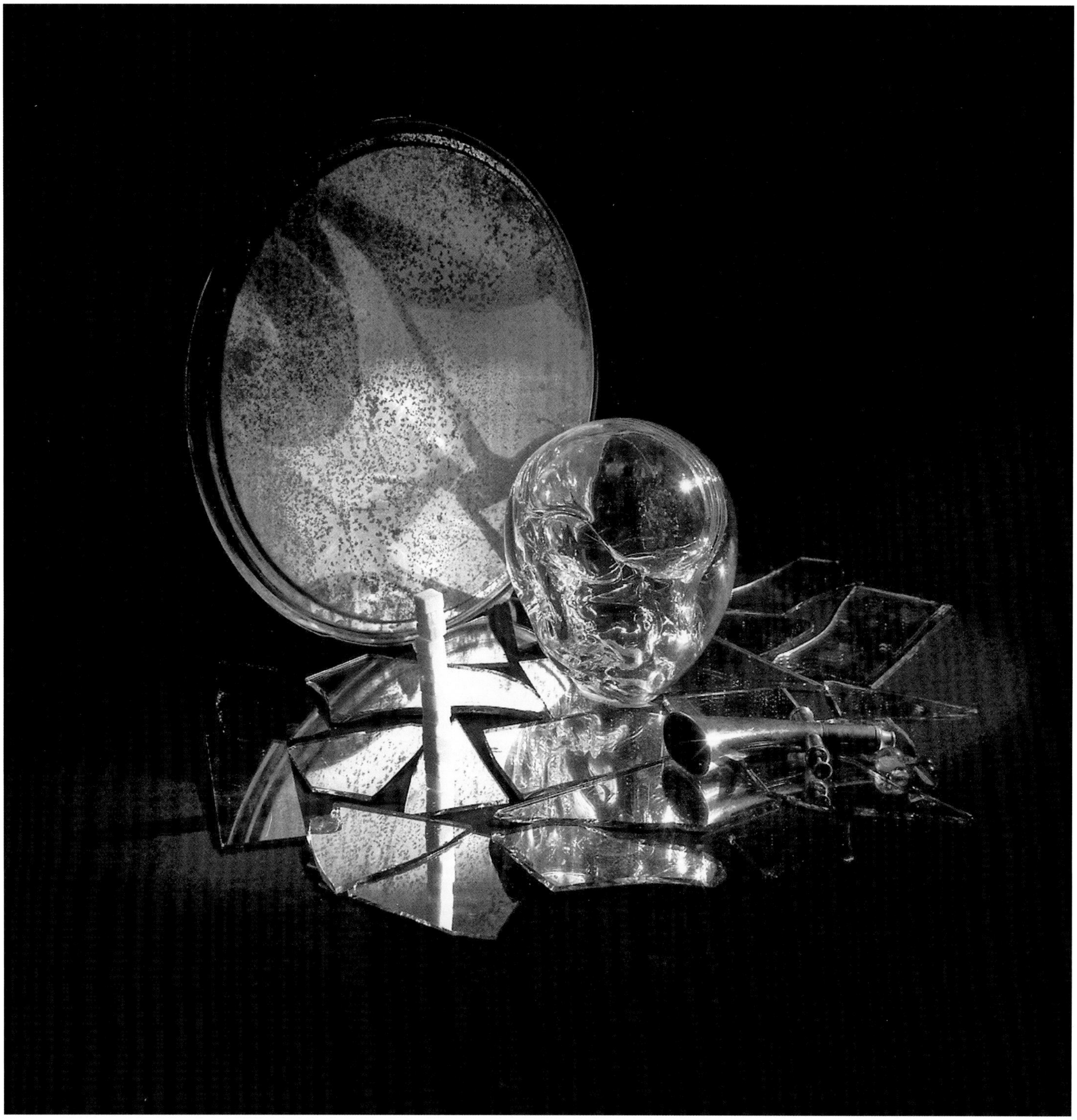

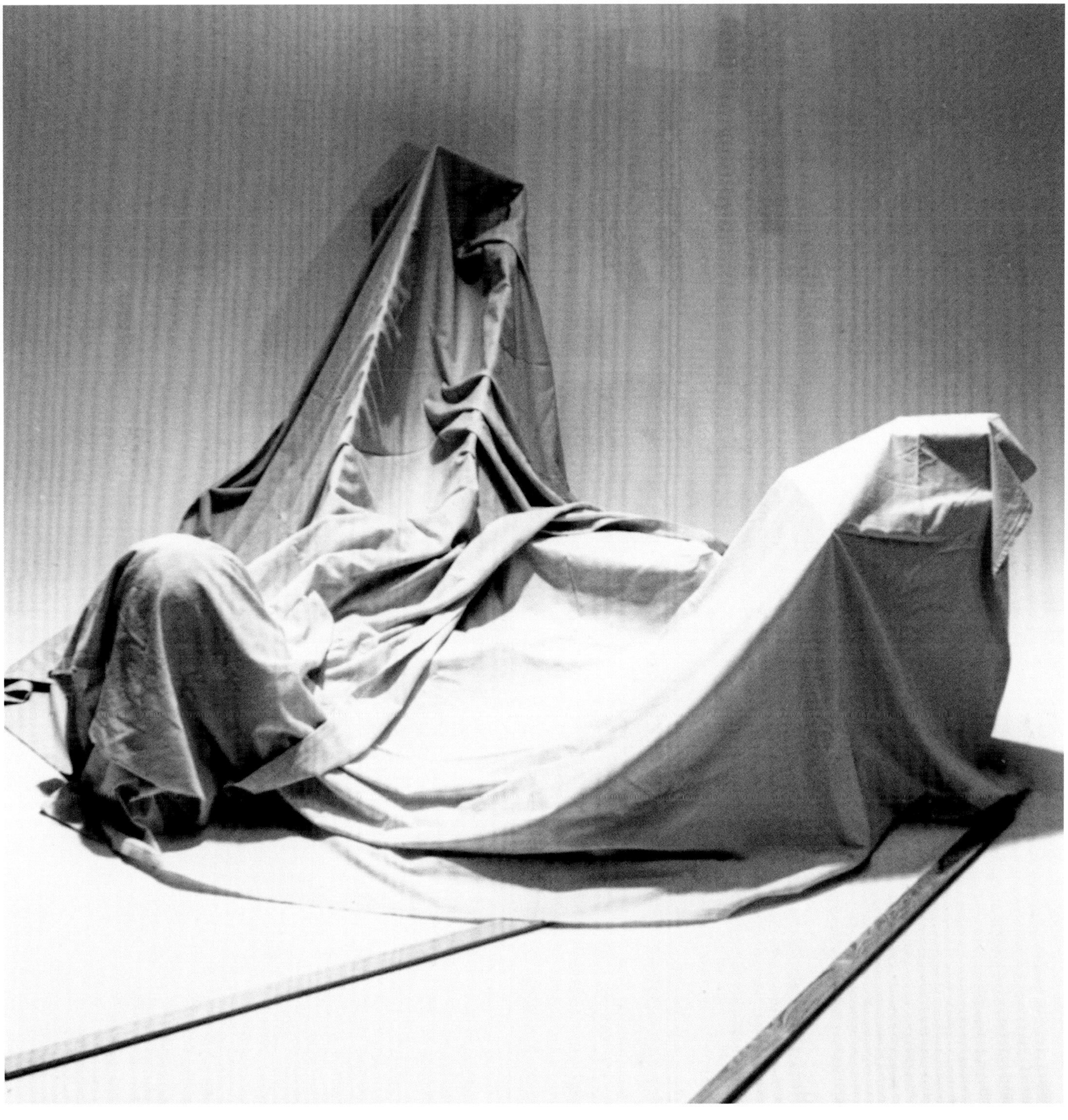

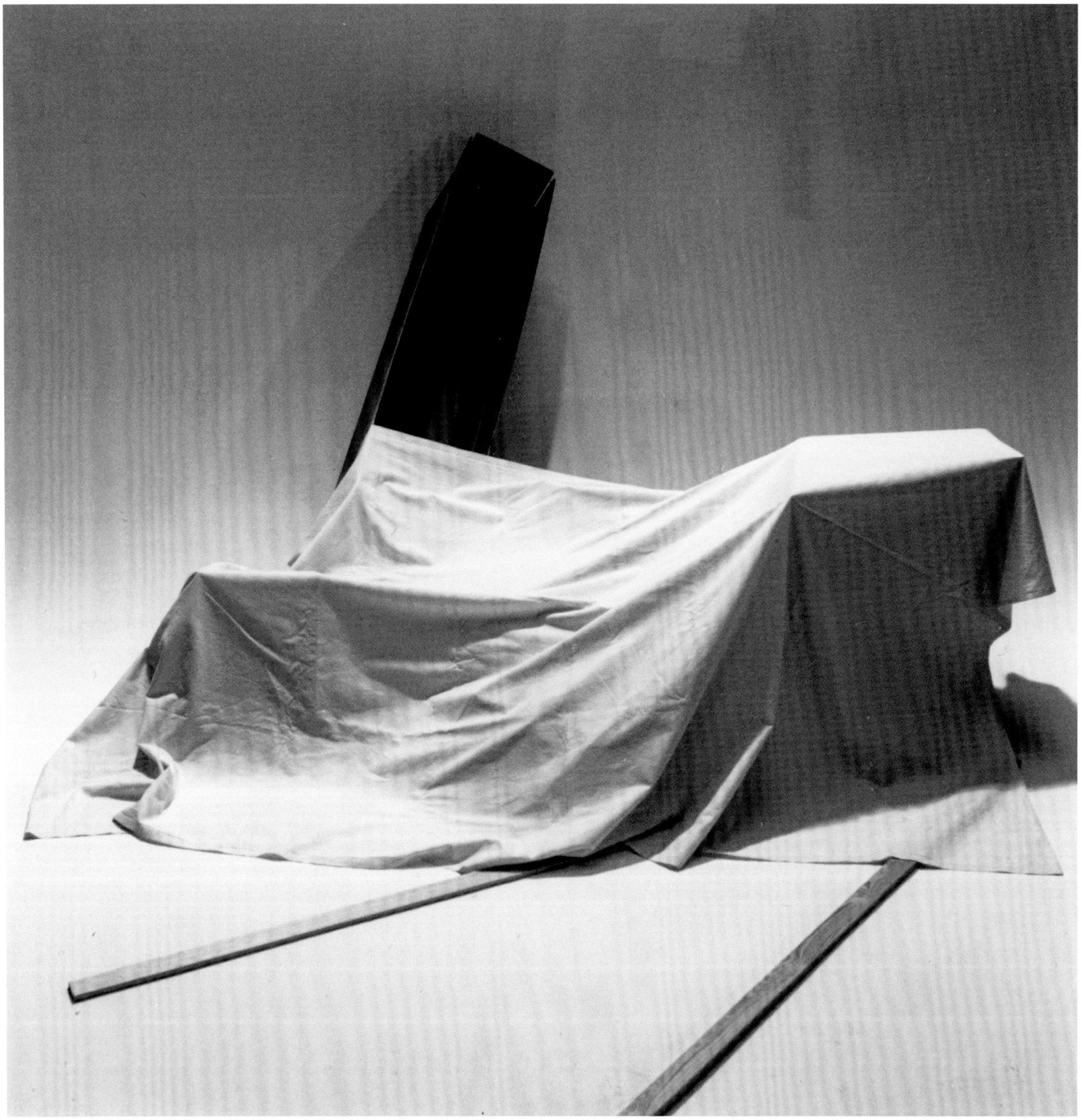

(F)

Les fantômes de la verité
Olivier Kaeppelin

III

« Nous sommes fait de l'étoffe dont sont faits nos rêves ». L'étoffe ce personnage de théâtre si présent dans les photos de Wolfgang Gäfgen. Le monde est-il un voile qu'il ne faut pas croire ? Rien ne sert de l'ôter. Le voile recouvre un voile. Nous sommes, à nous-même, des fantômes. « Le rêve est un rêve dans un rêve dans un rêve ». Que pouvons-nous dire de ses œuvres ? Nous reconnaissons les objets qui l'accompagnent : inconscient, peur, énigme, jeux et jouissance ... Nous devinons leurs assemblages, leurs emballages. Recèlent-ils profondeur ou vide ? La question n'a pas d'importance. La profondeur n'est pas dans l'apparence. Ainsi, la beauté de la nature, d'un brin d'herbe désespèrent les fantômes. Leur présence est effacée par la splendeur de l'arbre le plus modeste.

(D)

Die Phantome der Wahrheit
Olivier Kaeppelin

III

„Wir sind vom gleichen Stoff, aus dem die Träume sind." Der Stoff, diese Theaterfigur, die so präsent ist in Wolfgang Gäfgens Fotografie. Ist die Welt ein Schleier, an den wir nicht länger glauben sollen? Es hat keinen Sinn, ihn zu lüften. Unter ihm liegt nur ein weiterer Schleier. Wir begegnen uns selbst als Gespenster. „Der Traum ist ein Traum in einem Traum in einem Traum." Was lässt sich über seine Werke sagen? Erkennbar sind die Themen, die ihn begleiten: das Unbewusste, Ängste, Rätsel, Spiel und Genuss ... Wir erahnen ihre Bestandteile, ihre Hülle. Verbergen sie Tiefe oder Leere? Diese Frage hat keinerlei Bedeutung. Tiefe liegt nicht im Augenscheinlichen. Die Schönheit der Natur, schon ein Grashalm bringt die Geister zur Verzweiflung. Der einfachste Baum löscht sie aus mit seiner Pracht.

(E)

The Phantoms of Truth
Olivier Kaeppelin

III

"We are the stuff that our dreams are made of." The stuff of the theatrical figure who is such a strong presence in Wolfgang Gäfgen's photos. Is the world a veil we should not believe in? There's no point lifting it. The veil covers a veil. We are, to ourselves, ghosts. "The dream is a dream in a dream in a dream." What can we say about his works? We recognise the objects that keep him company: the unconscious, fear, mystery, games and pleasure. We can make out how they are assembled, wrapped up. Do they contain depth or emptiness? The question is of no consequence. Depth does not lie in appearance. The beauty of nature, of a blade of grass, thus drive ghosts to despair. Their presence is obliterated by the splendour of the humblest of trees.

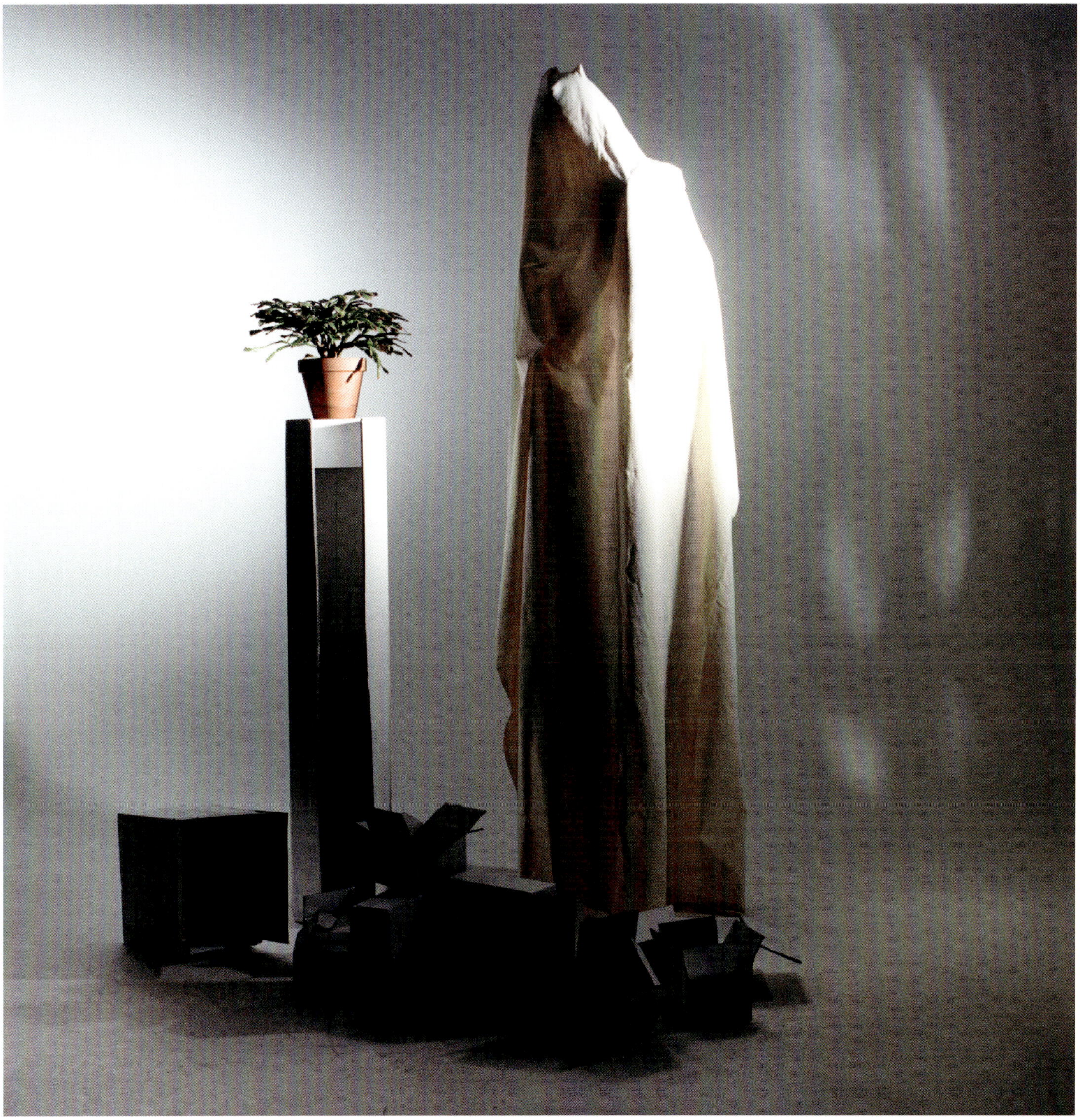

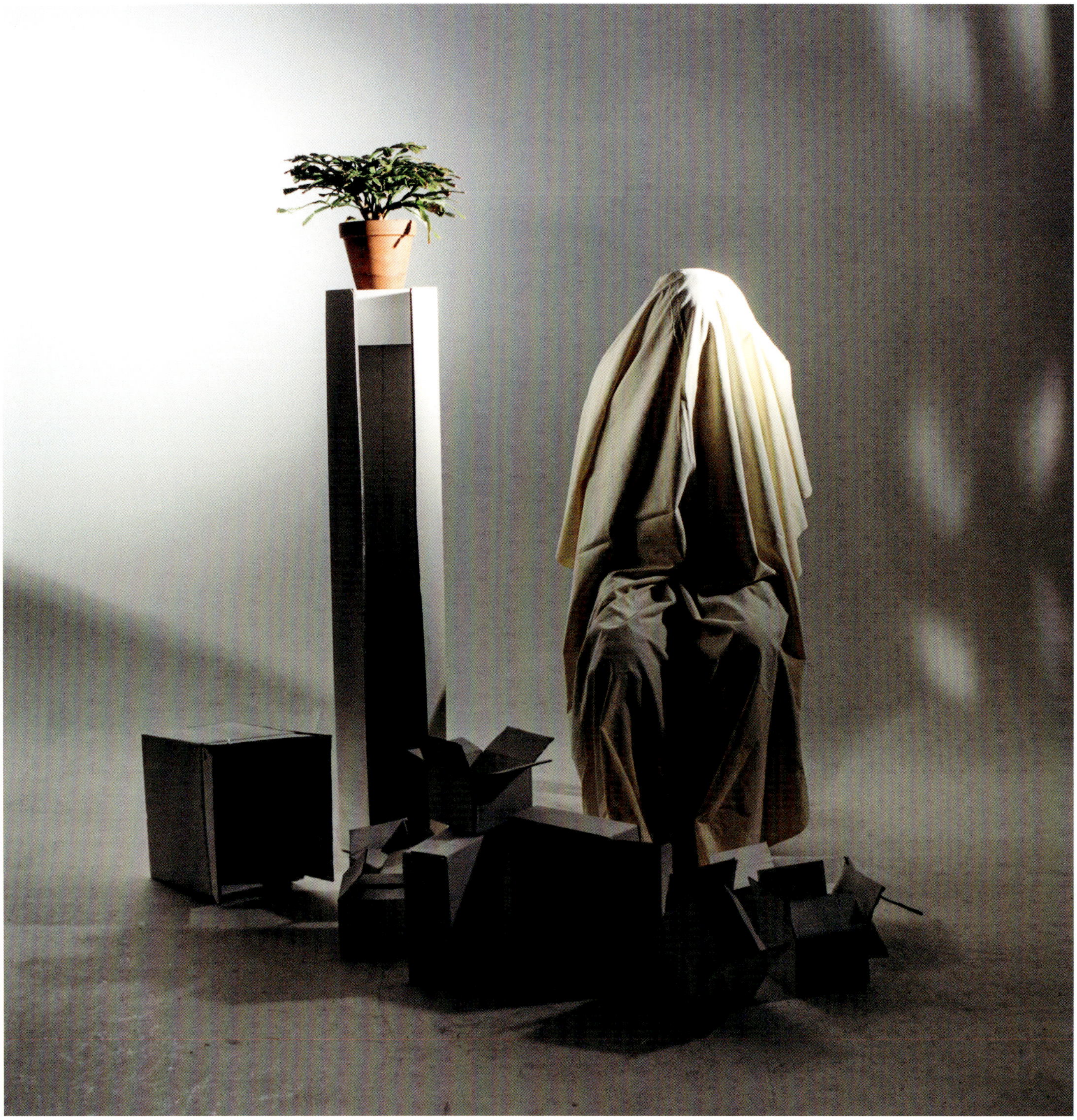

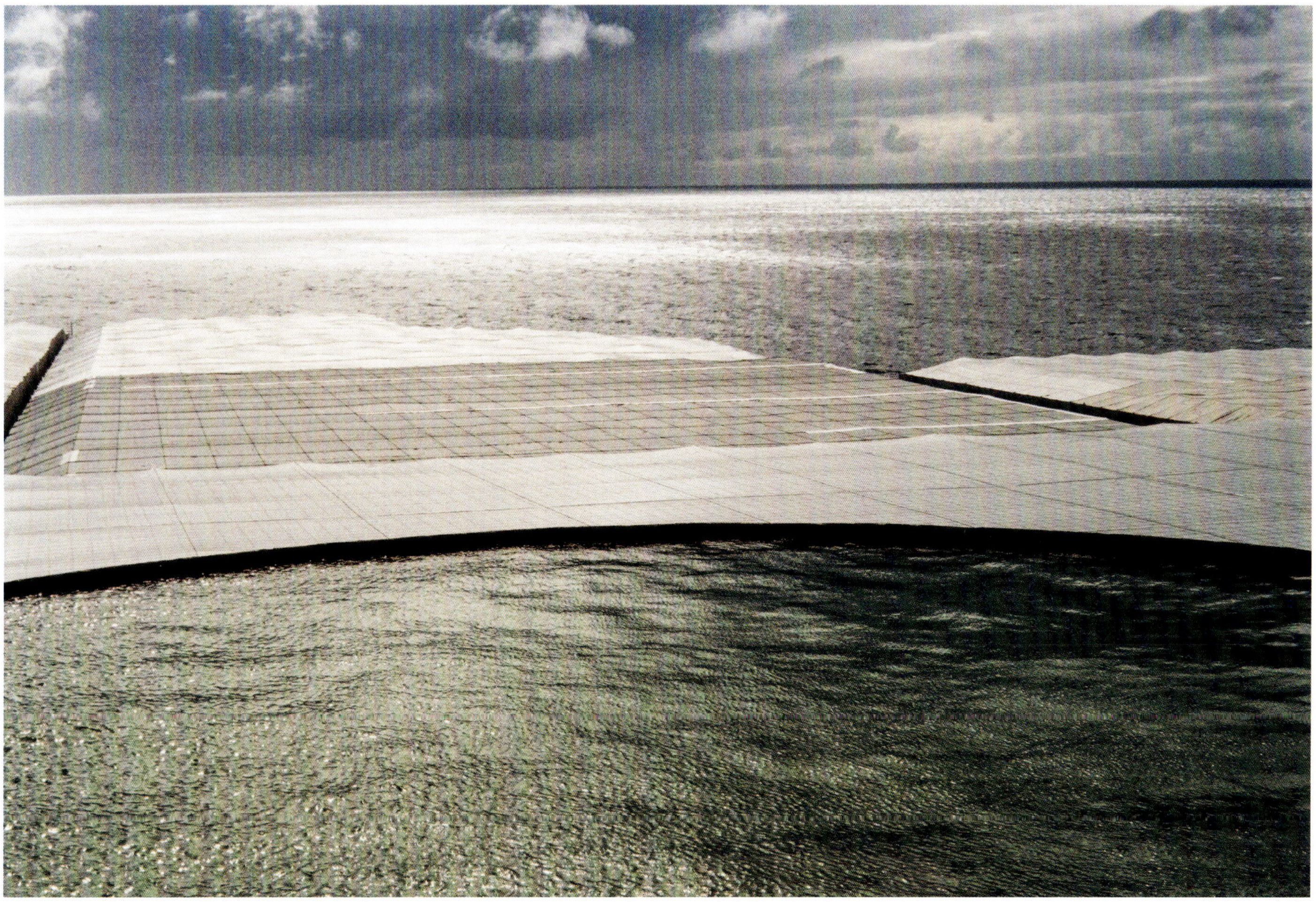

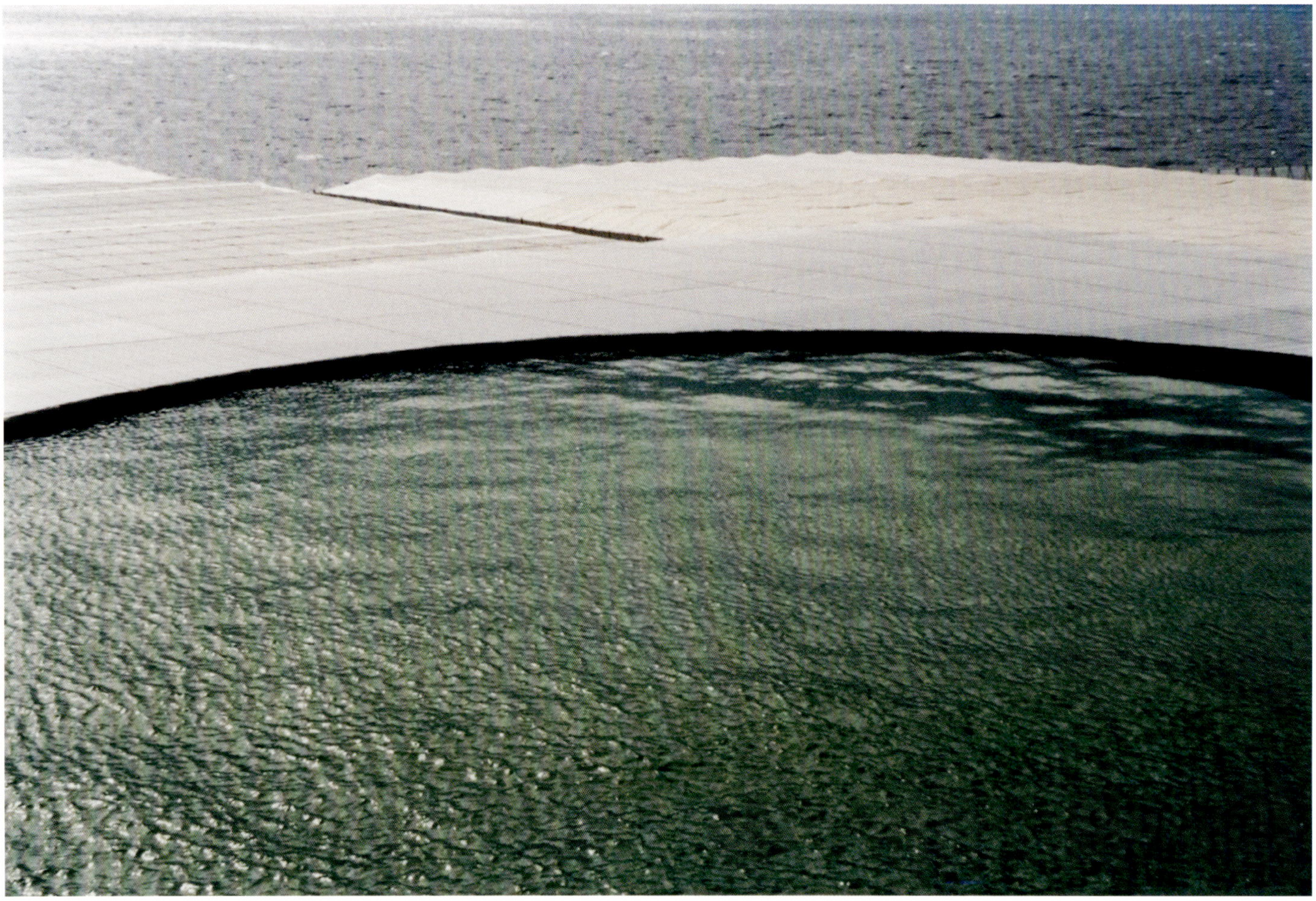

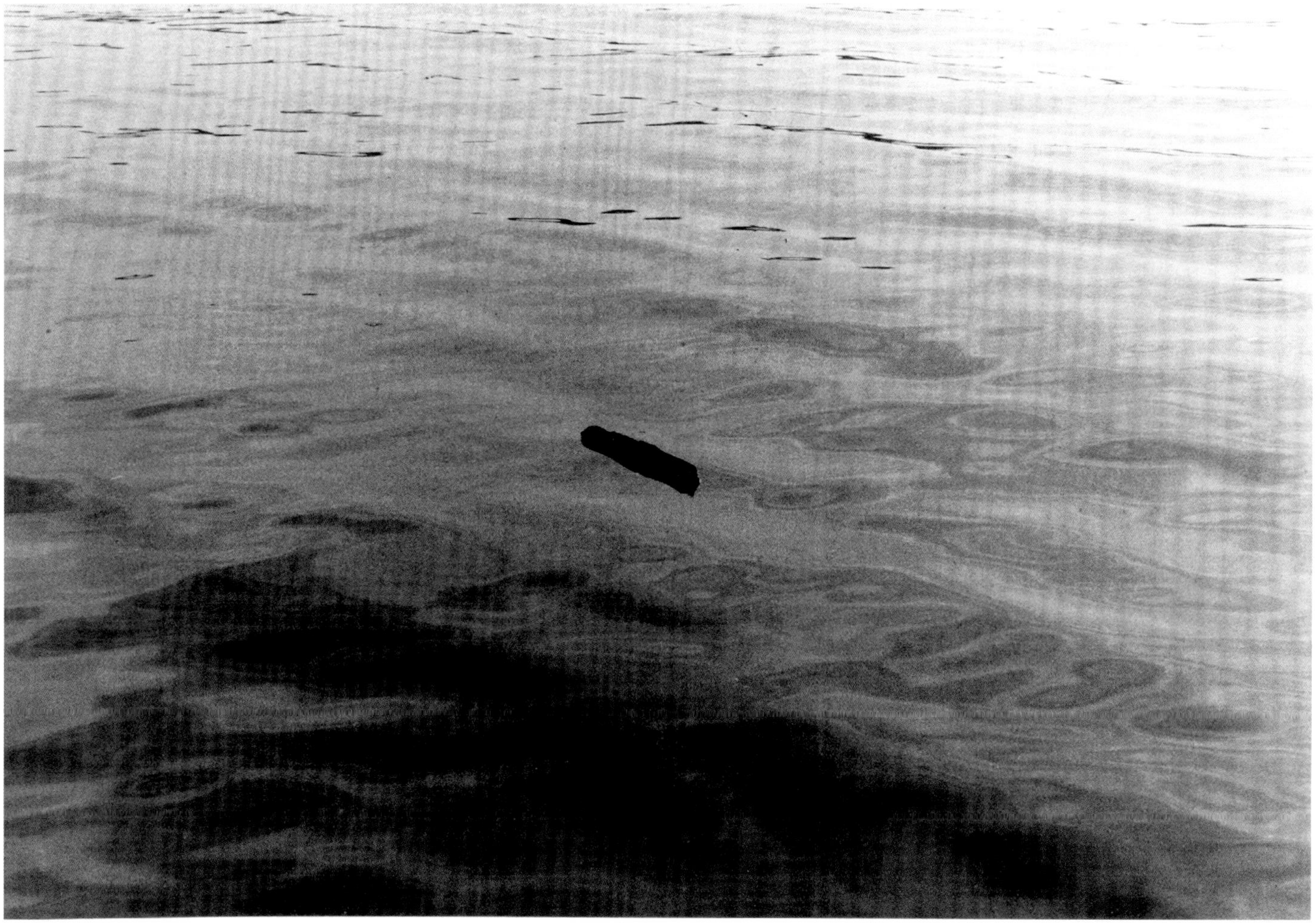

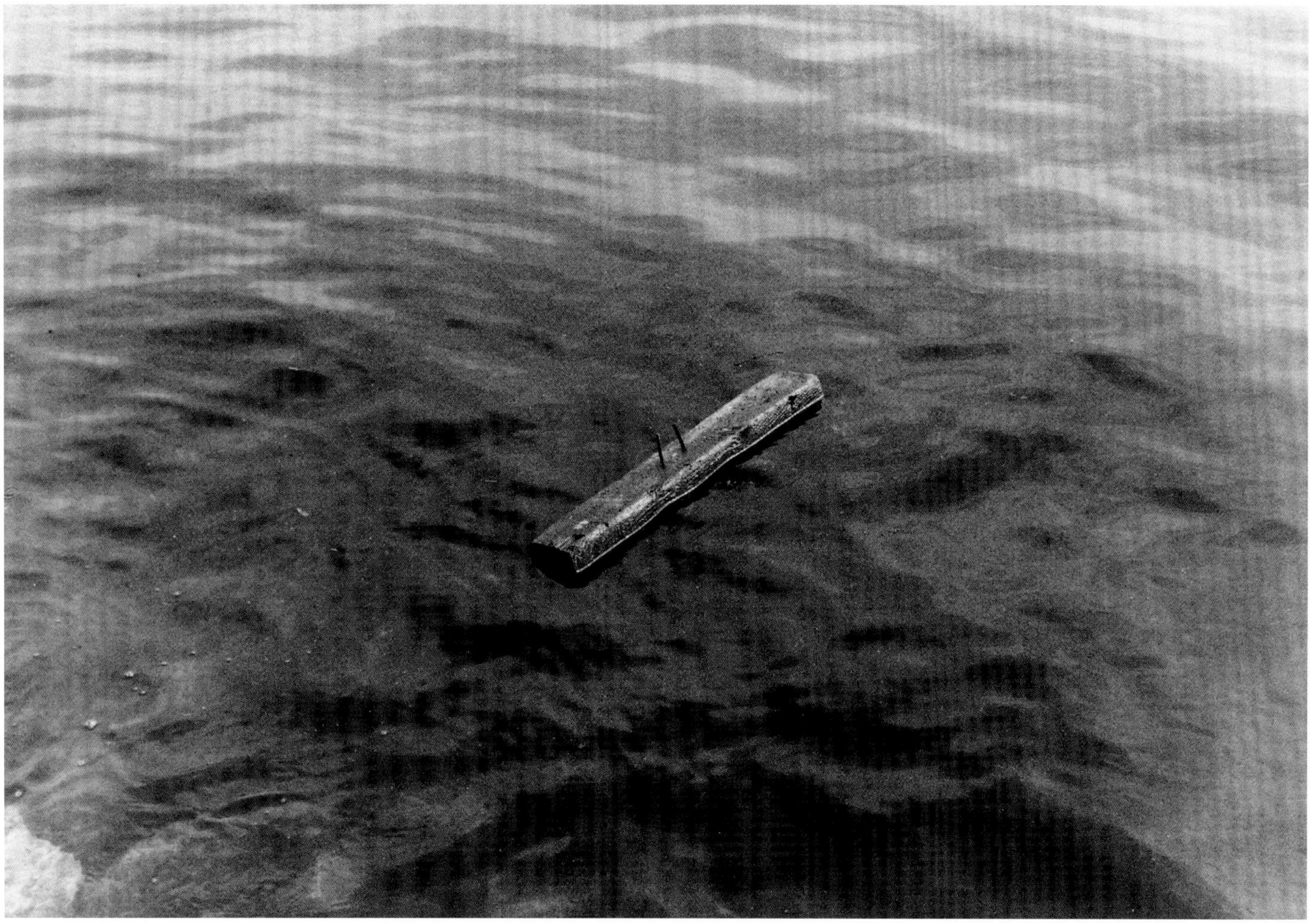

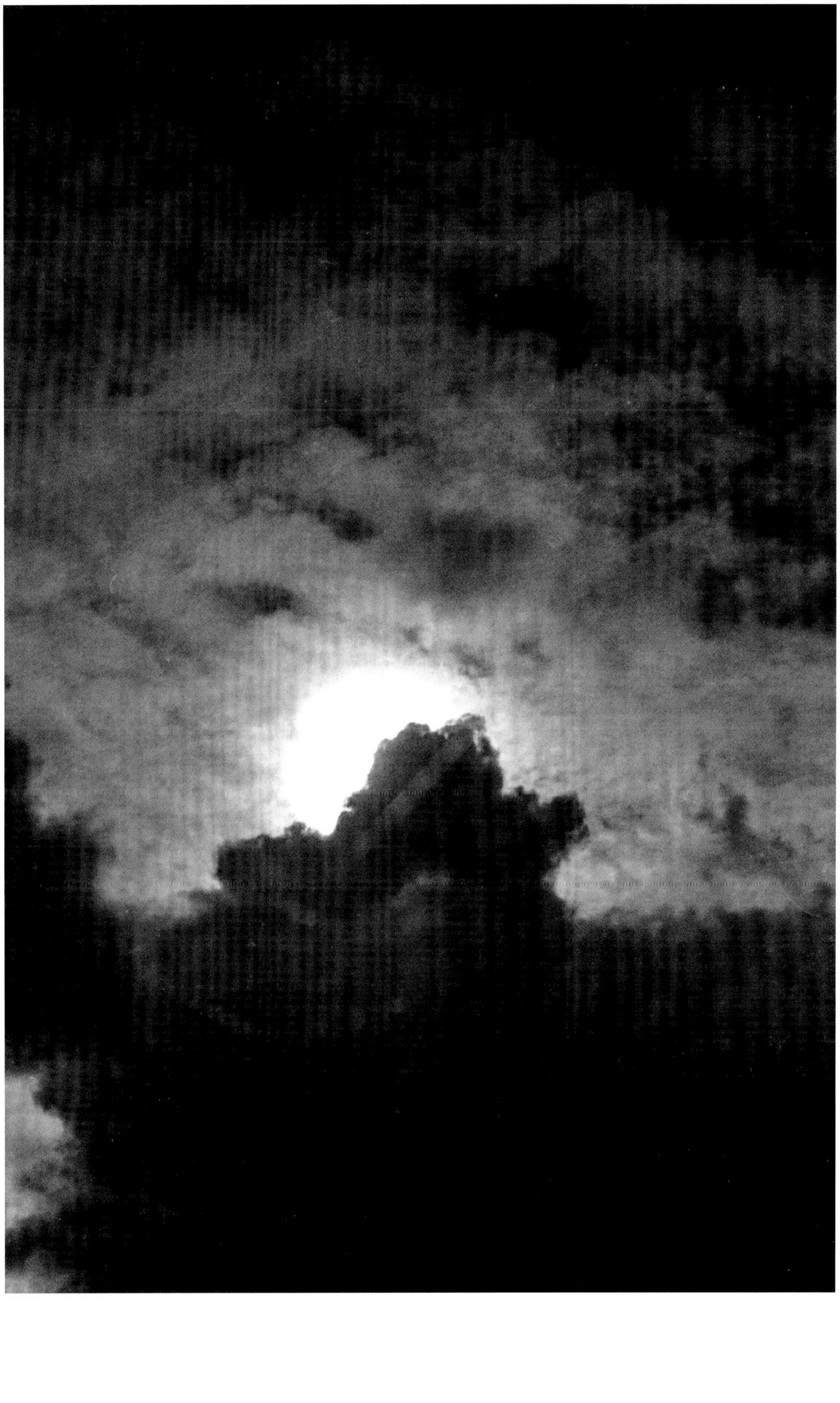

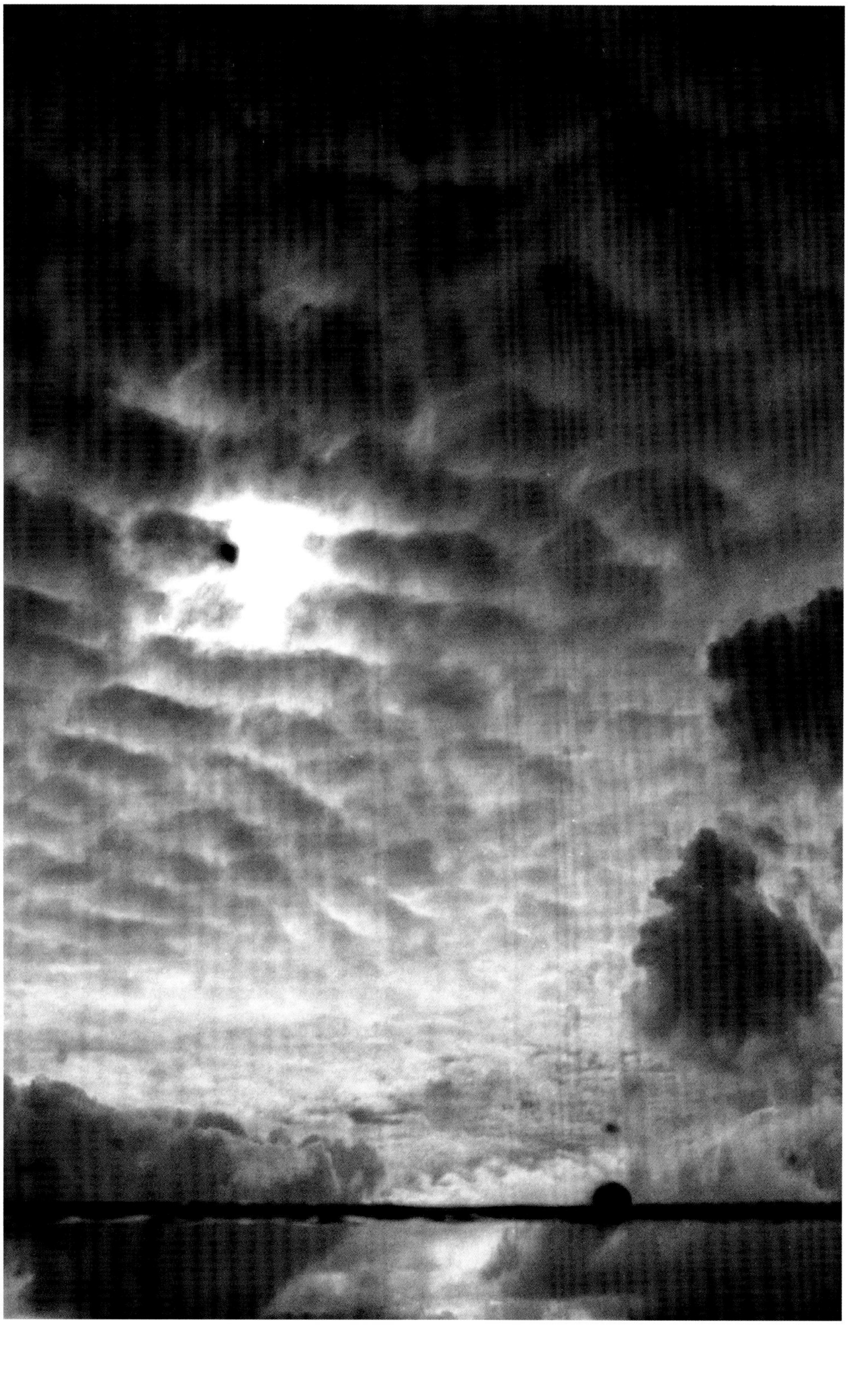

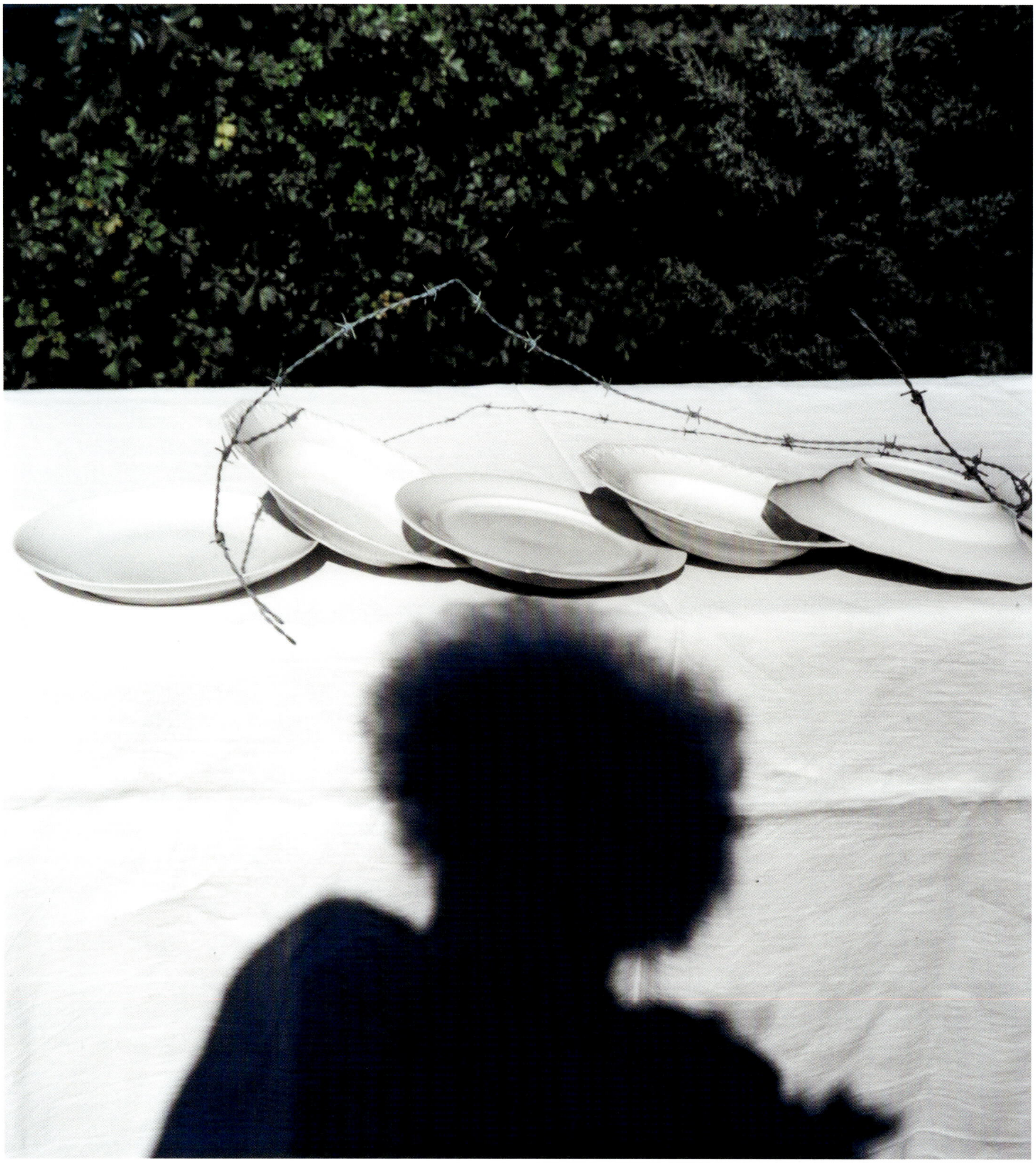

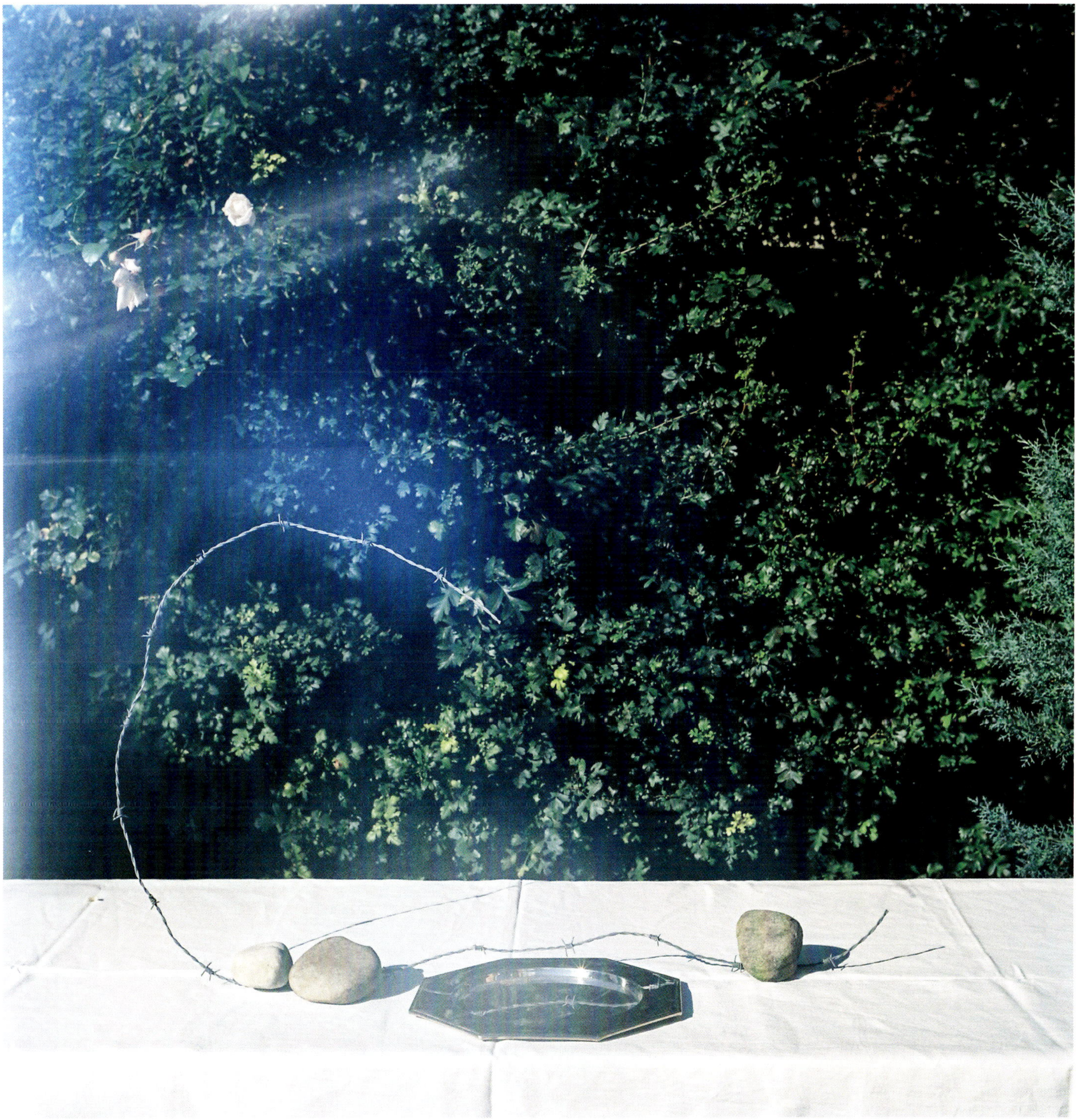

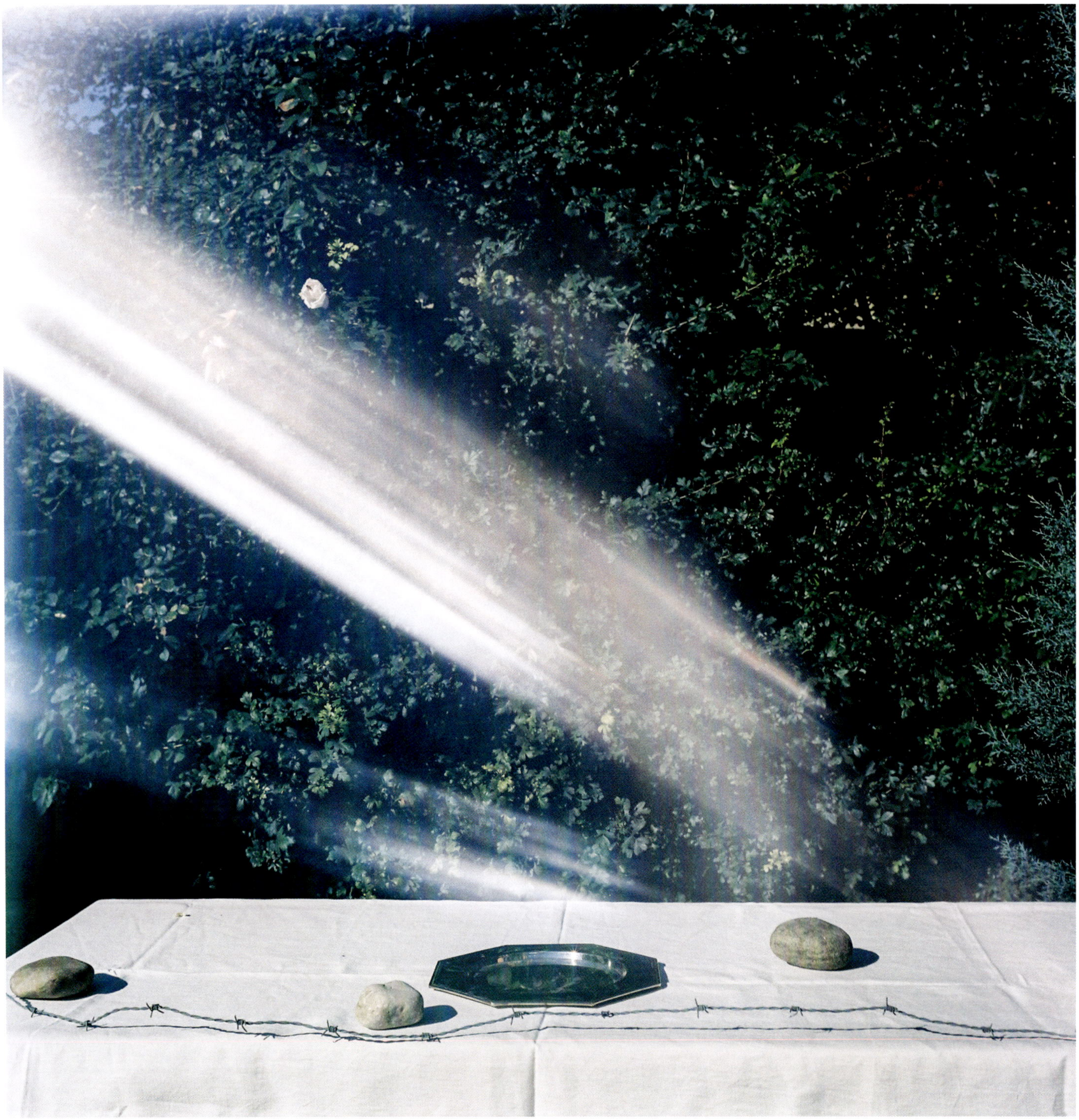

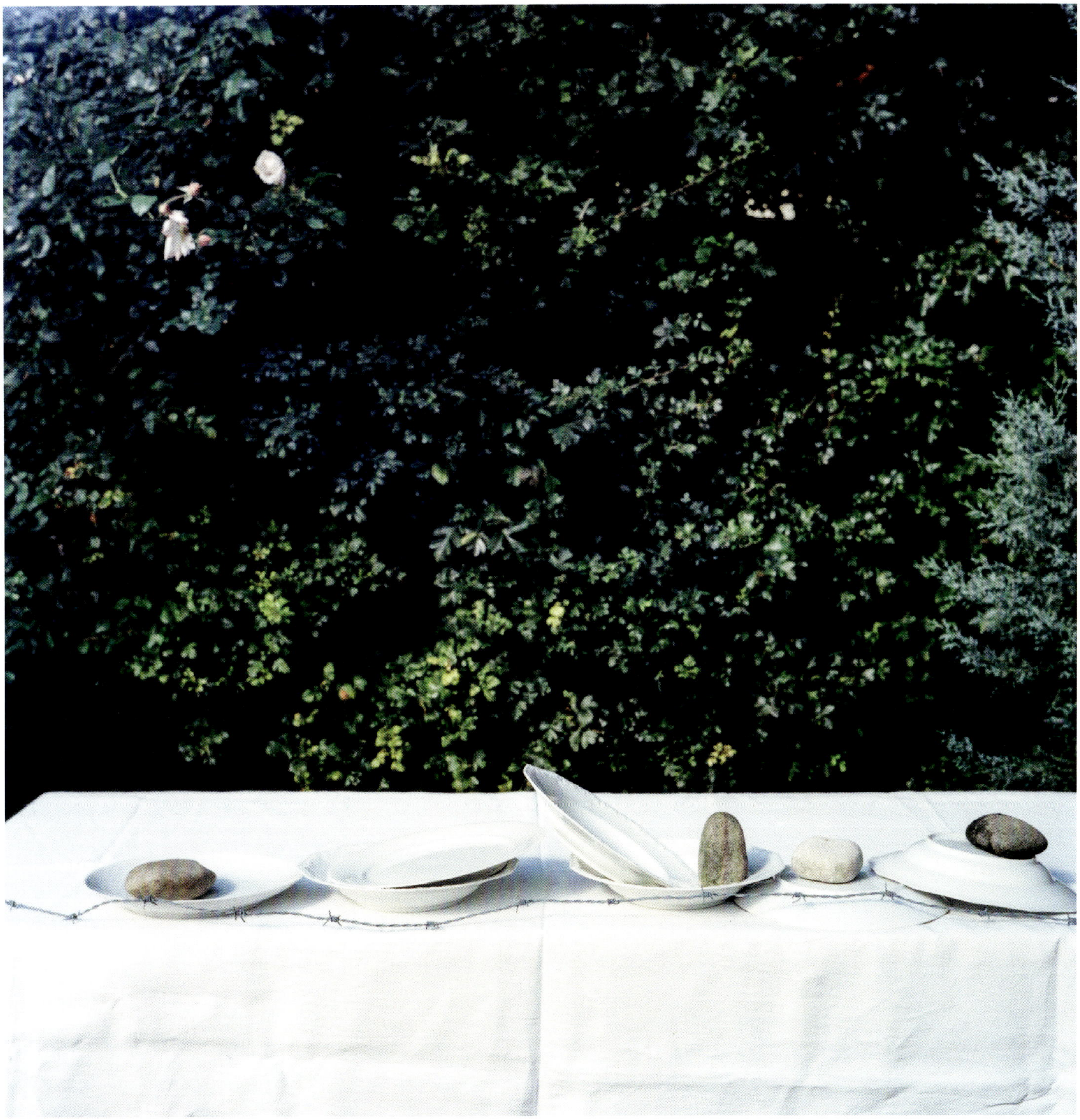

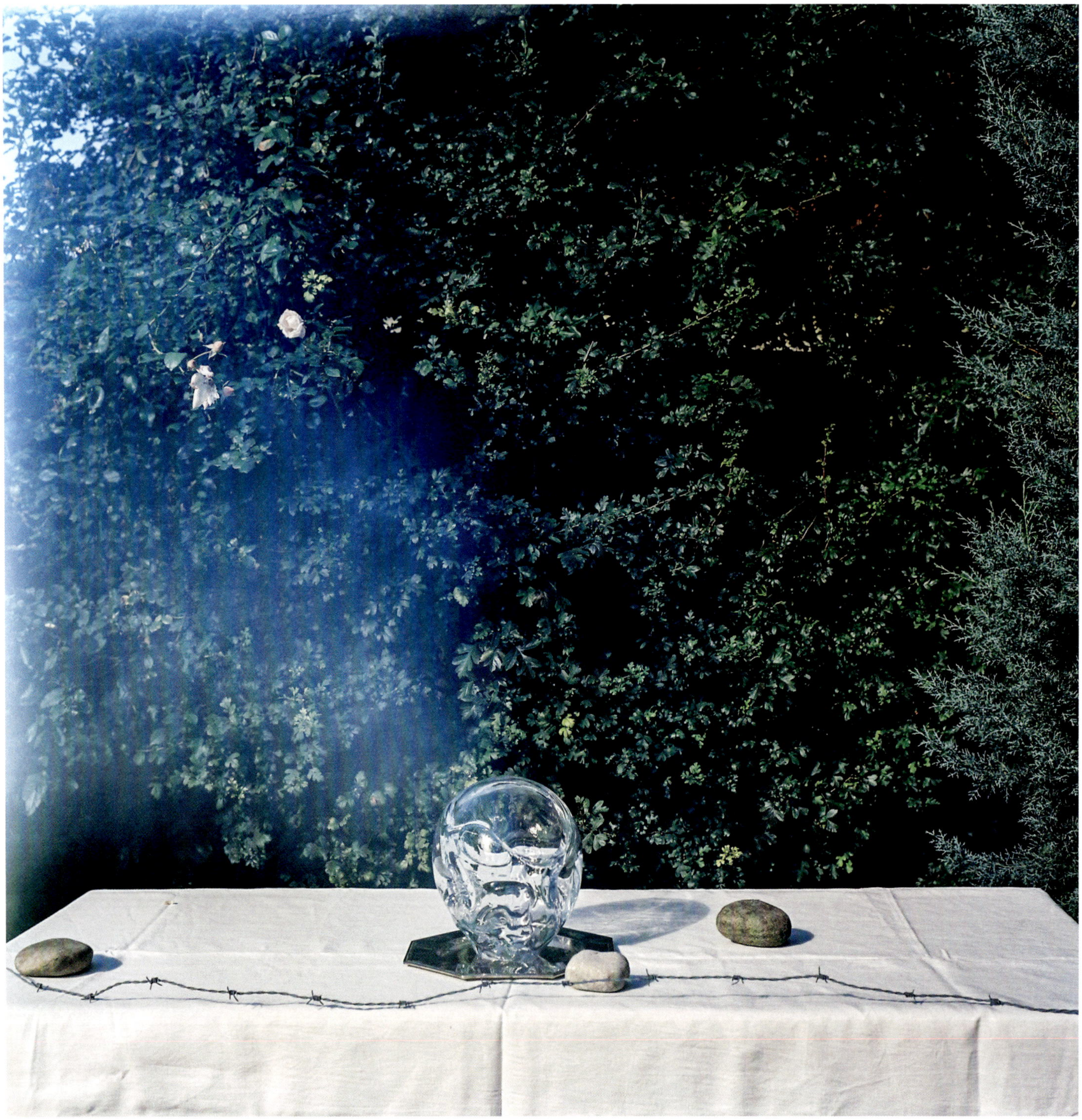

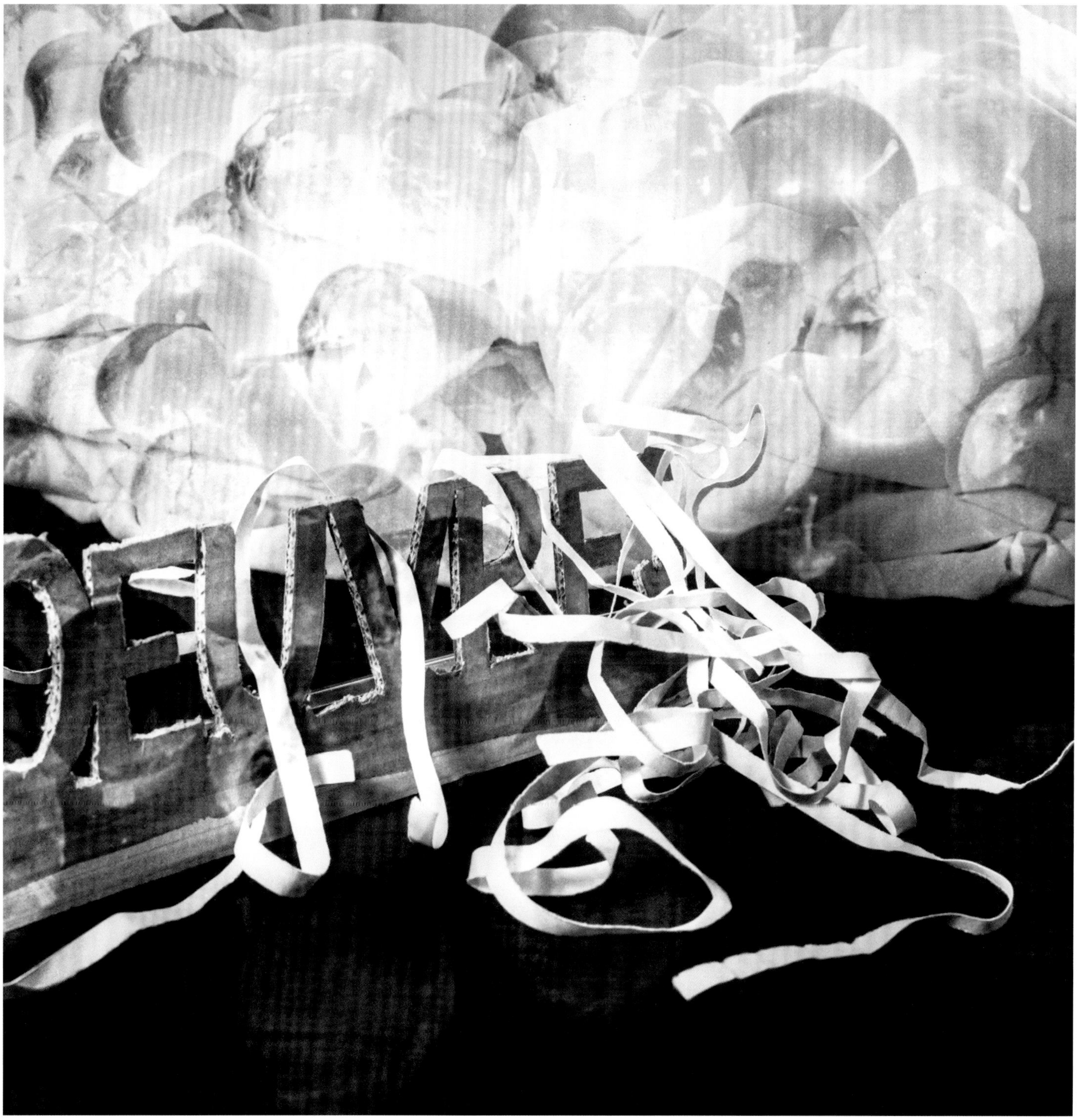

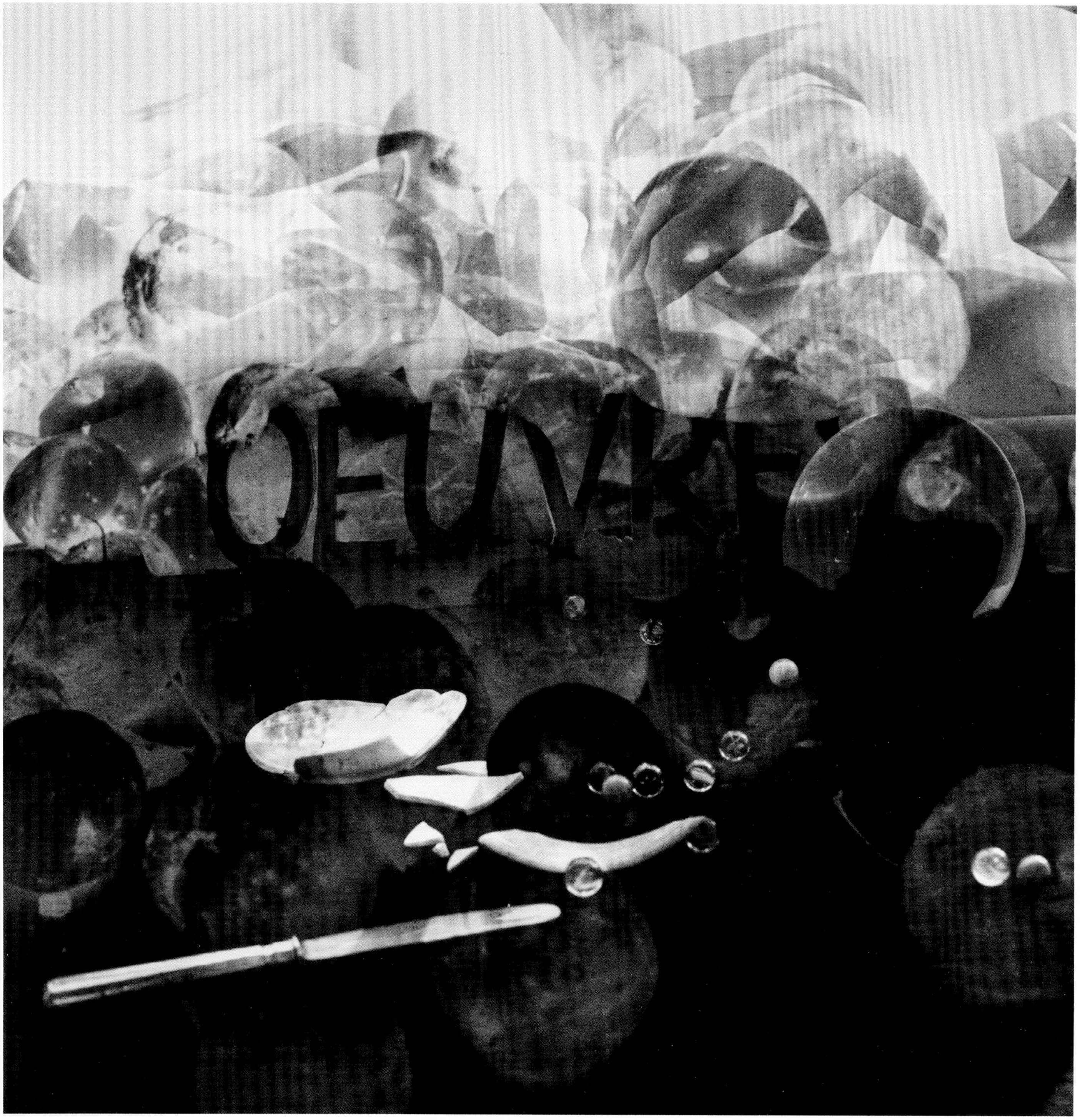

(F)

Les fantômes de la verité
Olivier Kaeppelin

IV

Le corps échappe. Comme la matière noire nous ne le connaissons que par les effets qui l'enveloppent. La tentation est de le dévoiler pour le voir dans sa totalité. Nous ne le connaissons que par les ombres ou les objets qu'il touche. La tentation d'Eléphant man. Il n'est pas un ange, il a un corps mais où est-il ? Il ne tient pas debout. Peut-être est-il cette chaise prête à s'écrouler. Ses pieds, son siège sont maintenus par le dessein mental de Wolfgang Gäfgen et les serre-joints de l'artisan. Atèles, béquilles manifestent sa dangereuse fragilité. Le corps, dans les plis, se rêve immortel, sans oublier le péril de l'effondrement. « Immortel-mortel » est une lutte violente d'un corps au milieu des objets. Violente comme cette chaise qui prend place, telle une arme, dans un espace qui la menace.

(D)

Die Phantome der Wahrheit
Olivier Kaeppelin

IV

Der Körper entzieht sich. Wie dunkle Materie ist er uns nur durch die Kleider bekannt, die ihn umhüllen. Wir sind versucht, ihn zu entschleiern, um ihn in seiner Gesamtheit zu sehen. Wir kennen ihn nur durch Schatten, durch Objekte, die er berührt. Die Versuchung des Elephant Man. Er ist kein Engel, er hat einen Körper, aber wo befindet sich dieser? Er steht nicht aufrecht. Vielleicht ist er dieser Stuhl, der zusammenzubrechen droht. Seine Beine, seine Sitzfläche werden durch die gedankliche Absicht, die Klammern des Handwerkers Gäfgen gehalten. Schienen und Krücken zeigen die Gefahr seiner Gebrechlichkeit. Der Körper glaubt sich in seinen Falten unsterblich, ohne das ihm drohende Scheitern zu vergessen. „Unsterblich sterblich" ist der Kampf des Körpers inmitten der Objekte. Und so brutal wie der Stuhl, der als Waffe im Raum steht, der ihn bedroht.

(E)

The Phantoms of Truth
Olivier Kaeppelin

IV

The body escapes. Just like dark matter, we can only detect it by means of the effects that envelop it. The temptation is to uncover it so as to see it in its entirety. Our knowledge of it comes solely from the shadows or objects it touches. The temptation of Elephant Man. He is not an angel, he has a body, but where is it? It cannot stand up. Possibly it is this chair on the verge of falling apart. Its legs and seat are kept in place by Wolfgang Gäfgen's mental intention and the furniture maker's clamps. Splints and crutches reveal its dangerous fragility. The body, in the folds, dreams of immortality, without forgetting the threat of collapse. "Immortal-mortal" is the violent struggle of a body surrounded by objects. As violent as the chair that takes up a position, weapon-like, in a space that threatens it.

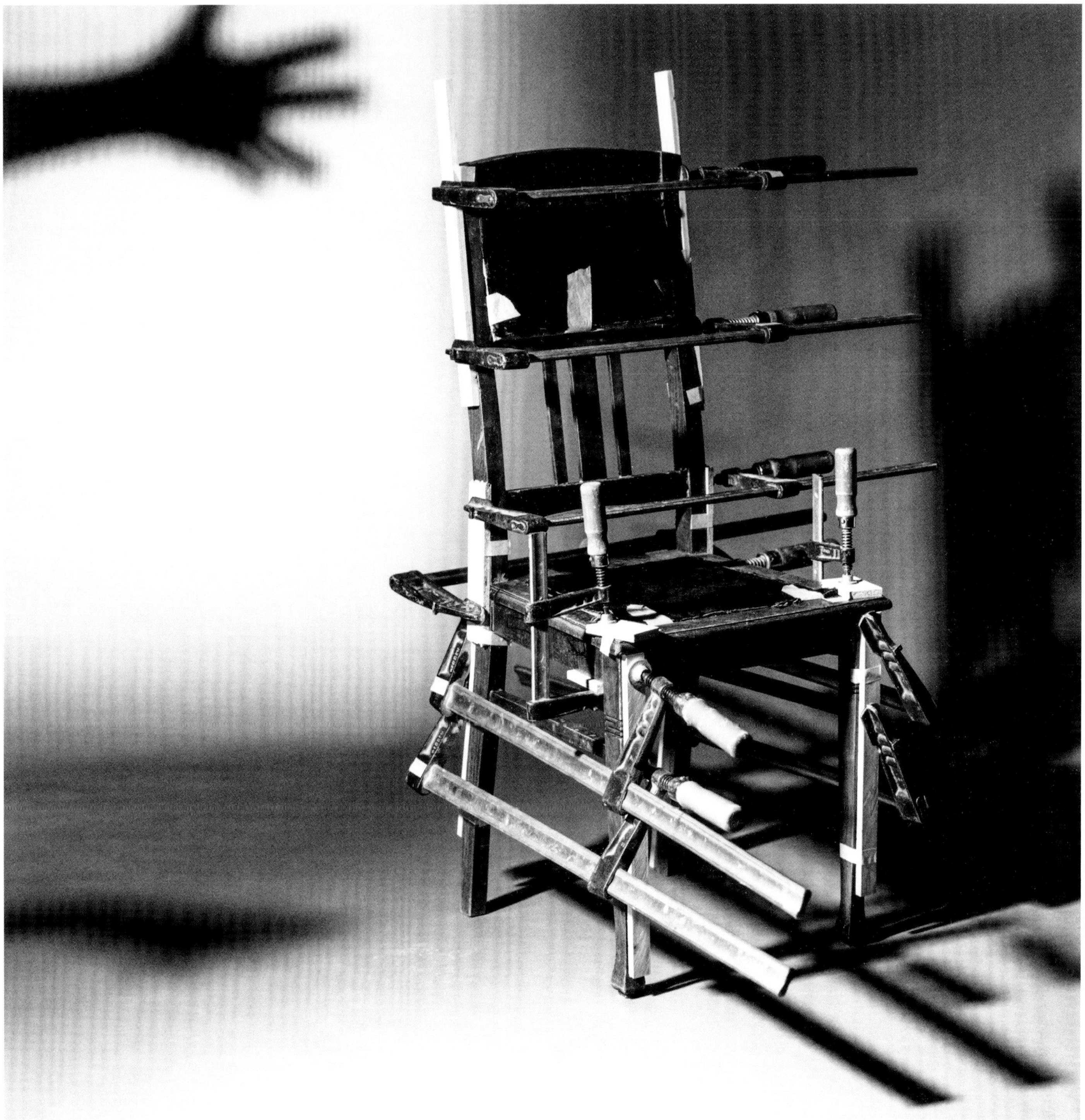

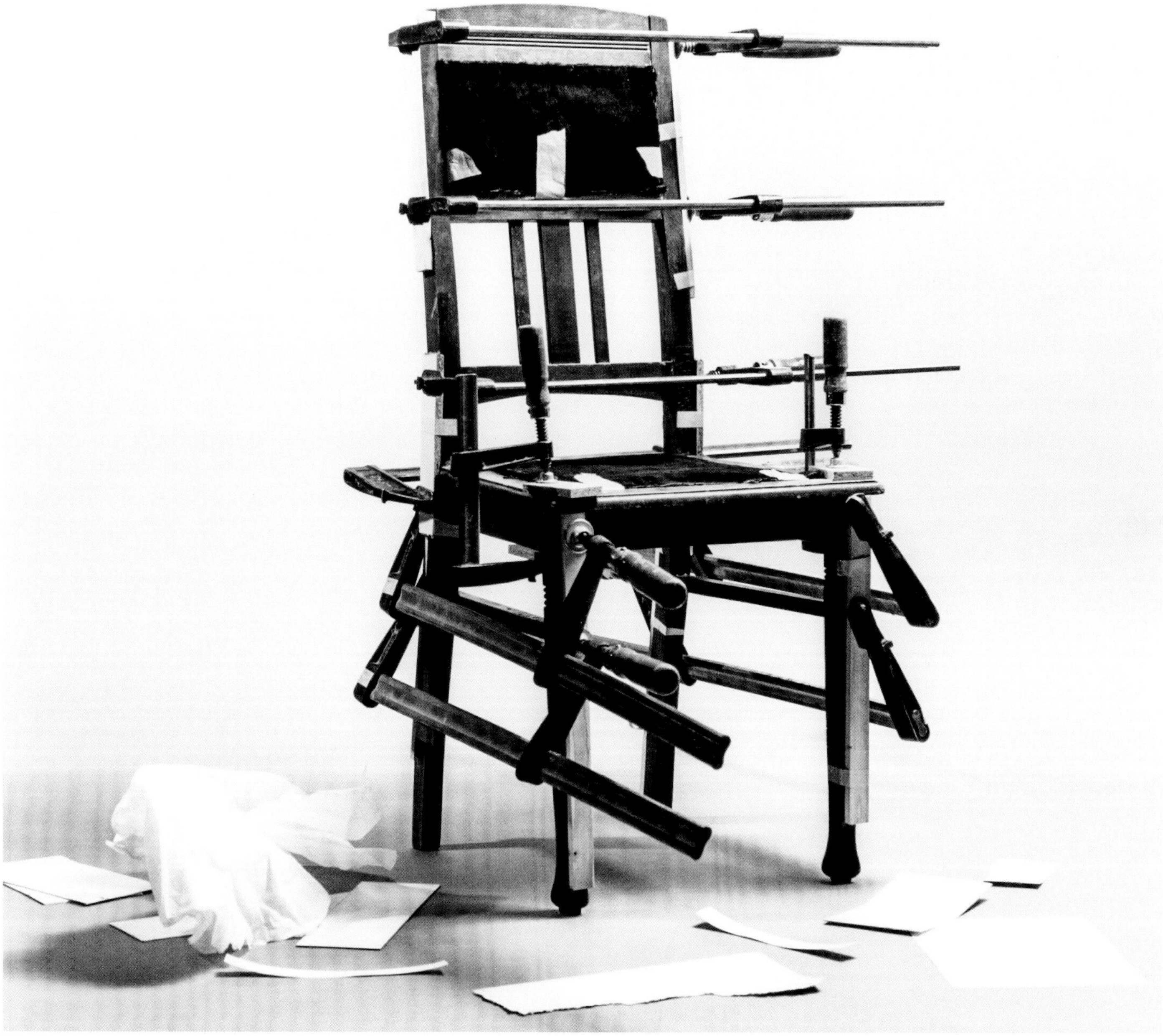

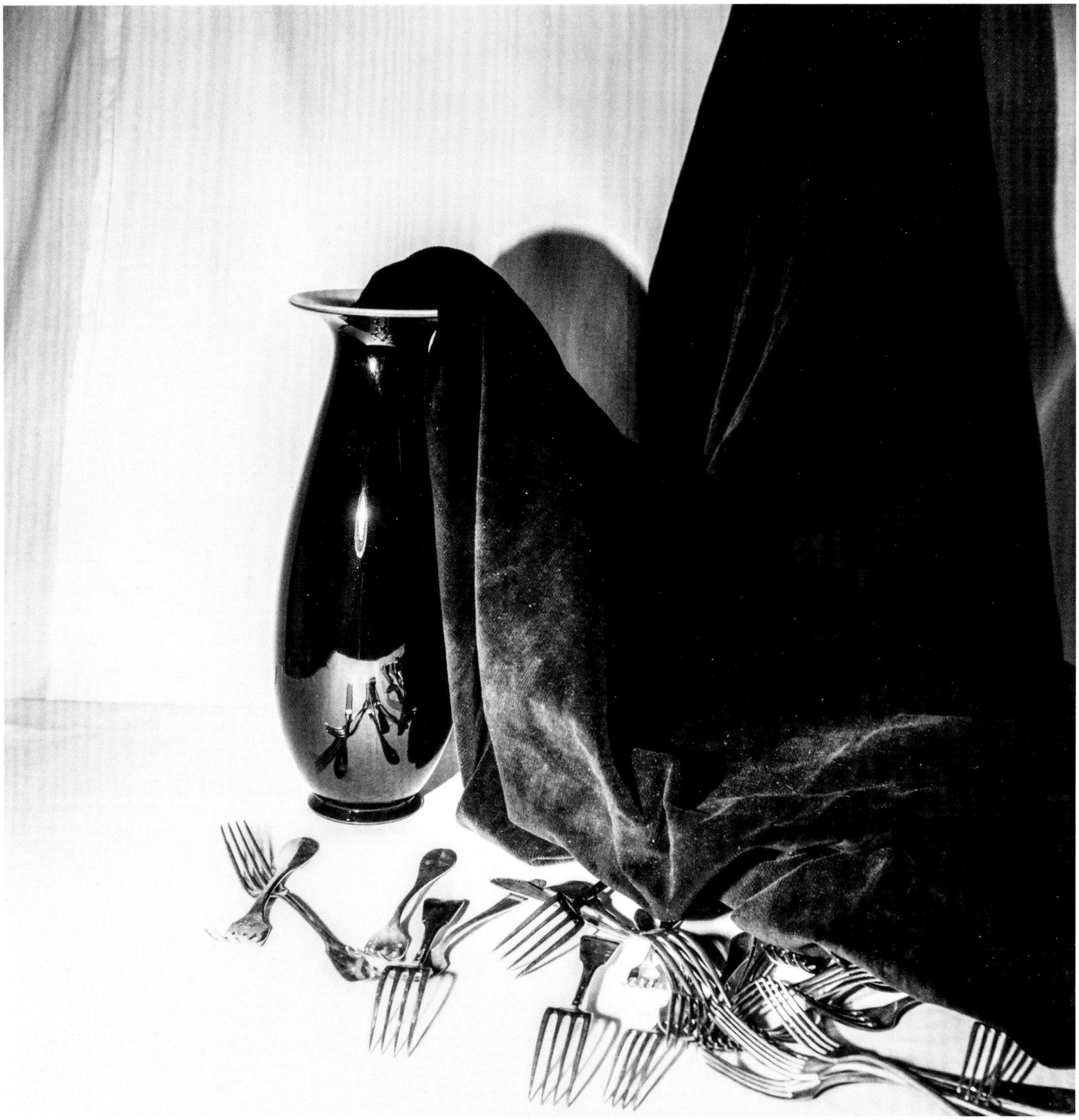

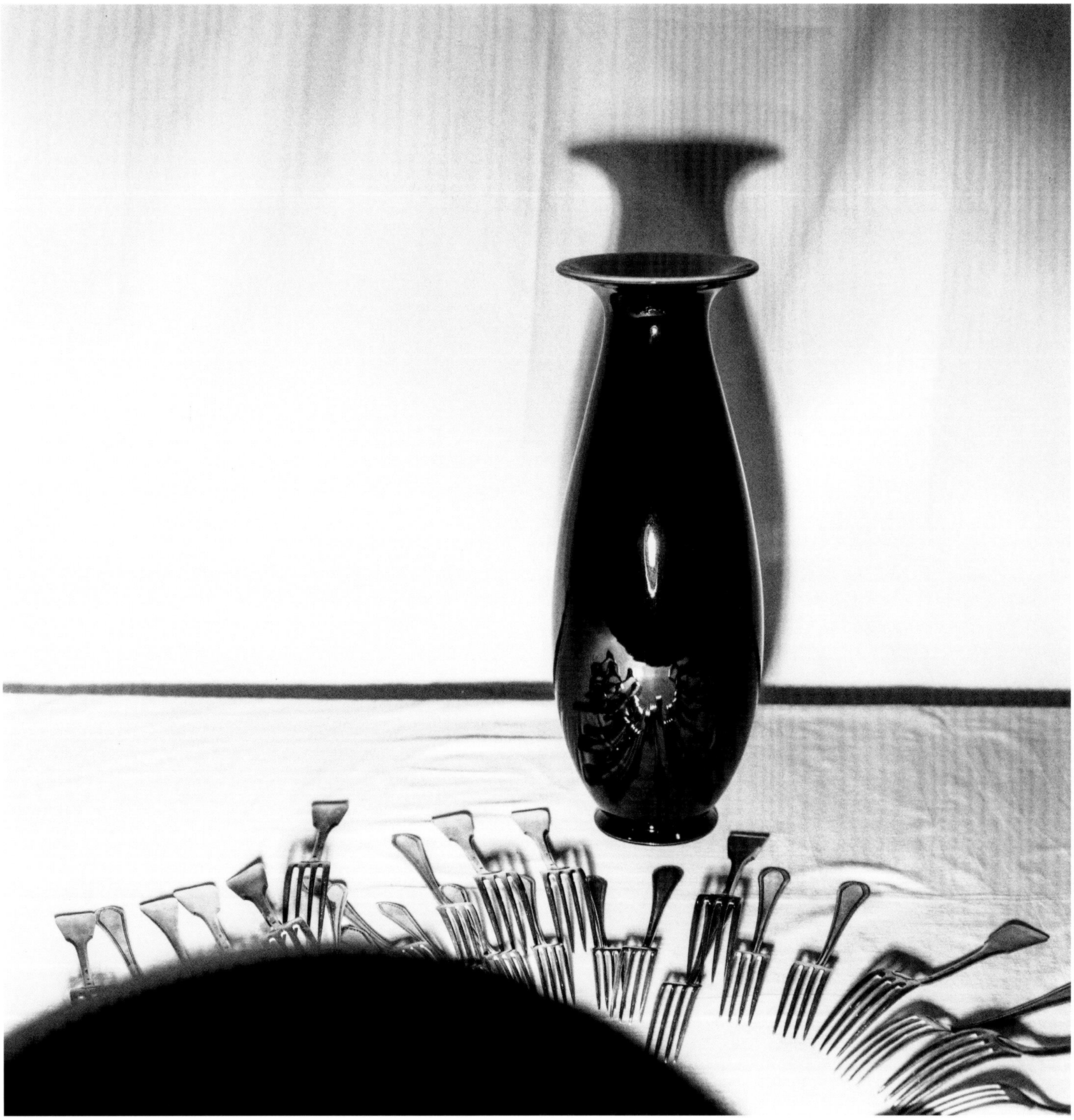

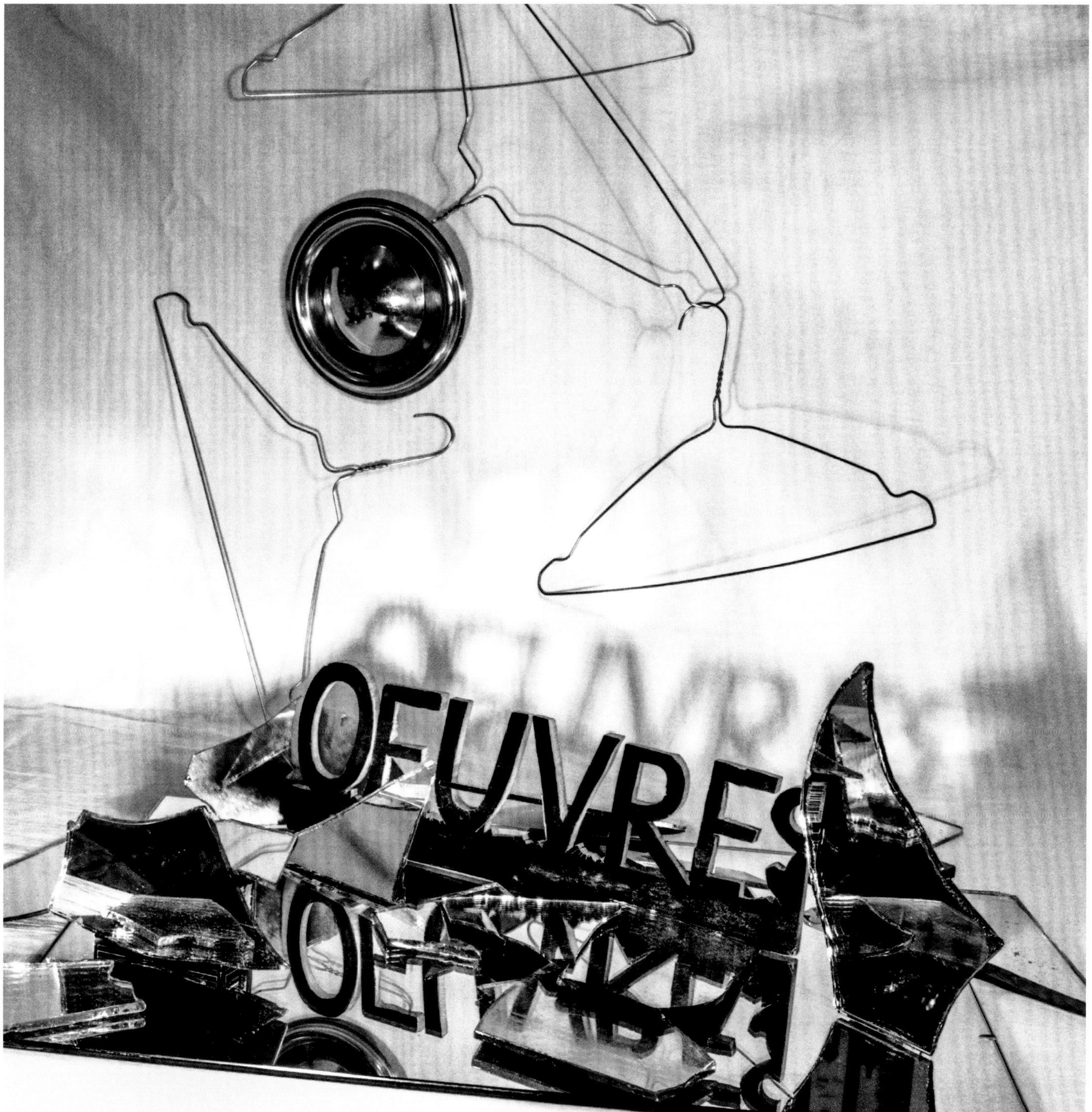
OEUVRES

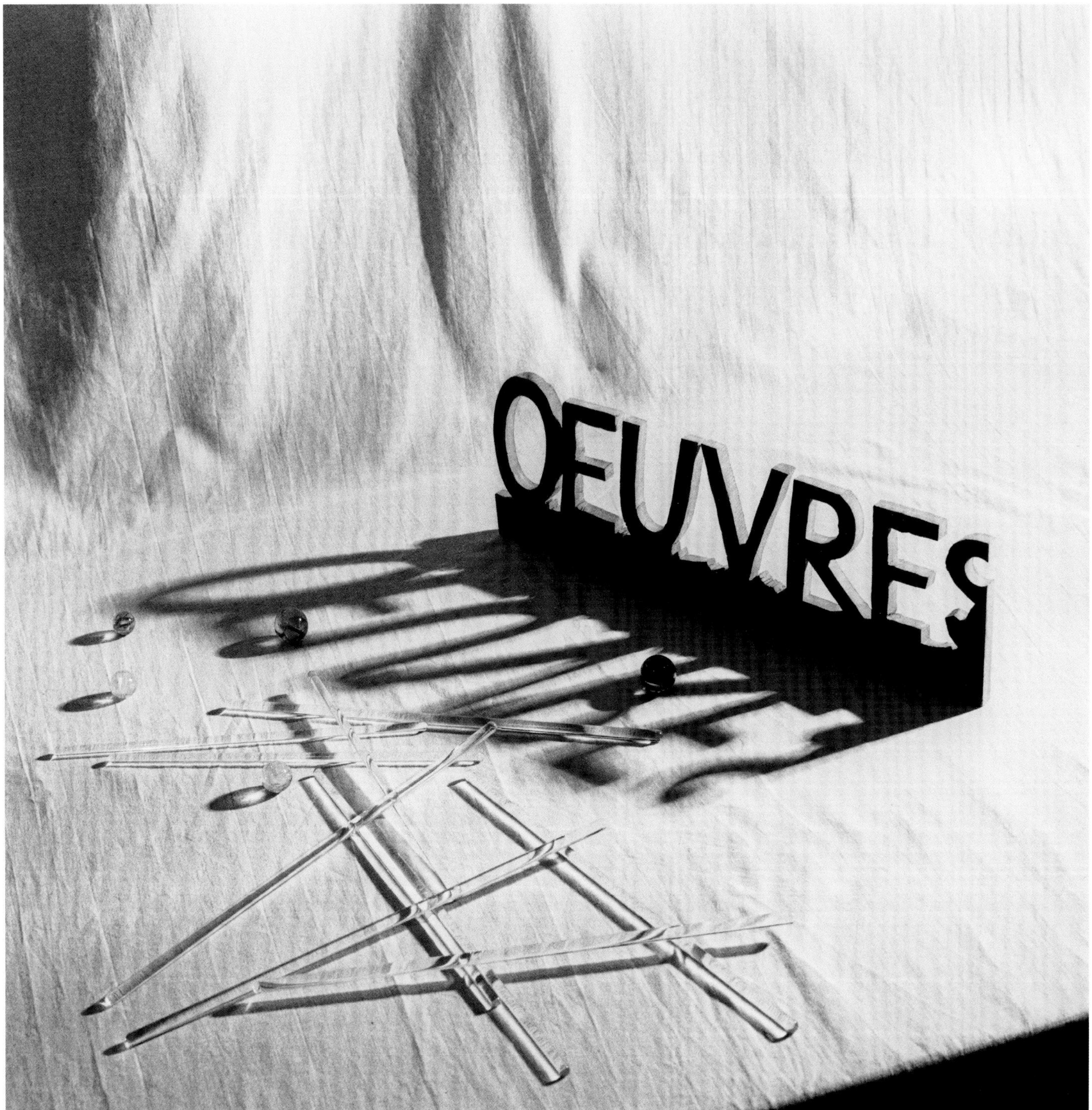
OEUVRES

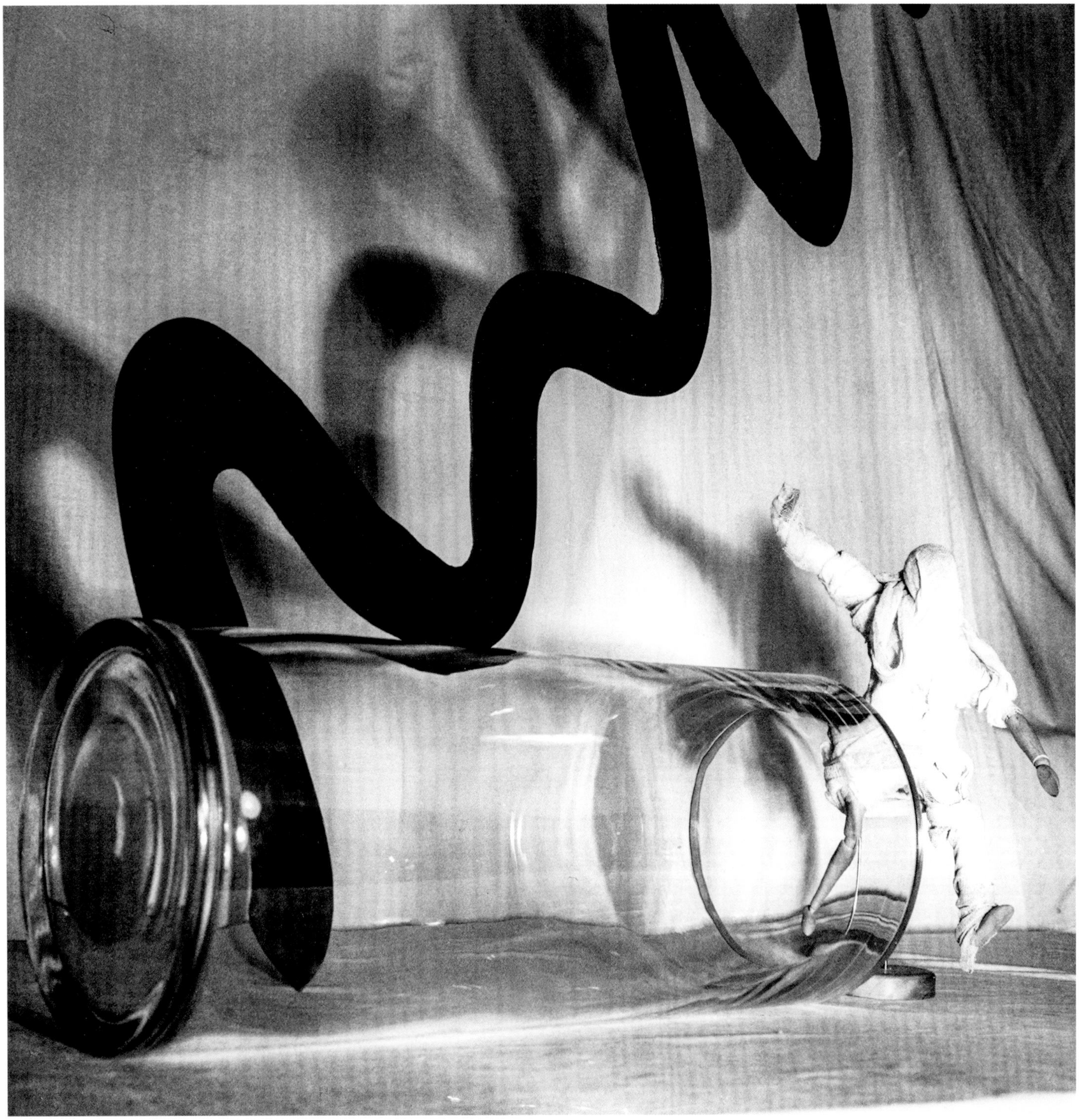

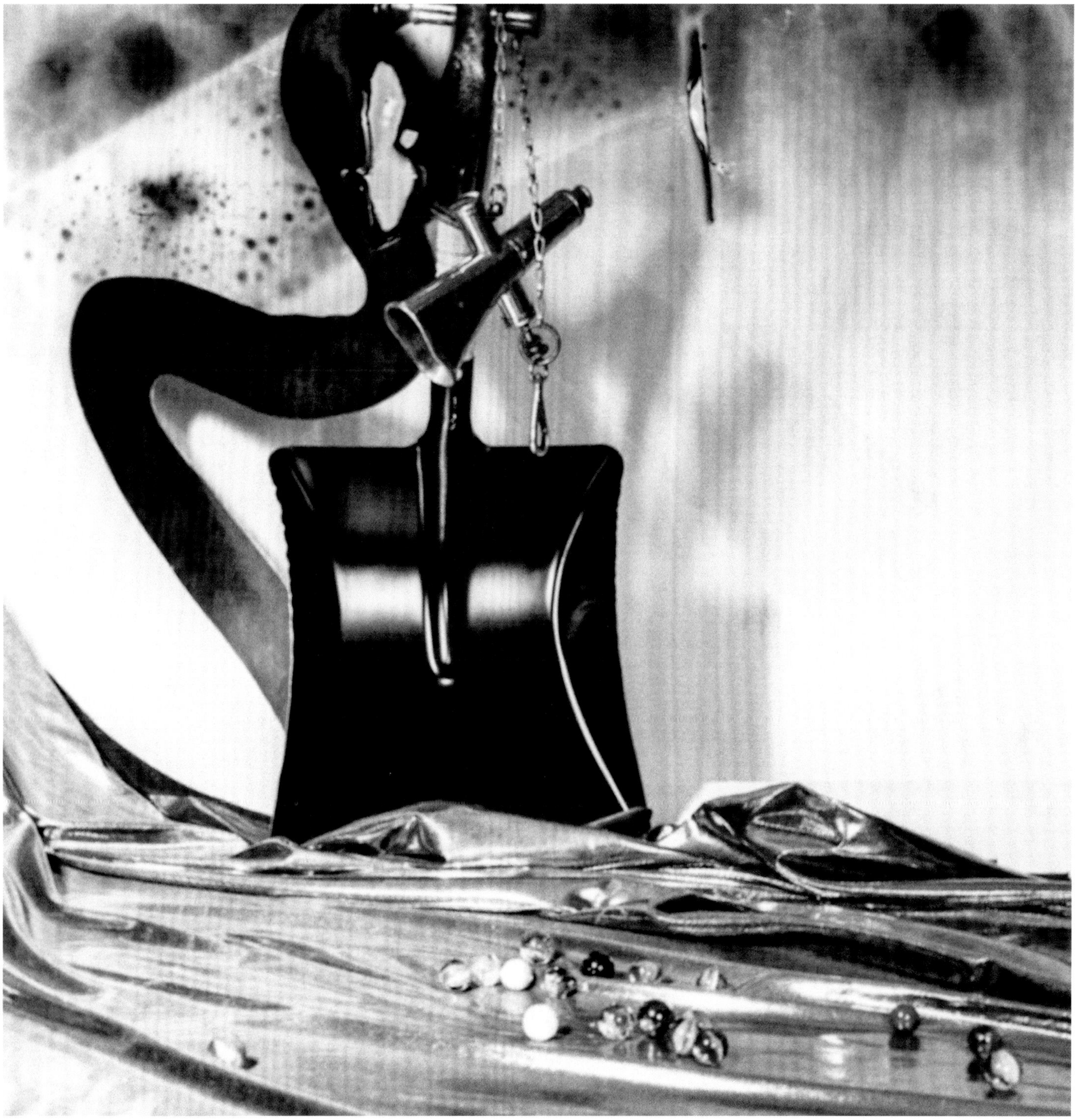

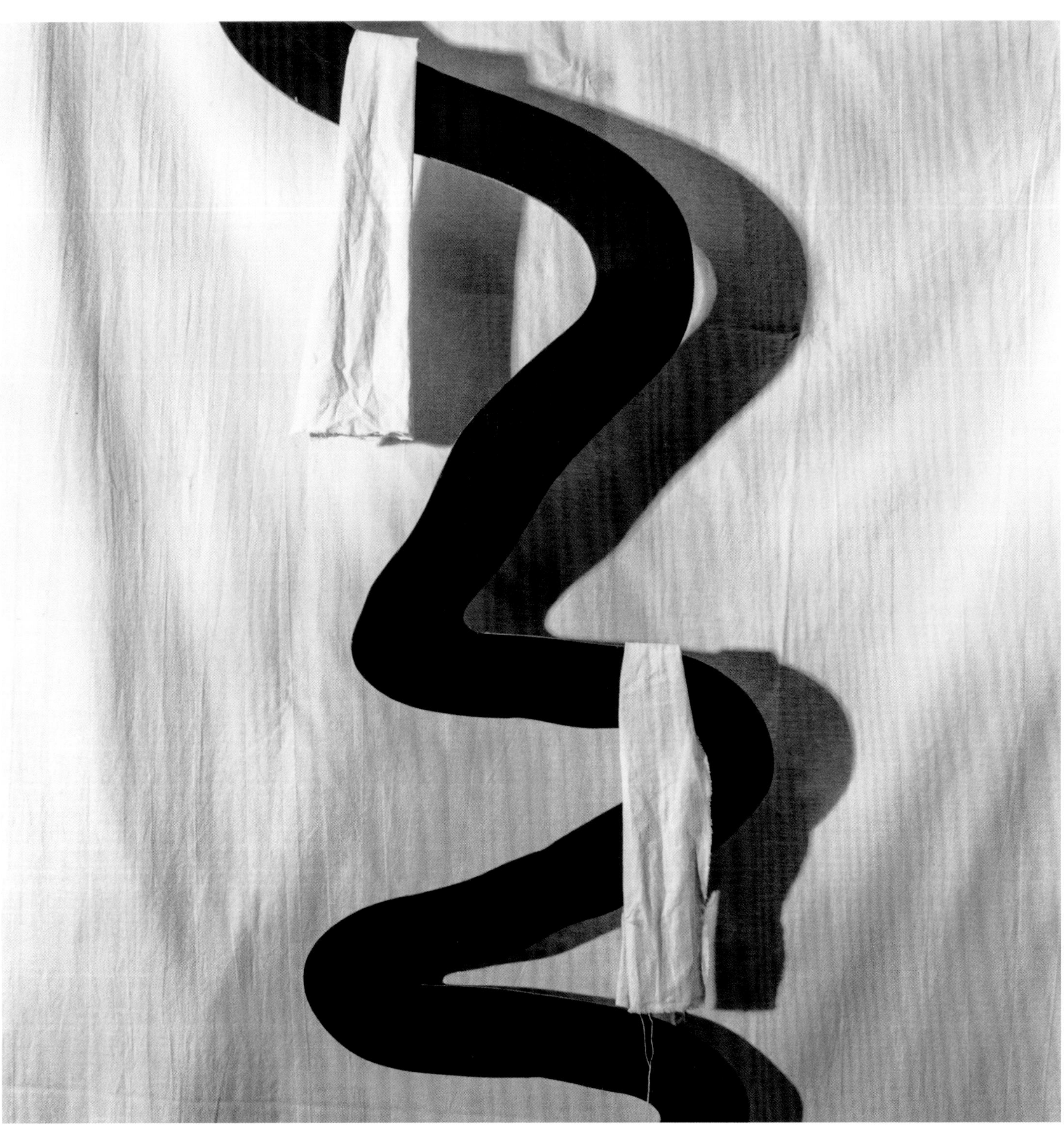

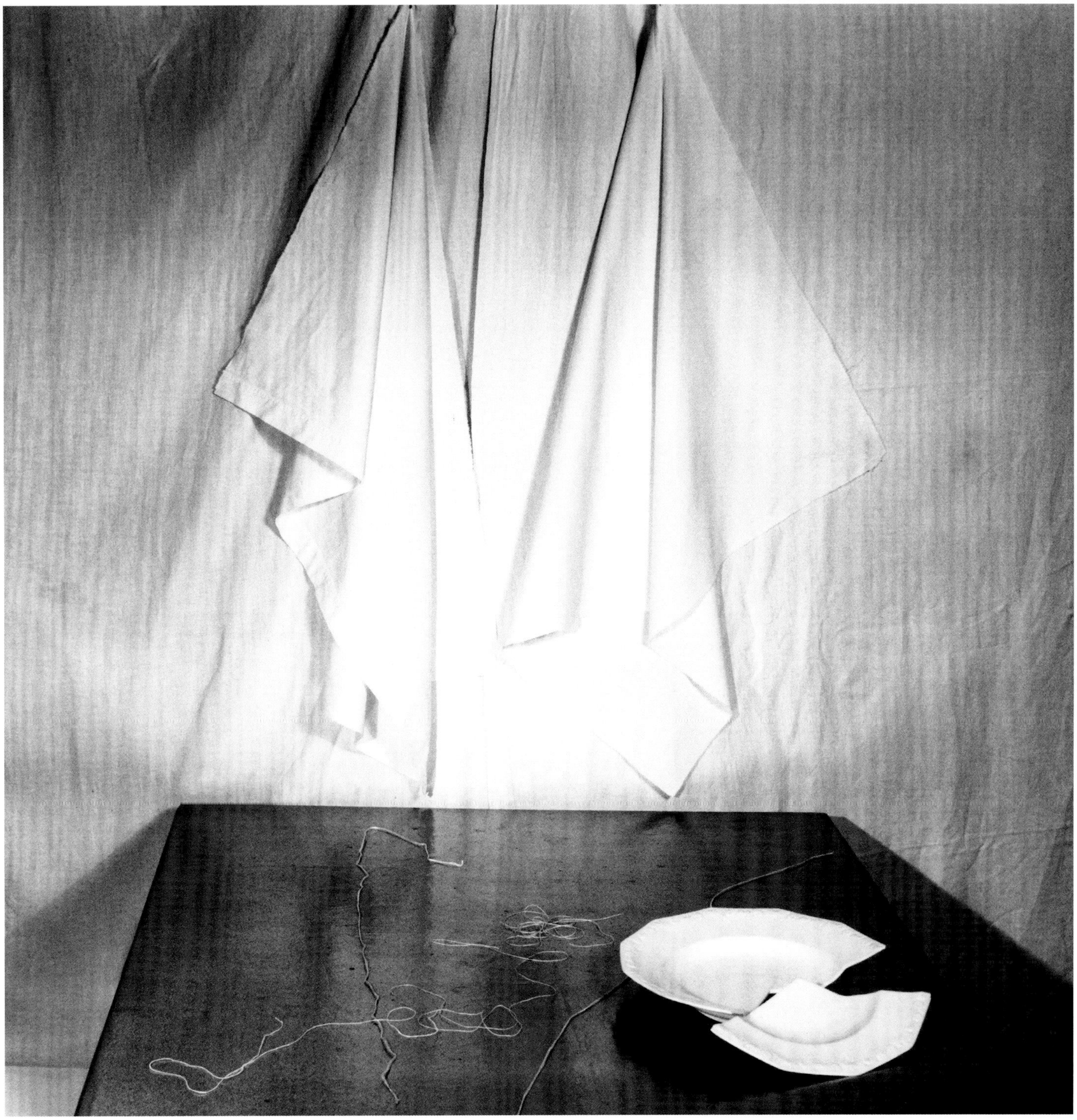

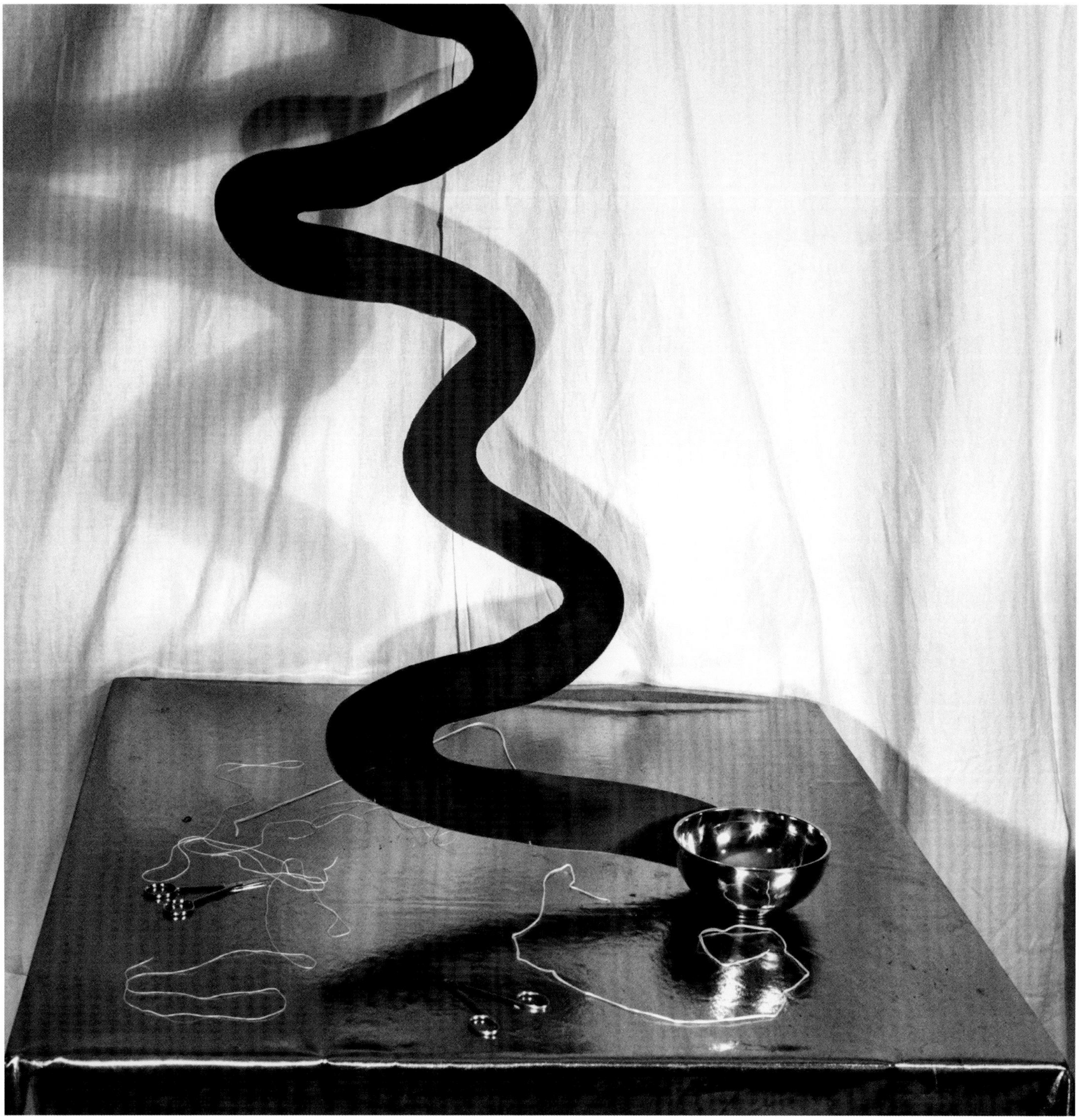

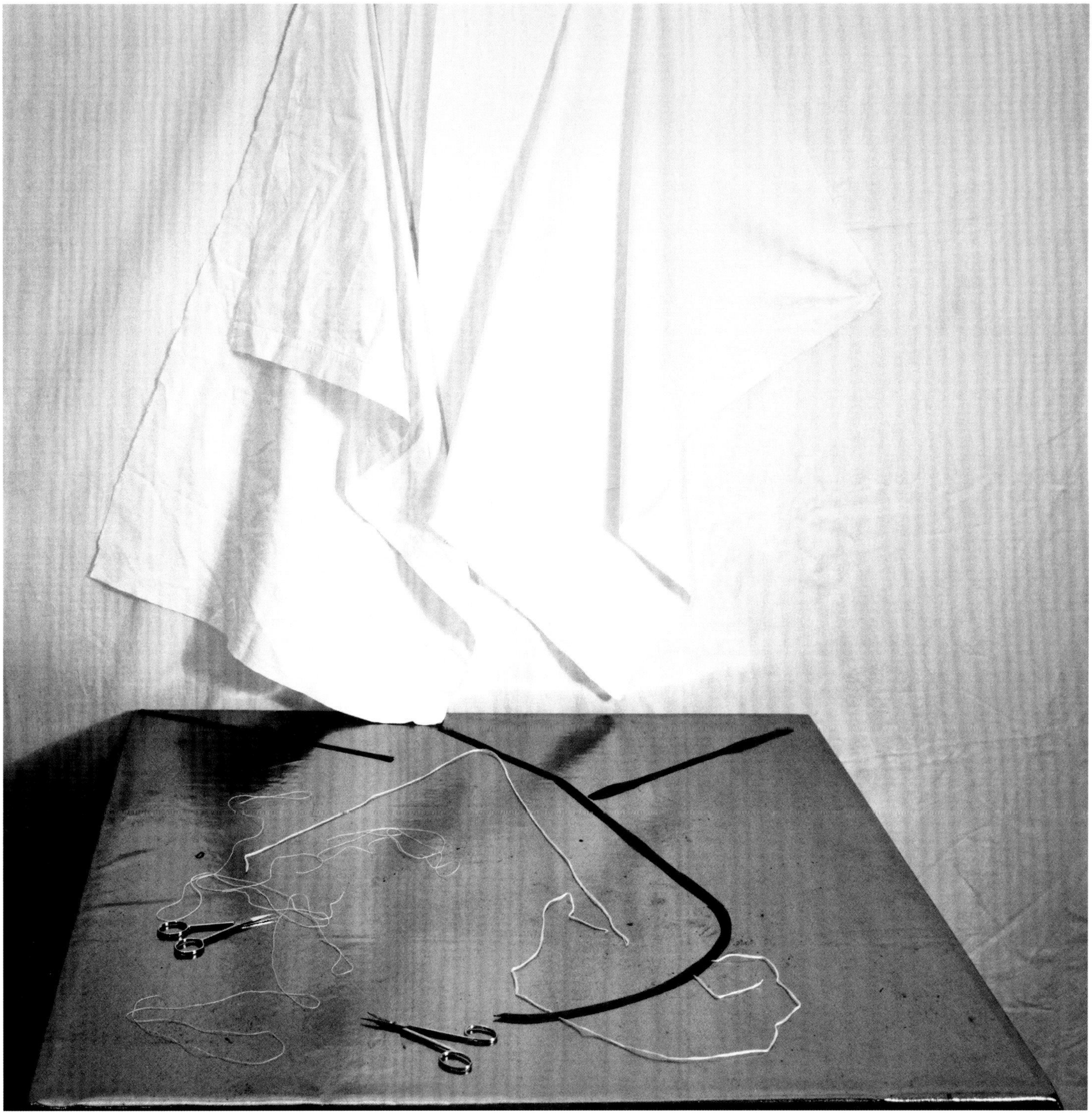

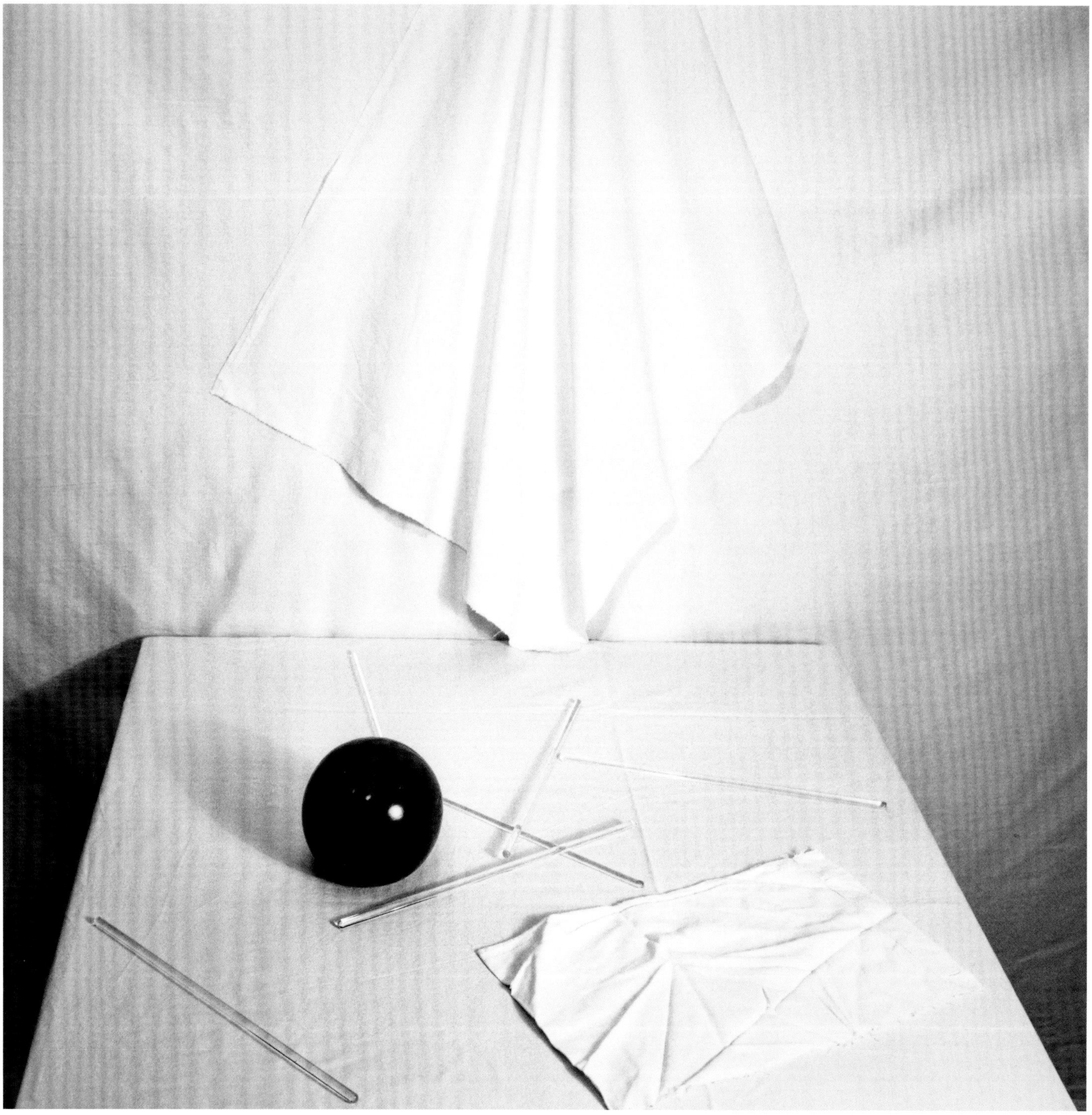

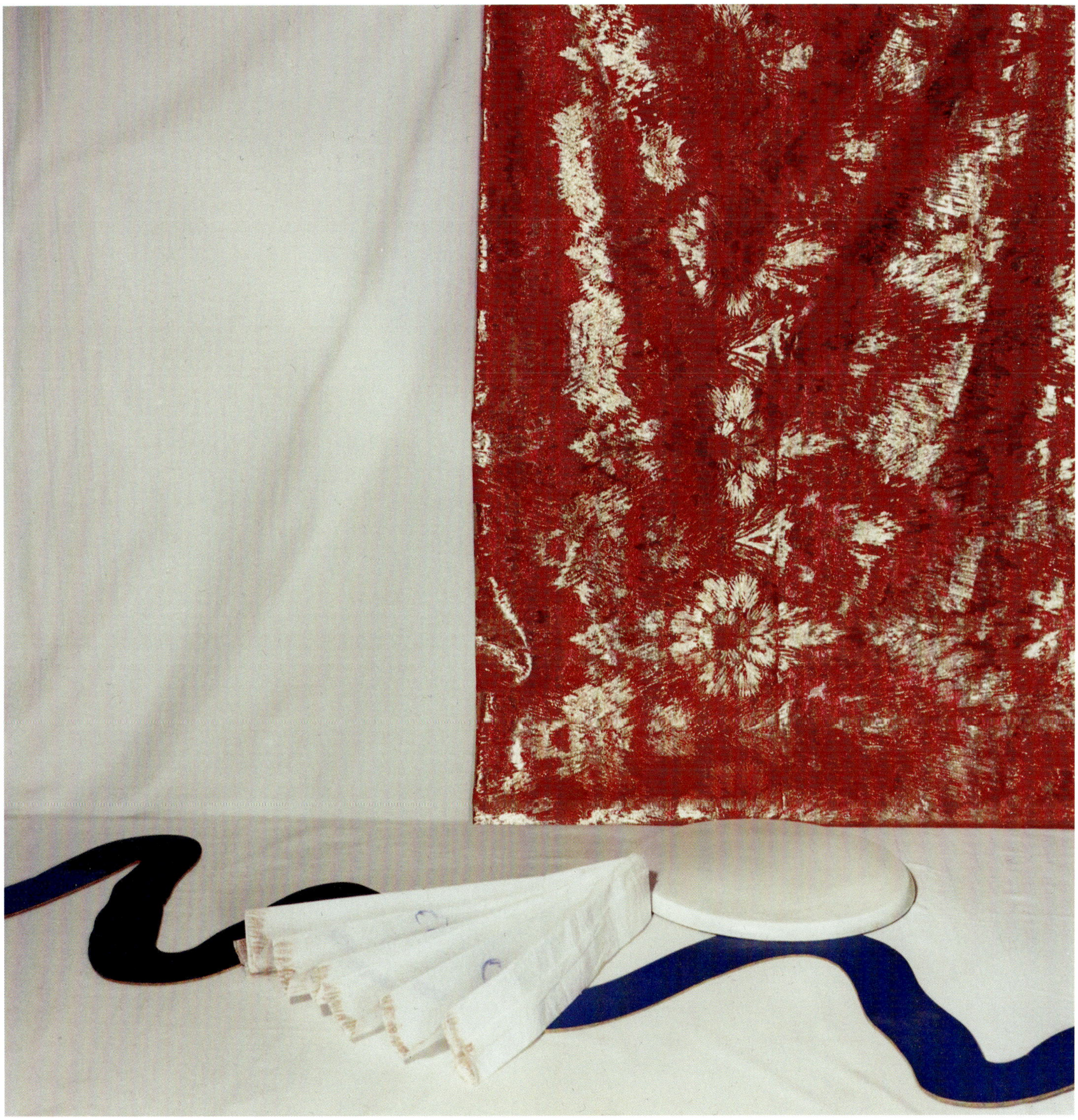

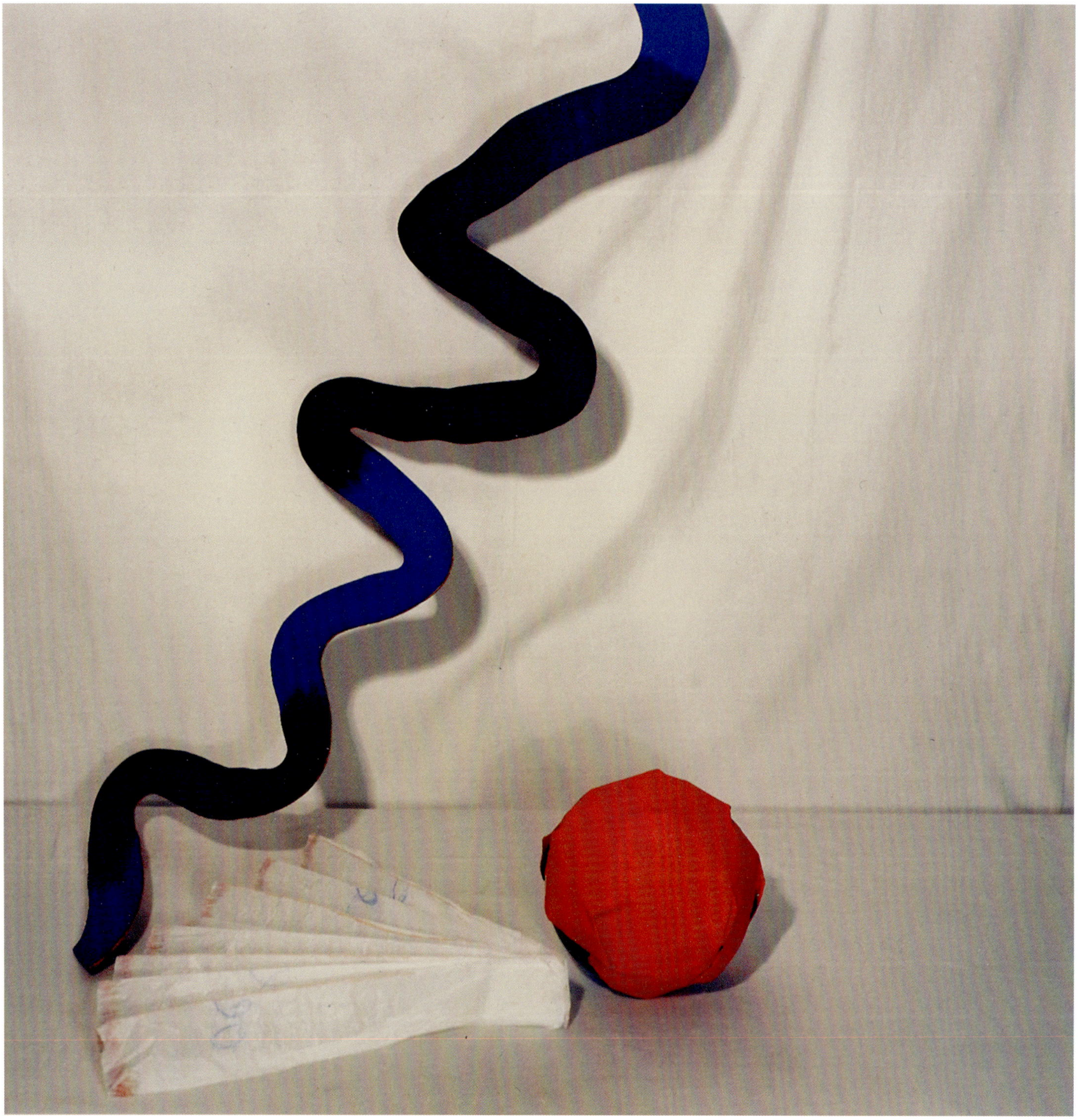

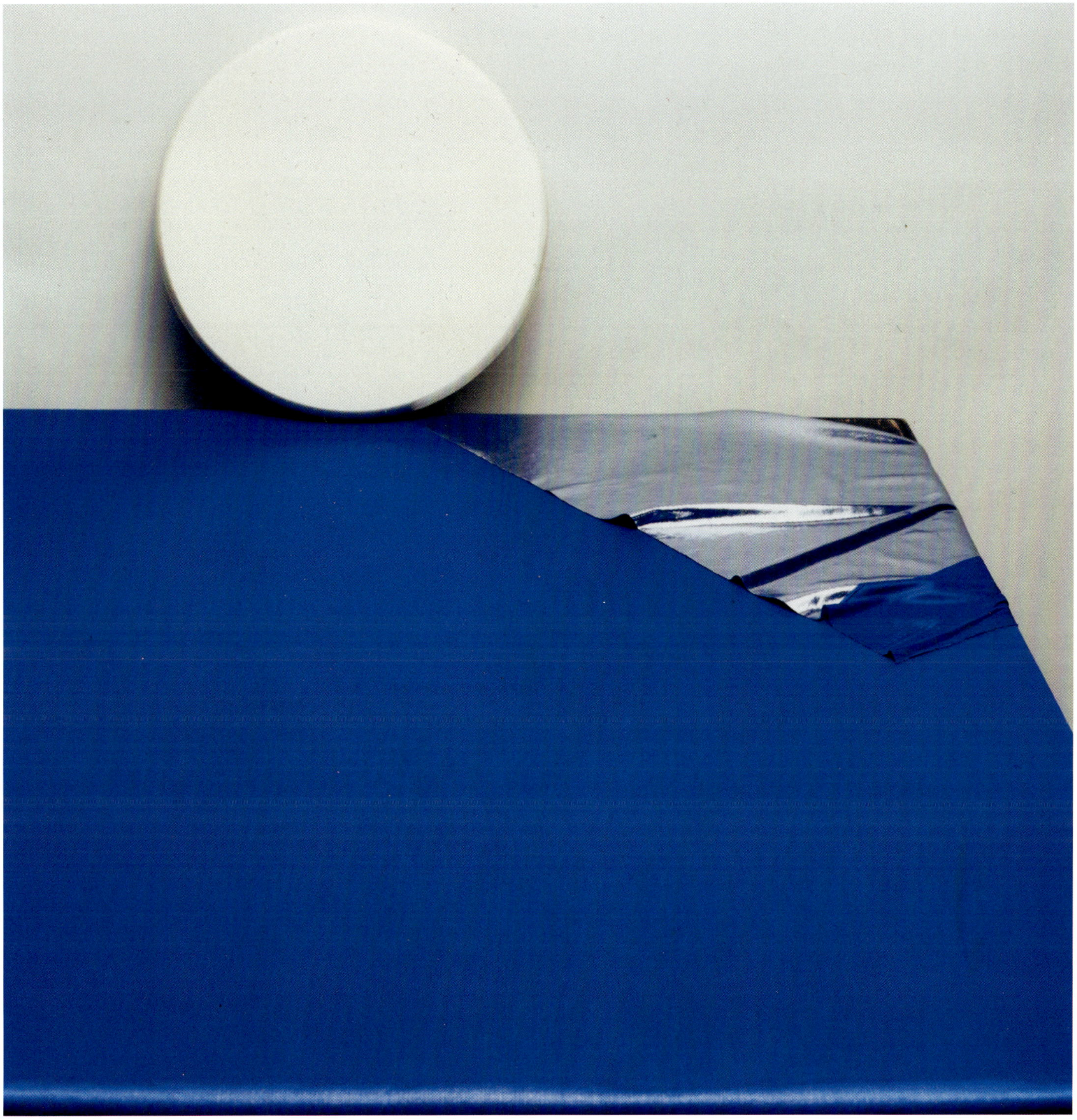

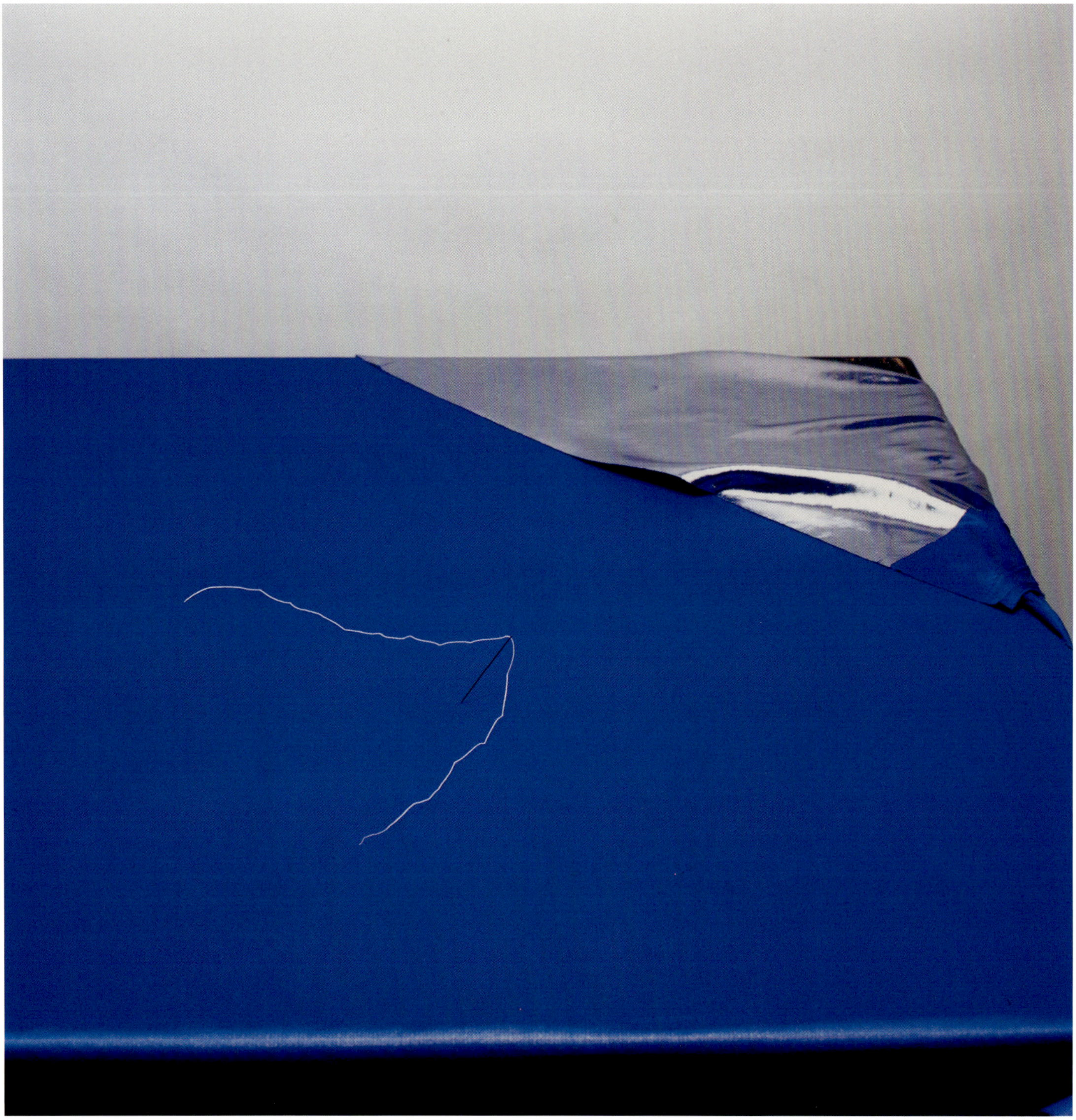

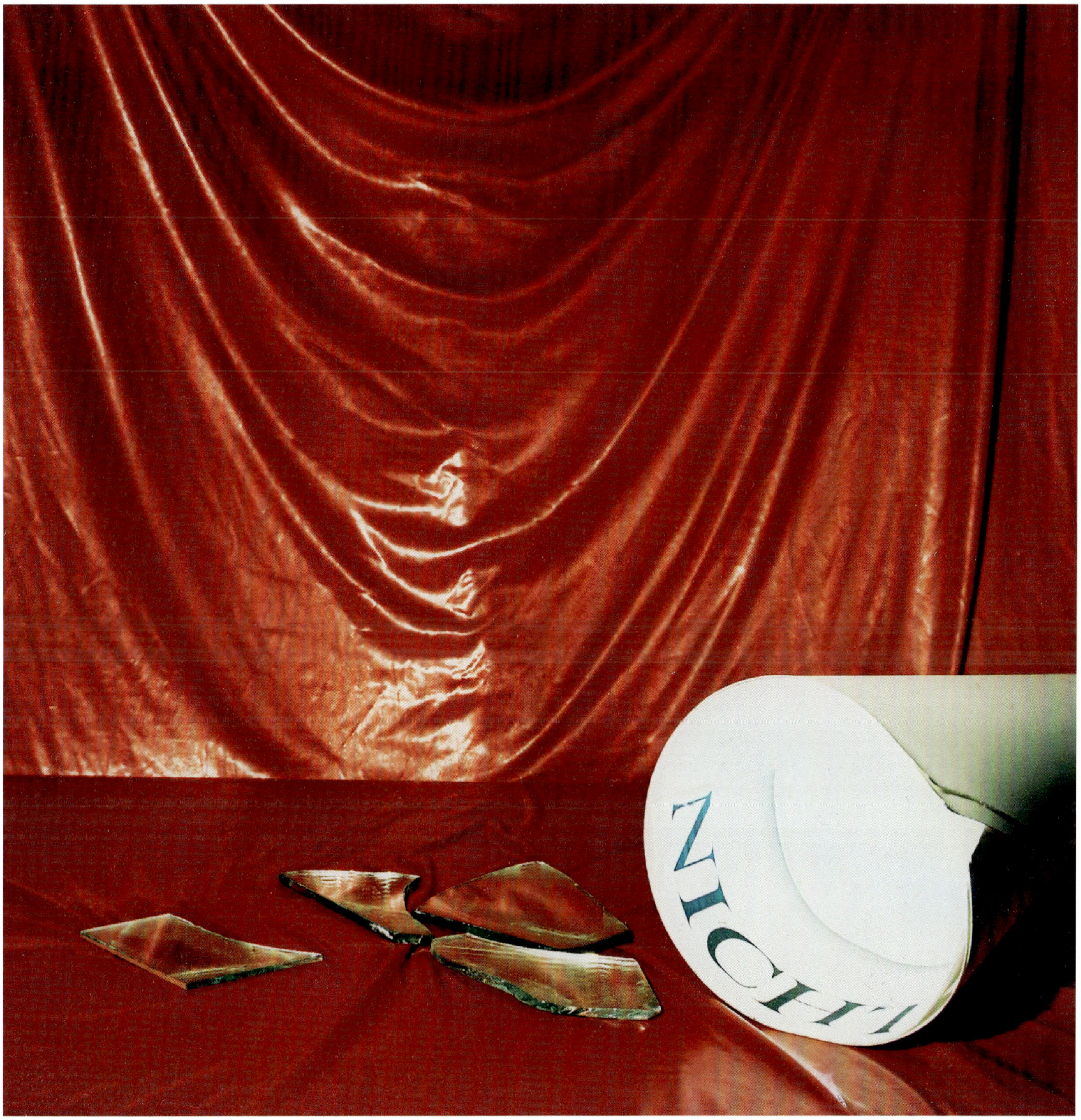

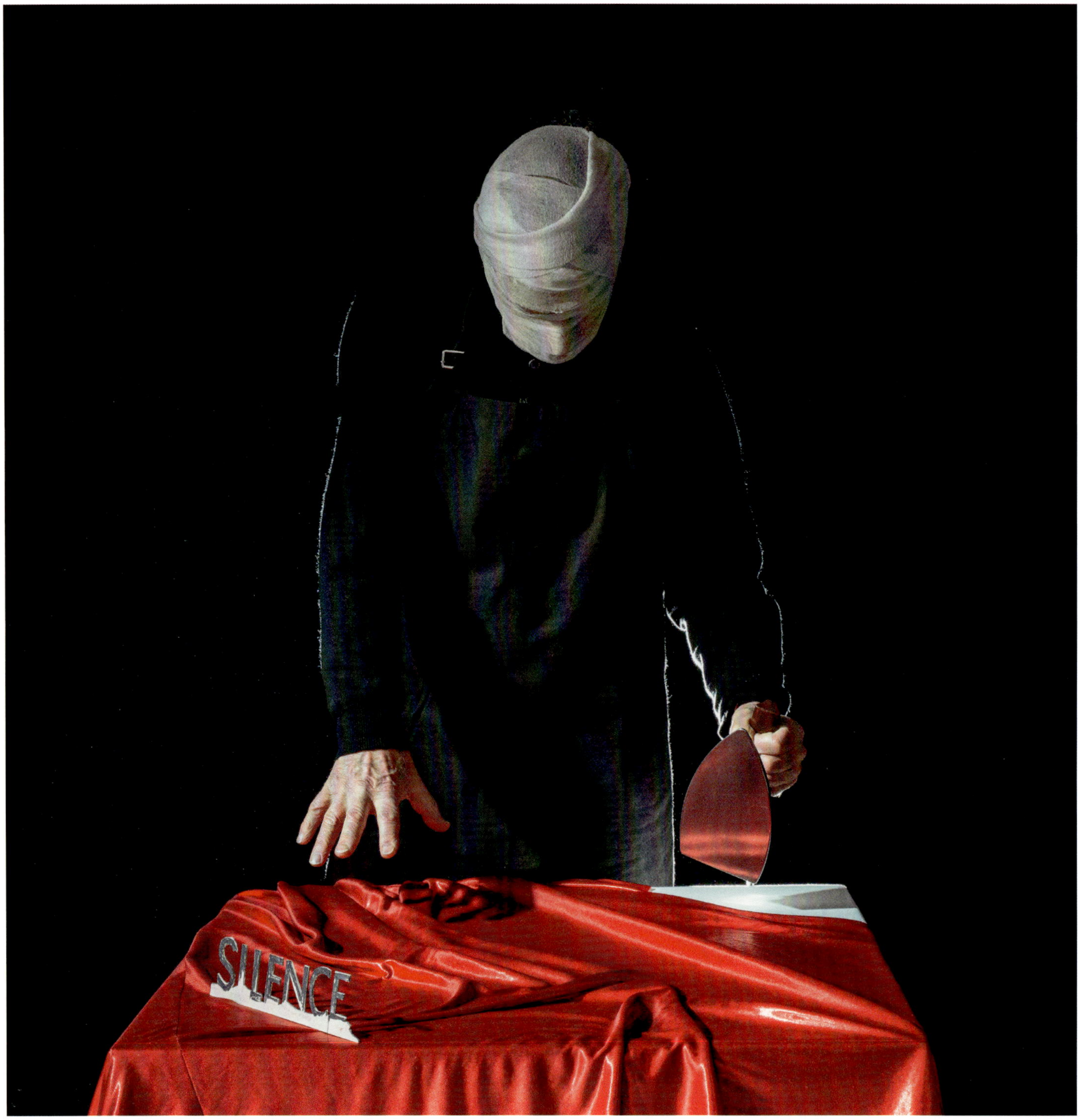
SILENCE

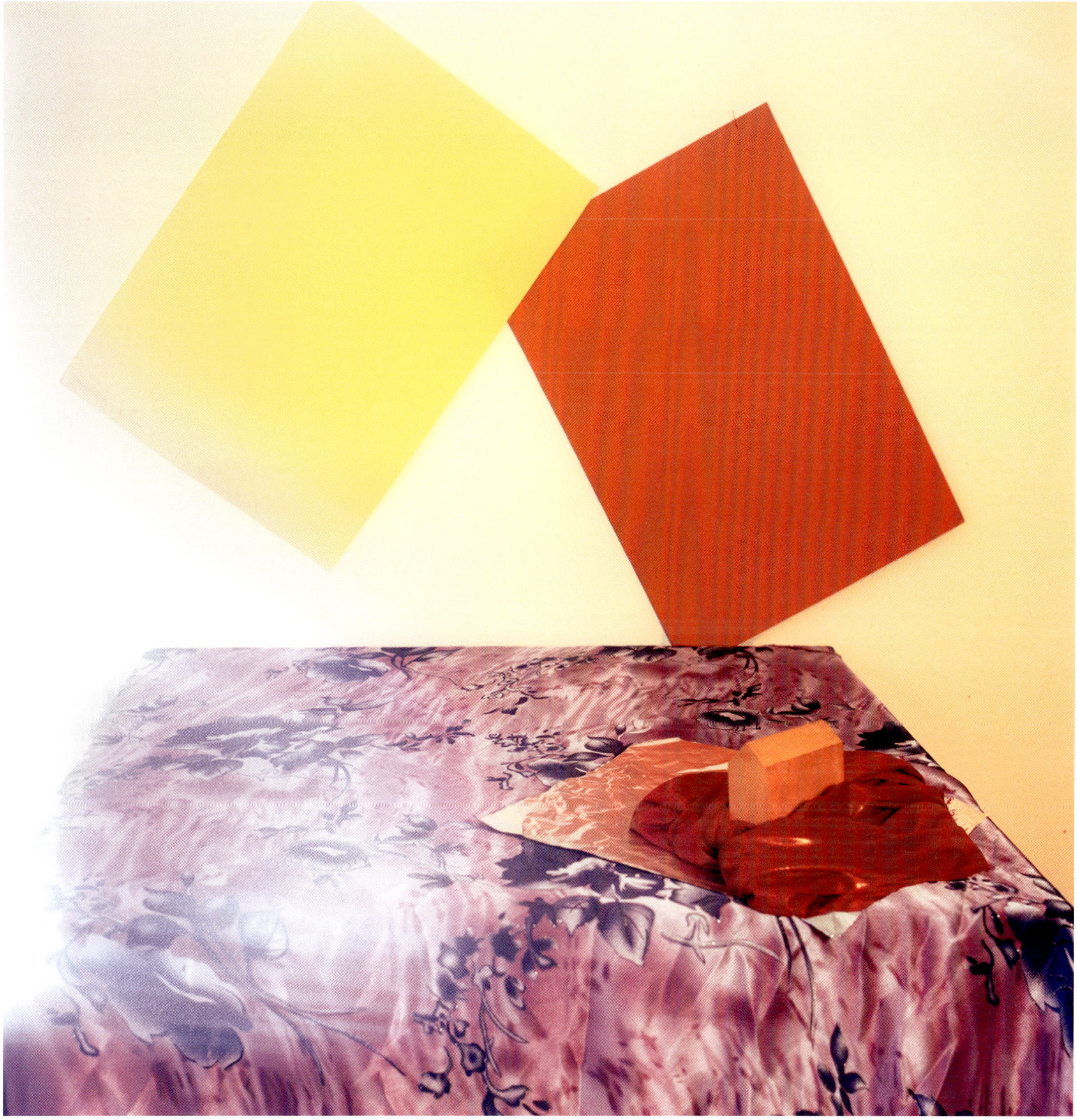

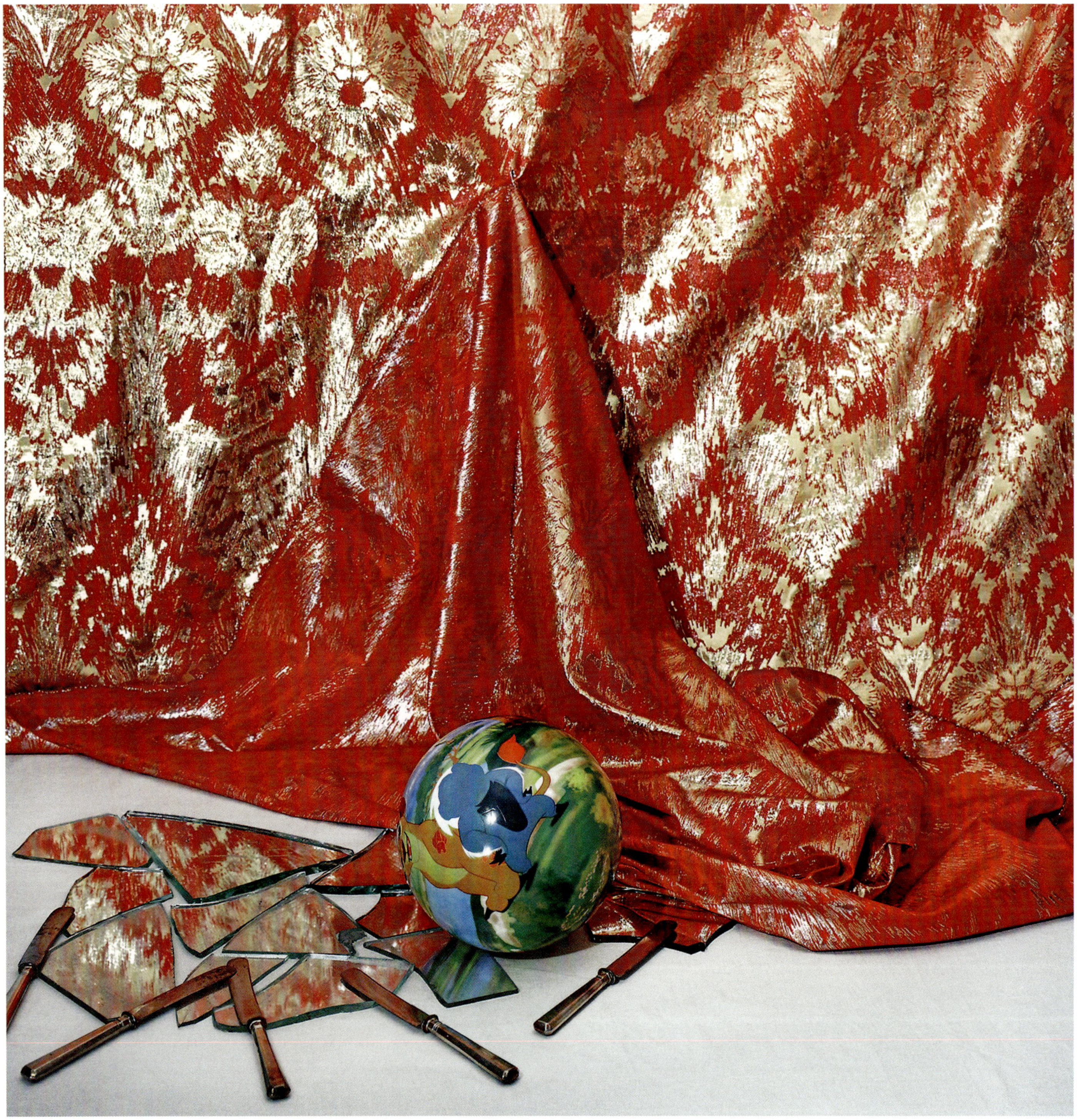

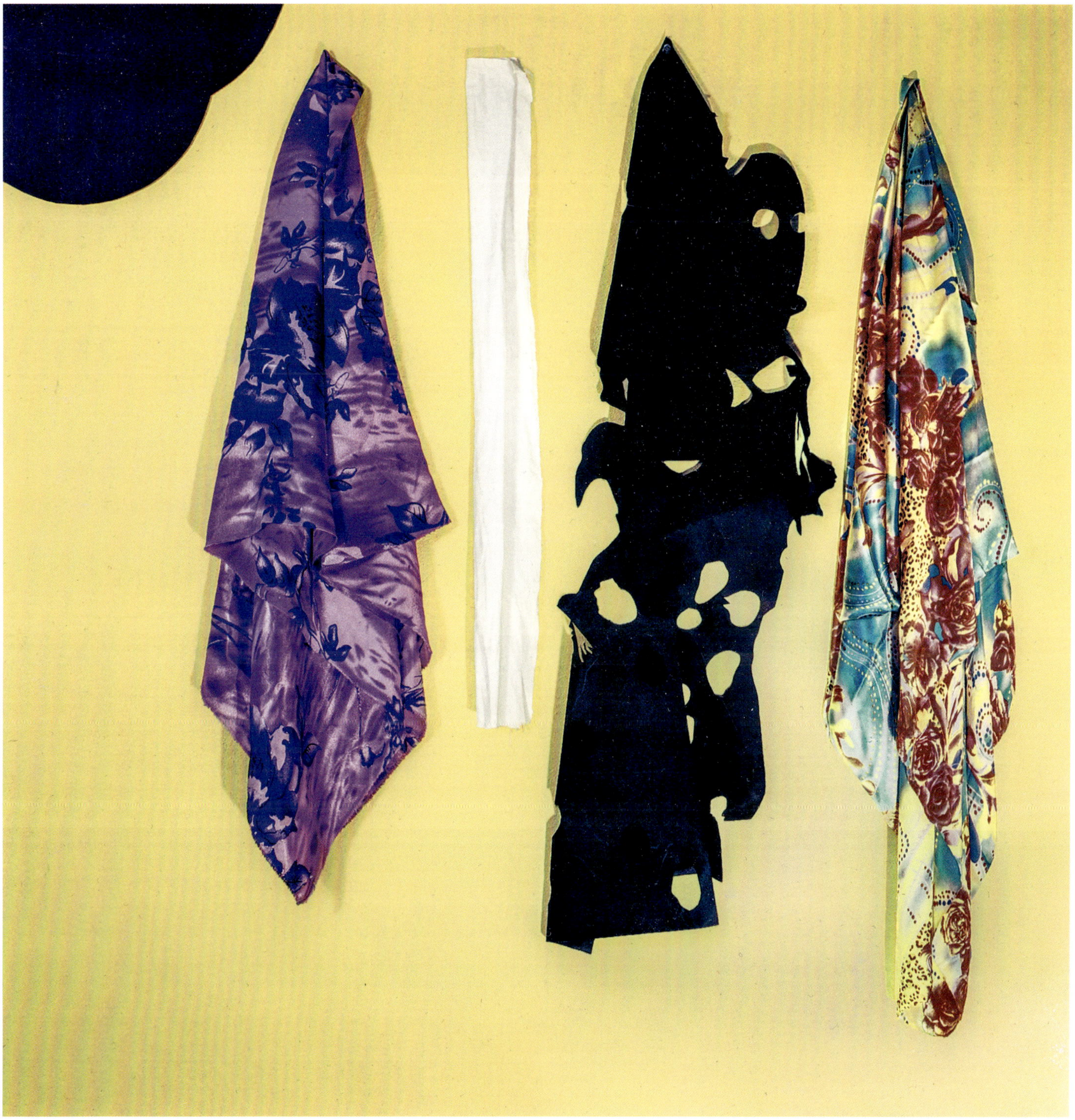

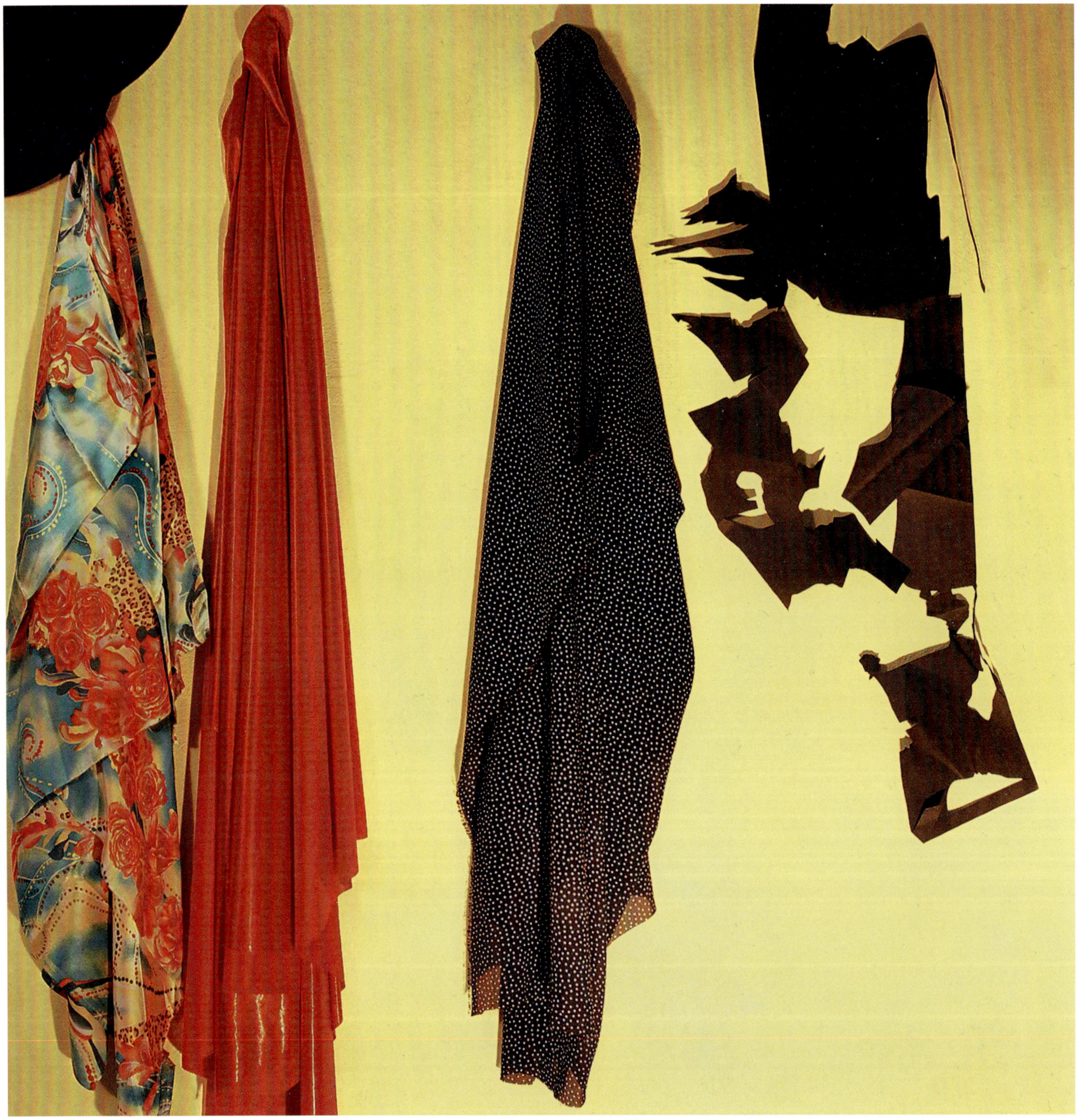

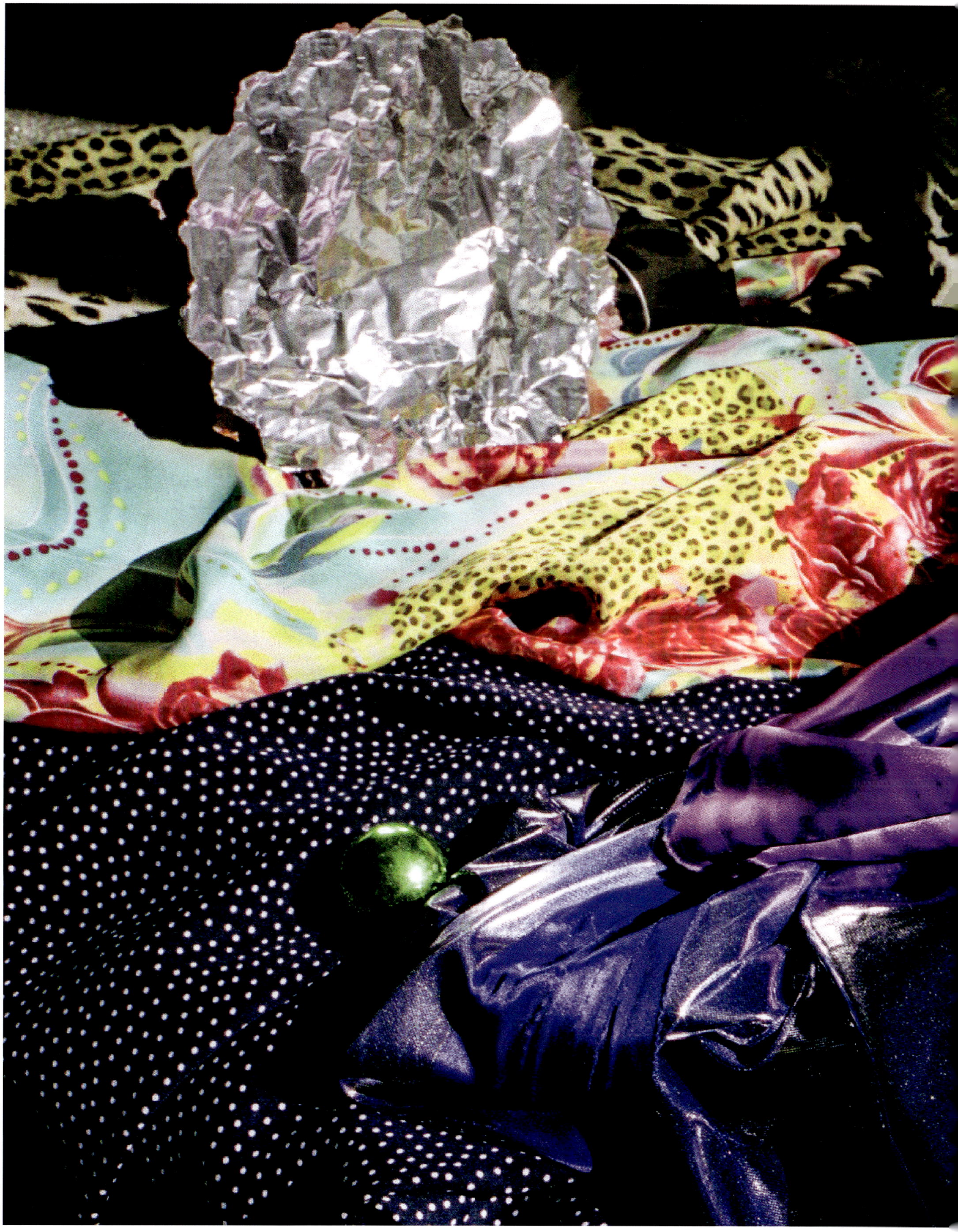

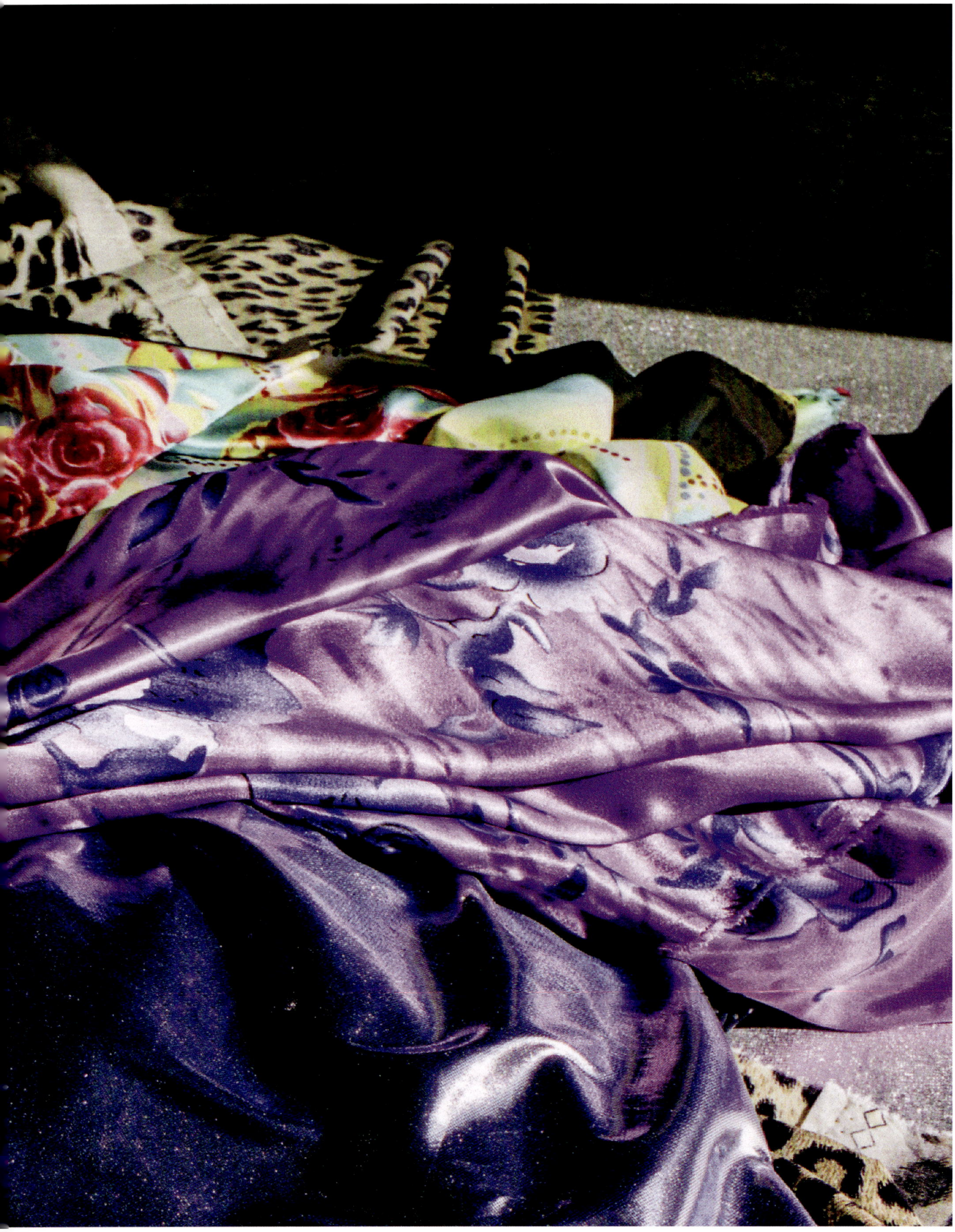

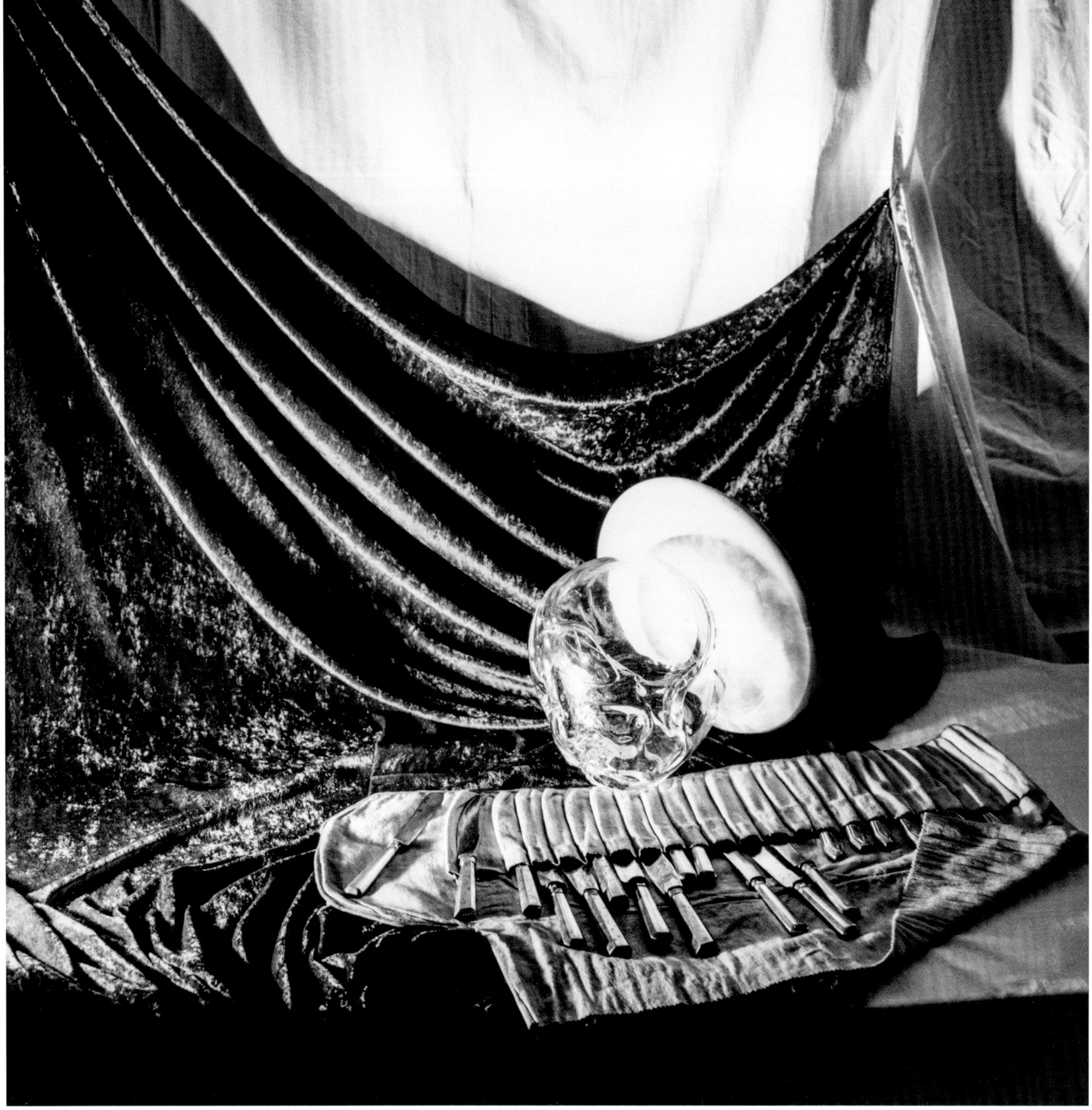

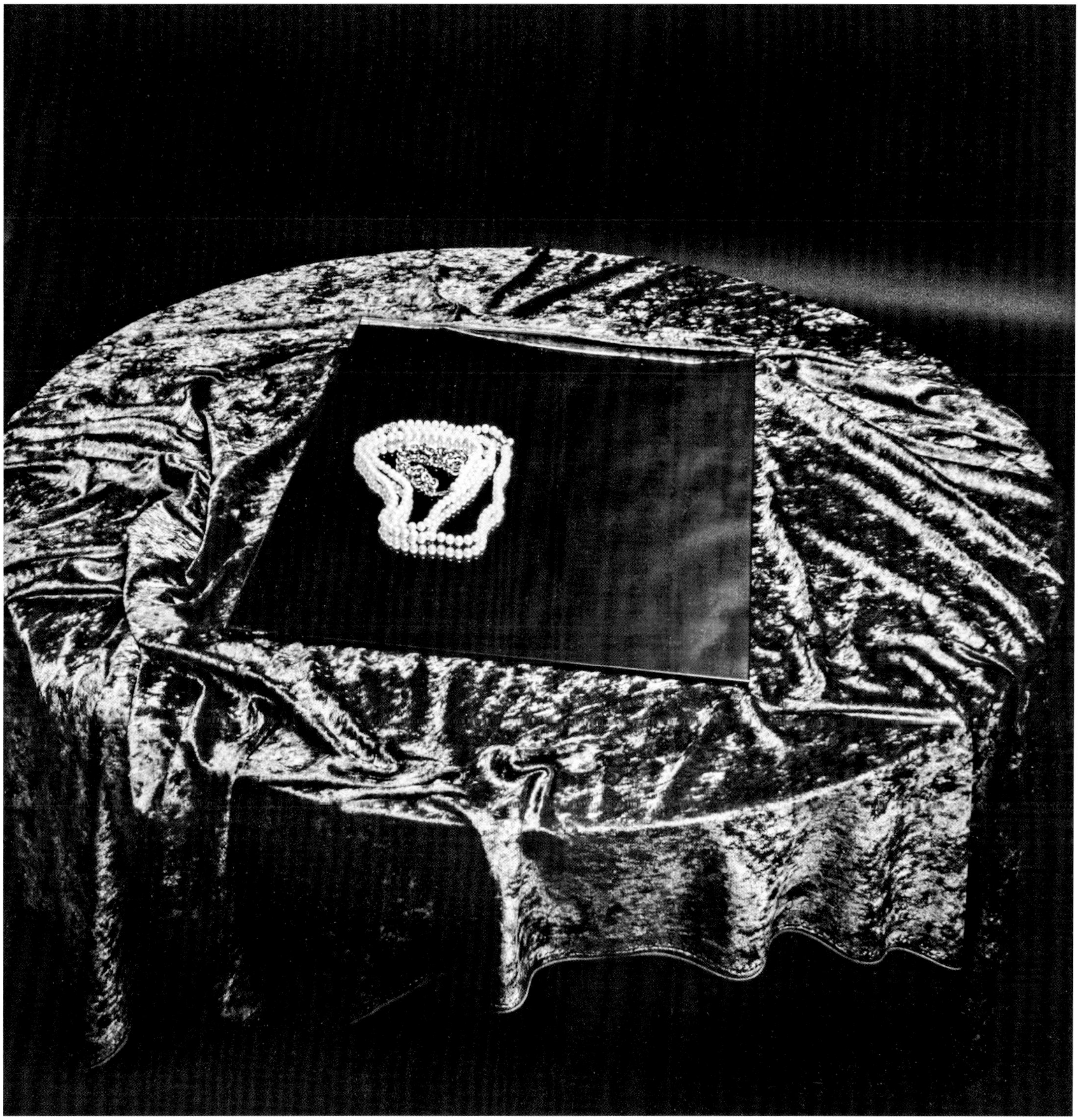

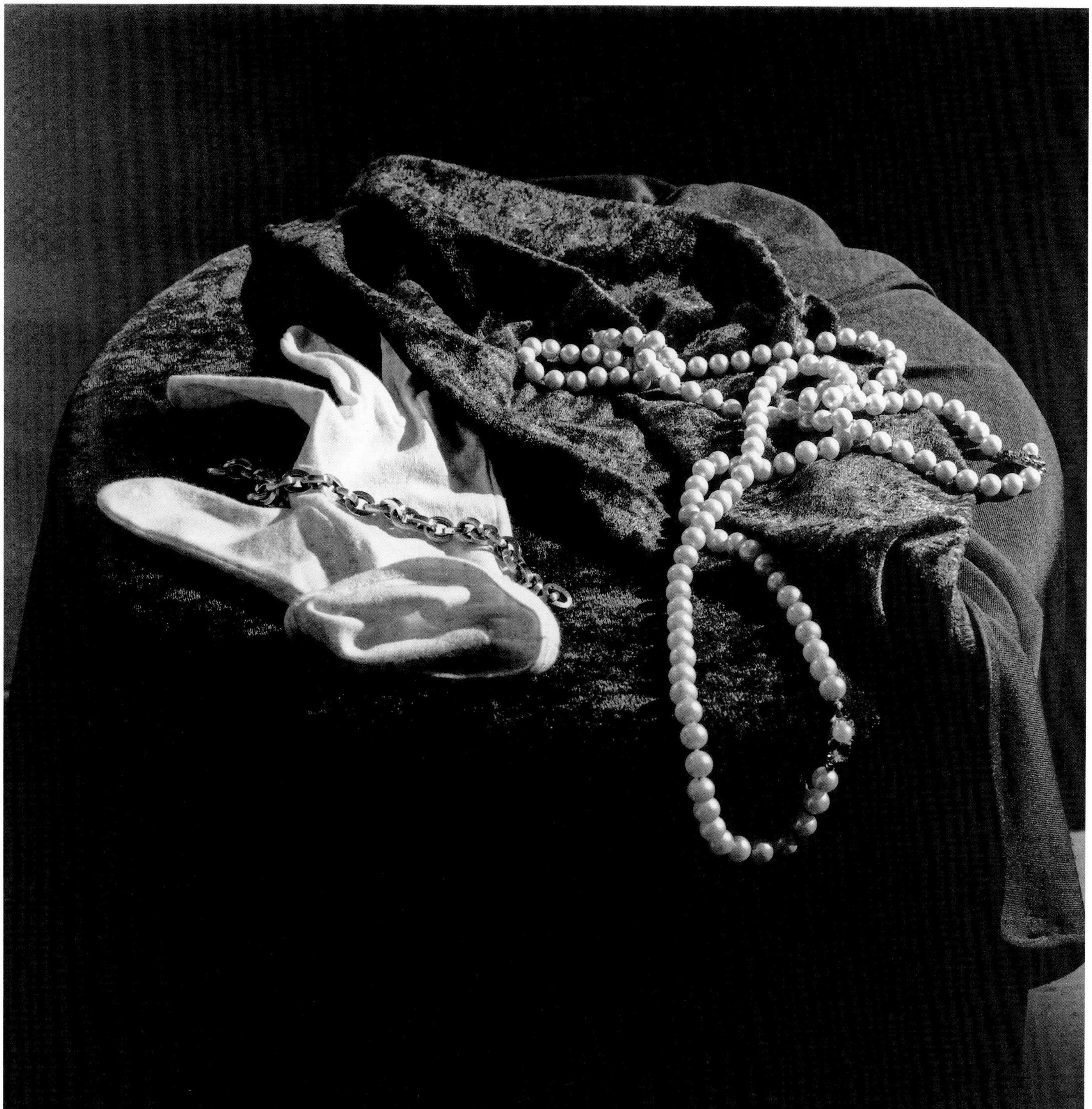

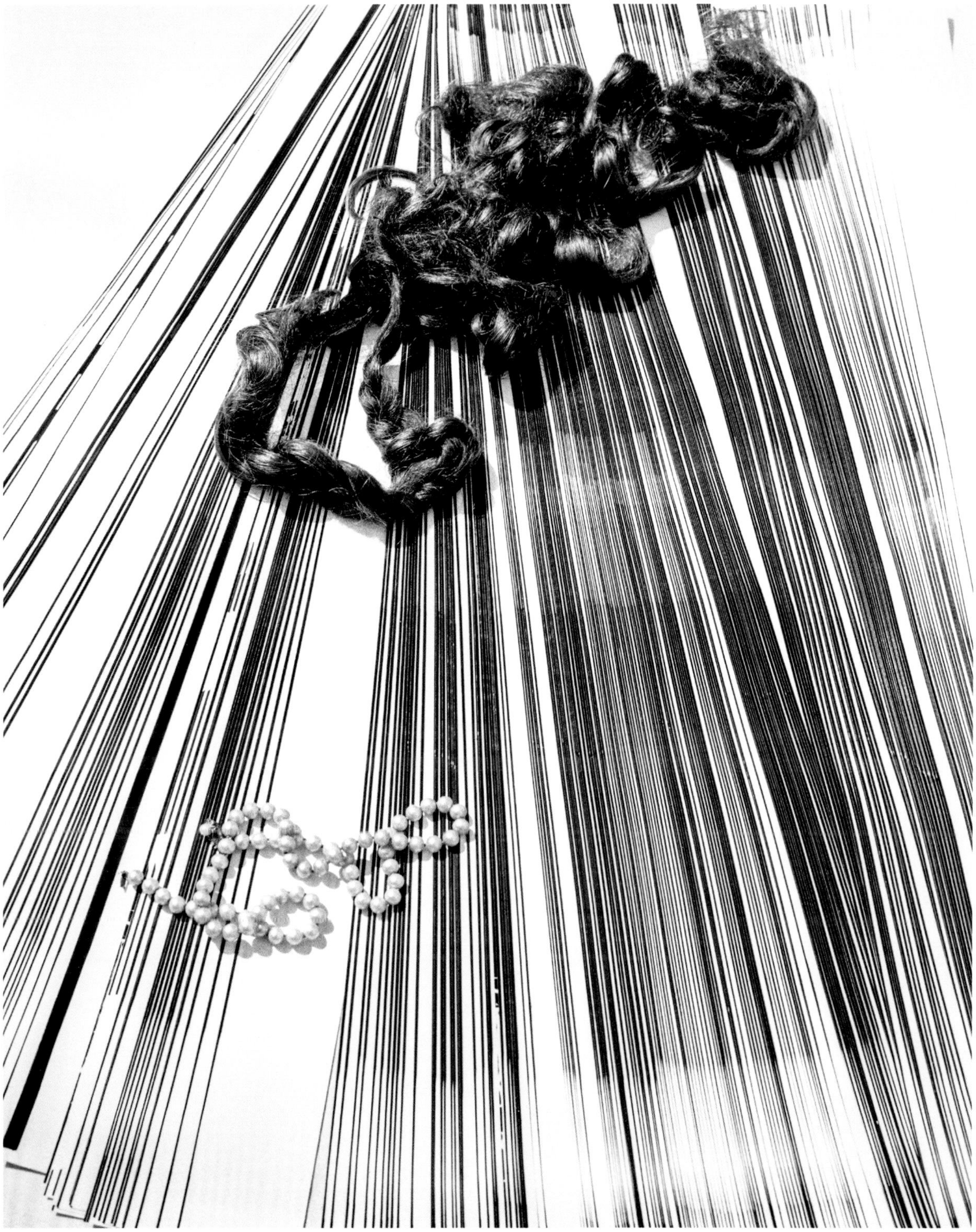

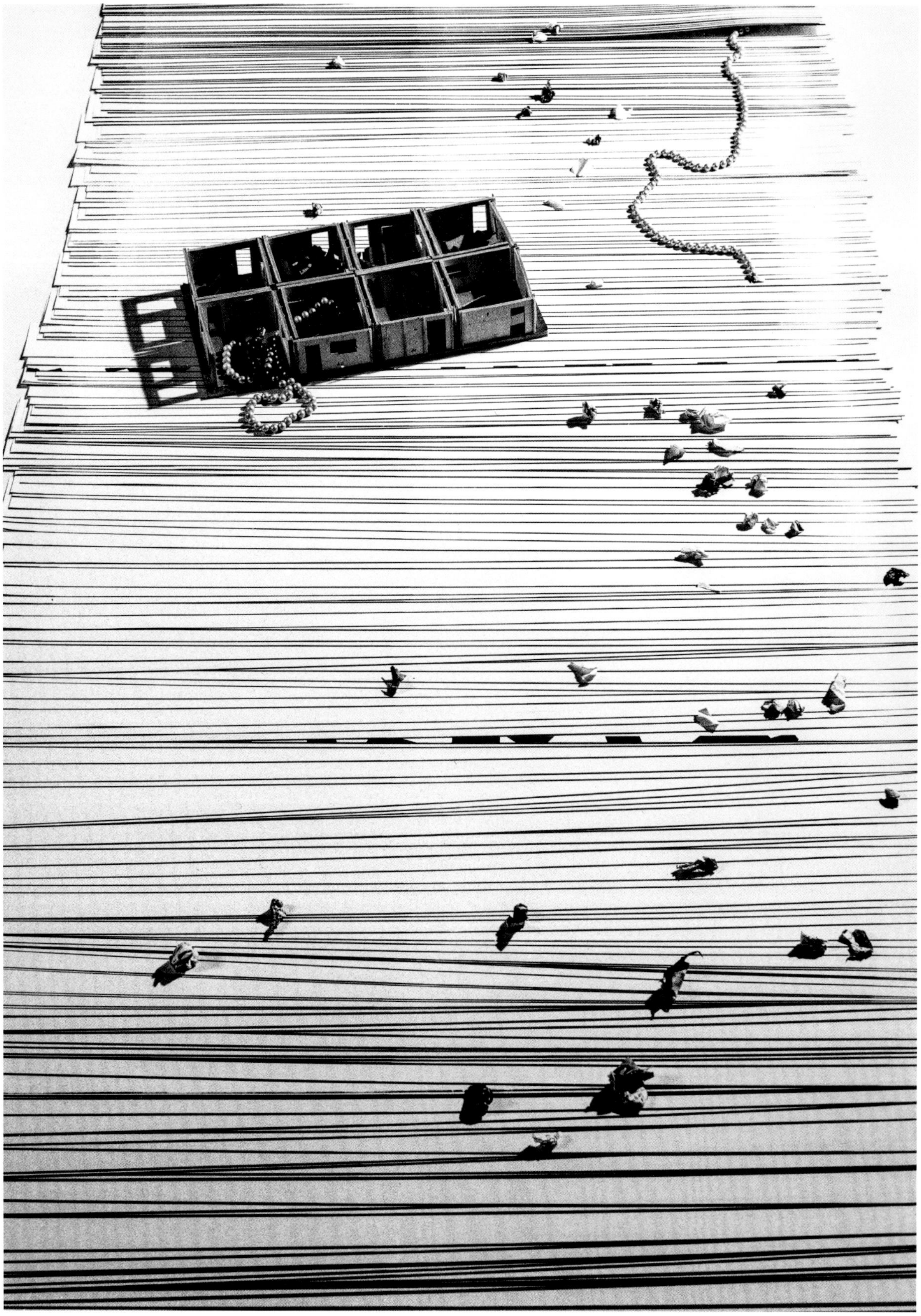

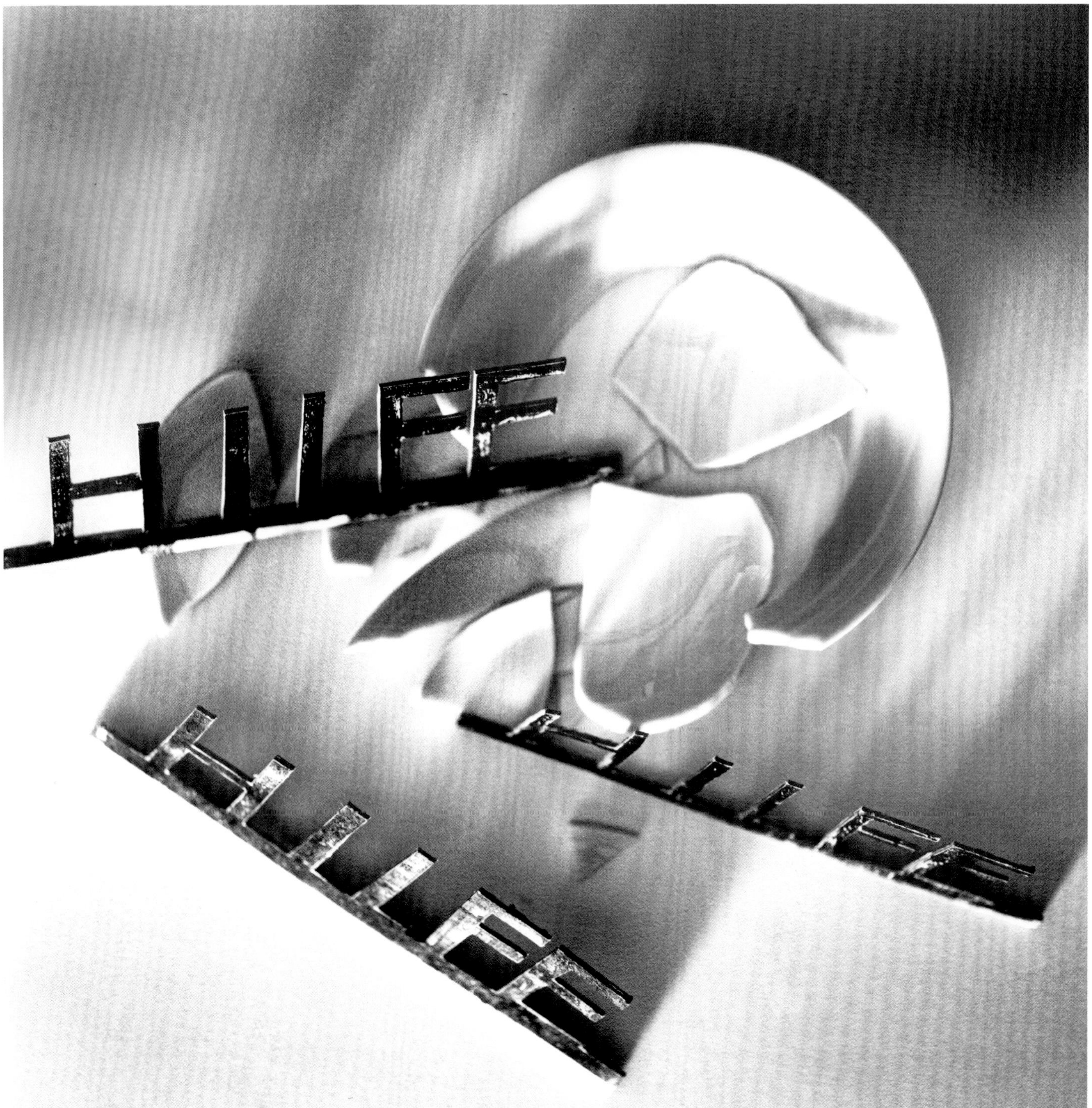

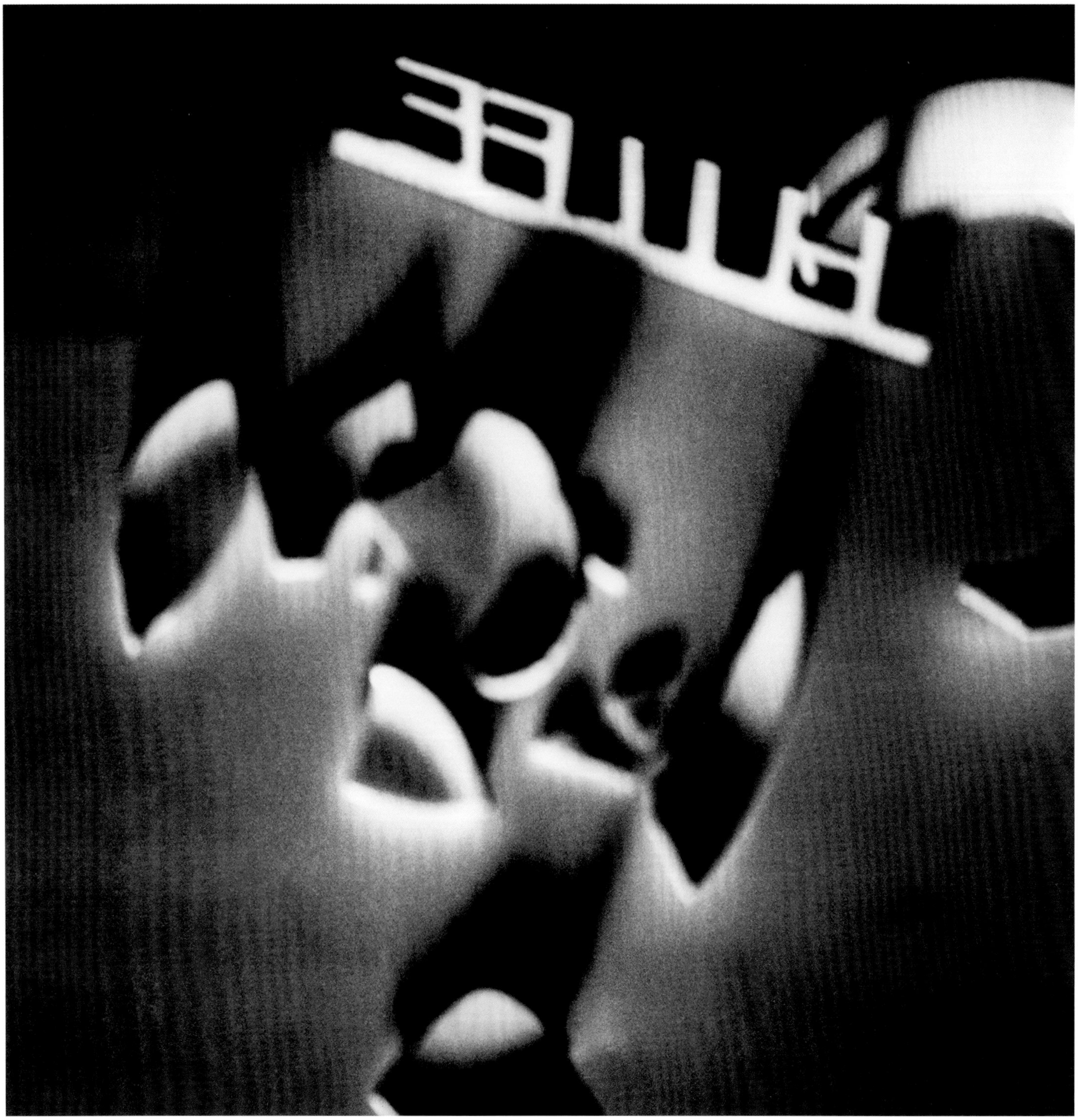

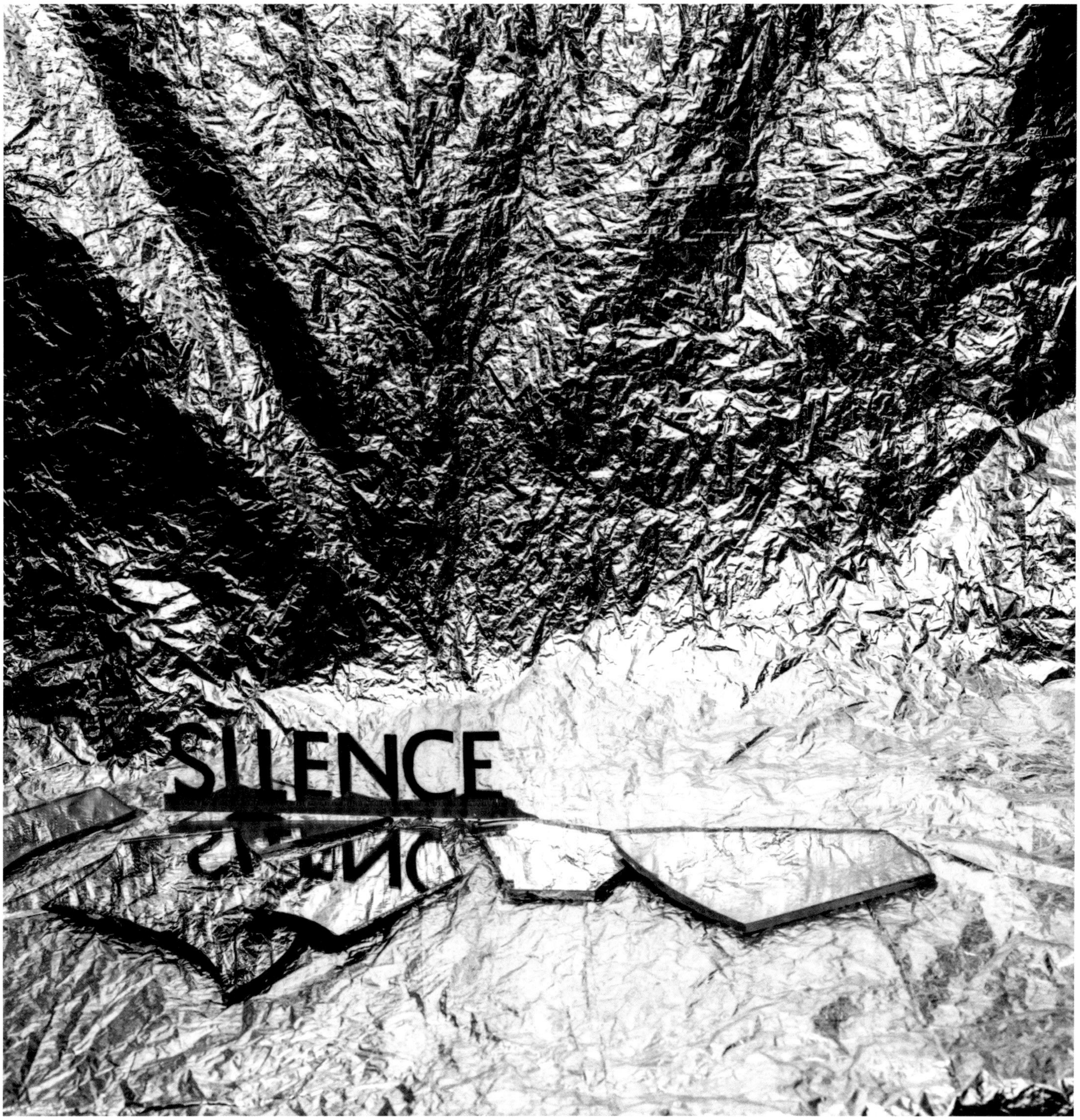
SILENCE

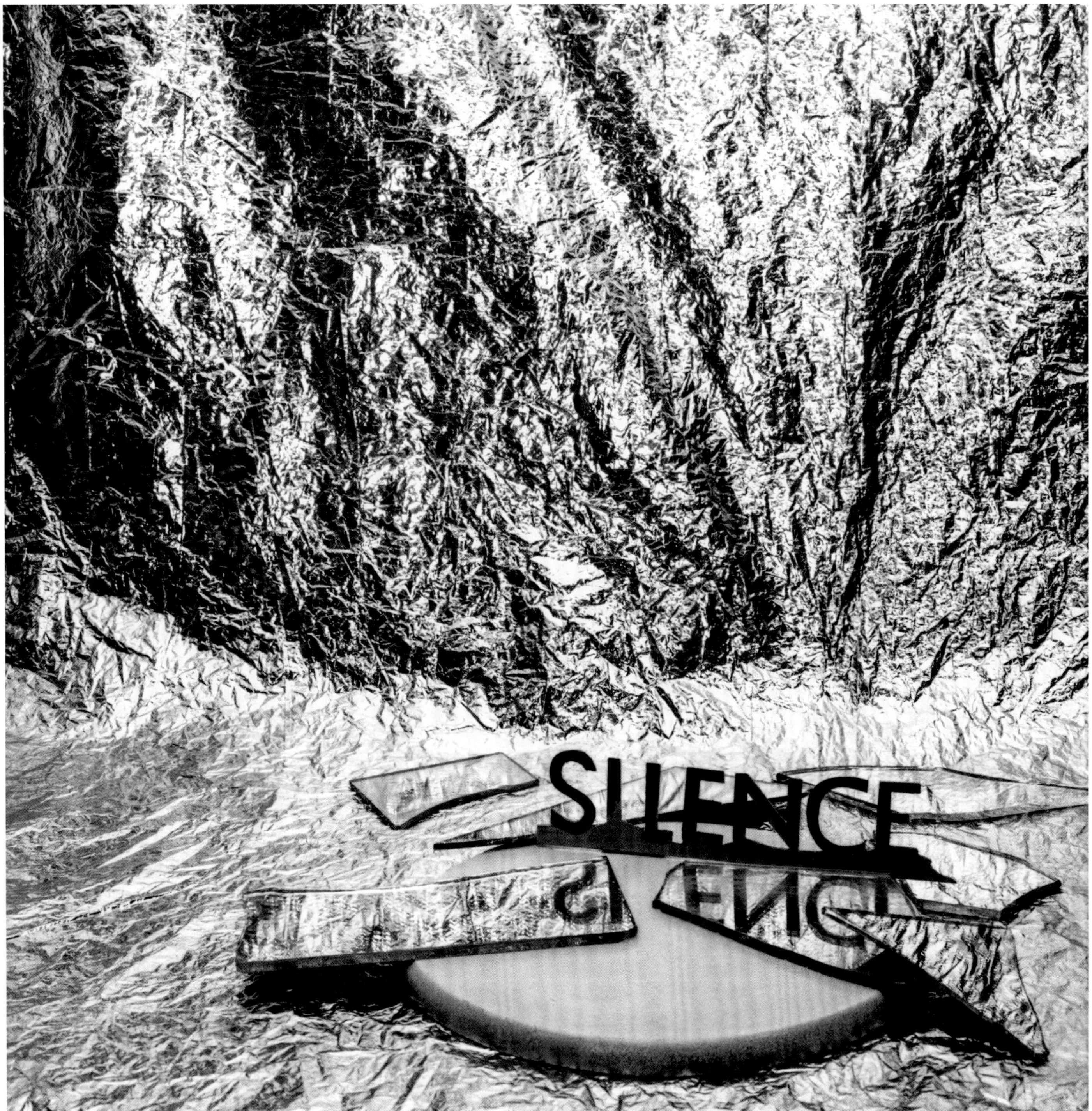
SILENCE

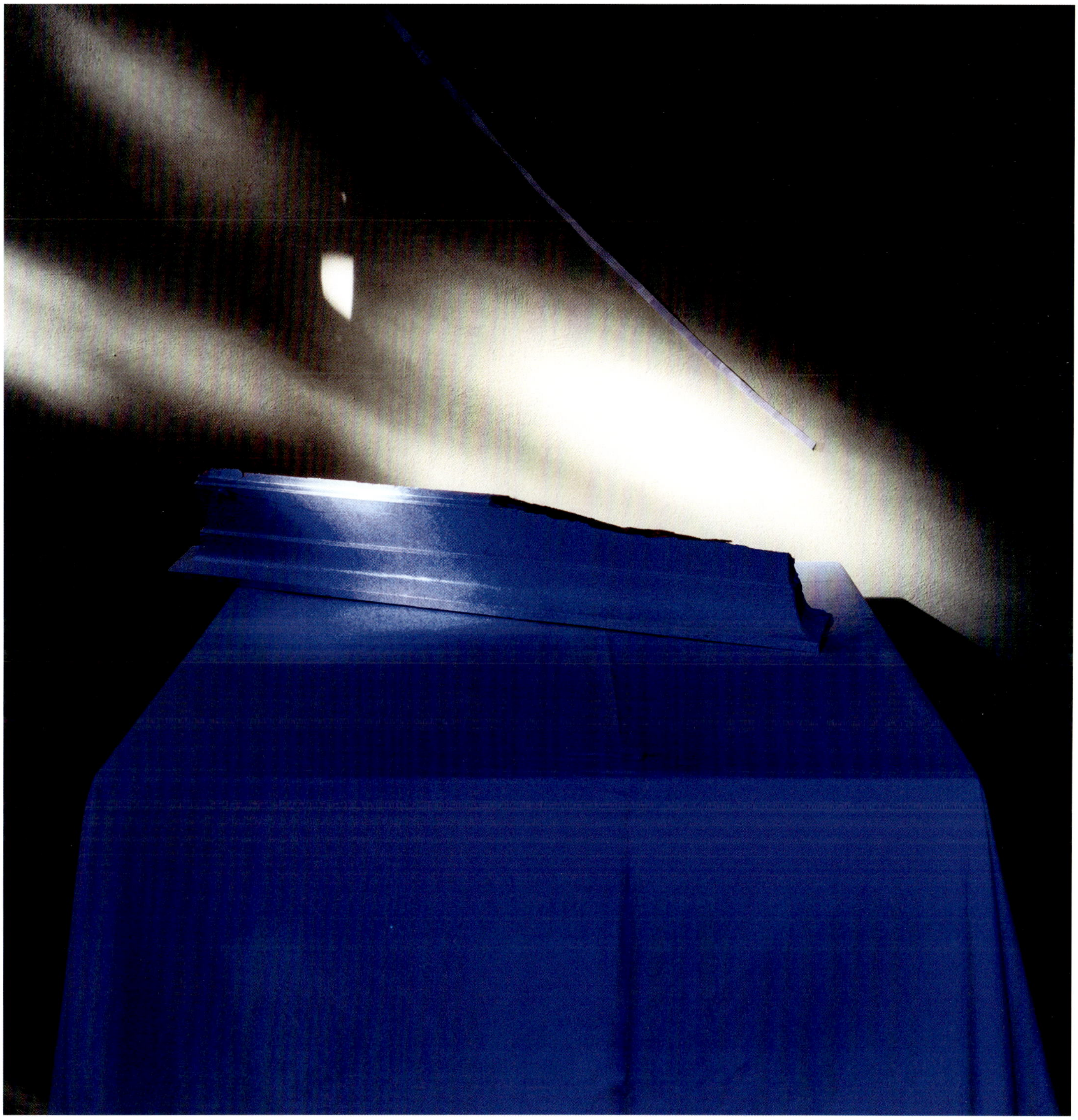

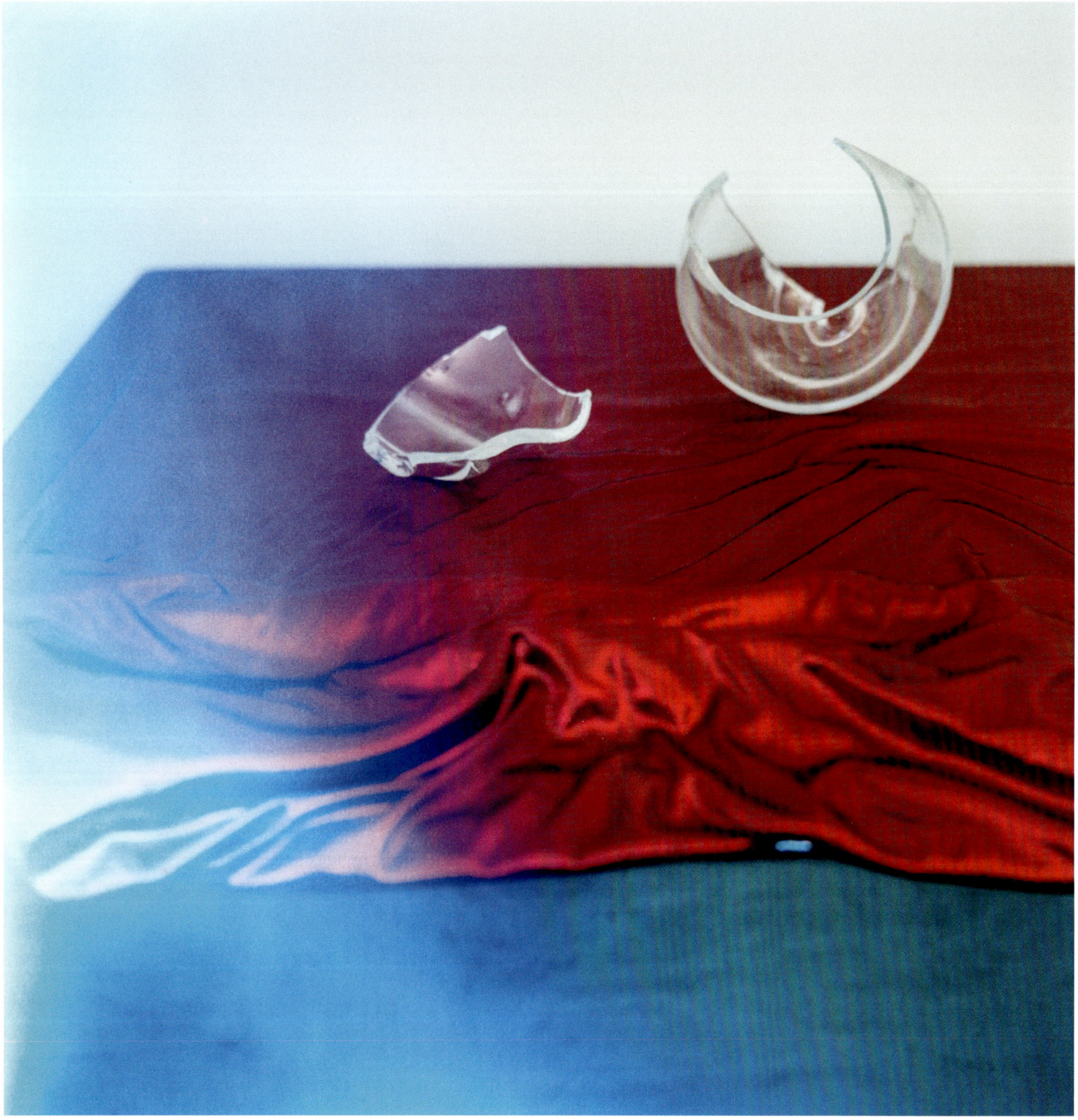

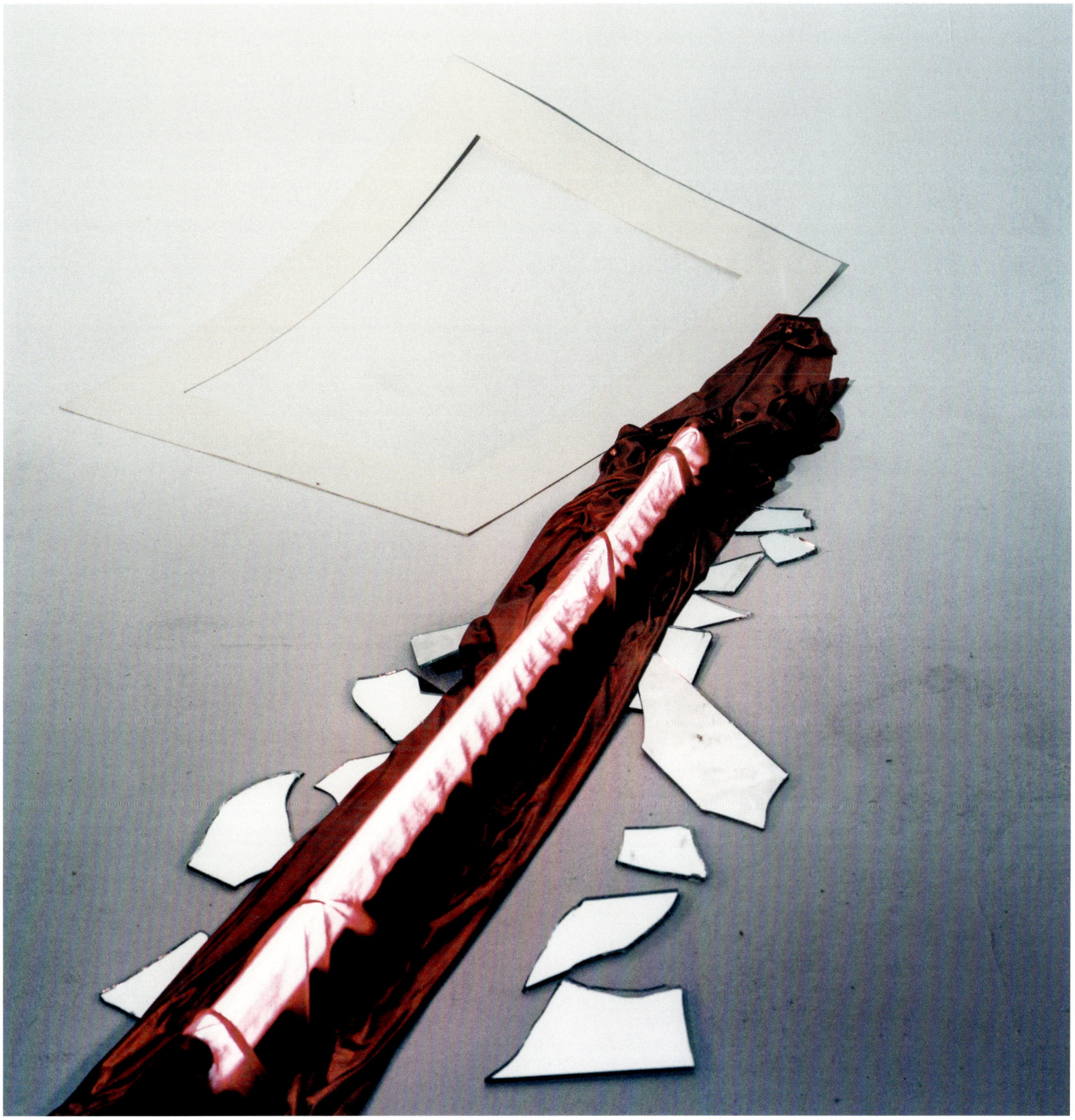

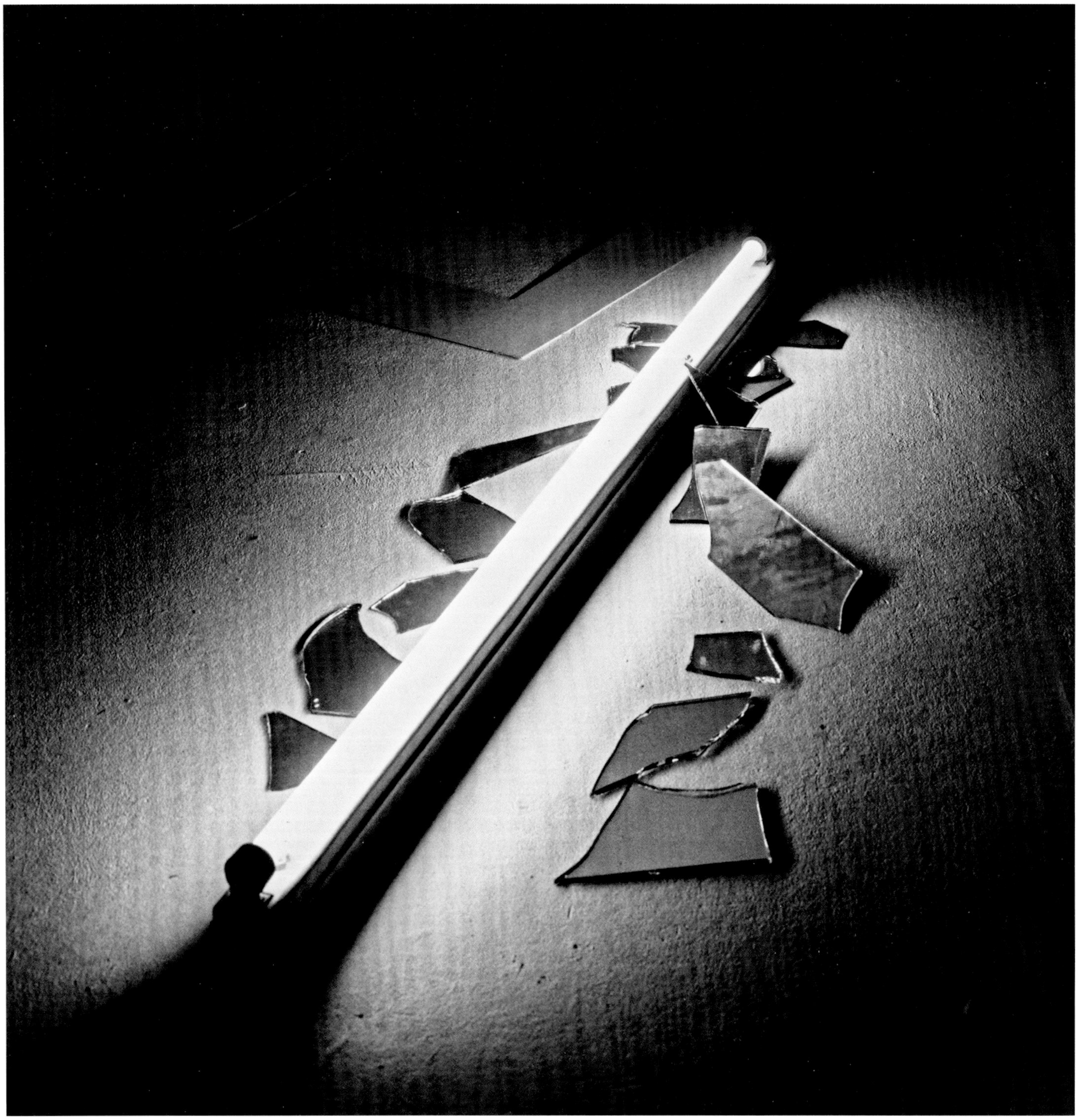

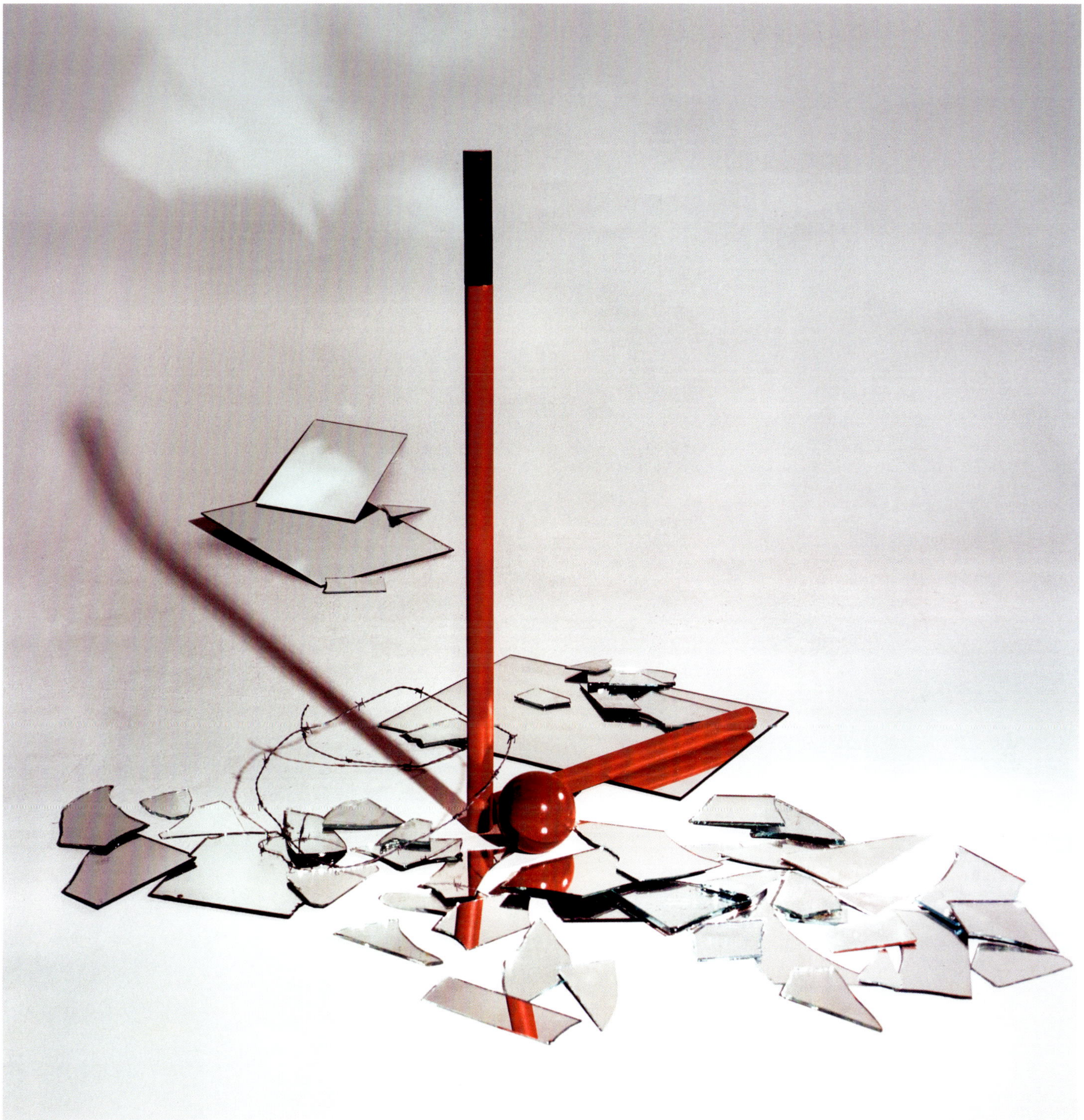

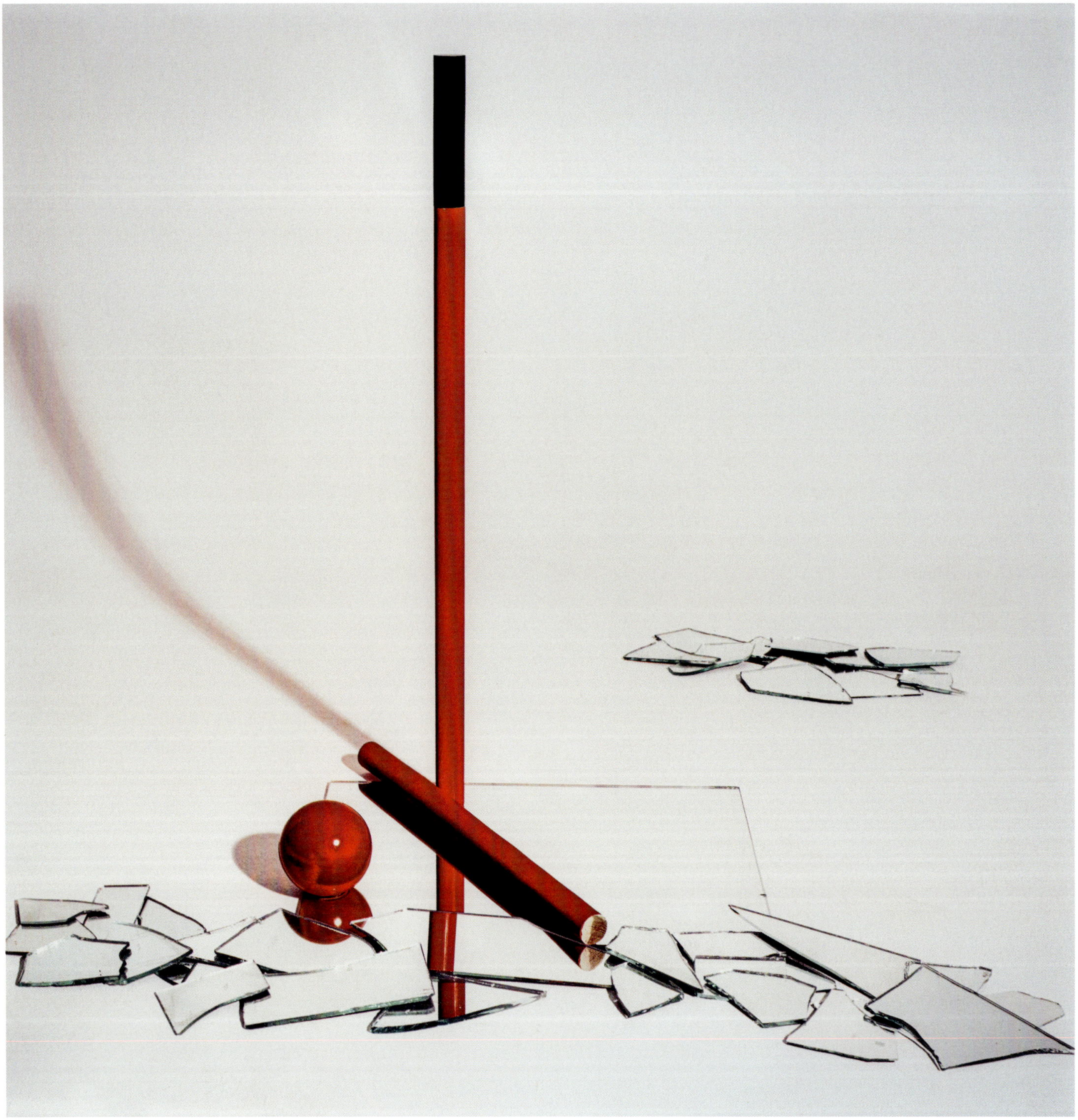

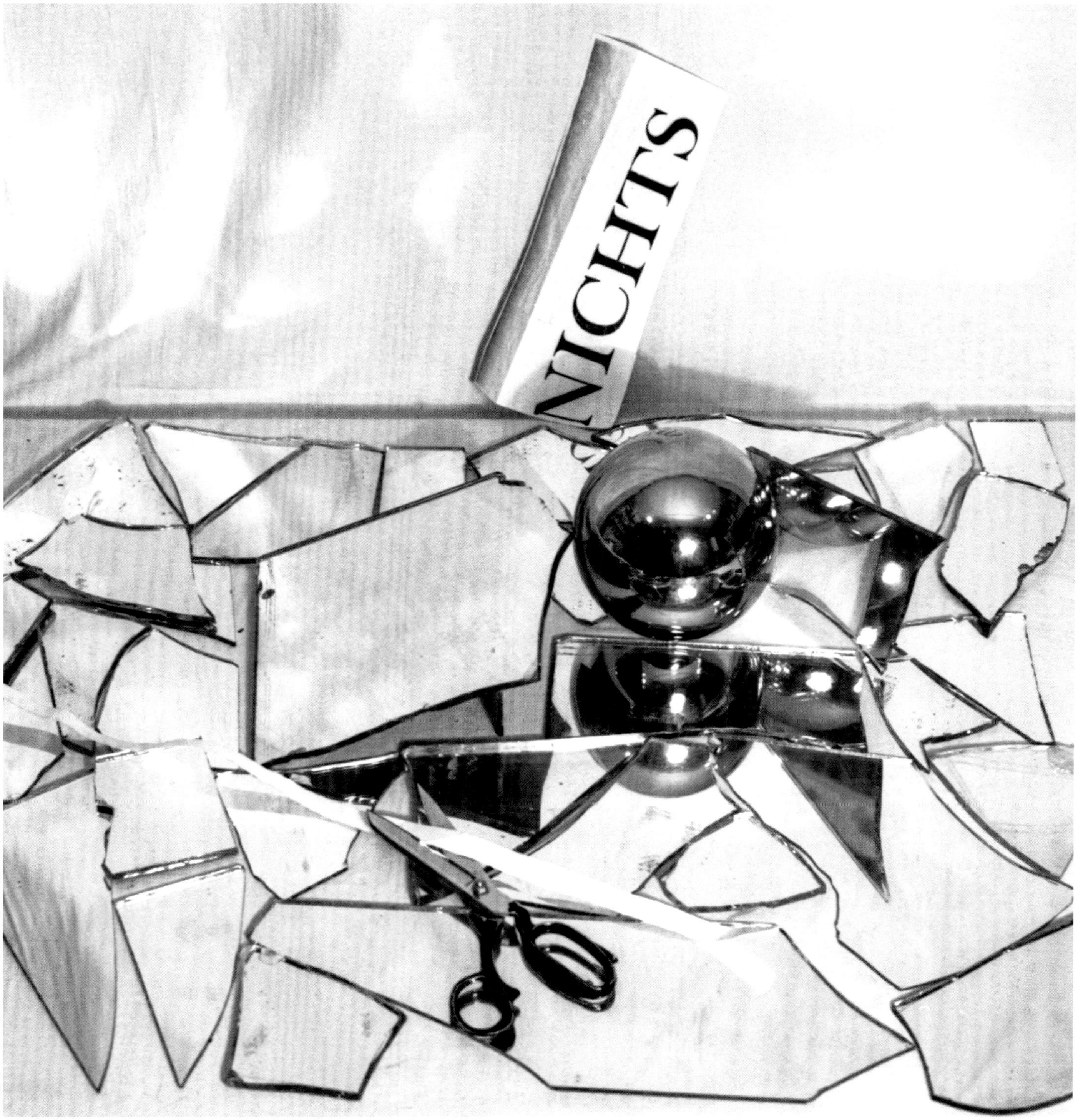
NICHTS

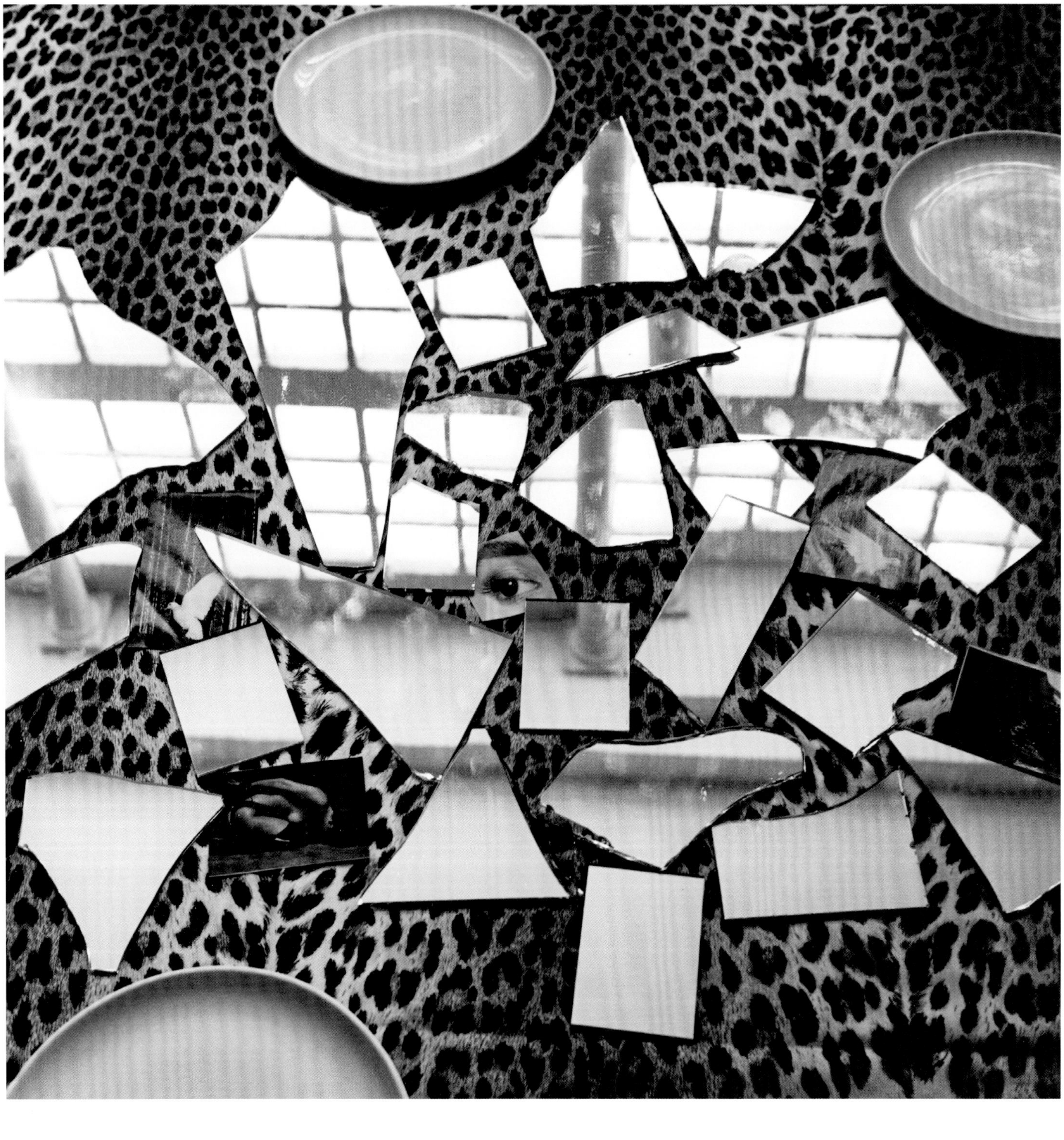

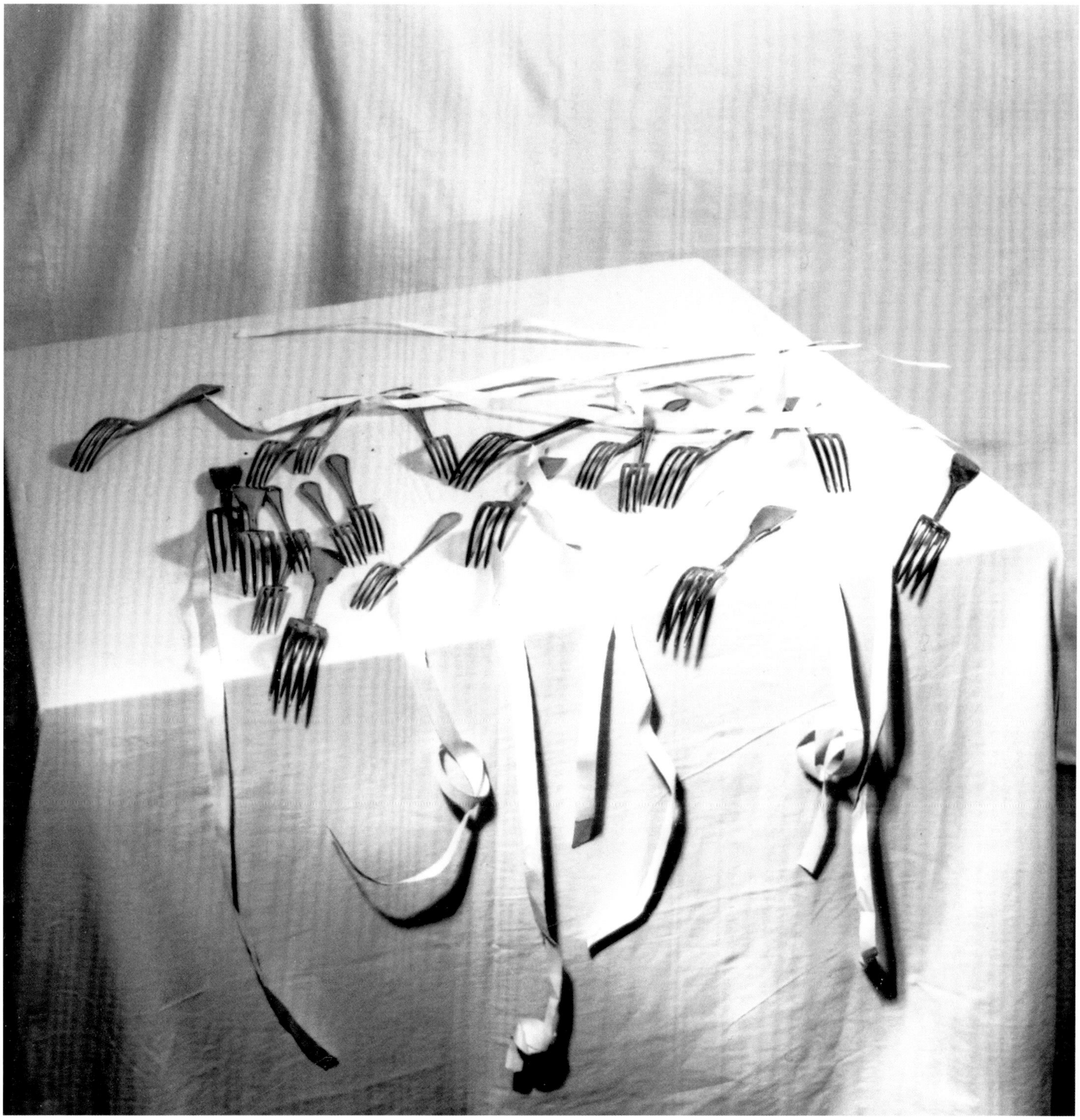

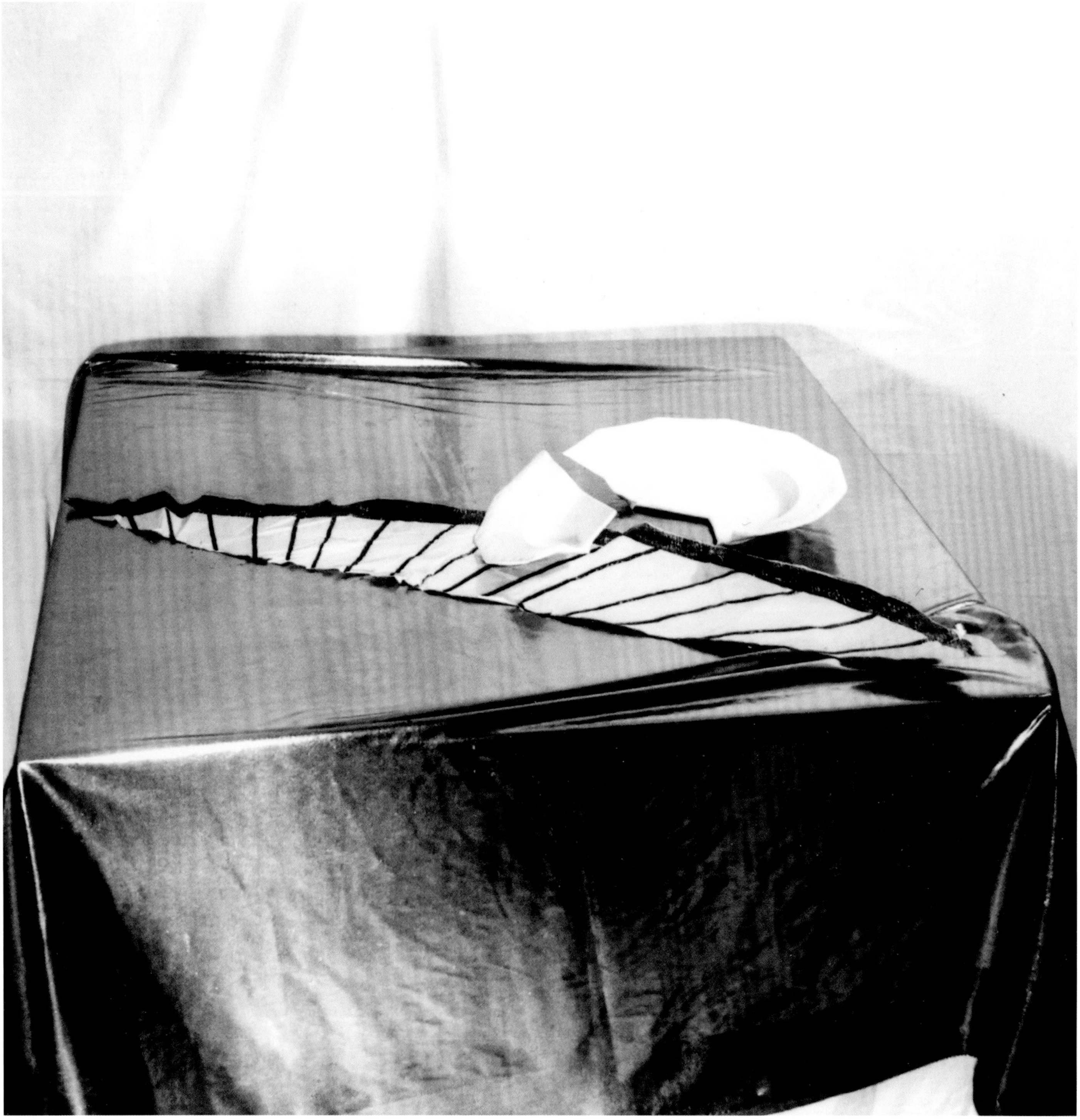

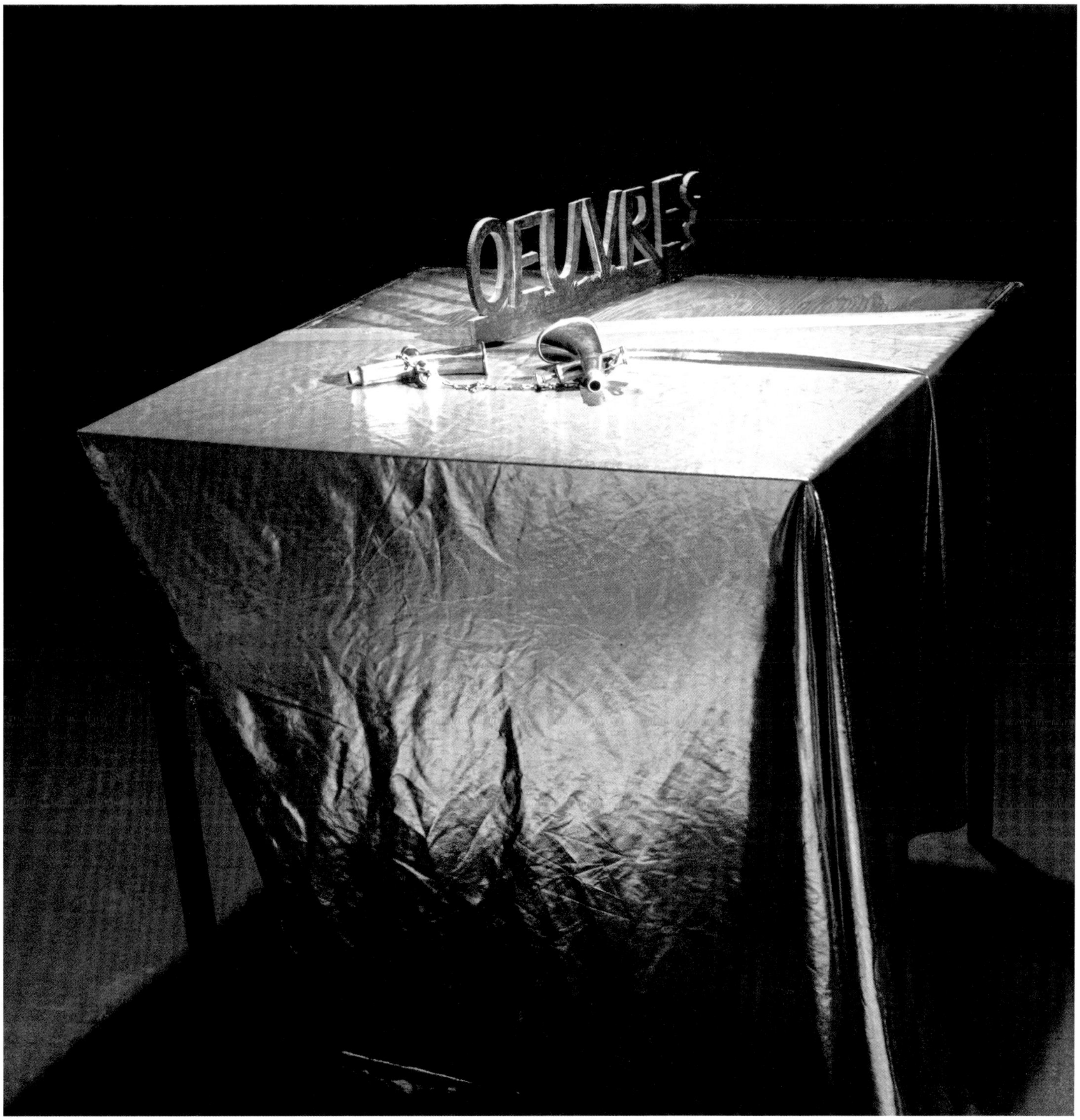
OEUVRES

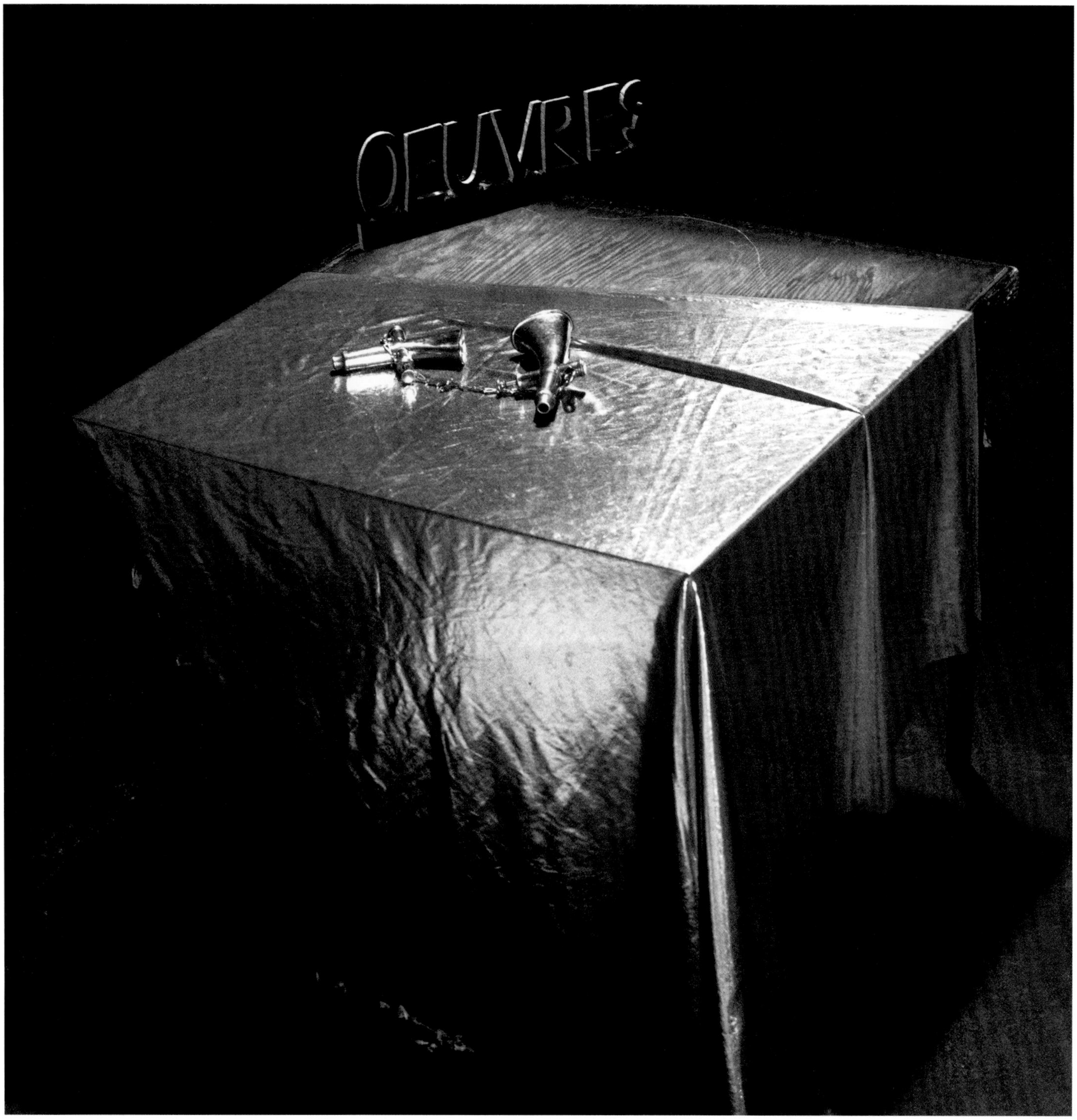
OEUVRES

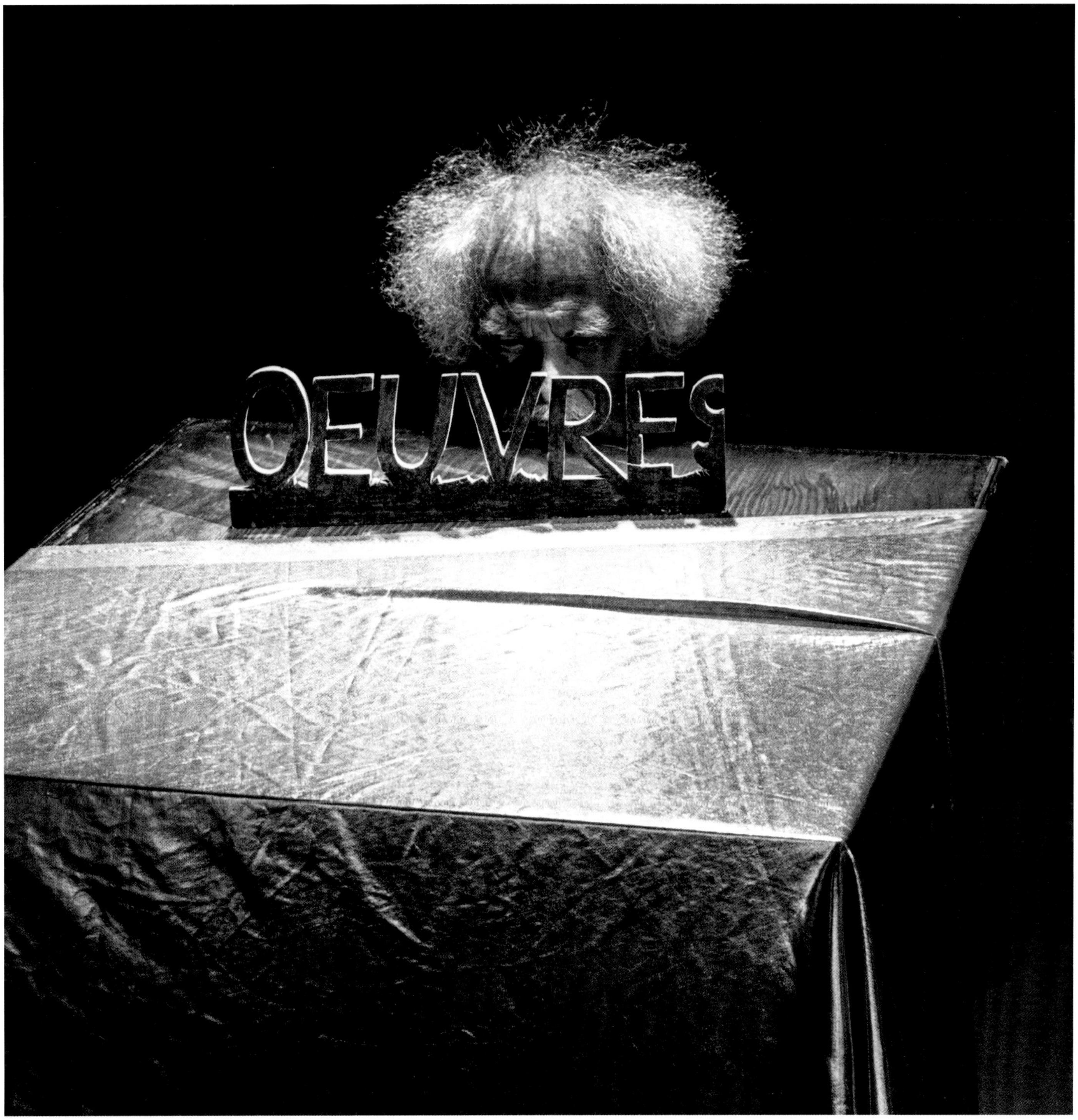
OEUVRES

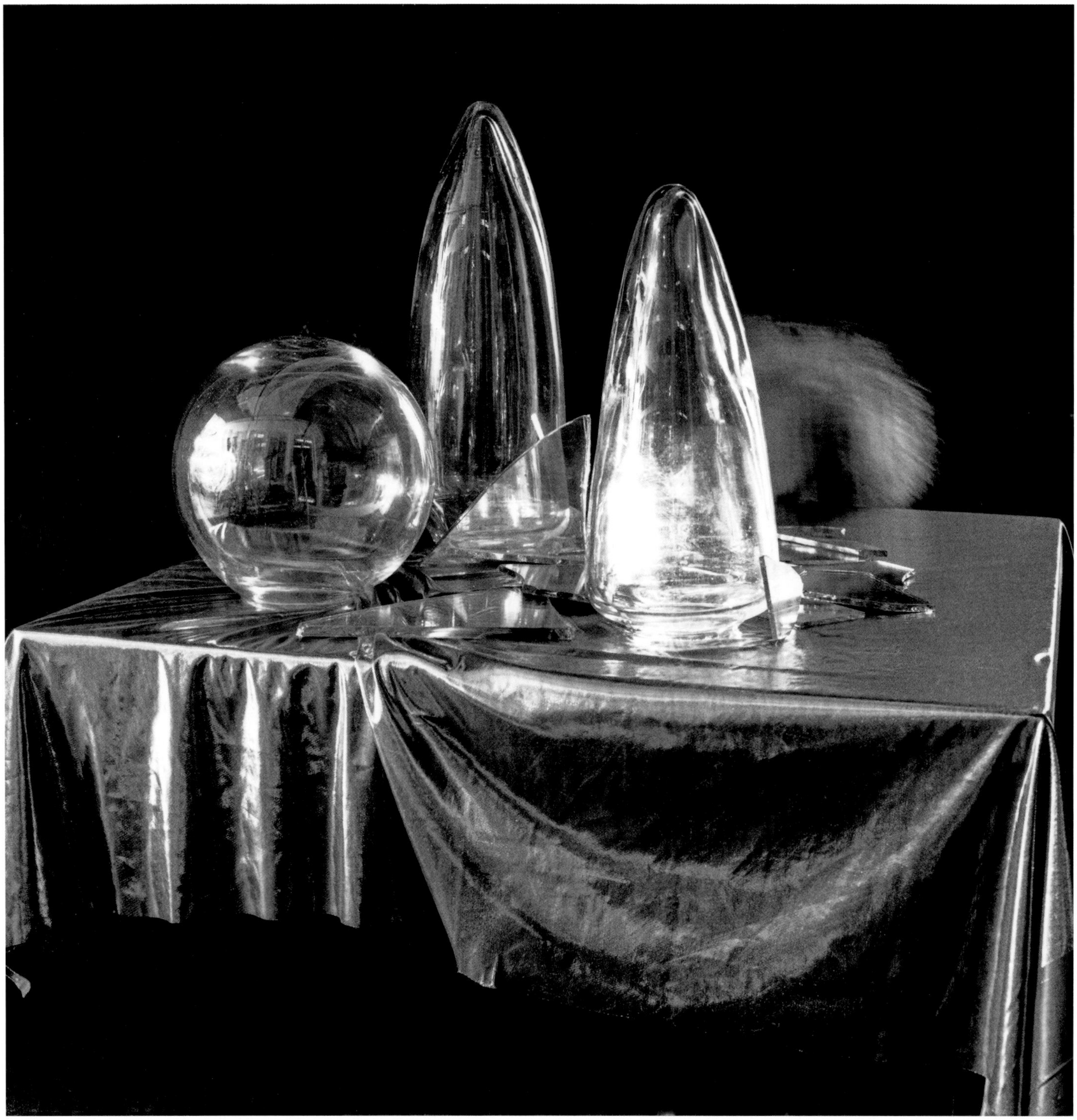

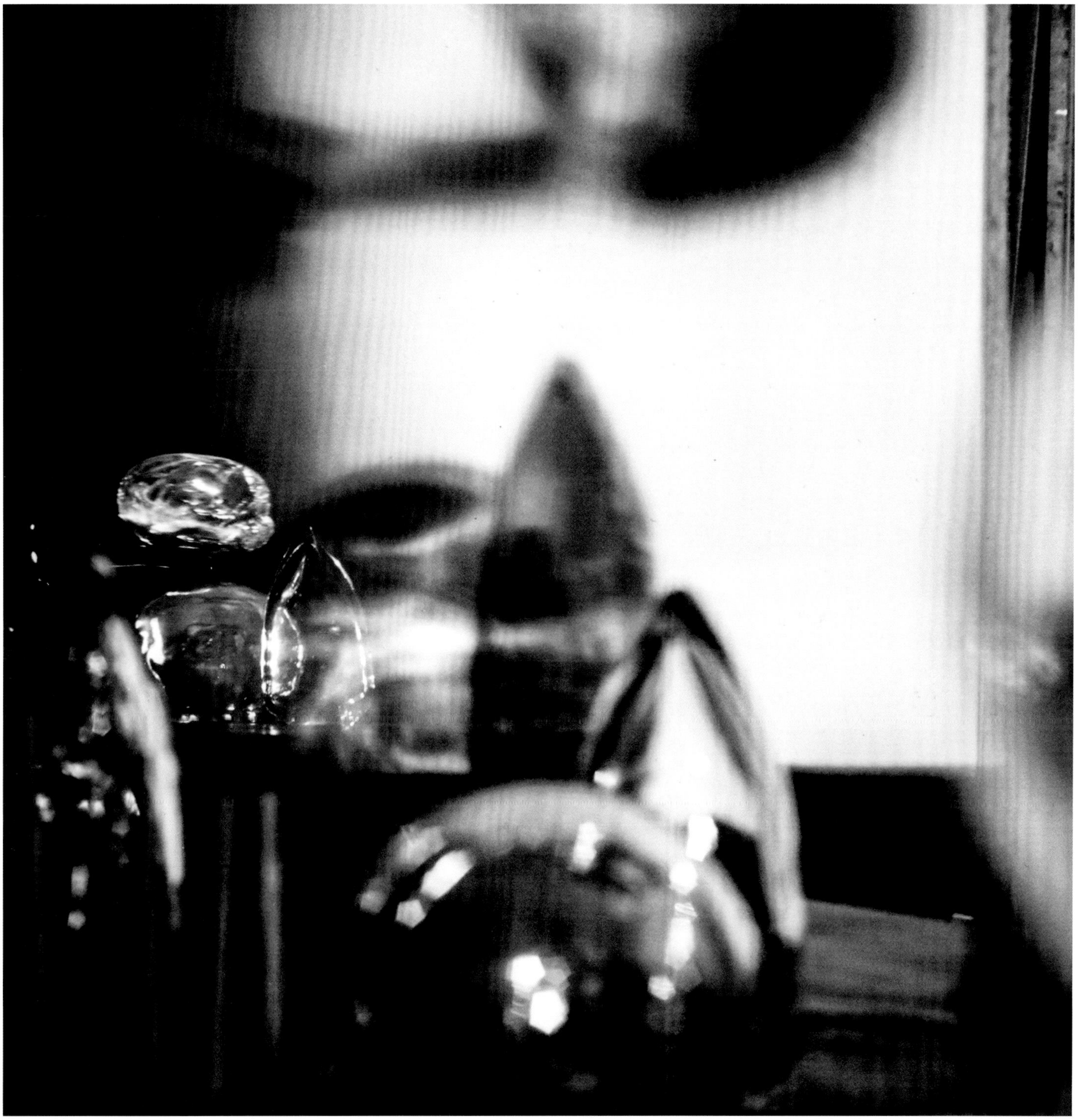

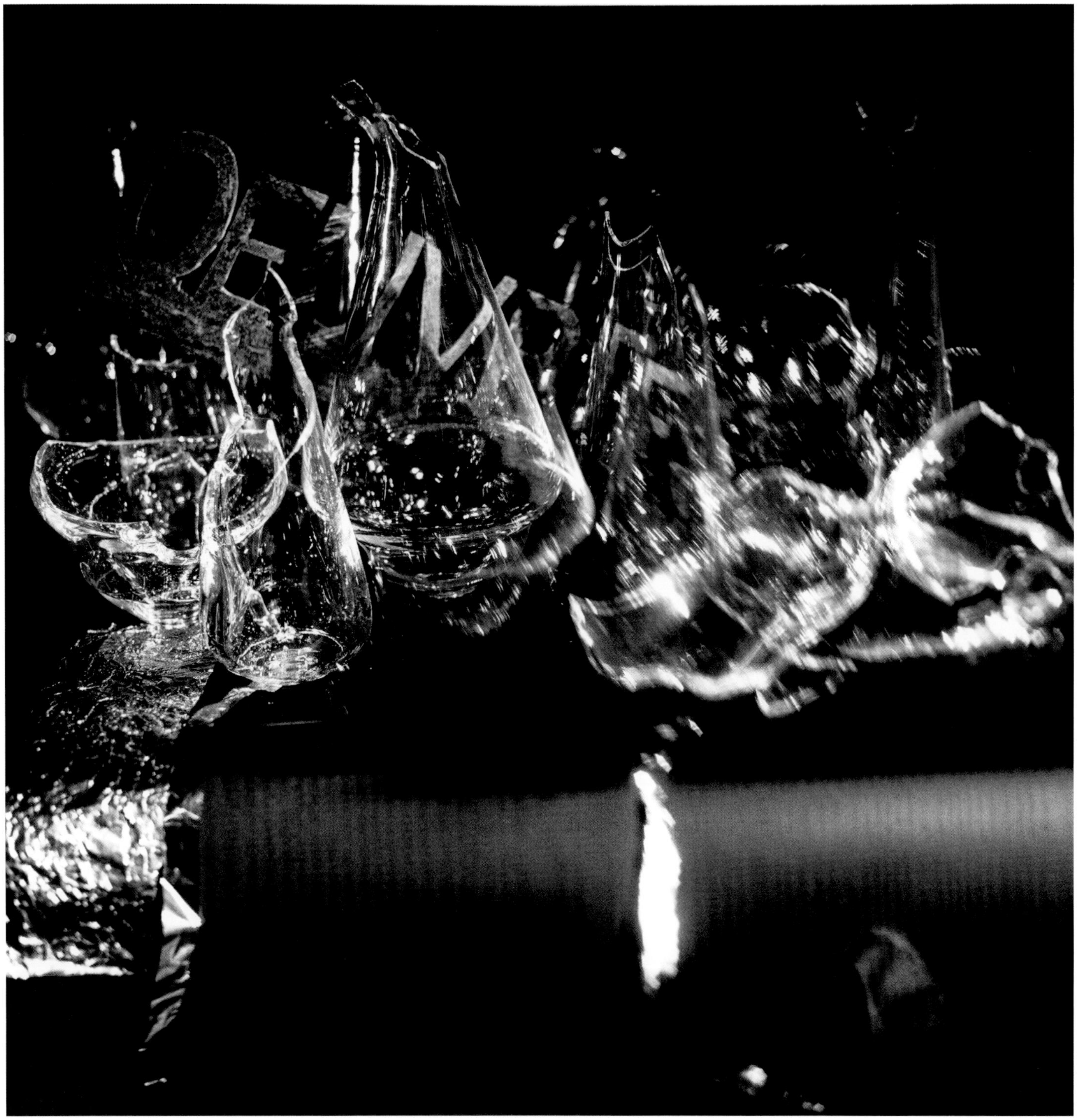

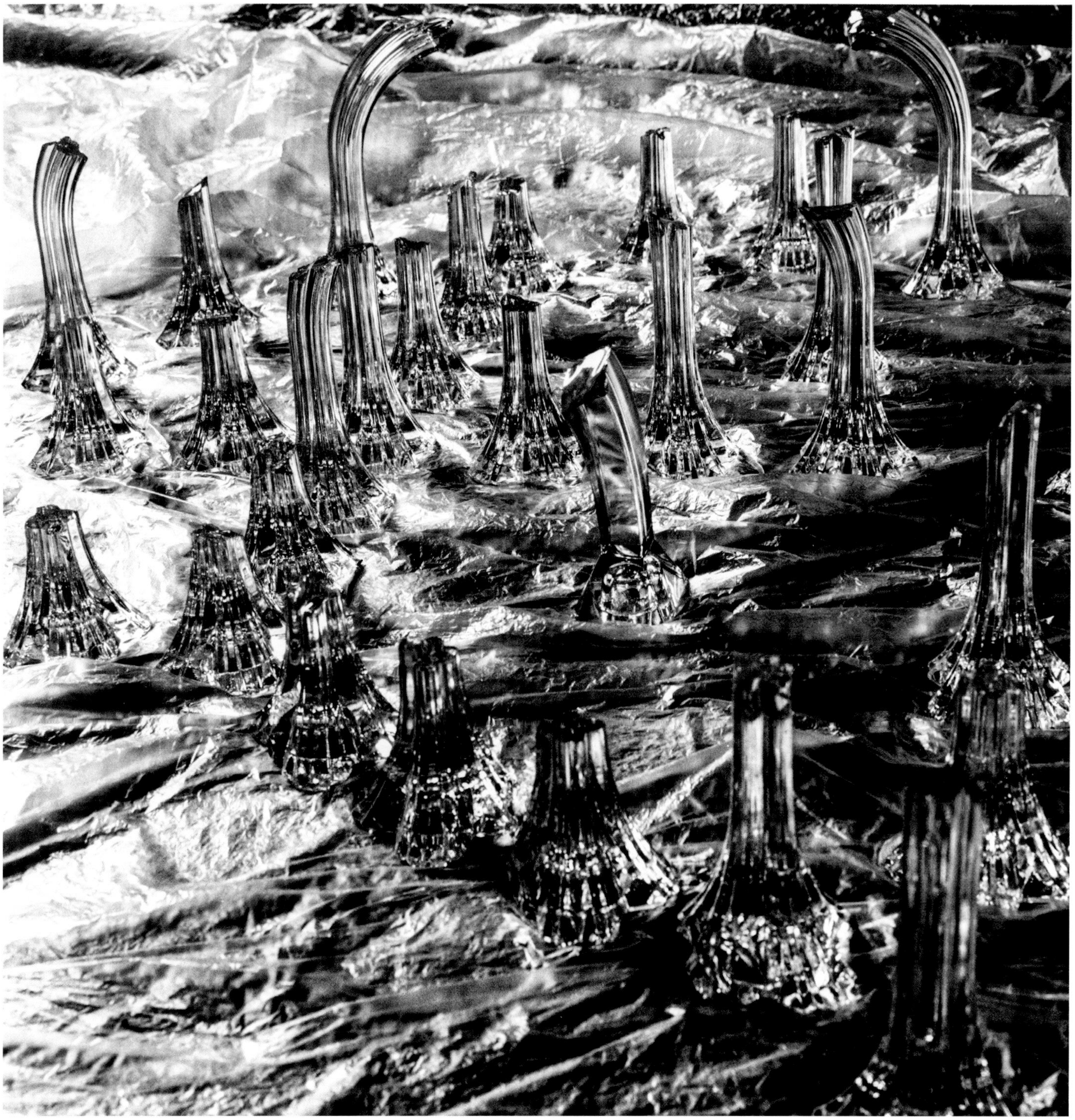

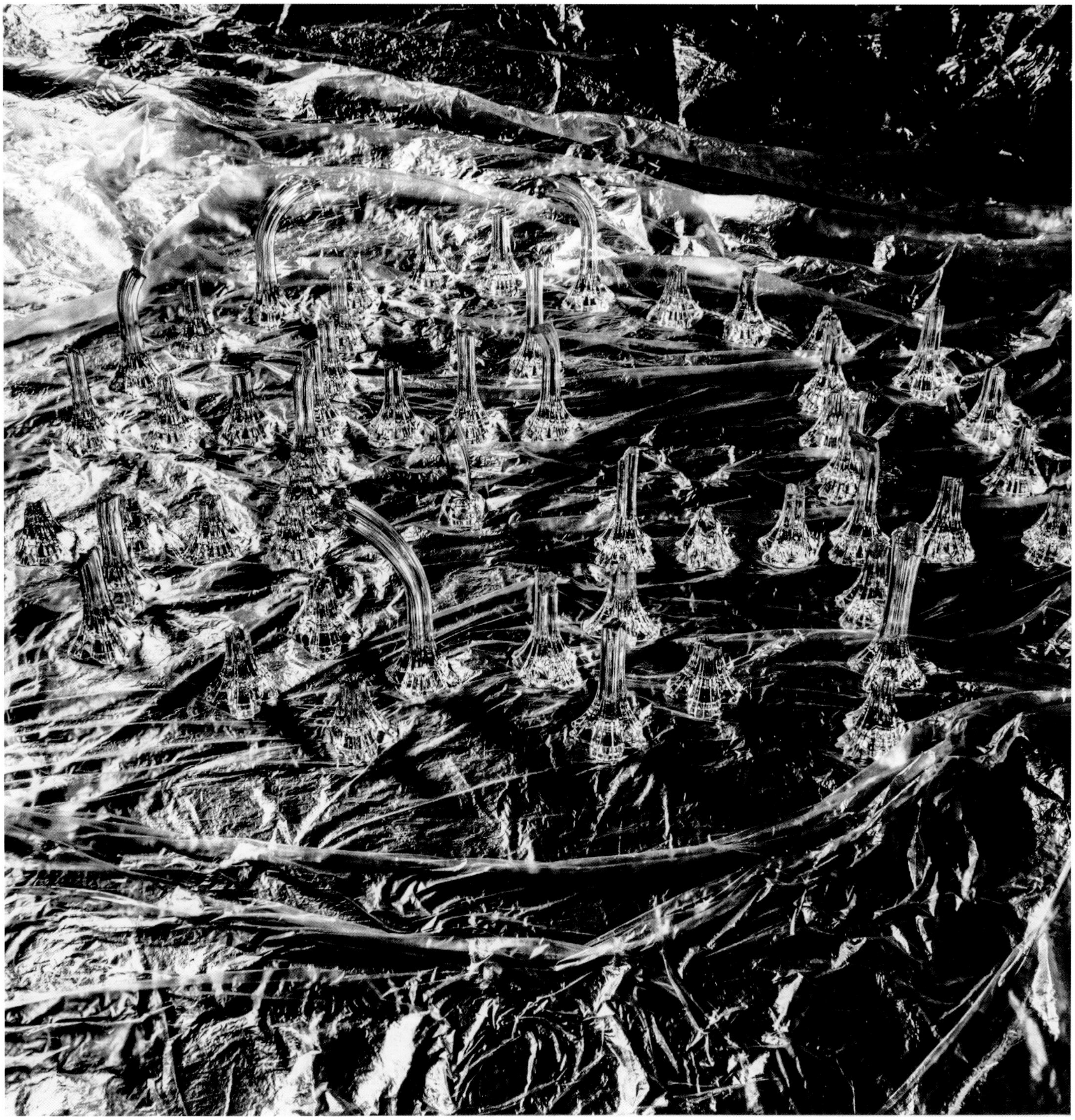

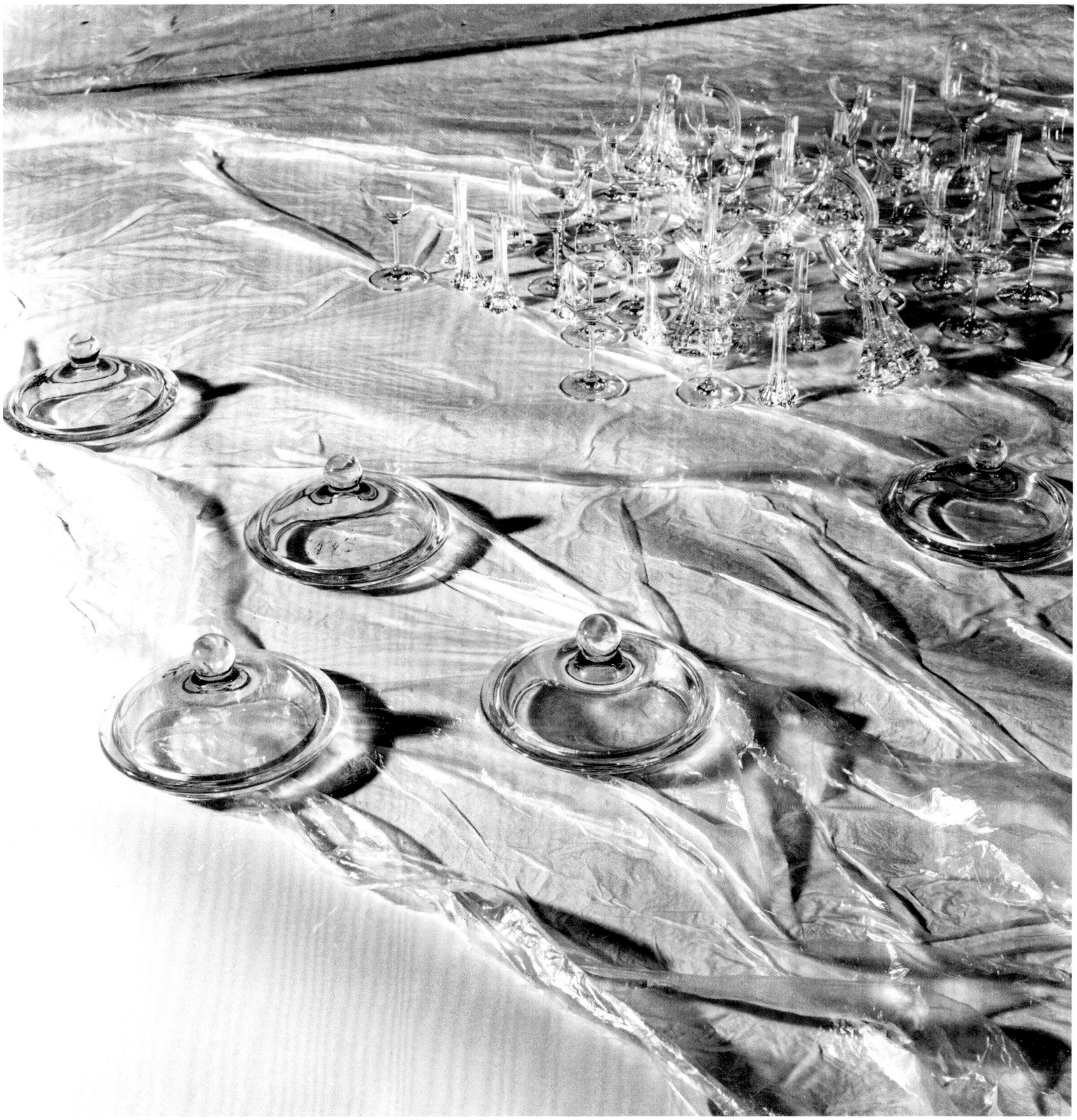

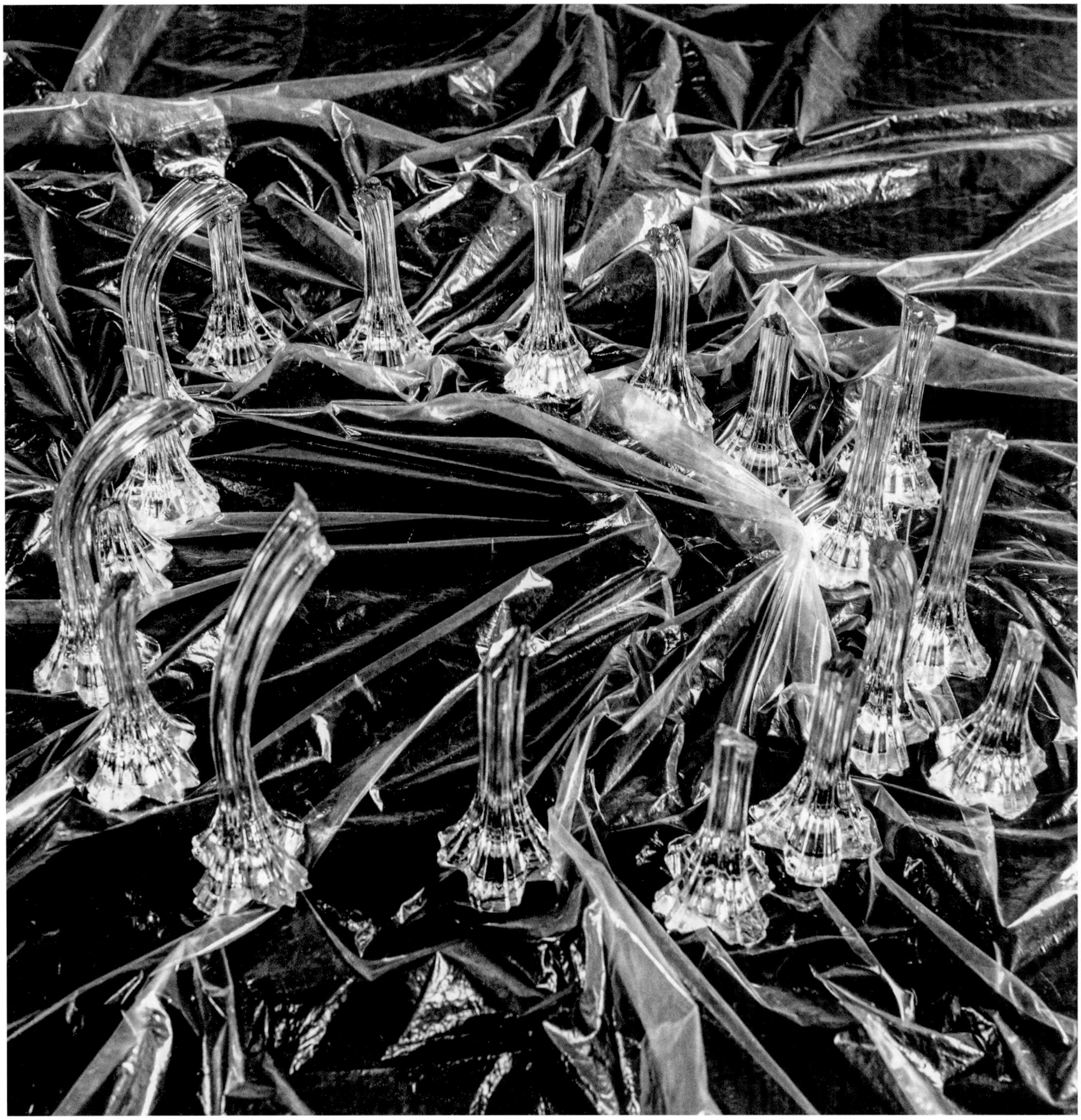

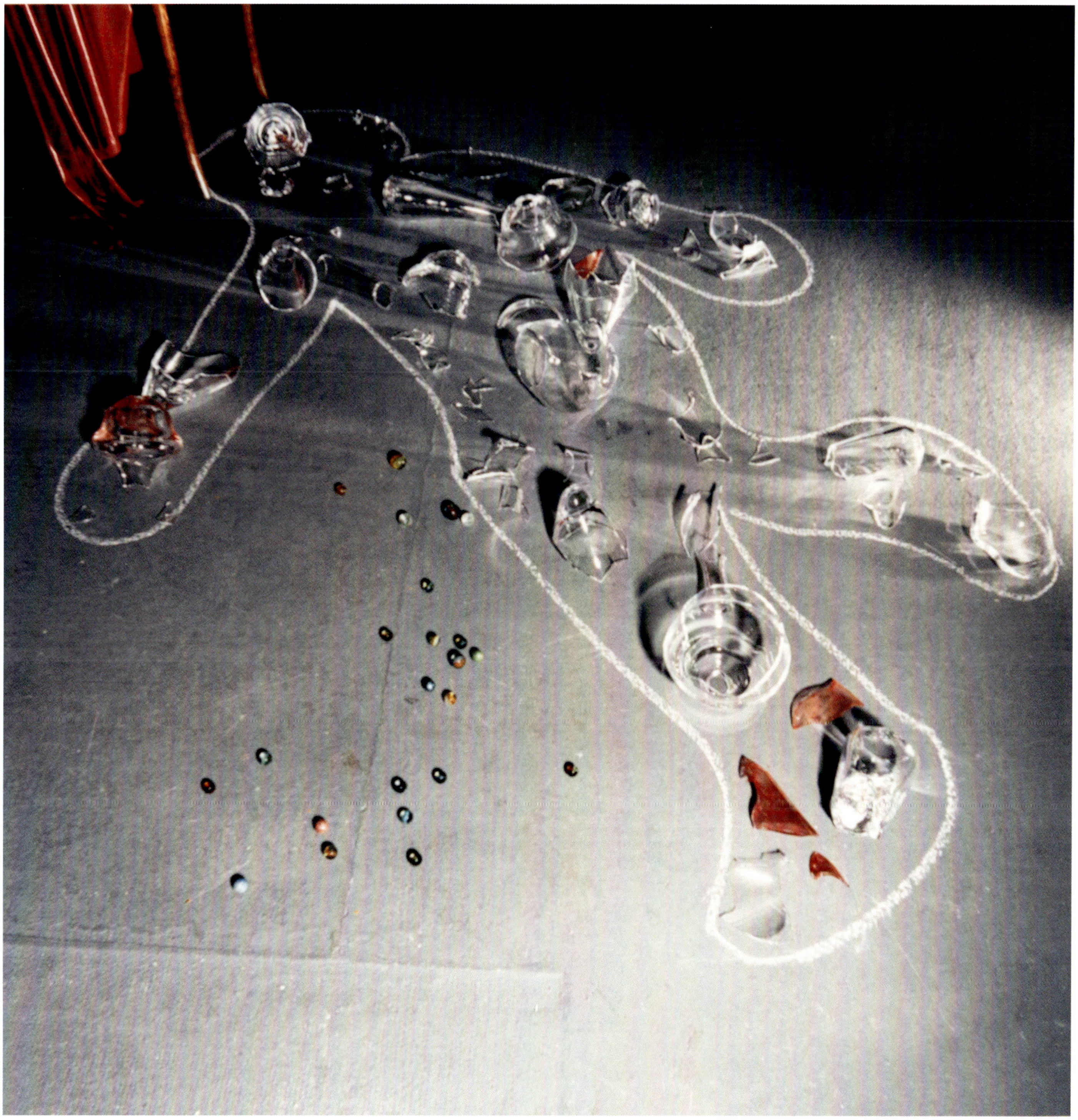

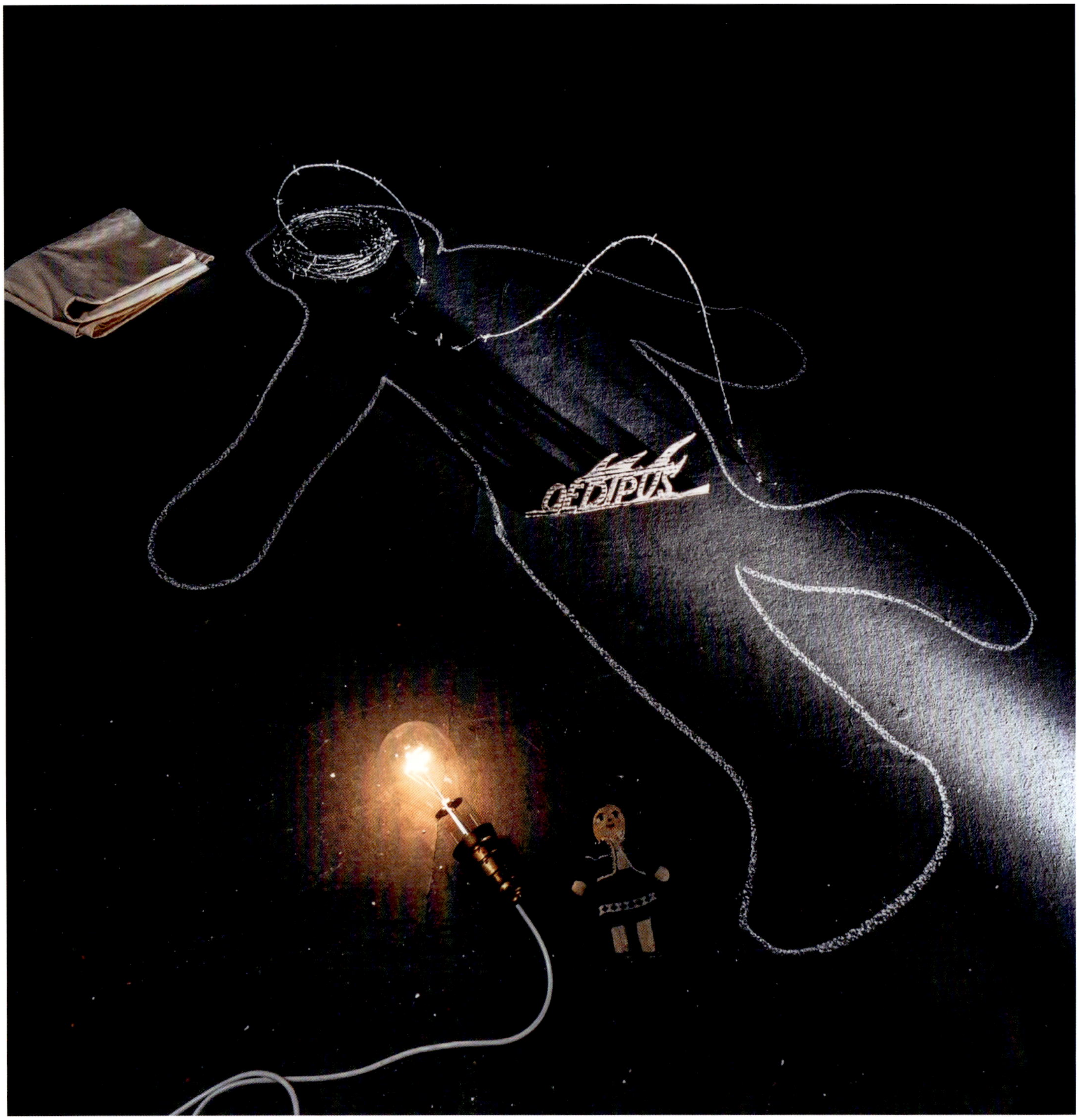
OEDIPUS

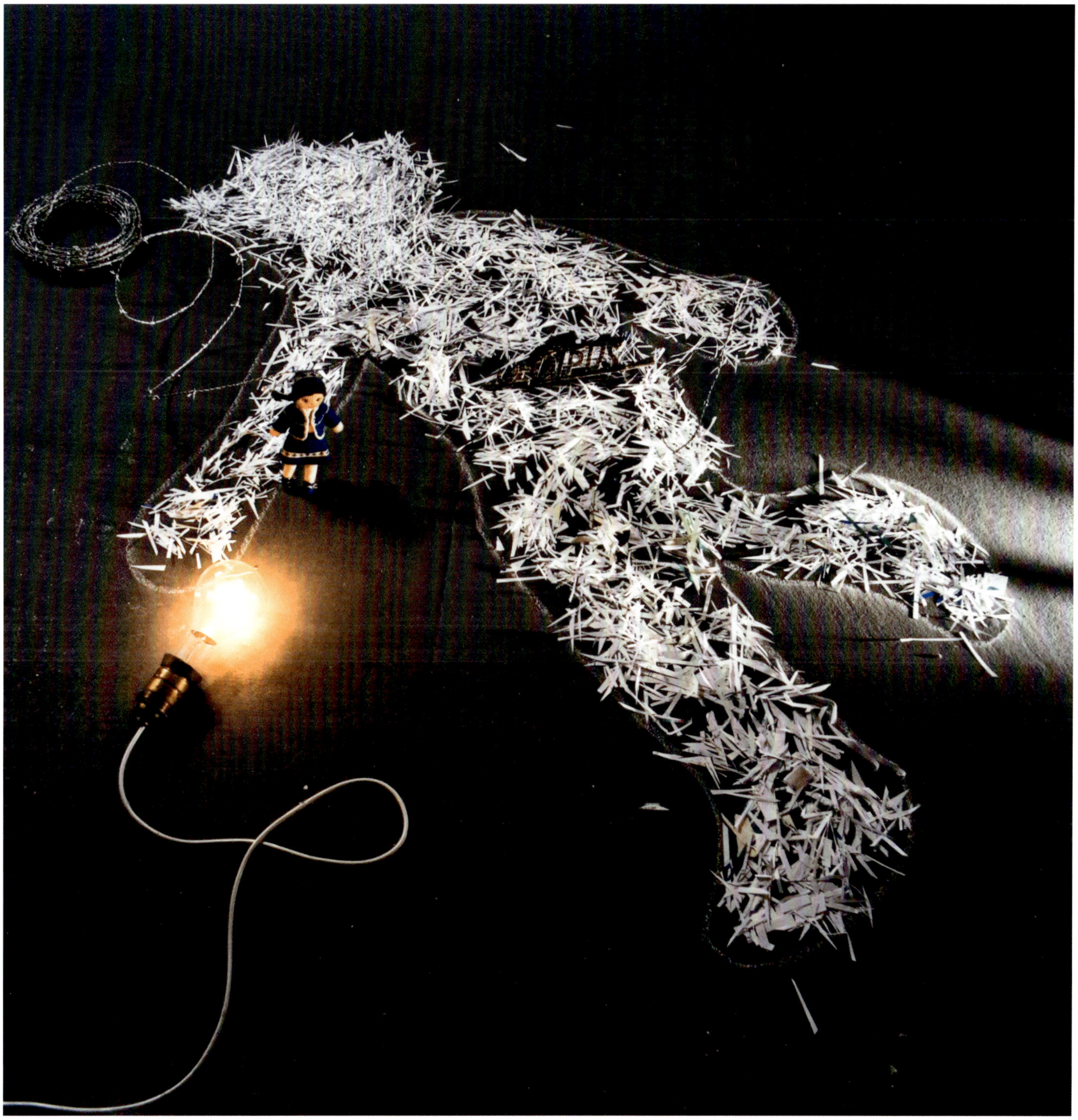

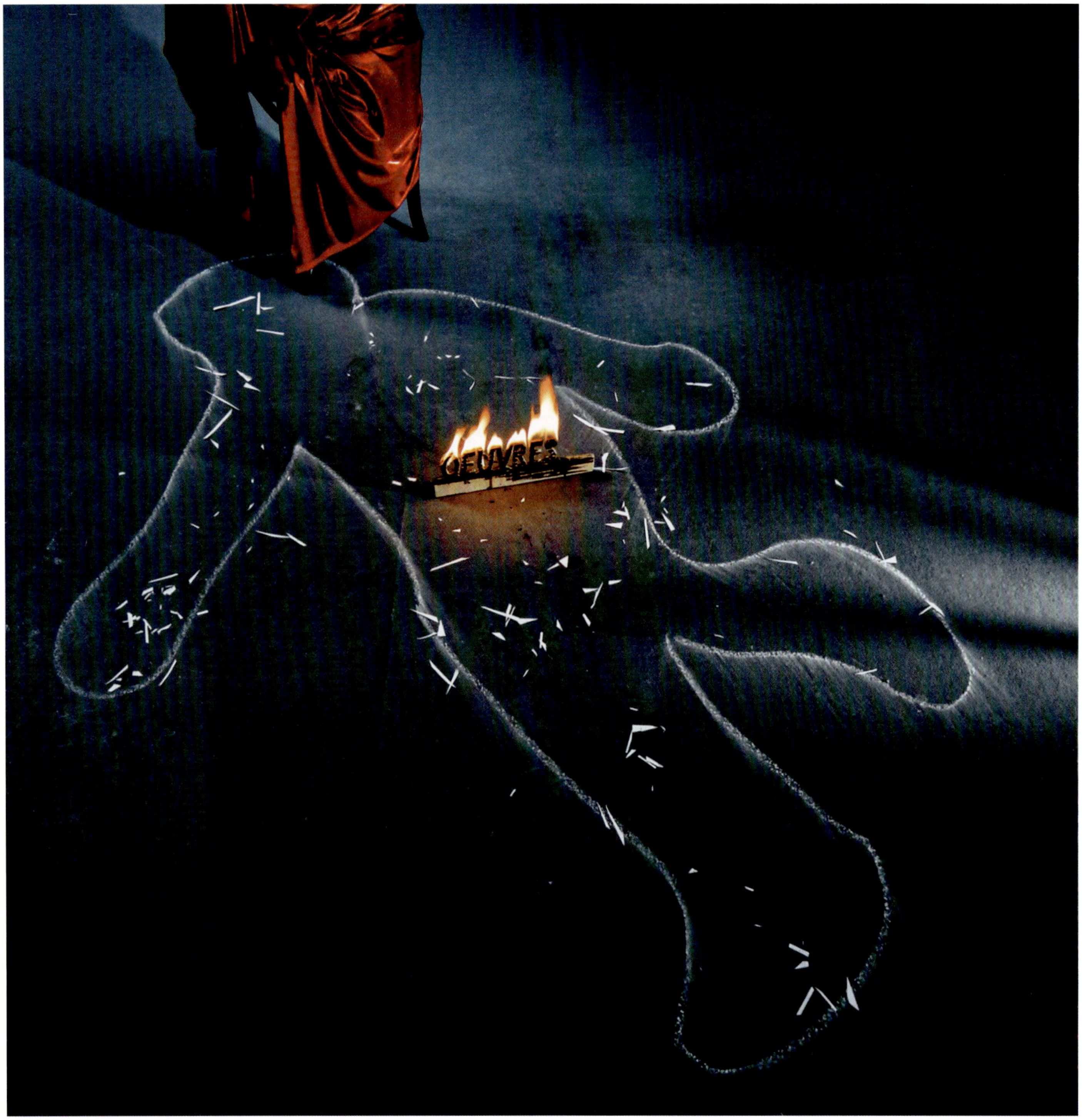
OEUVRES

(F)

Les fantômes de la verité
Olivier Kaeppelin

V

Que fuit le corps pour disparaître. La couleur ? La couleur rouge ? Cette couleur prend place ou surgit. Elle est tenue à distance et s'étale en un tissu bientôt coupé. Partagée par les lames d'un ciseau et déchirée à la frange. Ce n'est pas un tableau, un carré rouge sur fond blanc, c'est un drap envahi par la couleur. Est-ce la couleur du sang dans un territoire traversé par l'aigu ? Ne surgit-elle pas dans cette photo où je vois ces mains maculées de matière écarlate ? Il a fallu inciser les mots du corps, reconnaître cette présence, sous la peau. Les plis du tissu nous la dissimulent mais la vue n'a-t-elle pas, comme compagne, cette couleur qui, chaque jour, nous donne rendez-vous ? Je l'oublie dans un songe immatériel, mais elle est sans cesse de retour, comme A et Z, le début et la fin d'un alphabet. Elles apportent le rythme et la substance du cœur.

(D)

Die Phantome der Wahrheit
Olivier Kaeppelin

V

Wovor flieht, wovor verbirgt sich der Körper? Vor der Farbe? Vor dem Rot? Das Rote taucht auf oder dringt durch. Es wird auf Abstand gehalten, aber breitet sich im Gewebe, das zerschnitten wird, aus. Durch Scherenklingen geteilt und außen gerissen. Ein rotes Quadrat auf weißem Grund, kein Gemälde, ein Blatt, in das die Farbe eingedrungen ist. Blut in einem Gebiet, durch das sich eine Schärfe zieht? Ist es das, was ich auf dem Foto mit den scharlachrot beflecken Händen sehe? Der Einschnitt in die Worte war nötig, um den Körper zu erkennen, seine Gegenwart unter der Haut. Sie liegt verborgen unter den Falten des Stoffs, doch geht deren Anblick nicht bereits einher mit jener Farbe, die uns jeden Tag begegnet? In meinen vergeistigten Träumereien vergesse ich sie vielleicht zwischendurch, aber sie, die Farbe, kehrt immer wieder zurück, wie A und Z, Anfang und Ende des Alphabets. Sie bilden den Rhythmus und das Wesen des Herzens.

(E)

The Phantoms of Truth
Olivier Kaeppelin

V

What is the body fleeing in its bid to disappear? Colour? The colour red? A colour that sets itself down or spurts forth. Kept at a distance and unfurling as a well-cut cloth. Cleaved by a scissor's blades, edges torn. It is not a painting, a red square on a white background, but a sheet assaulted by colour. Is it the colour of blood in a land crossed by steeliness? Does it not arise in this photo where I see hands spattered with a scarlet substance? I had to cut the words from the body, recognise this presence beneath the layer of skin. The fabric's folds hide it from us, but does not sight have a companion in this colour which comes to meet us every day? I forget it, caught up in an ethereal dream, but it constantly returns, like the A and the Z, the beginning and end of the alphabet. Conveying the heart's rhythm and substance.

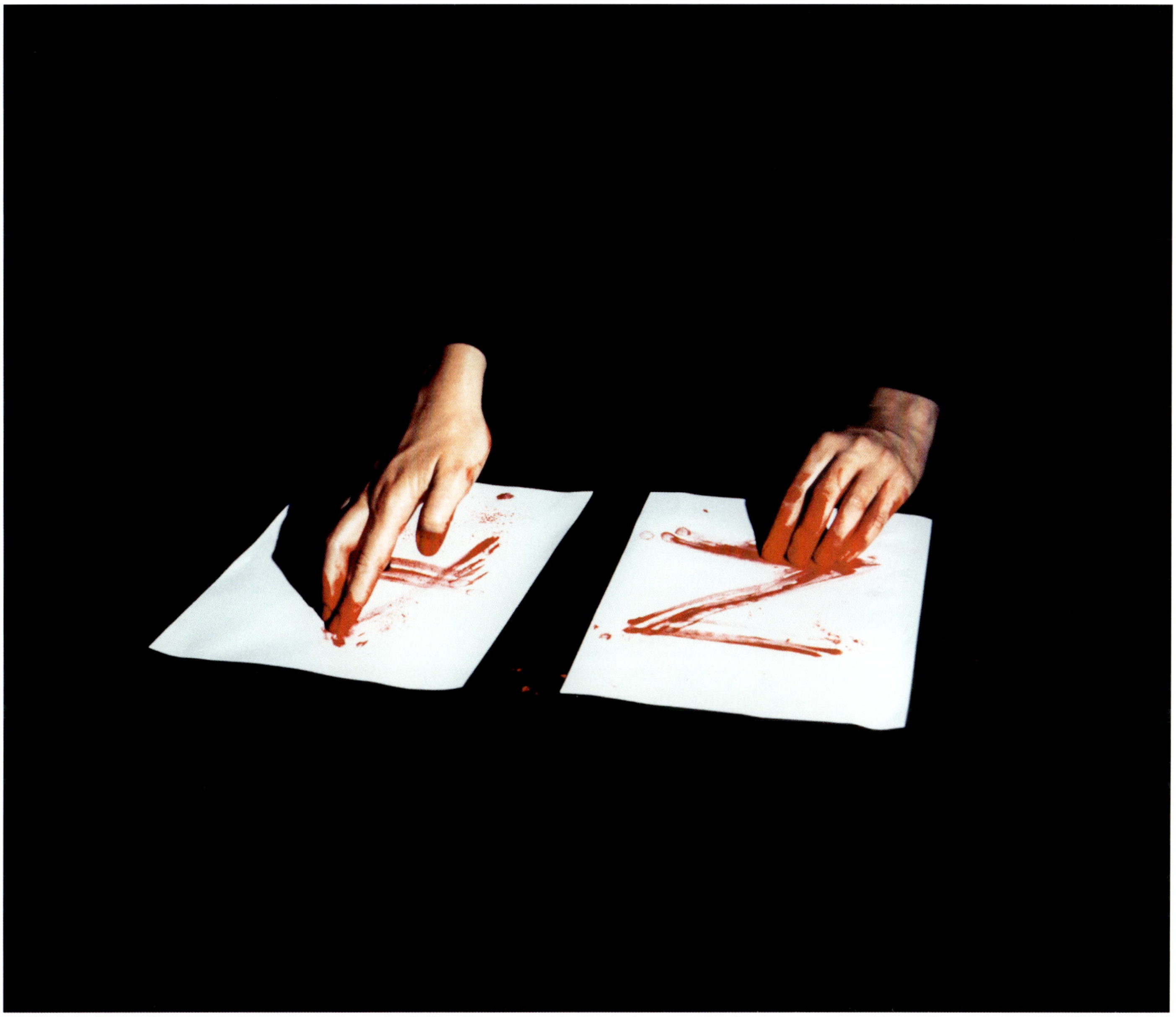

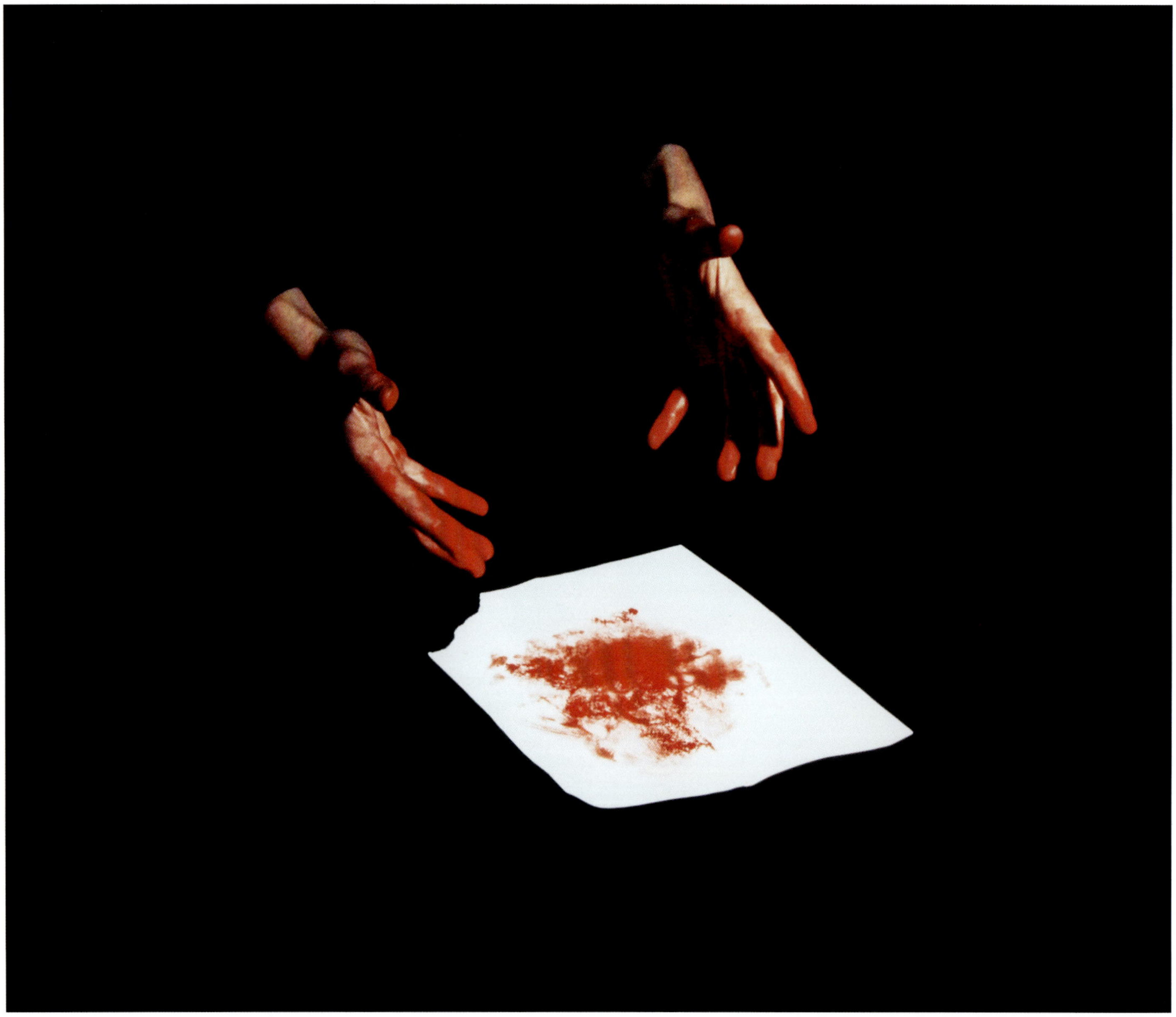

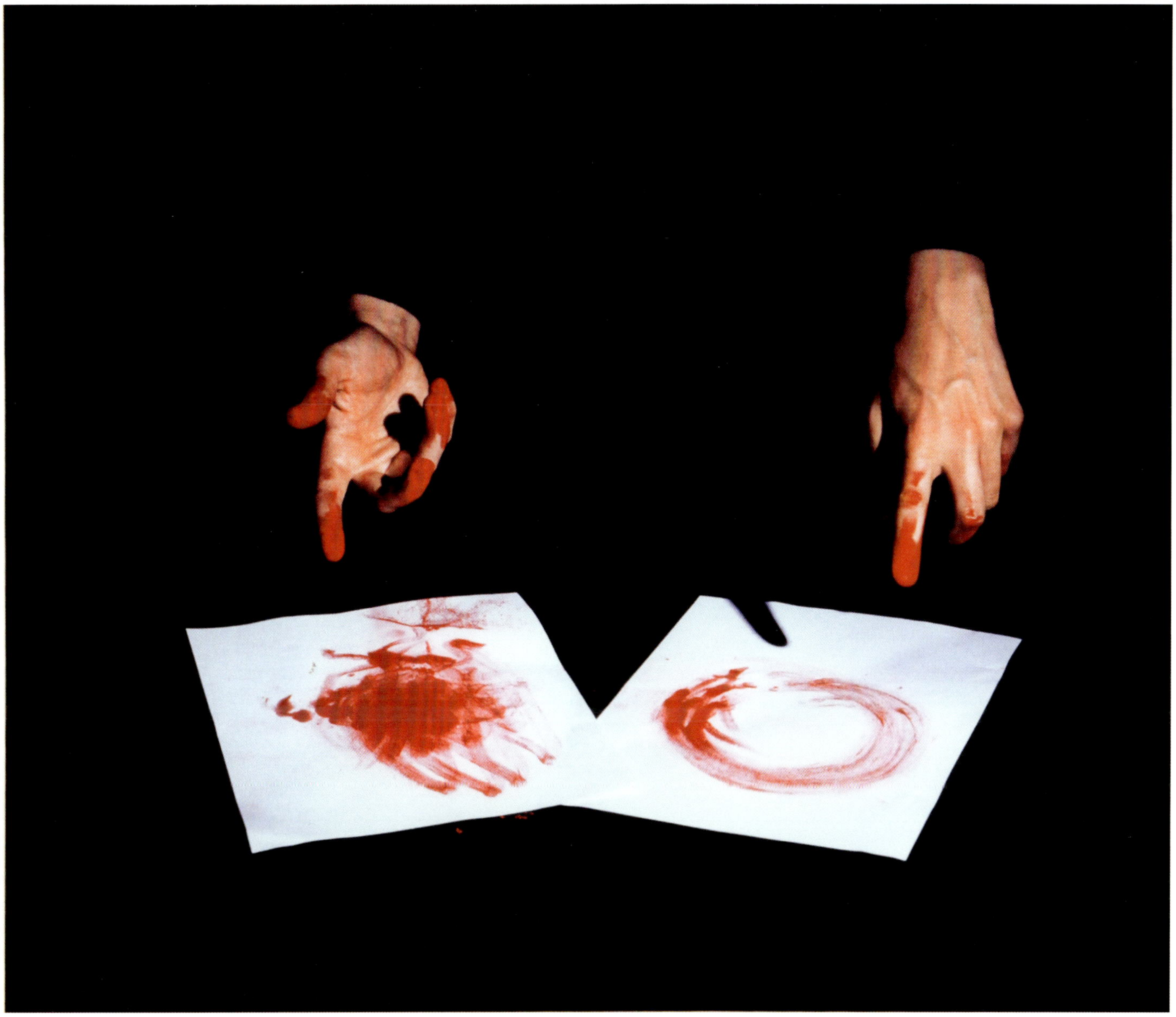

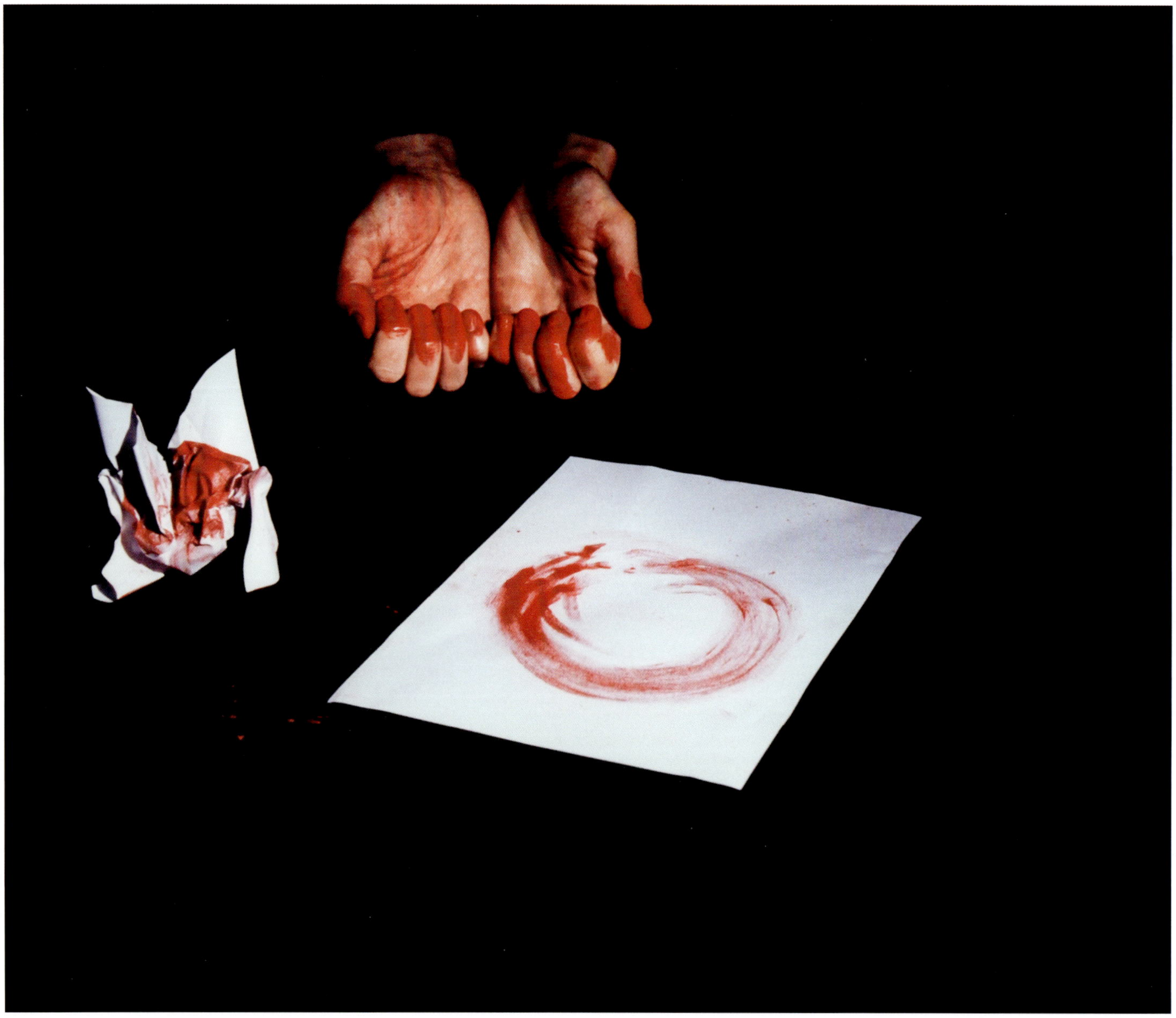

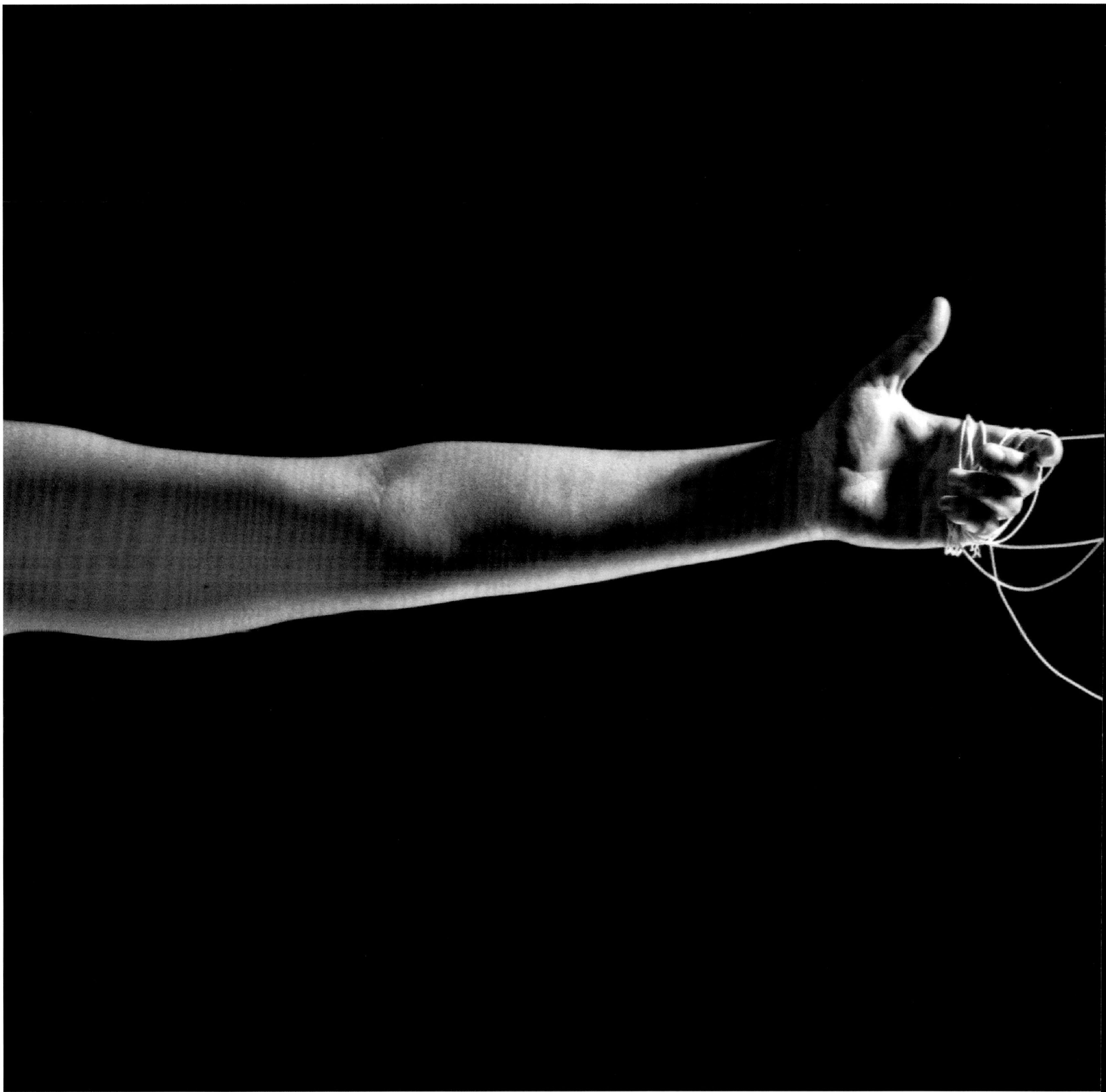

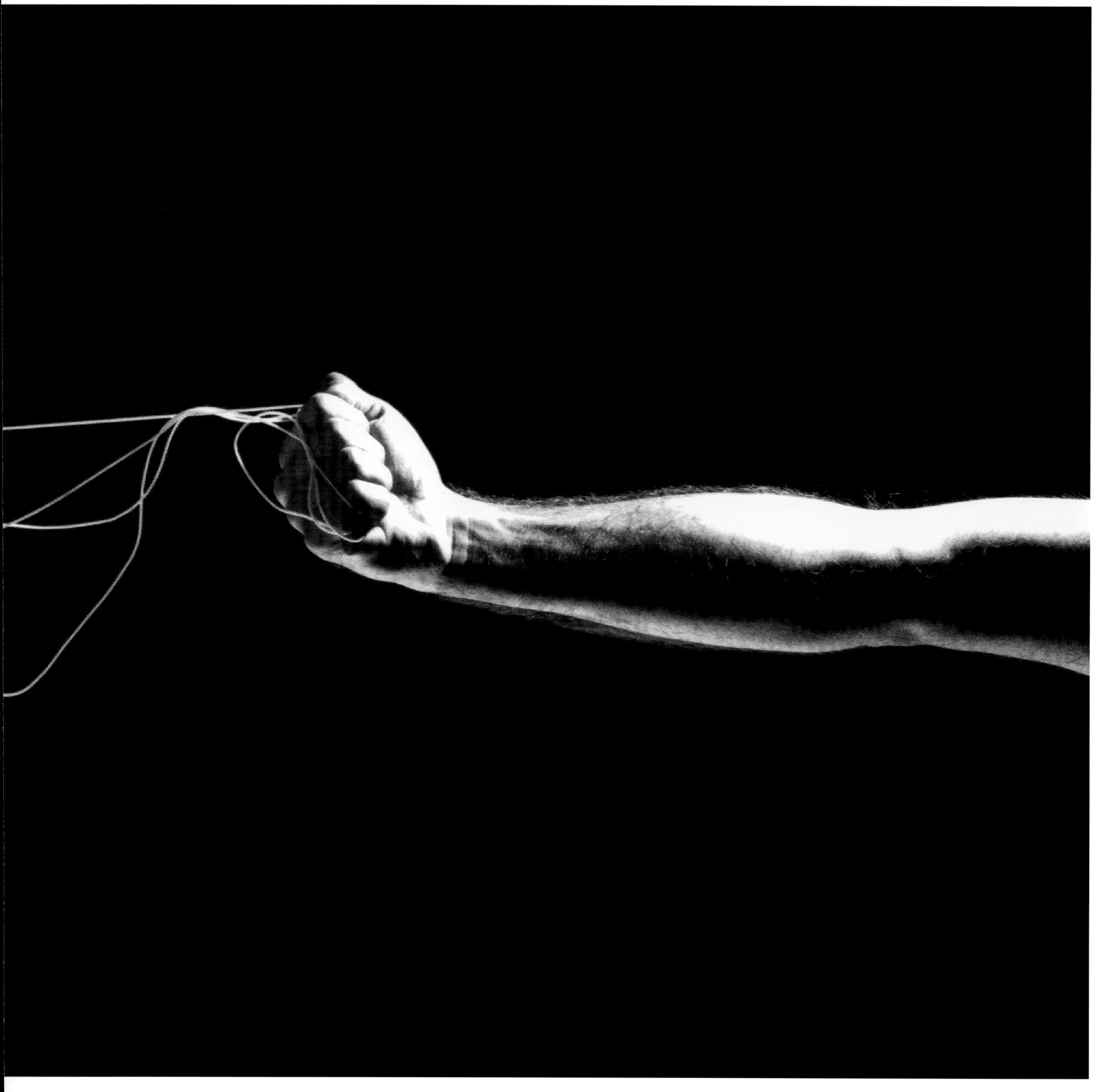

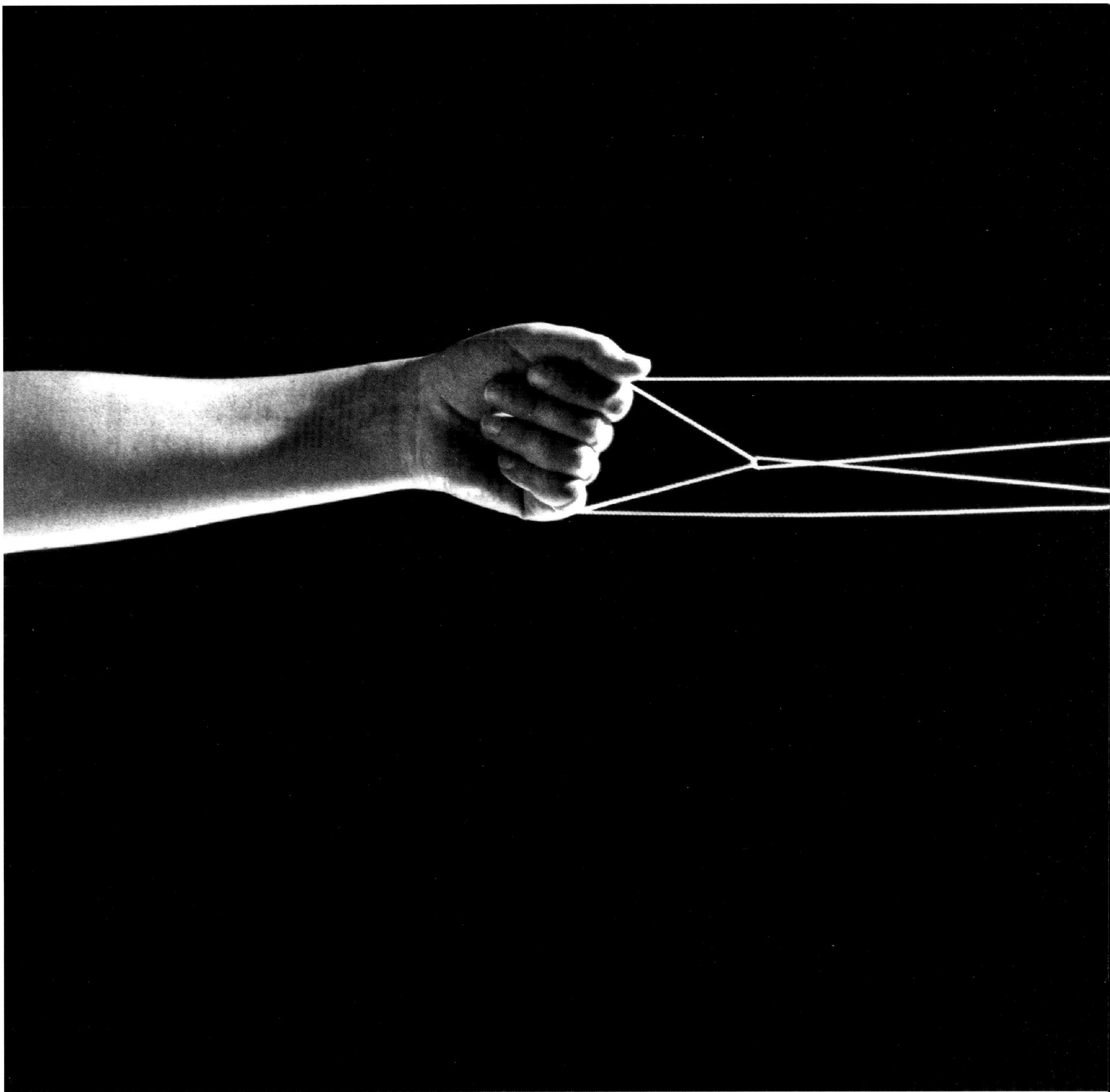

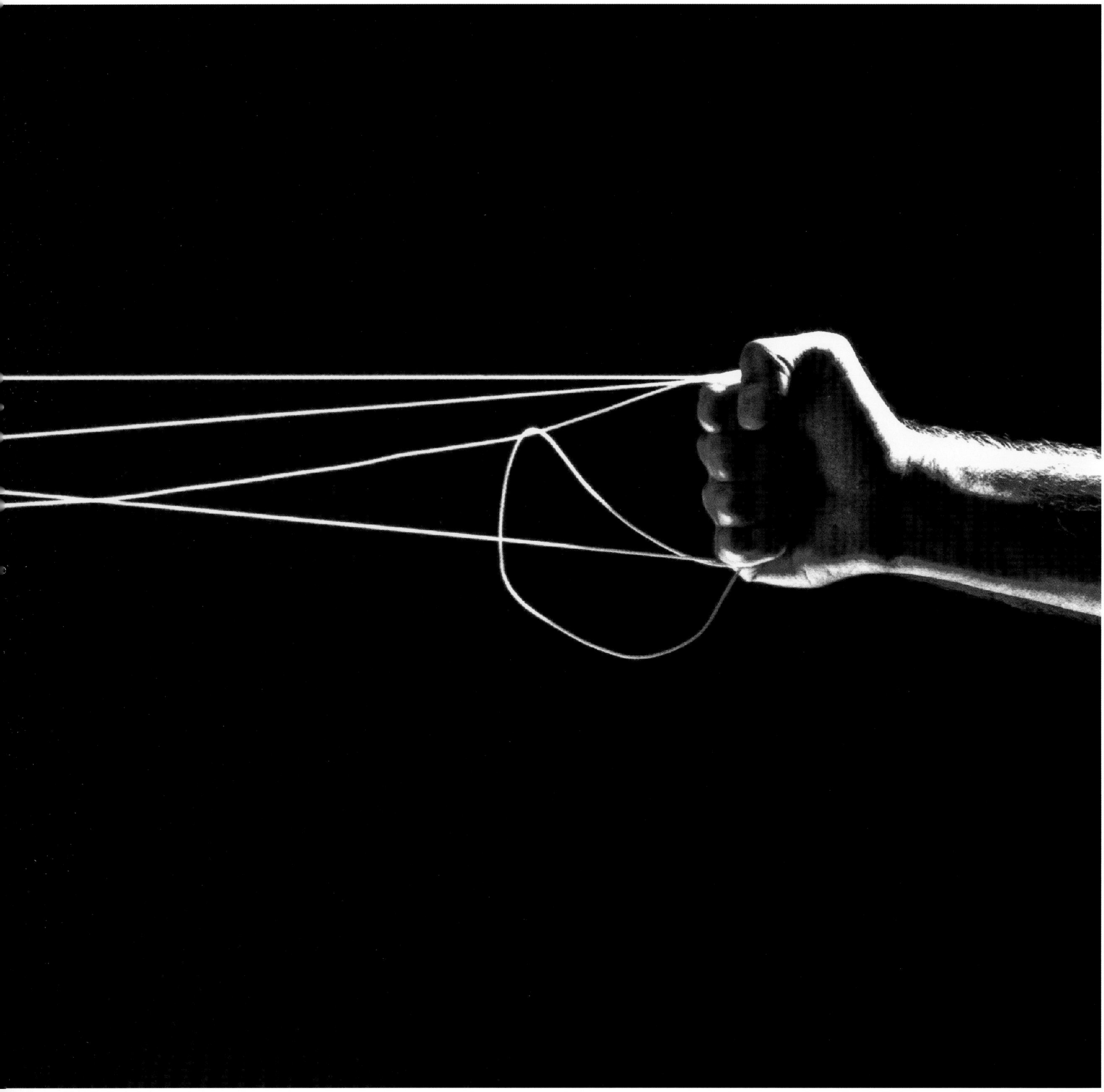

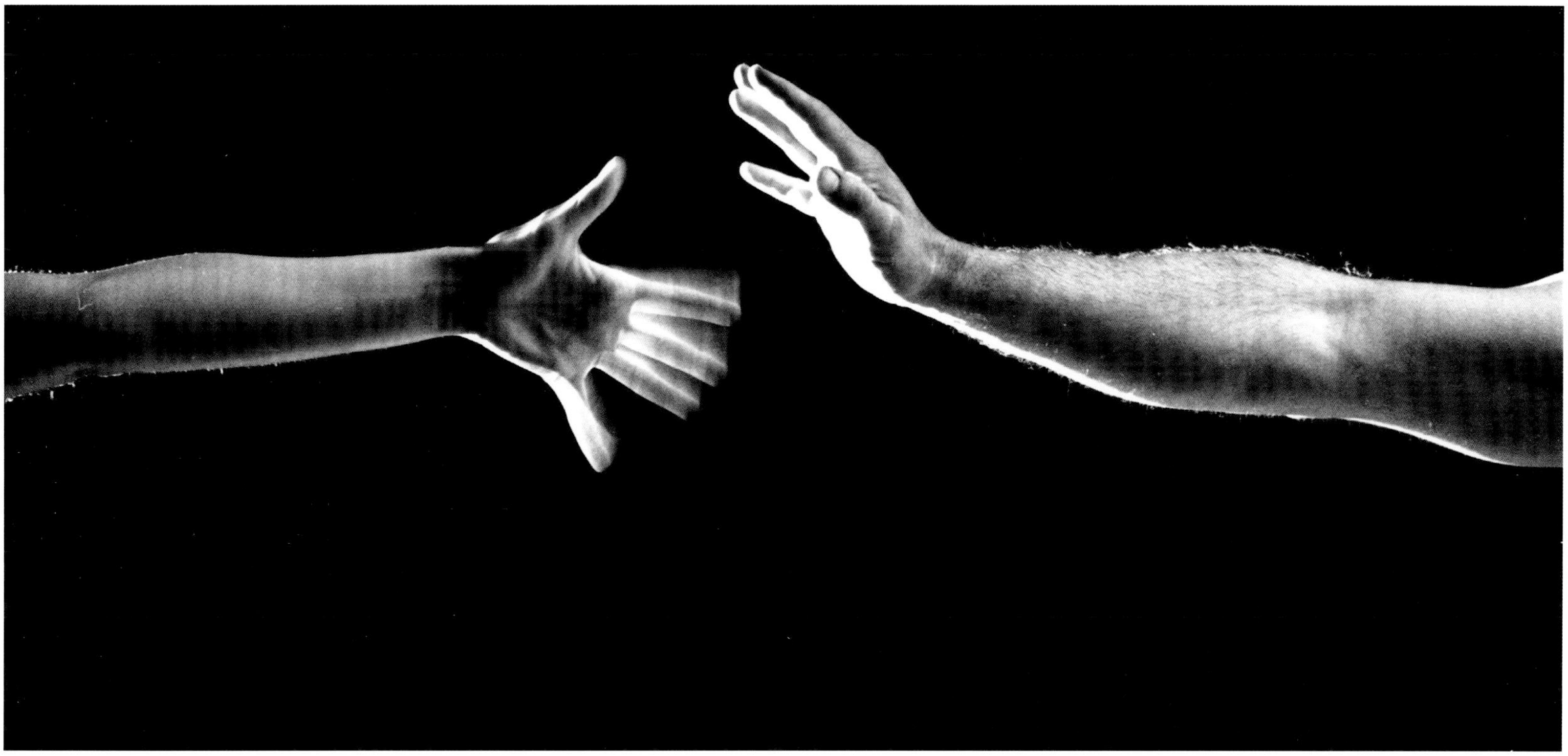

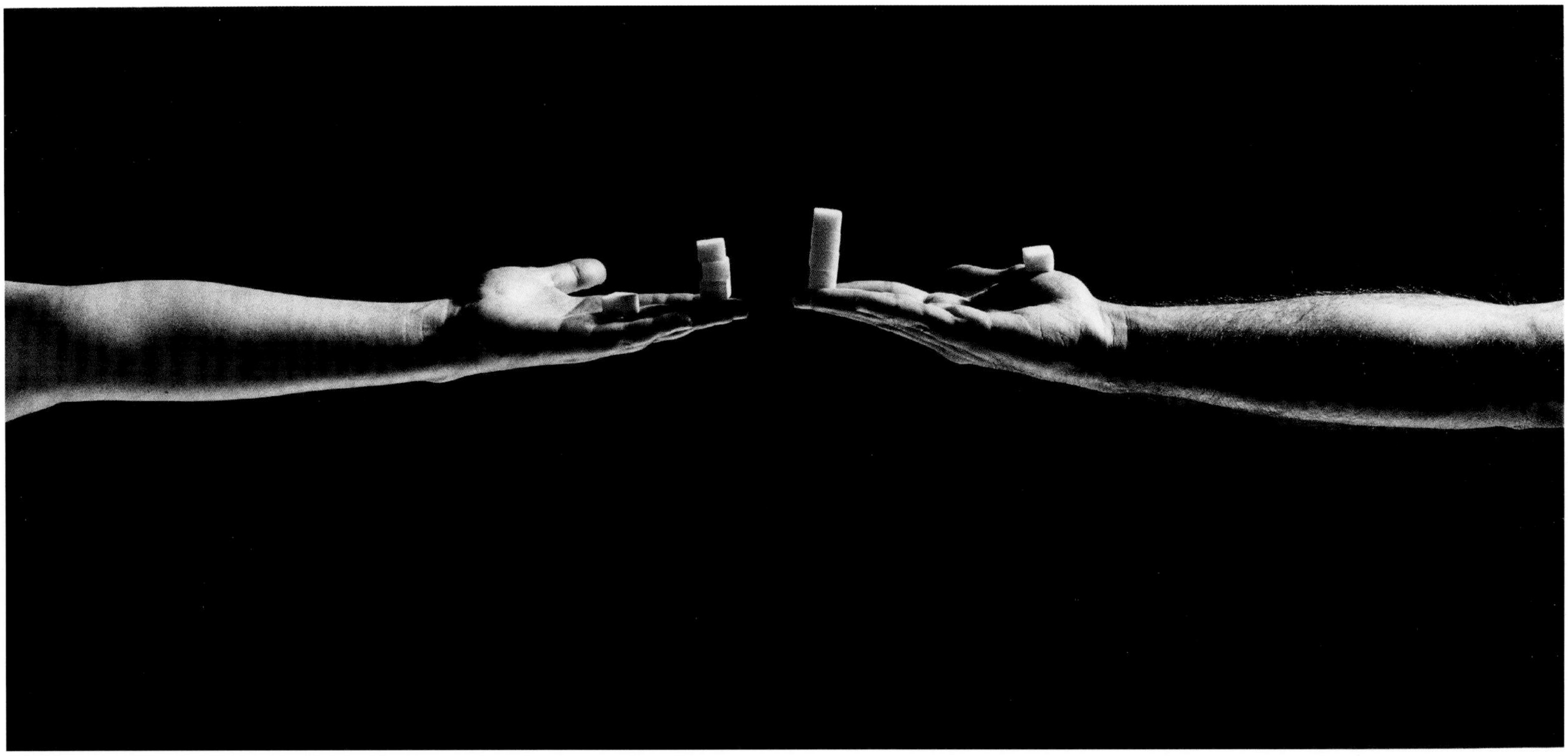

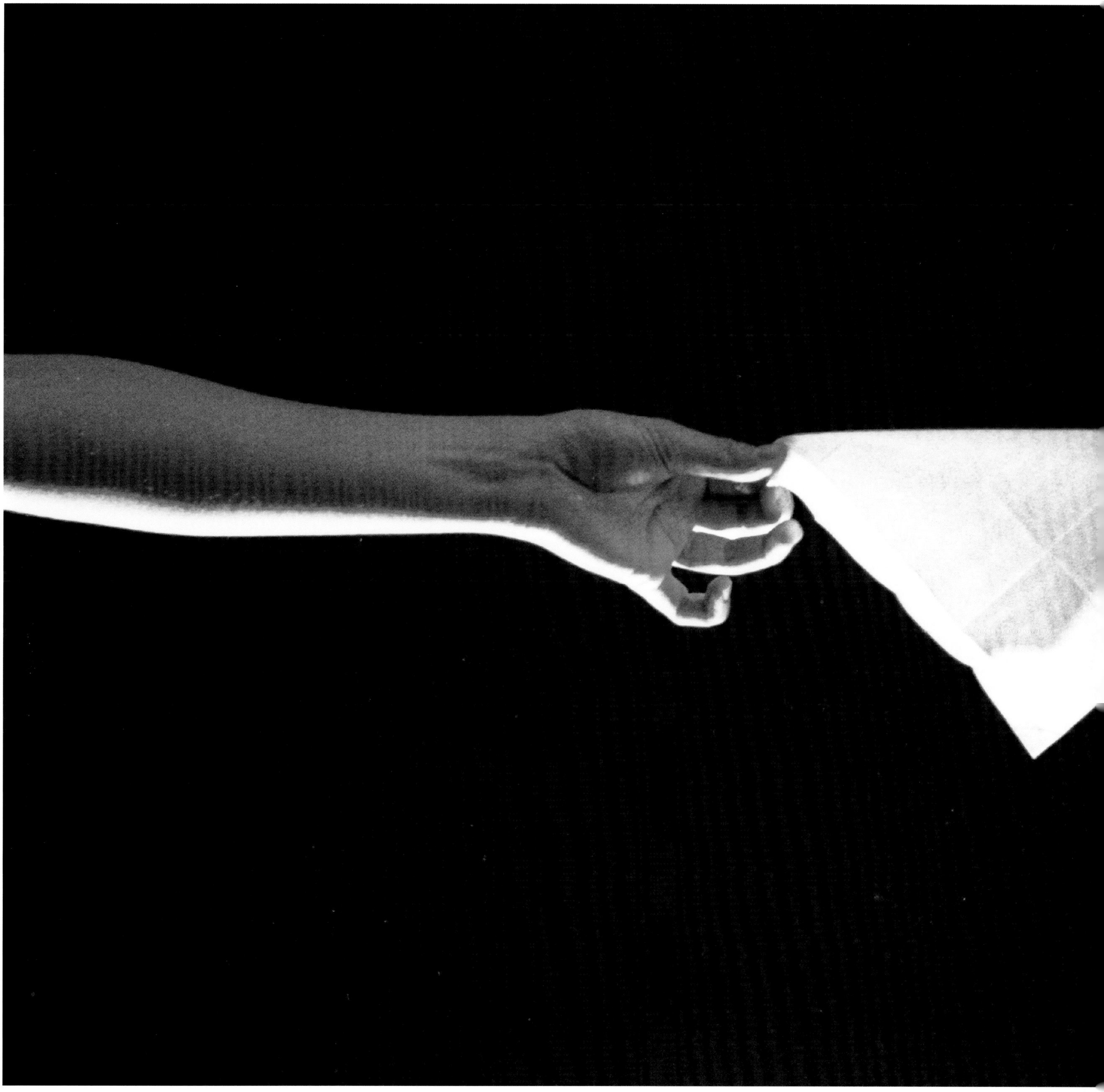

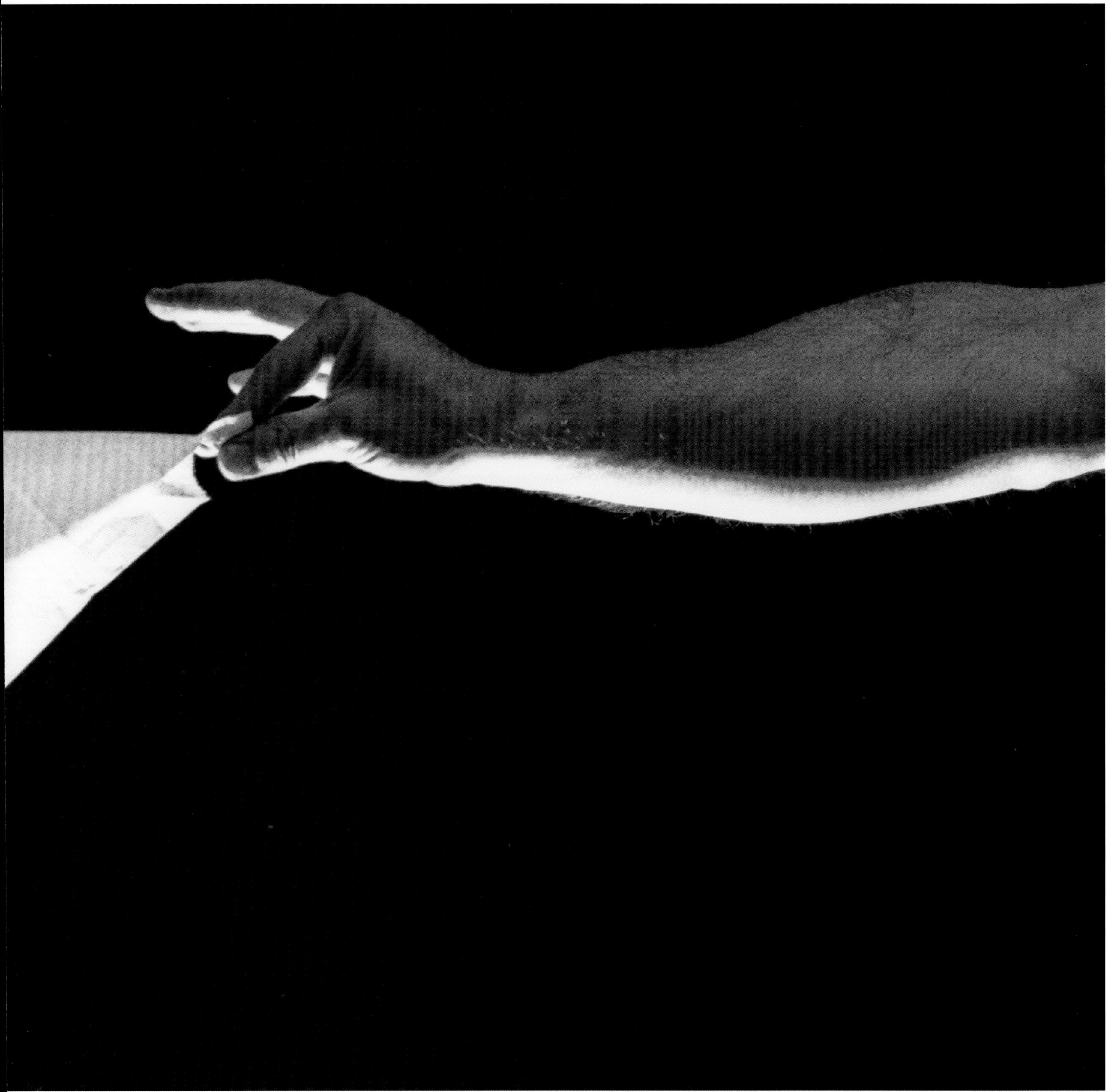

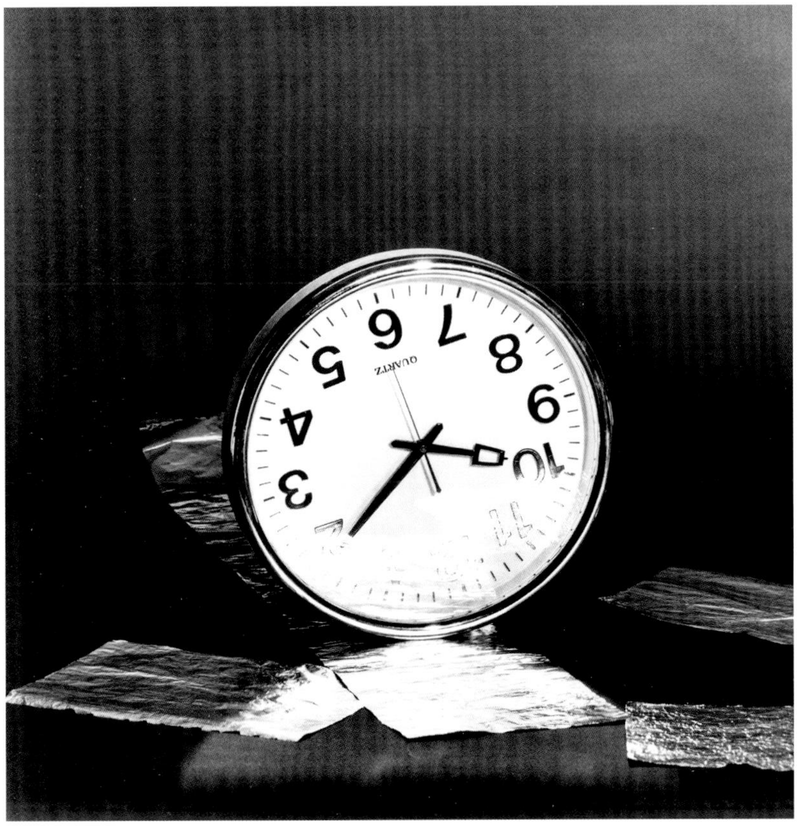

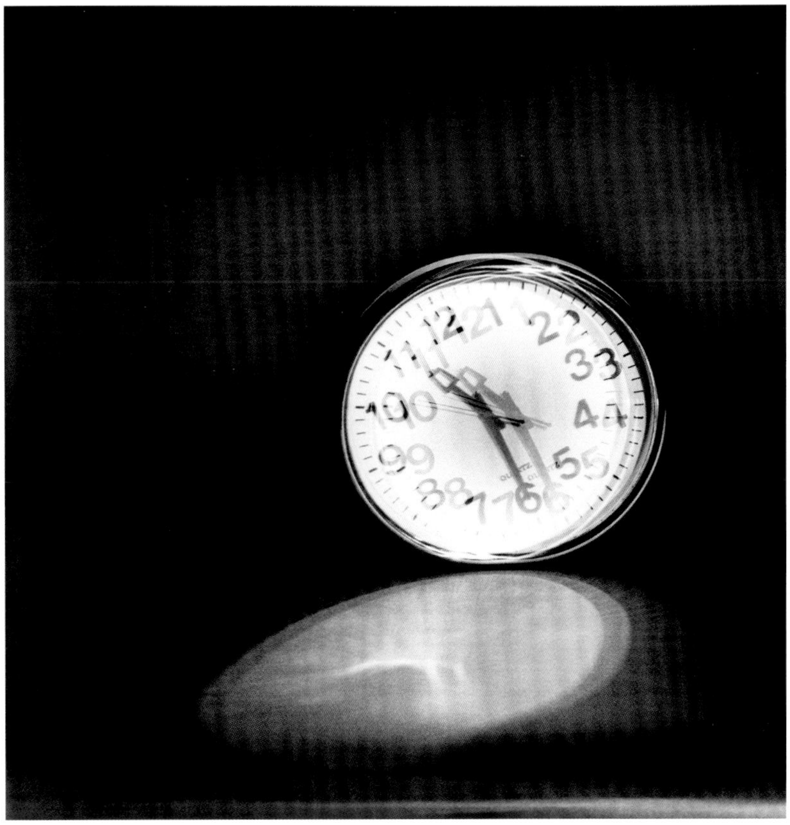

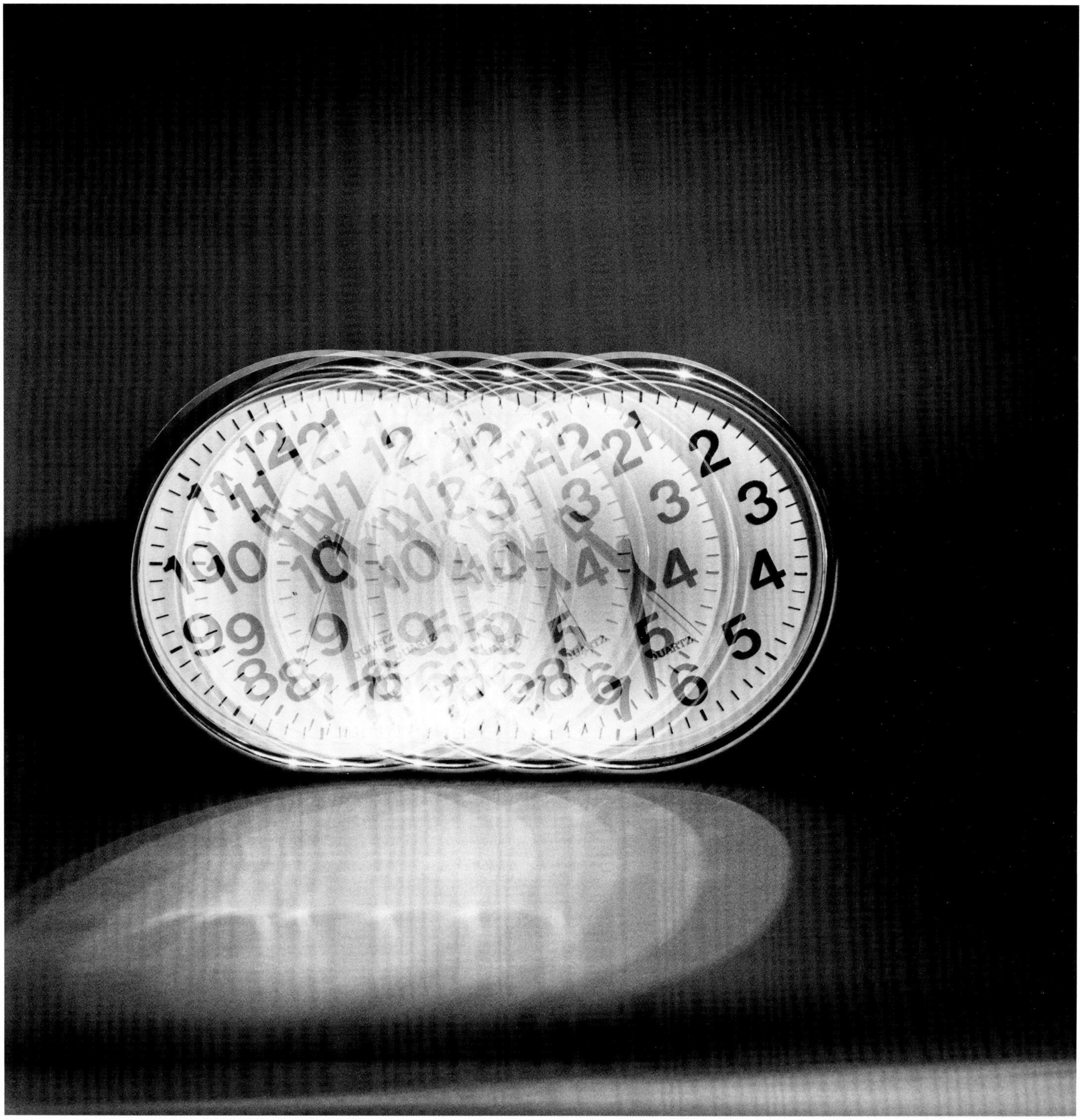

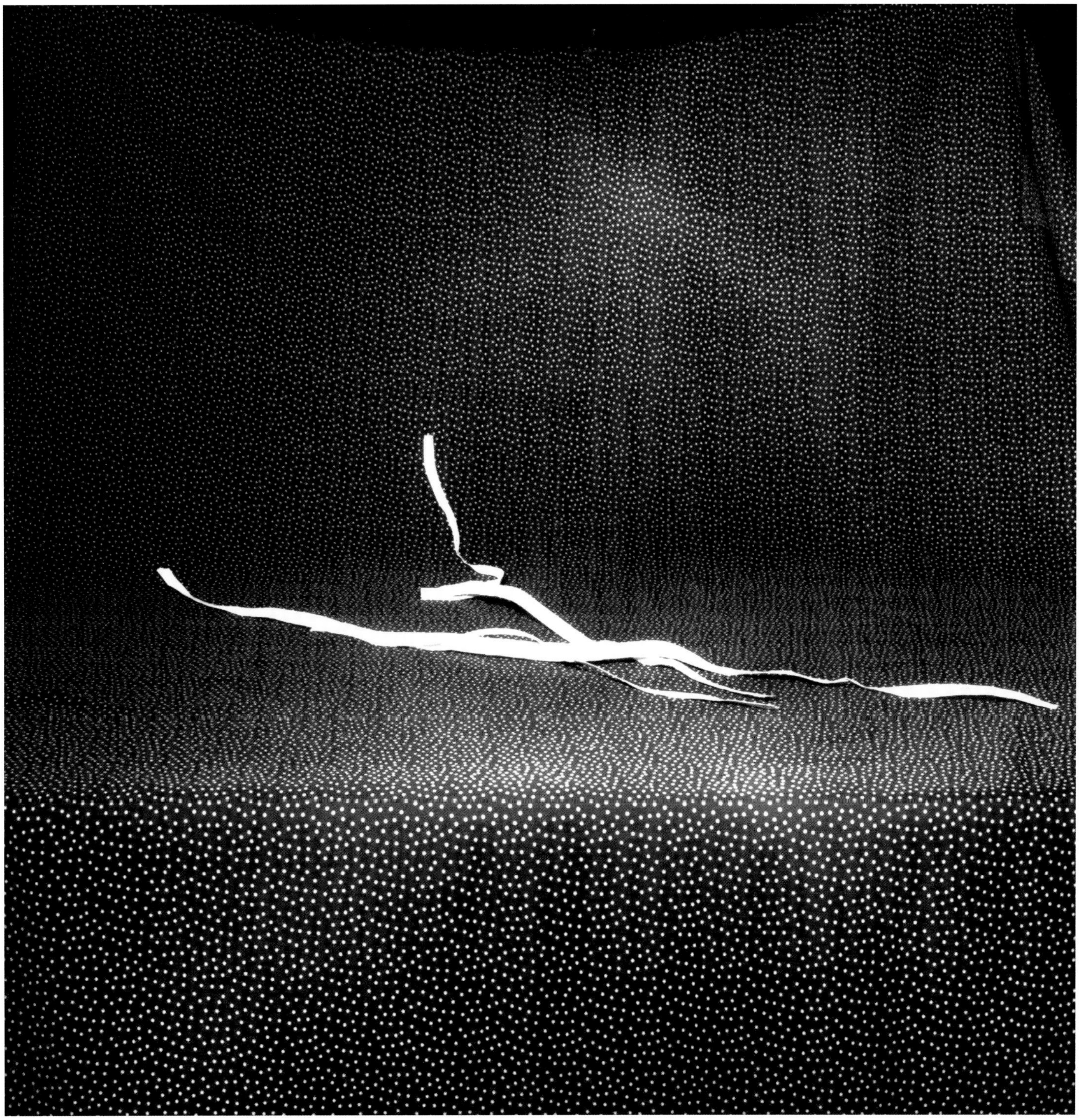

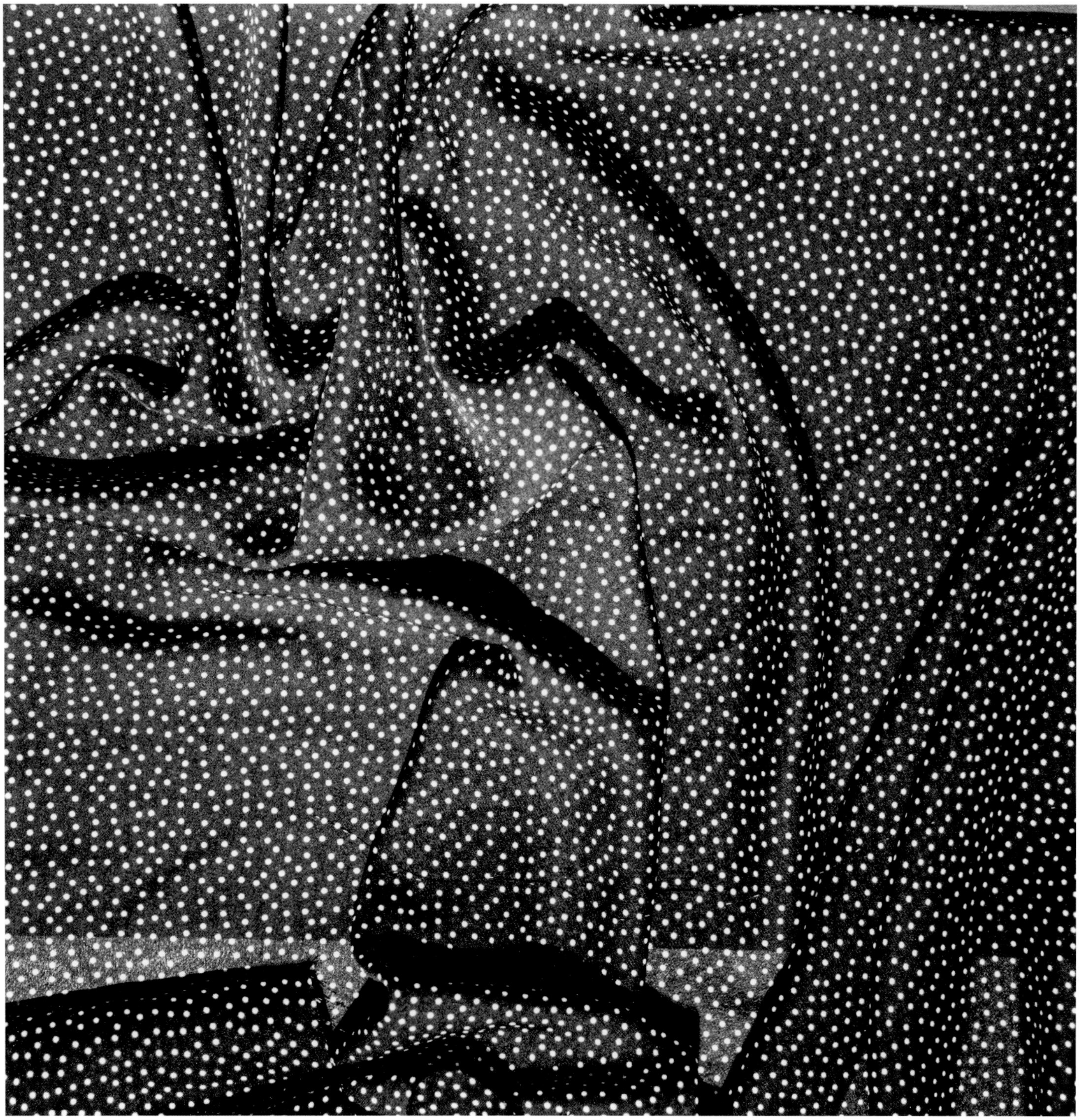

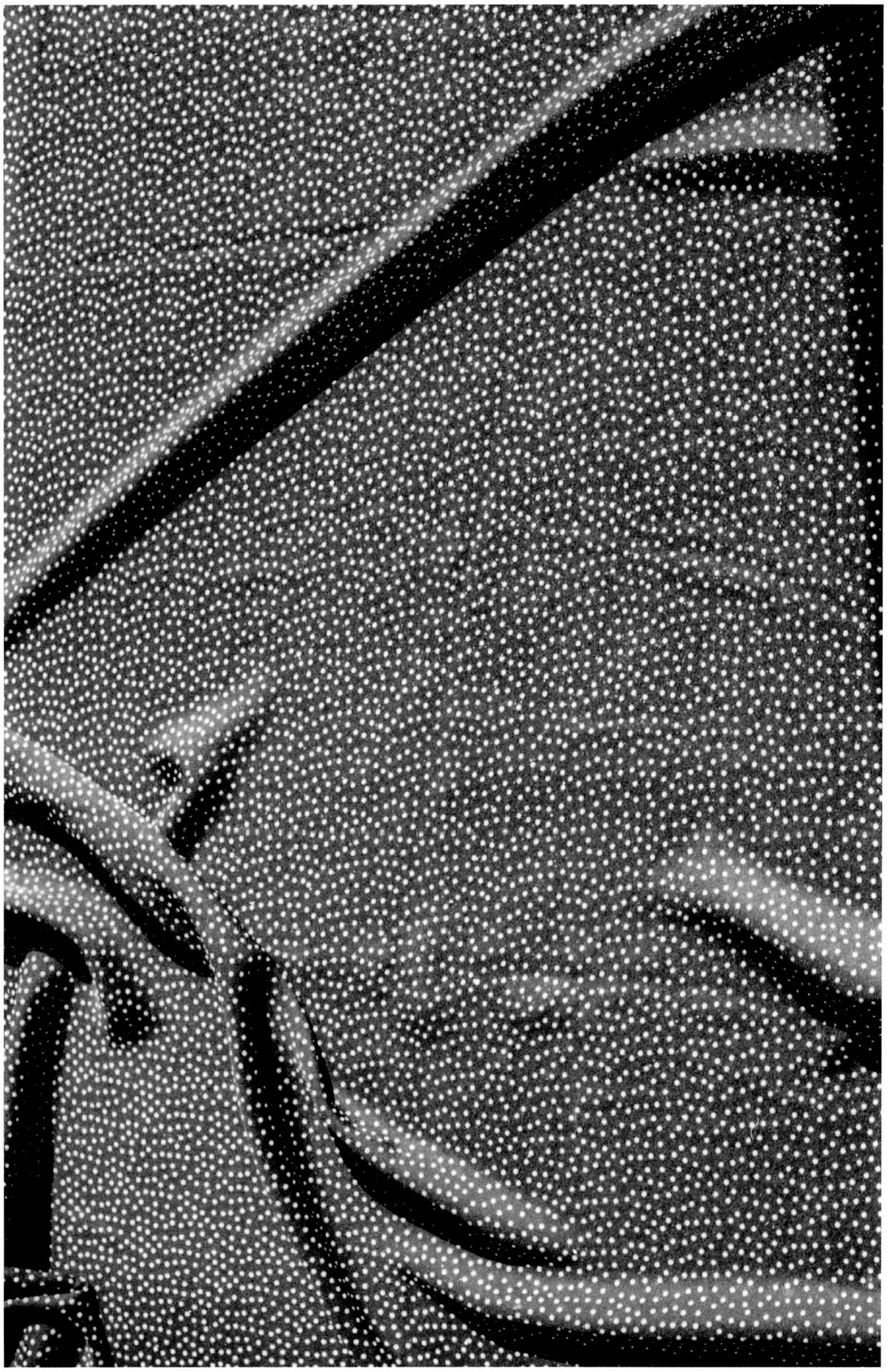

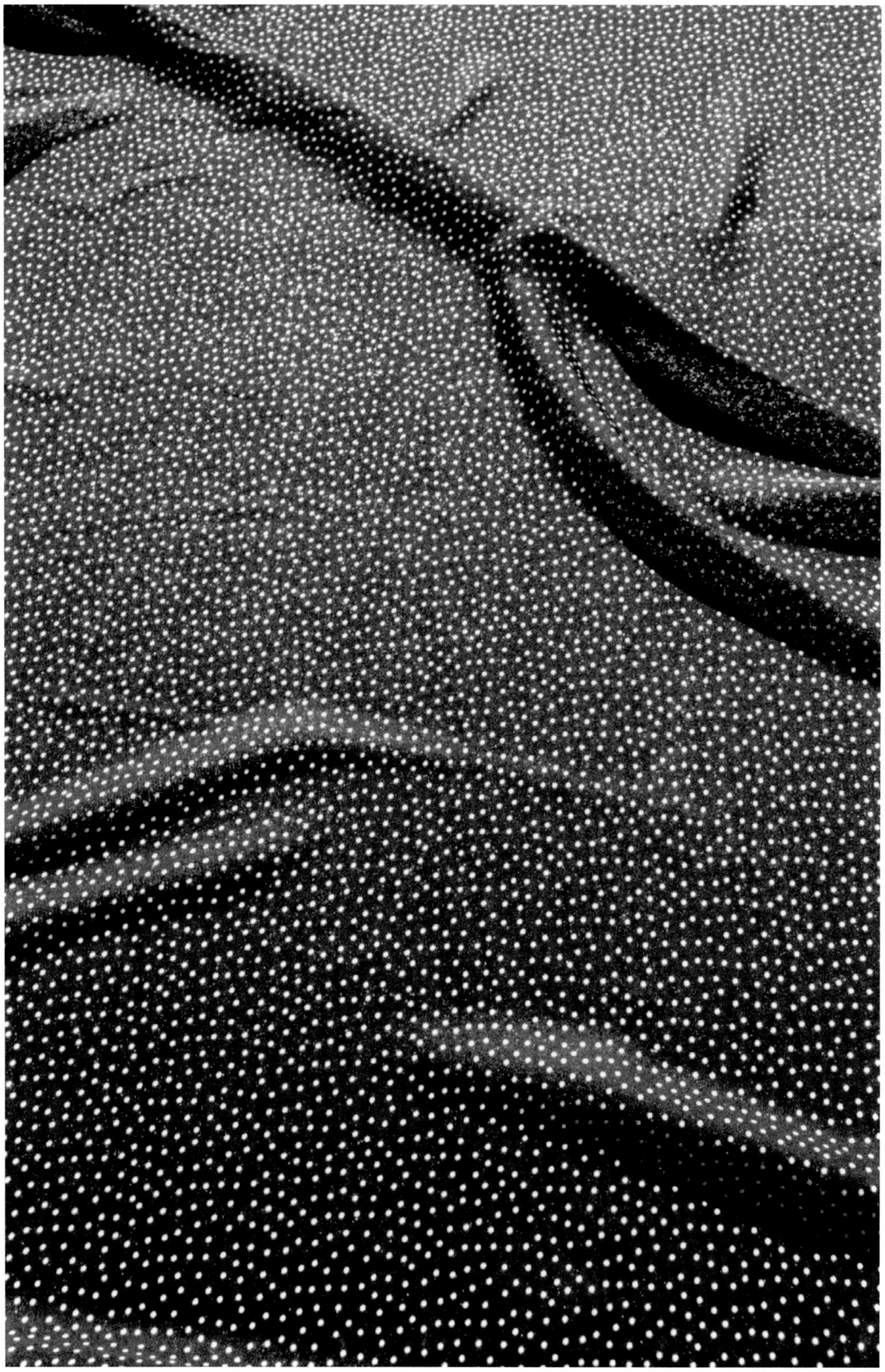

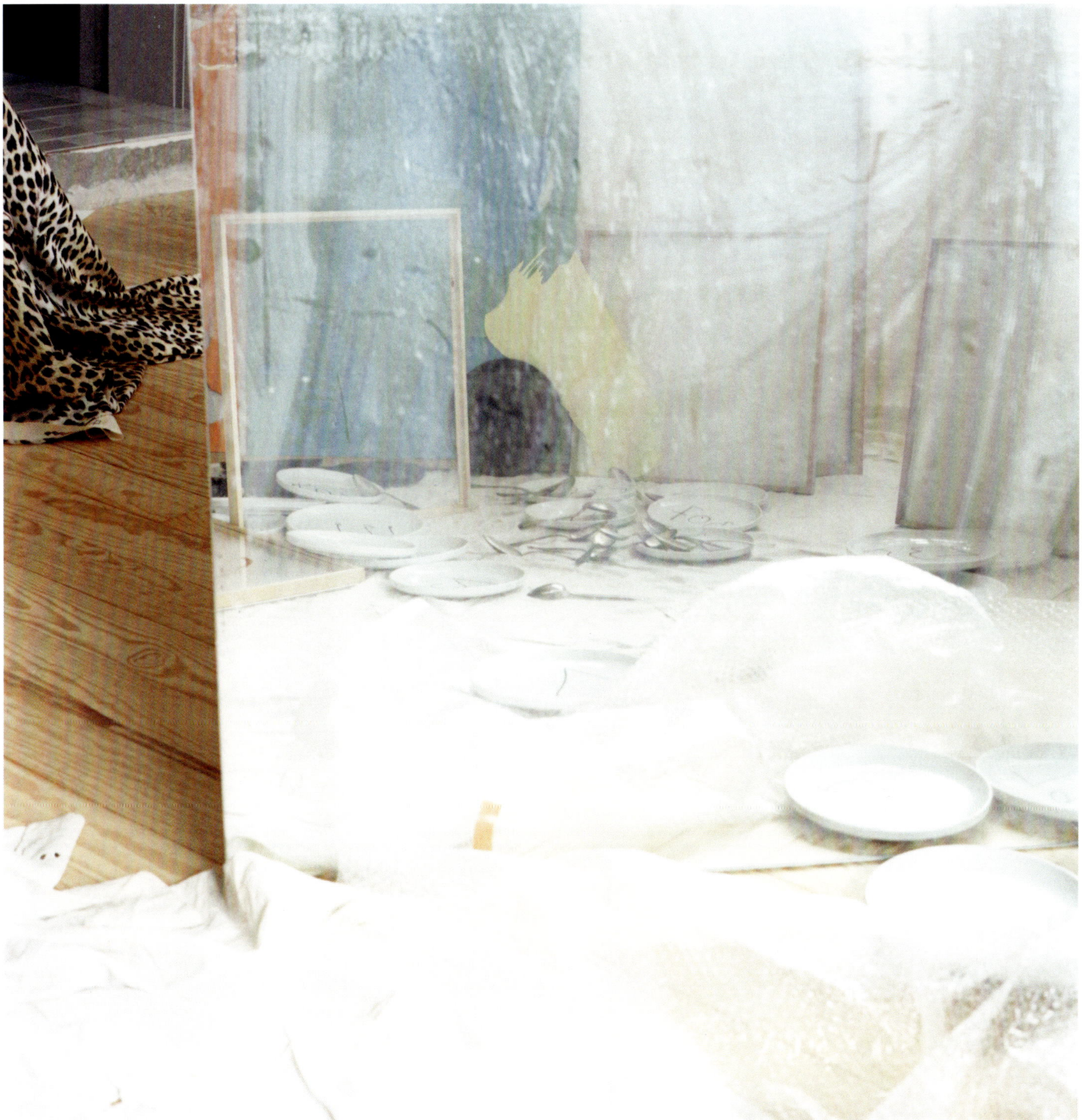

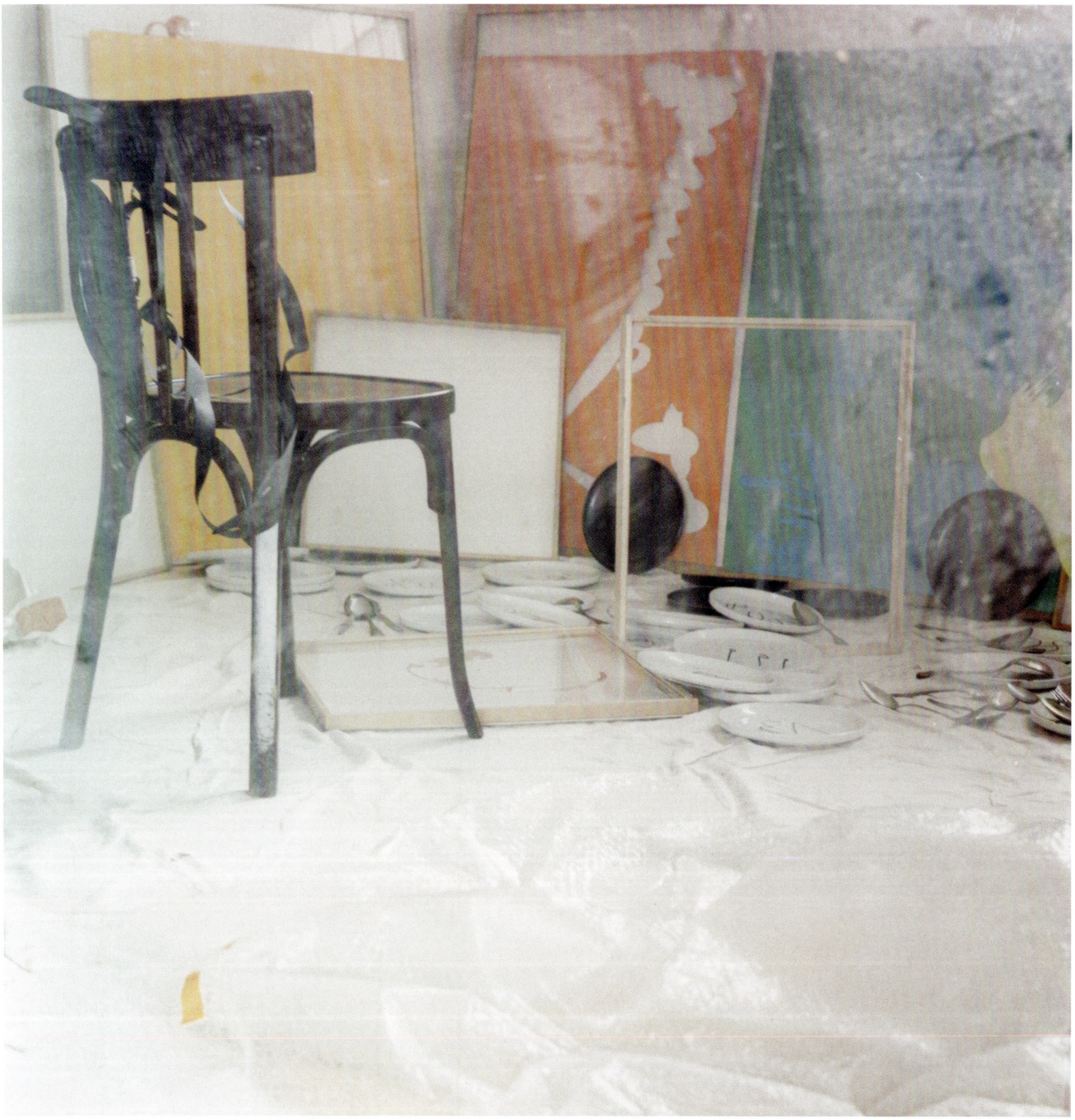

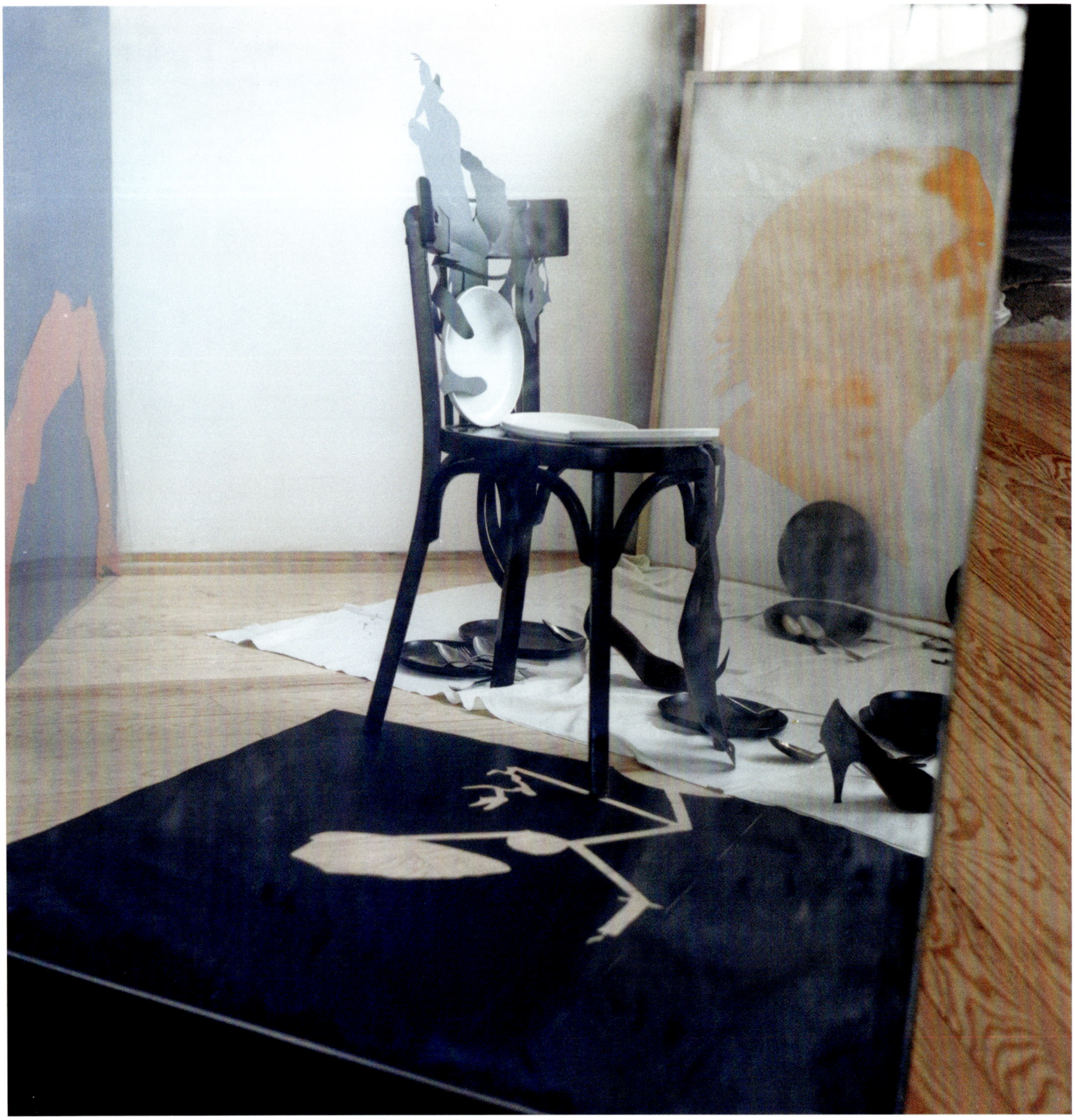

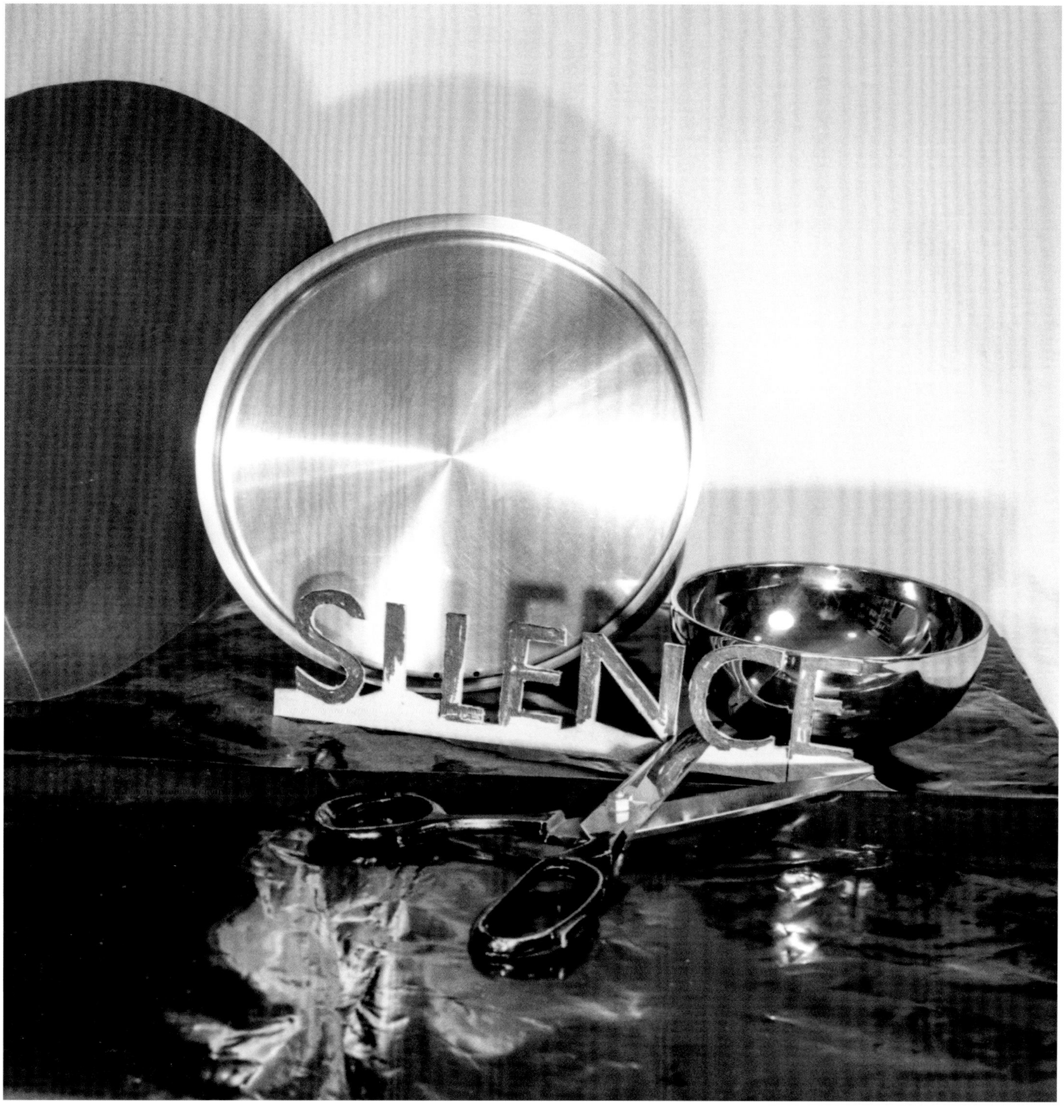
SILENCE

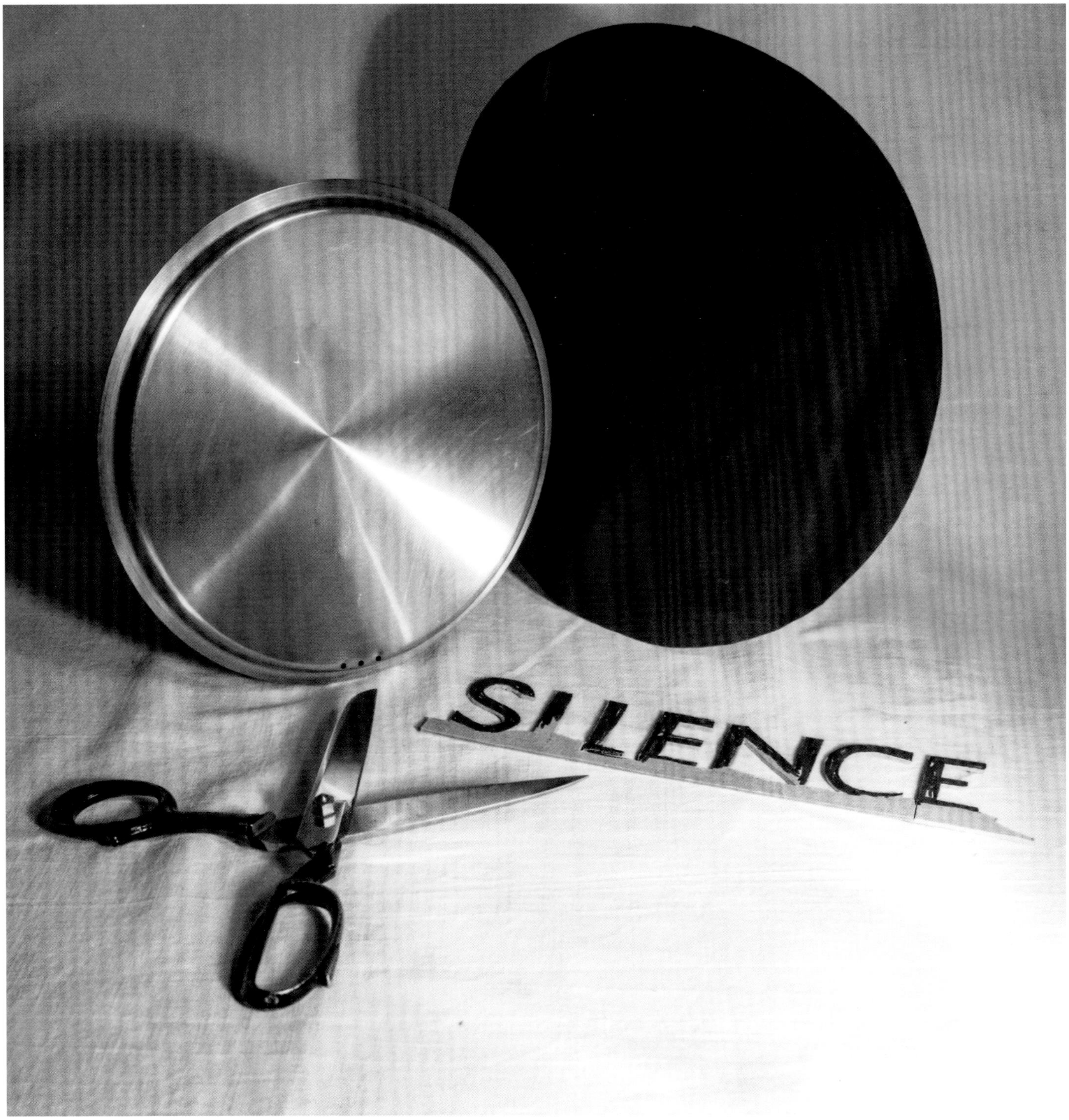
SILENCE

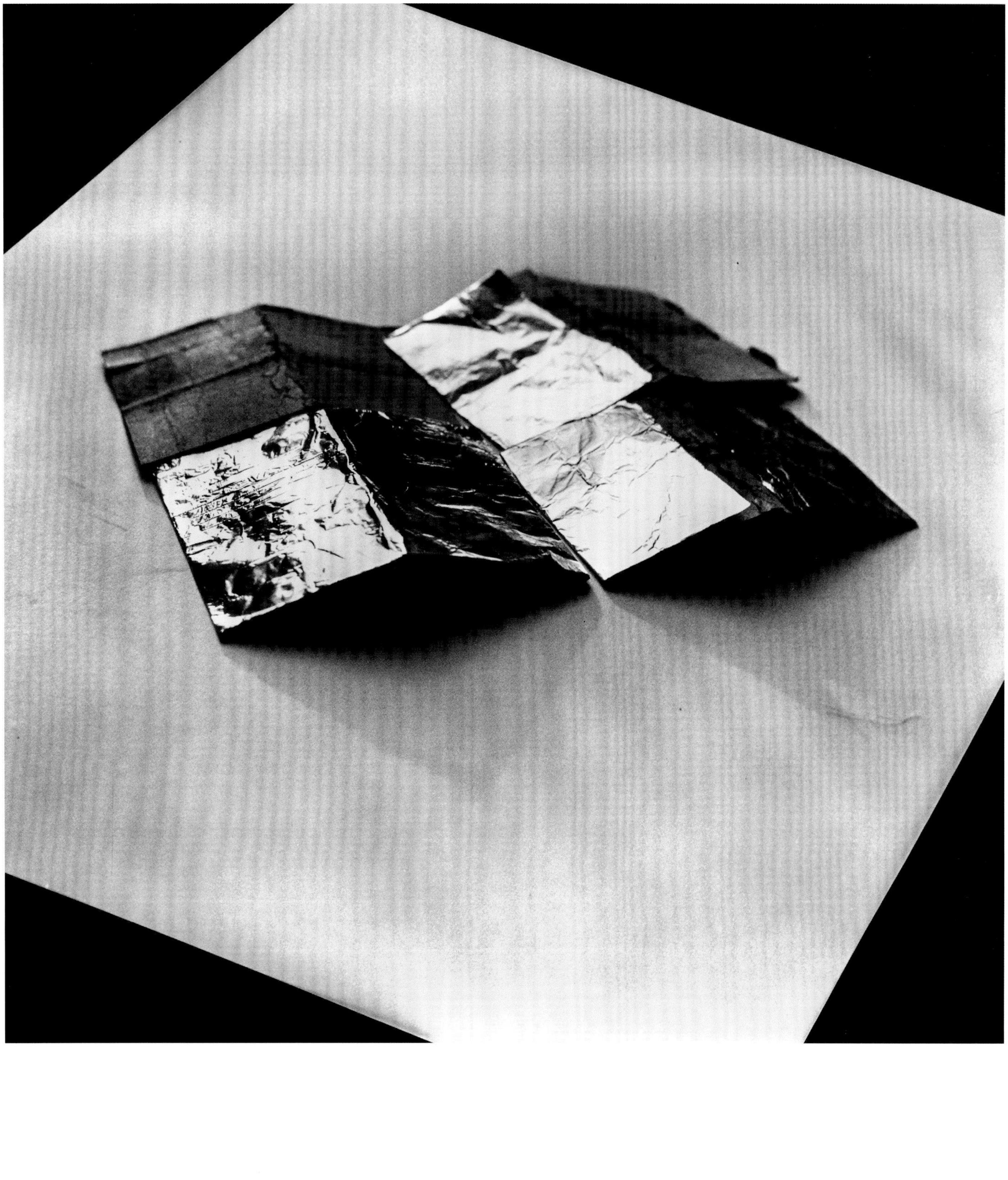

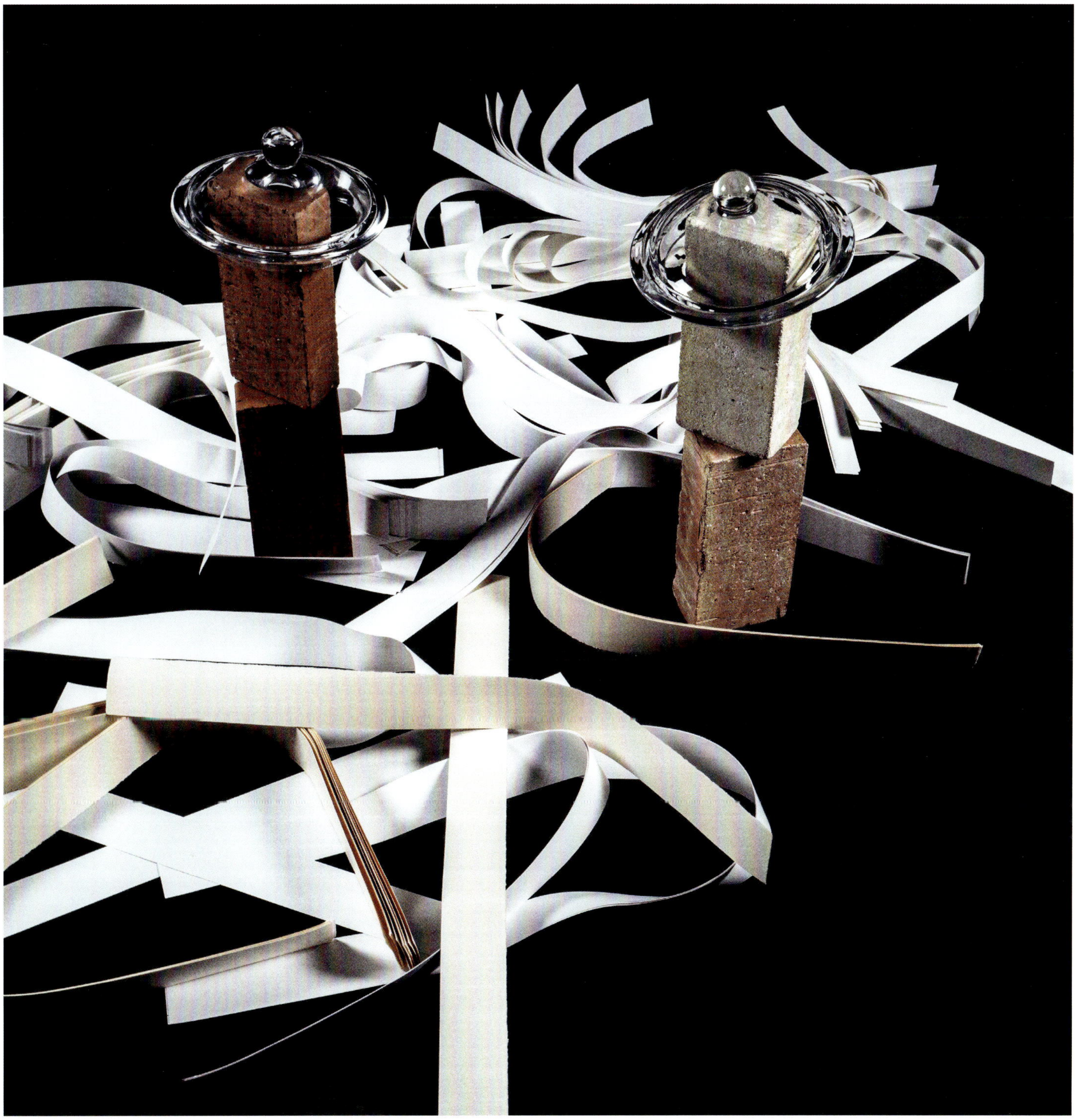

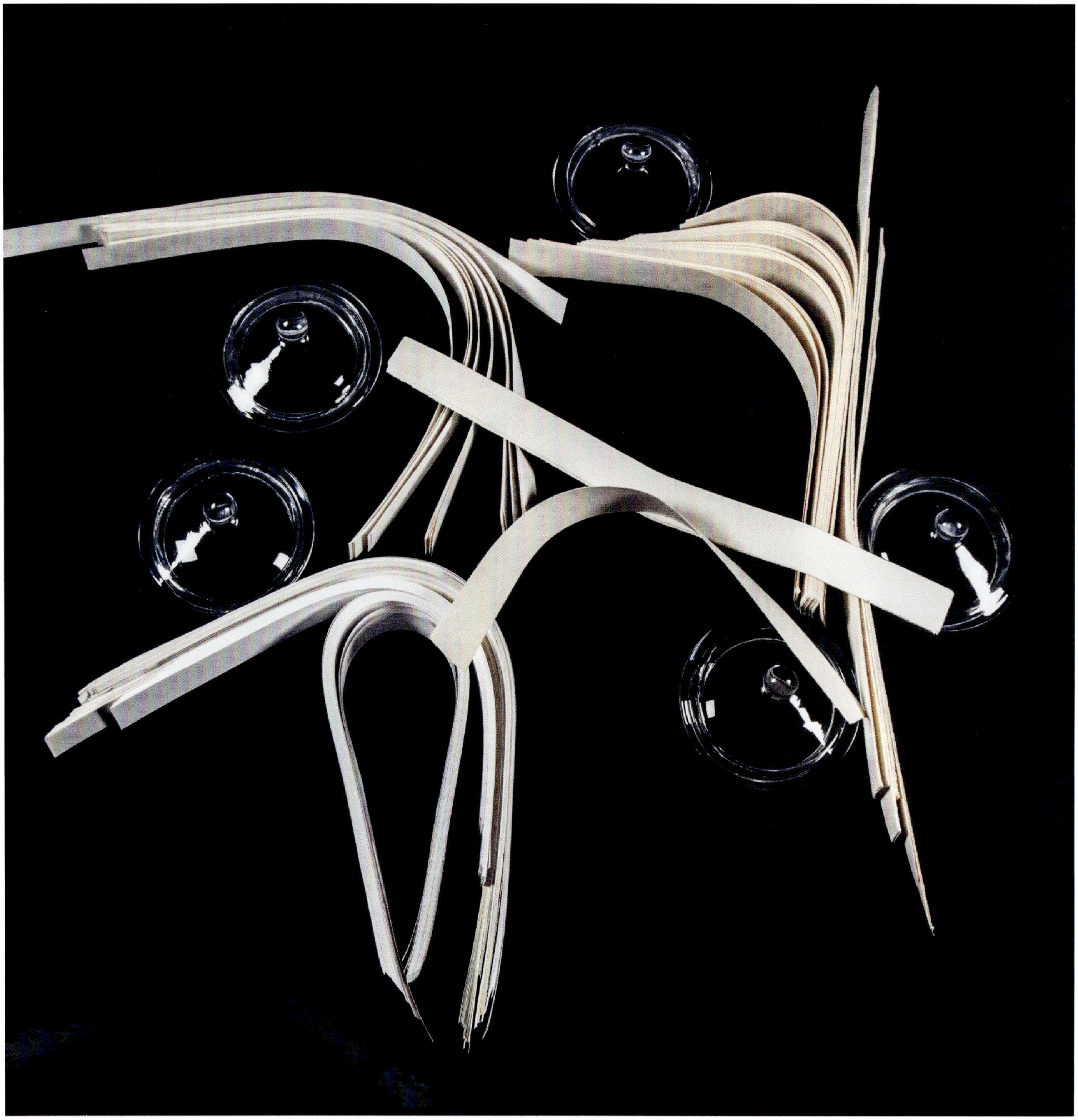

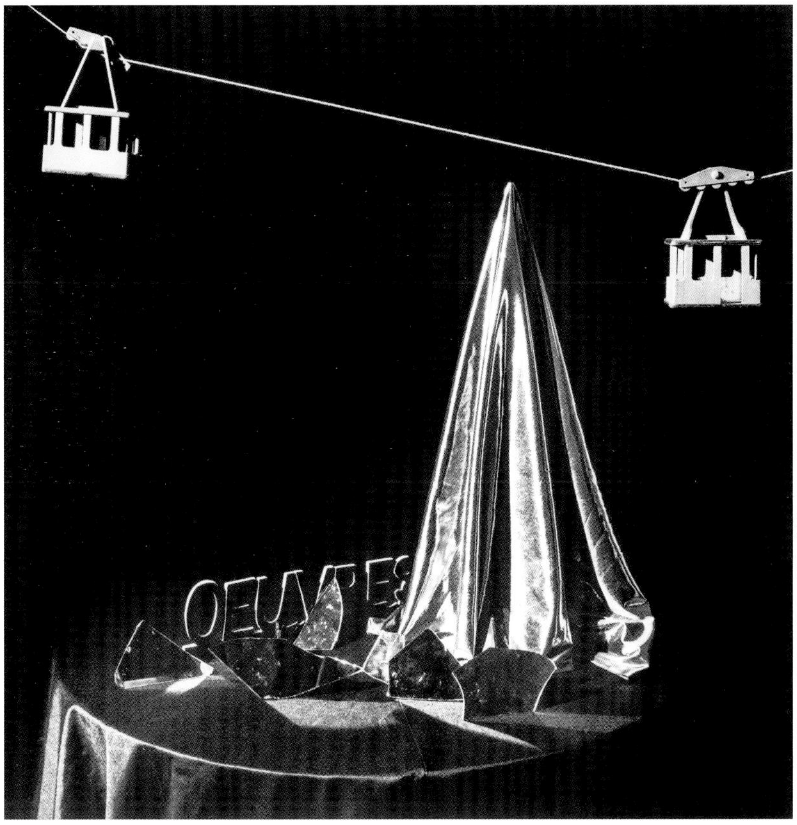

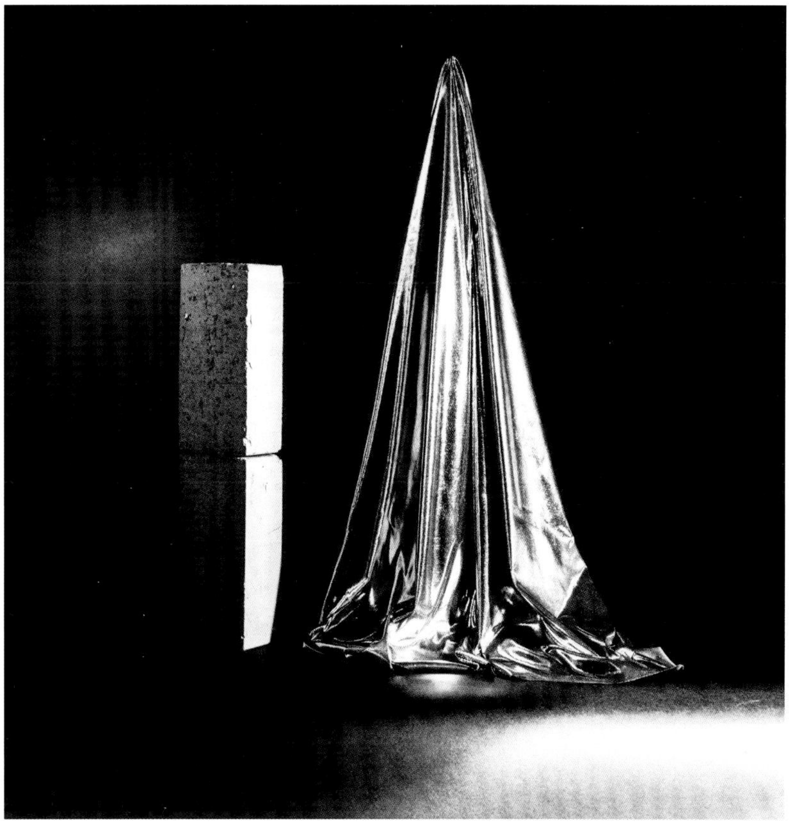

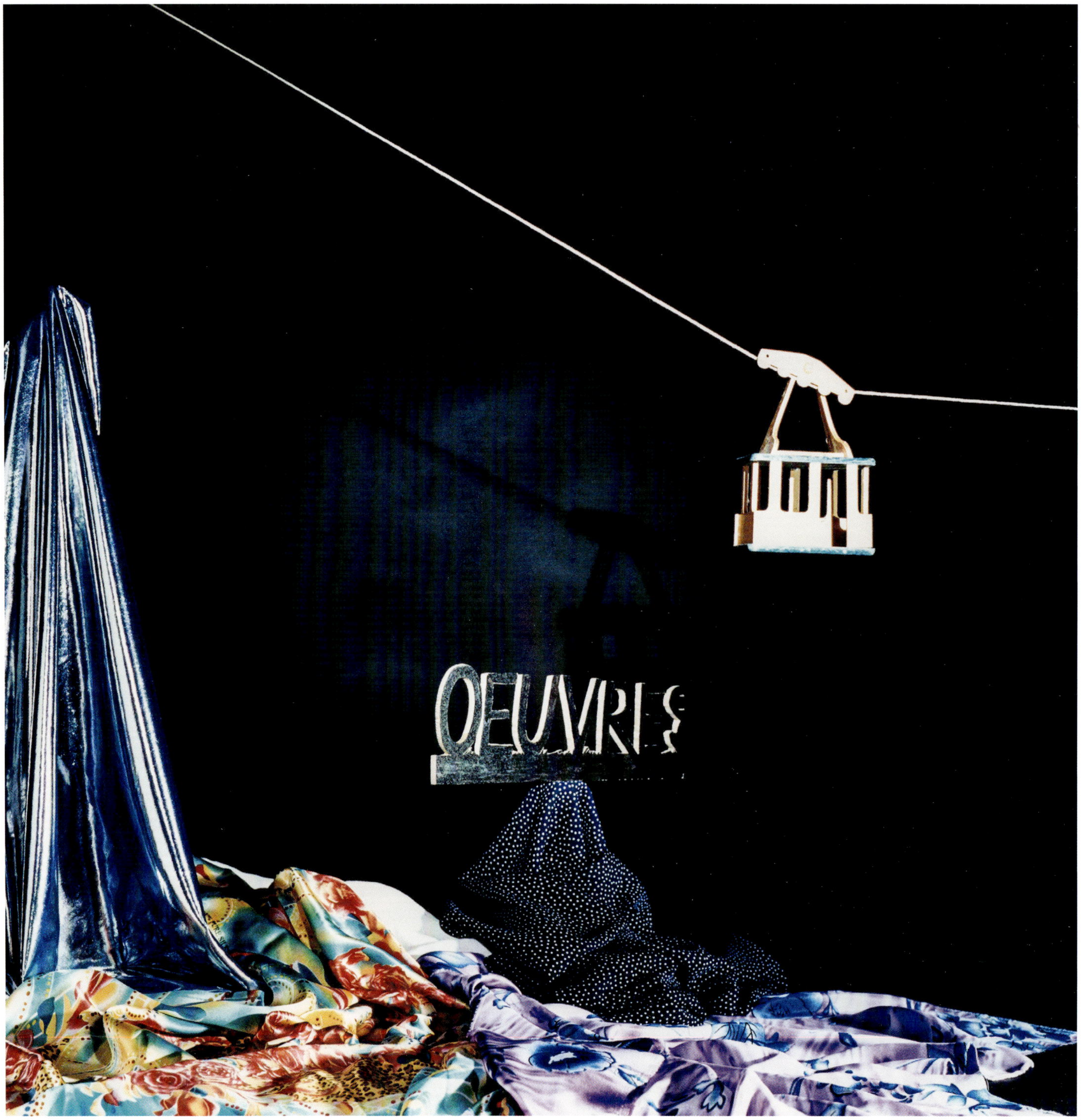
OEUVRES

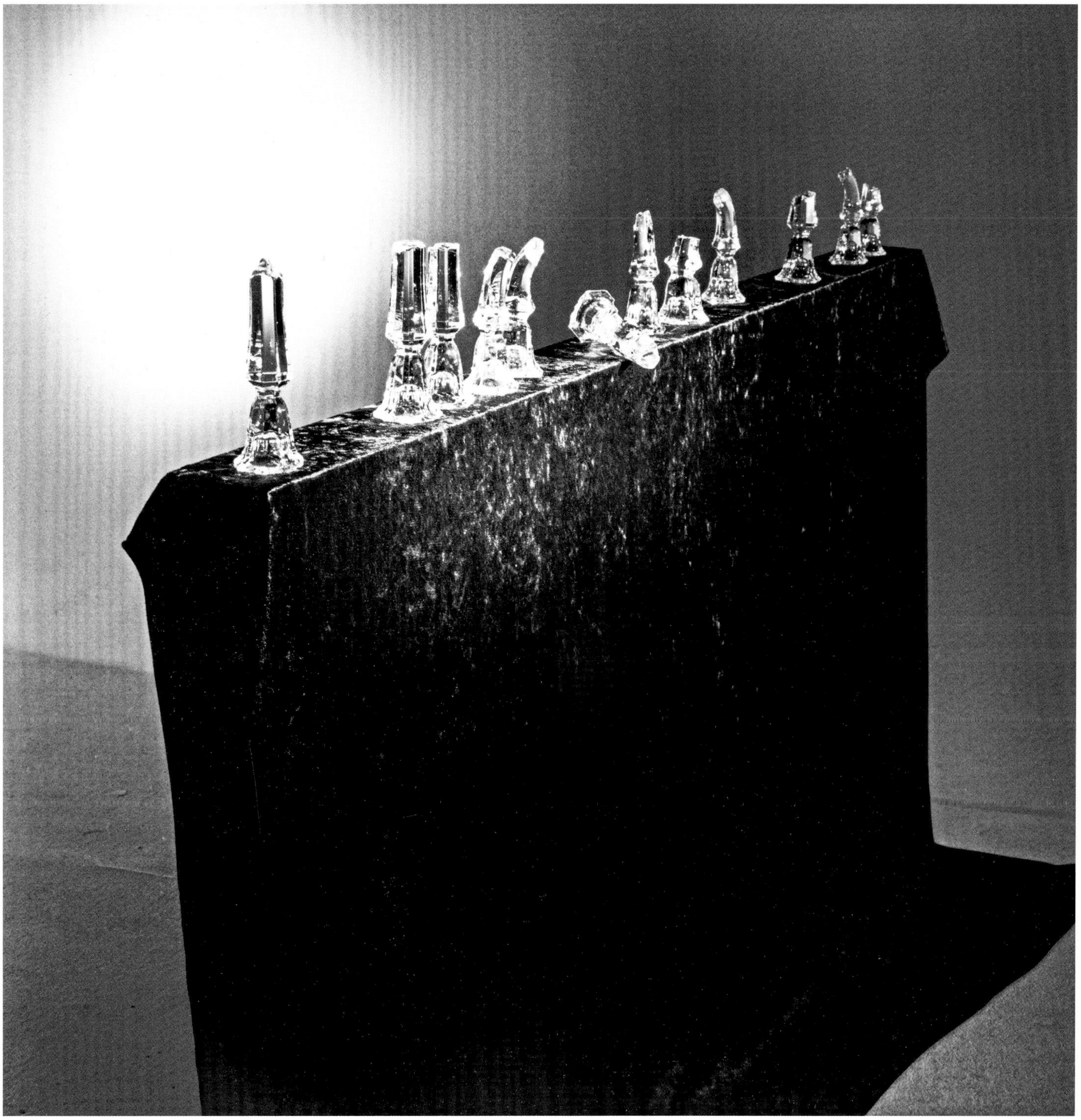

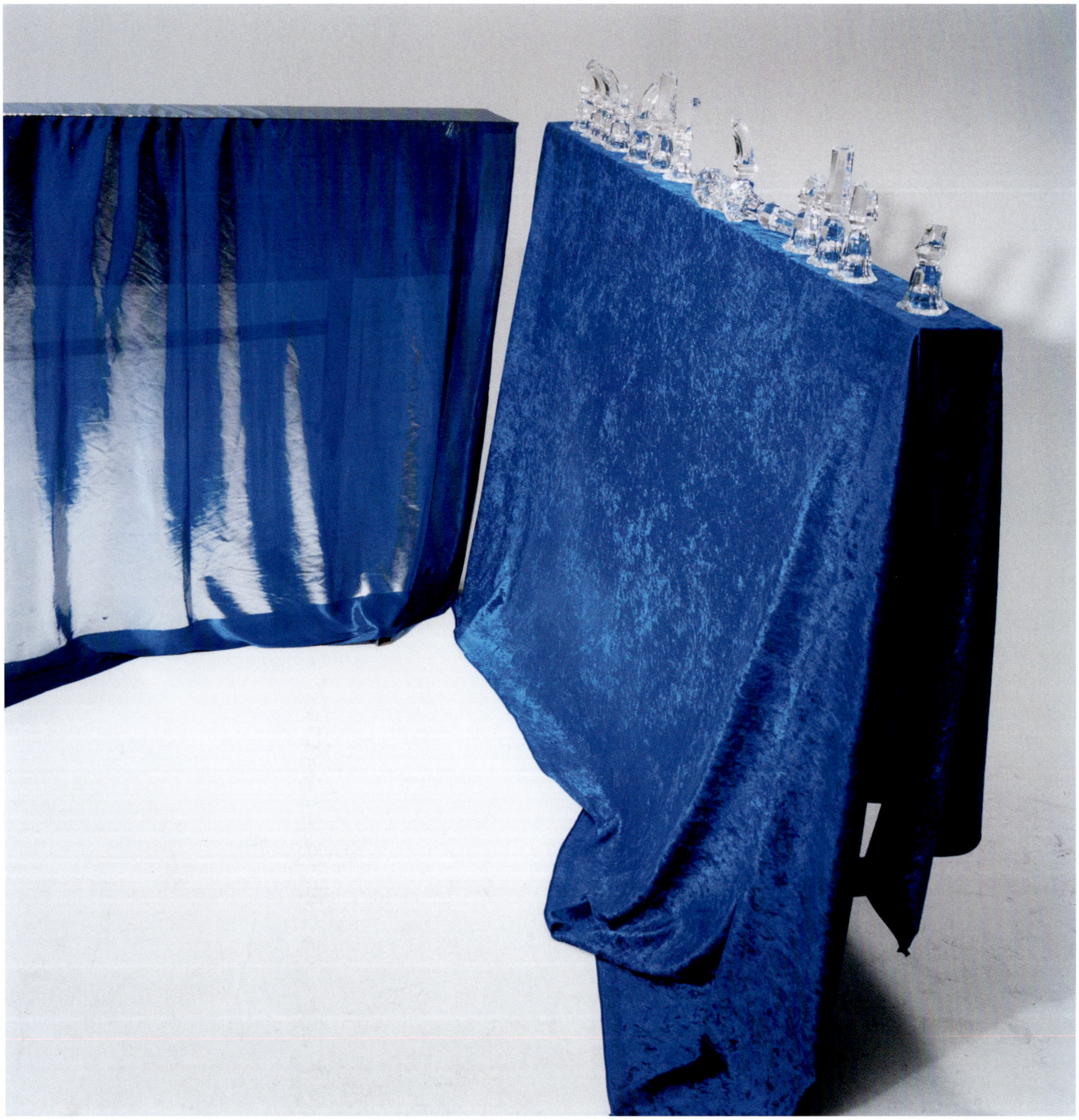

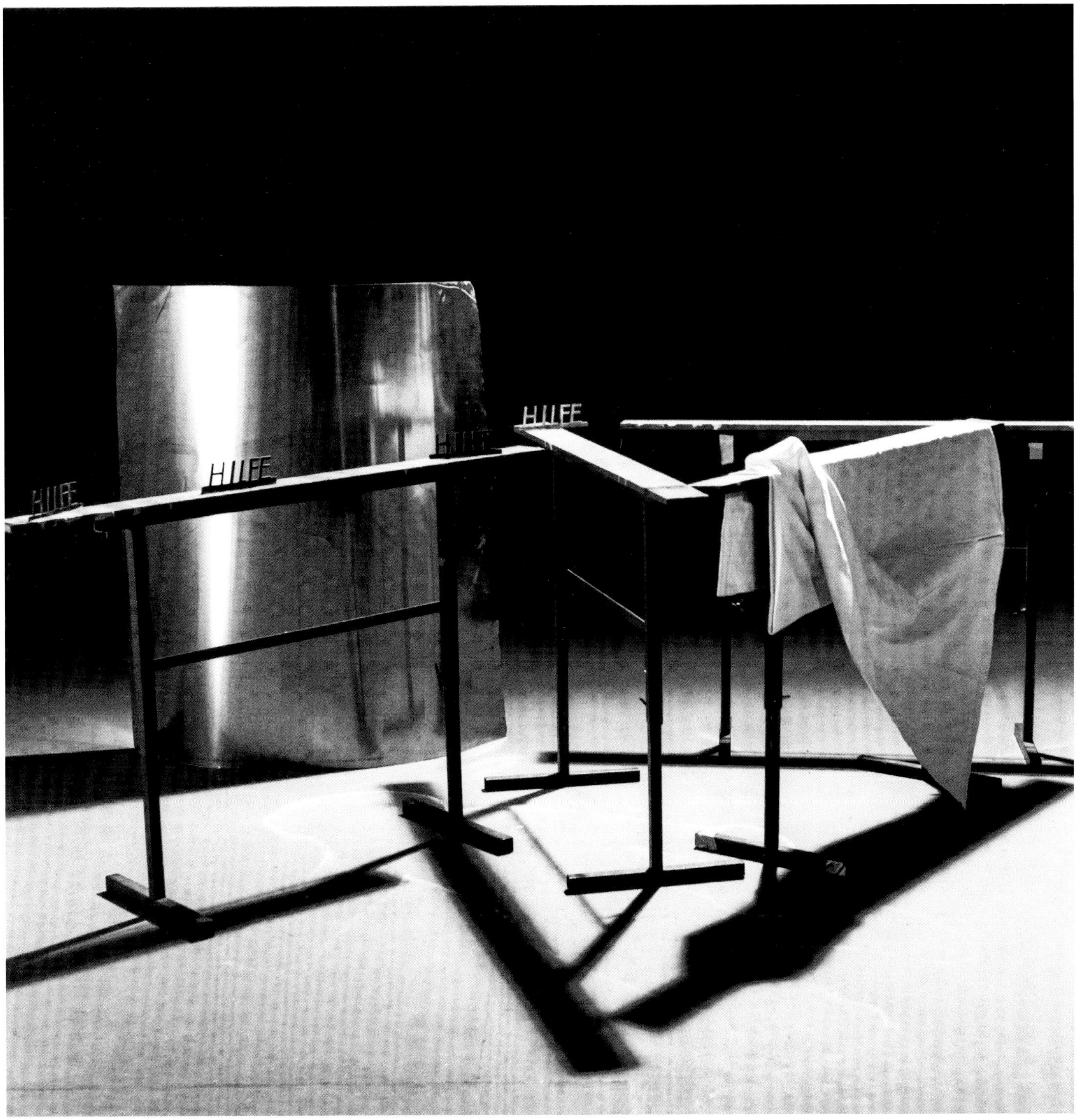
HILFE
HILFE
HILFE

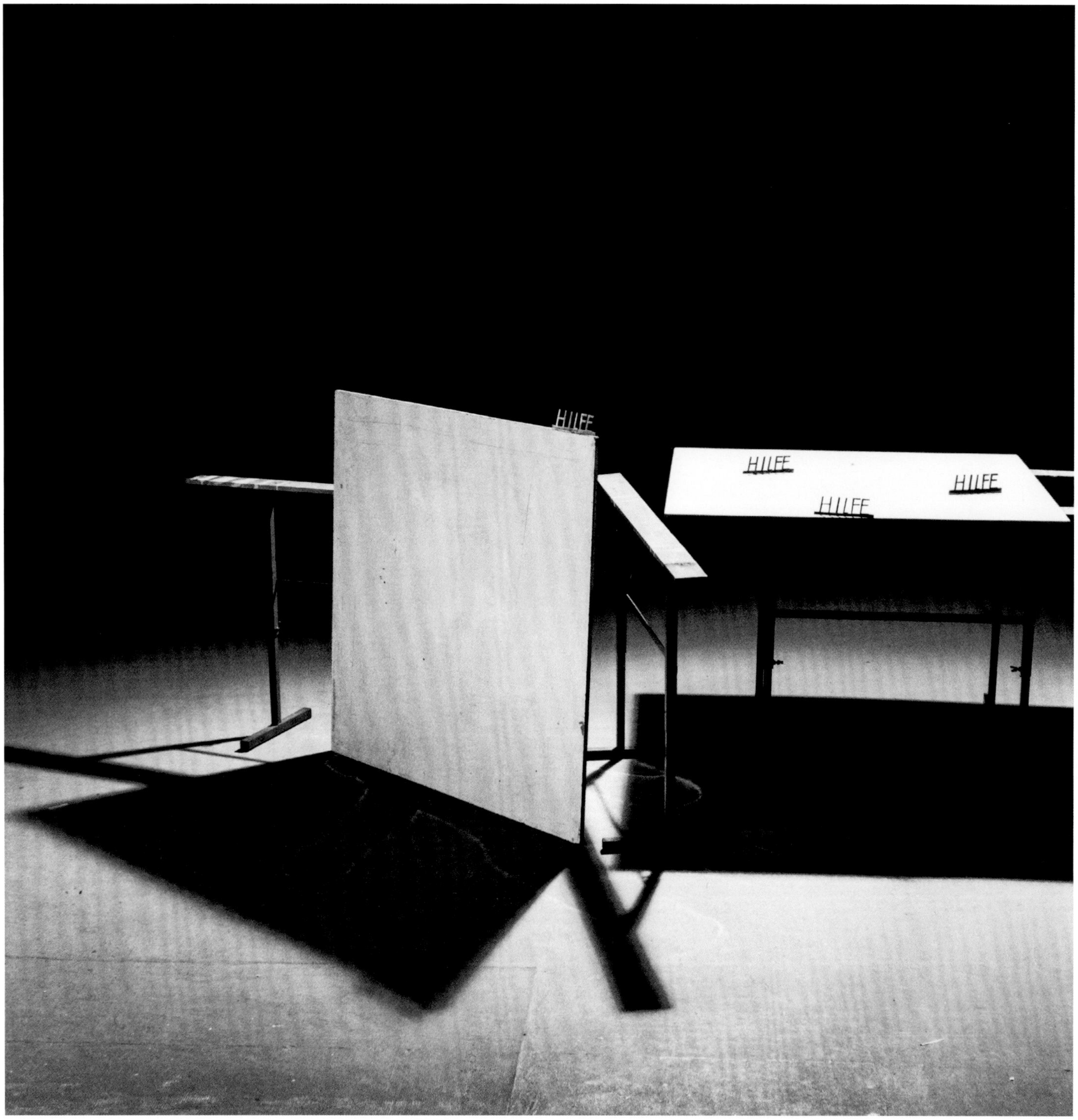
HILFE
HILFE
HILFE
HILFE

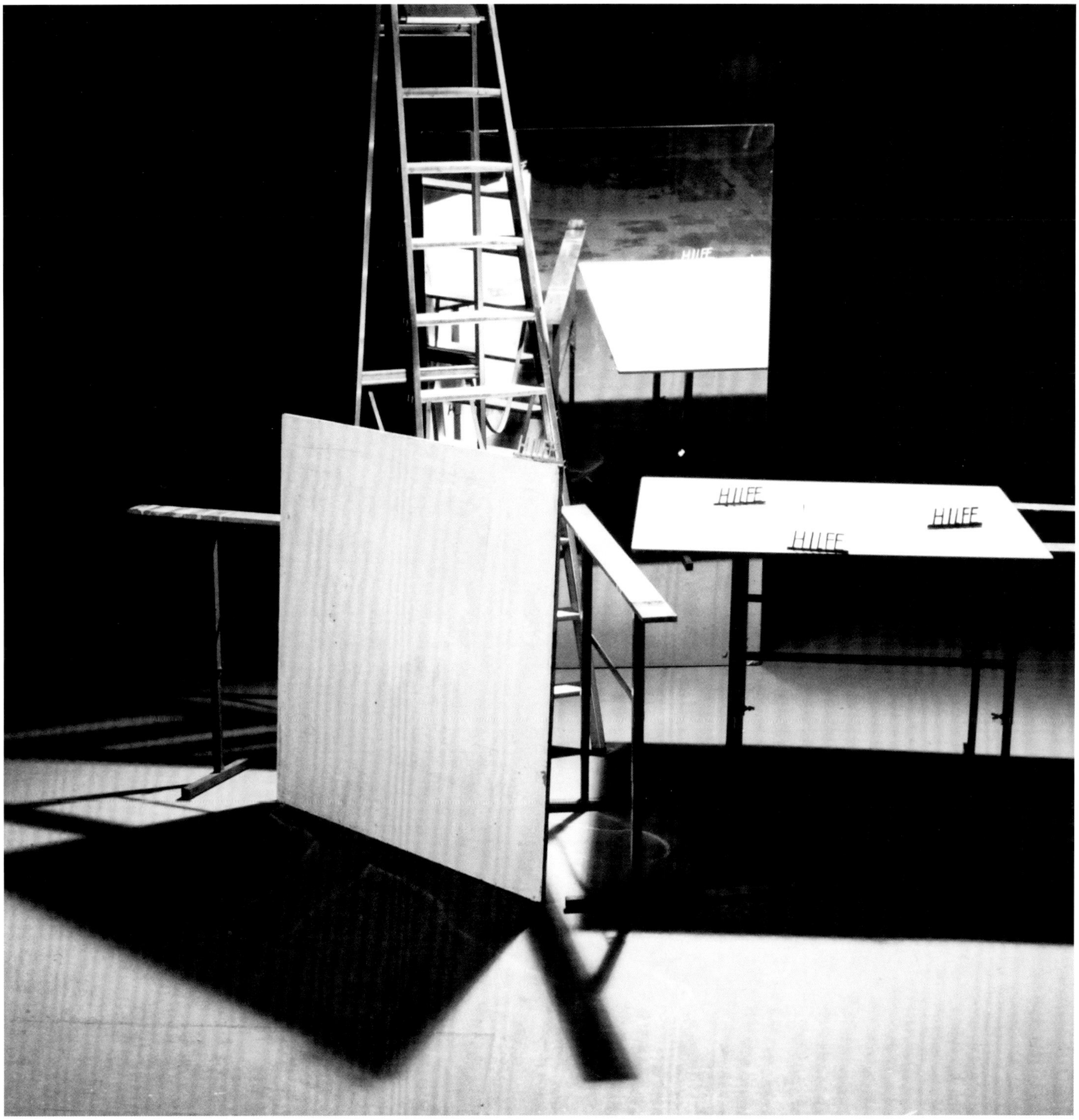
HILFE
HILFE
HILFE

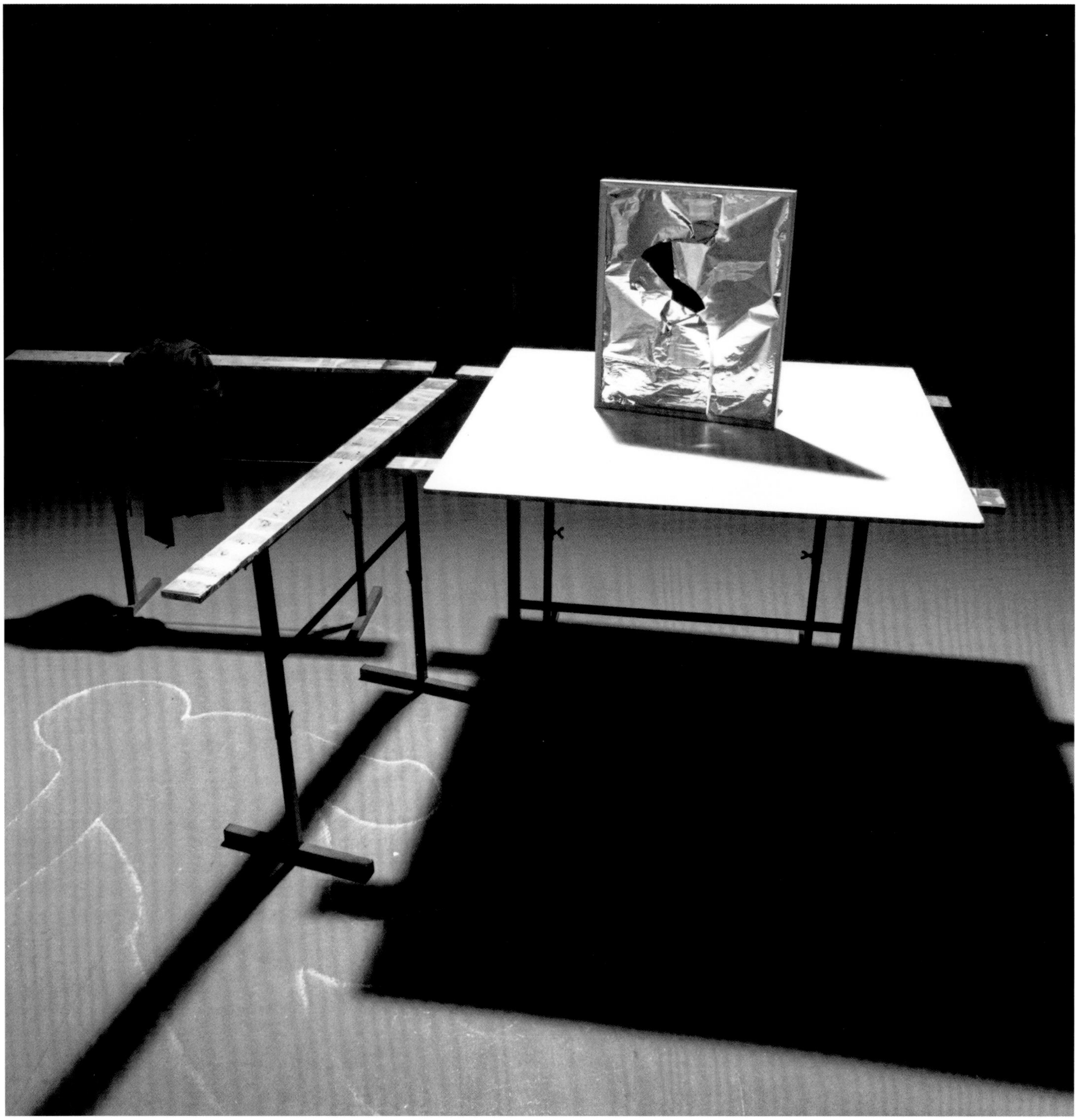

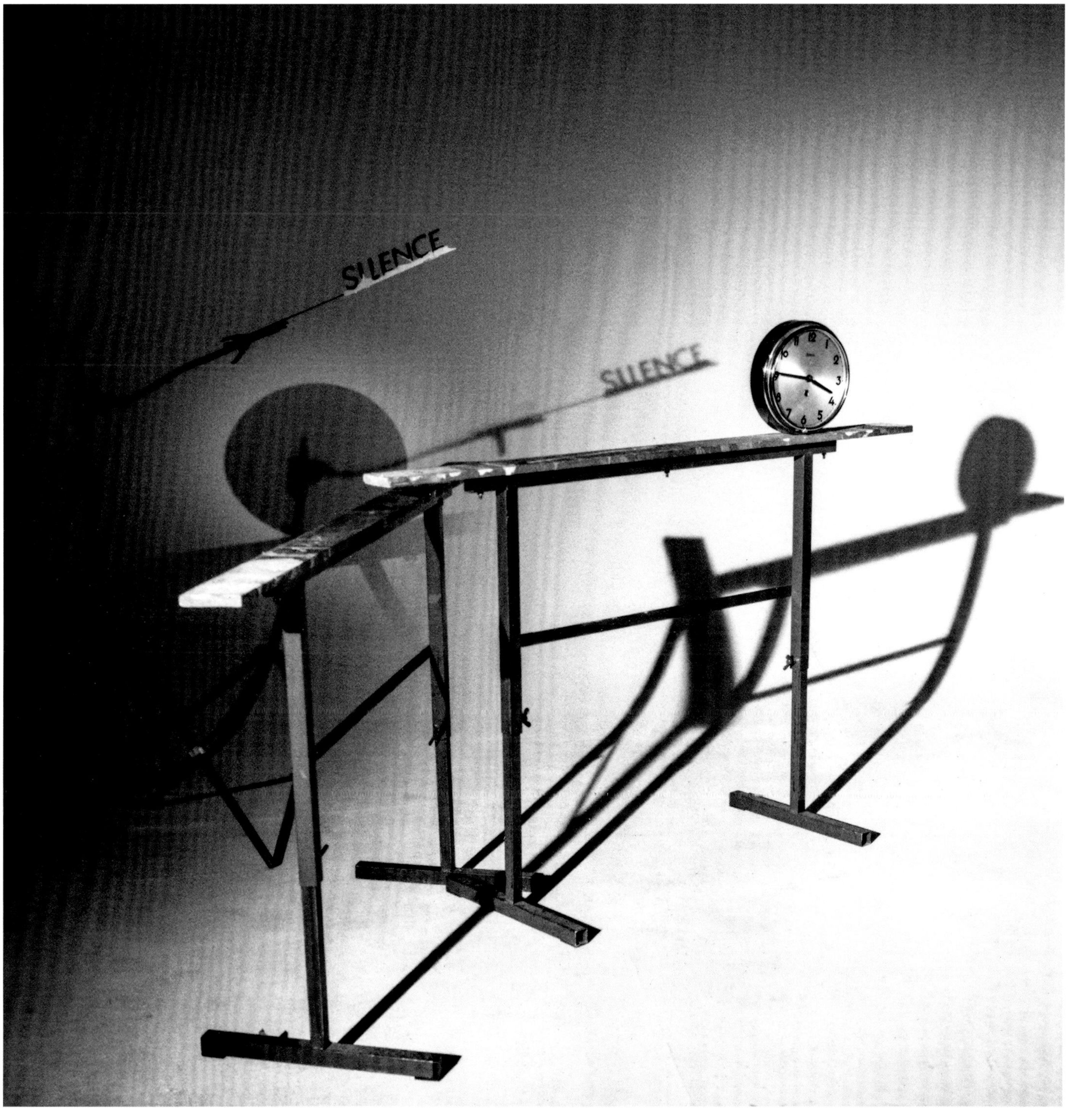
SILENCE
SILENCE

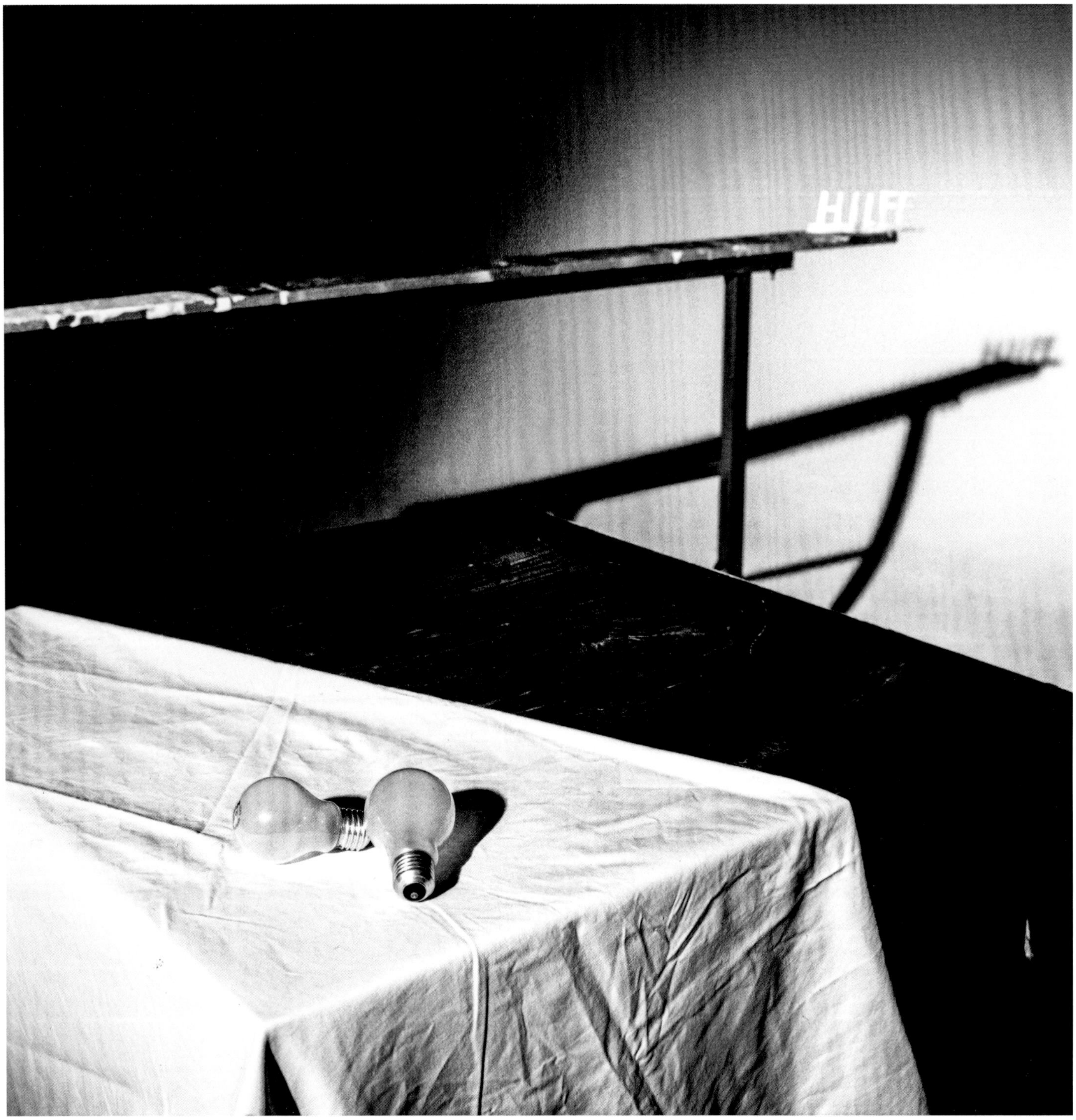

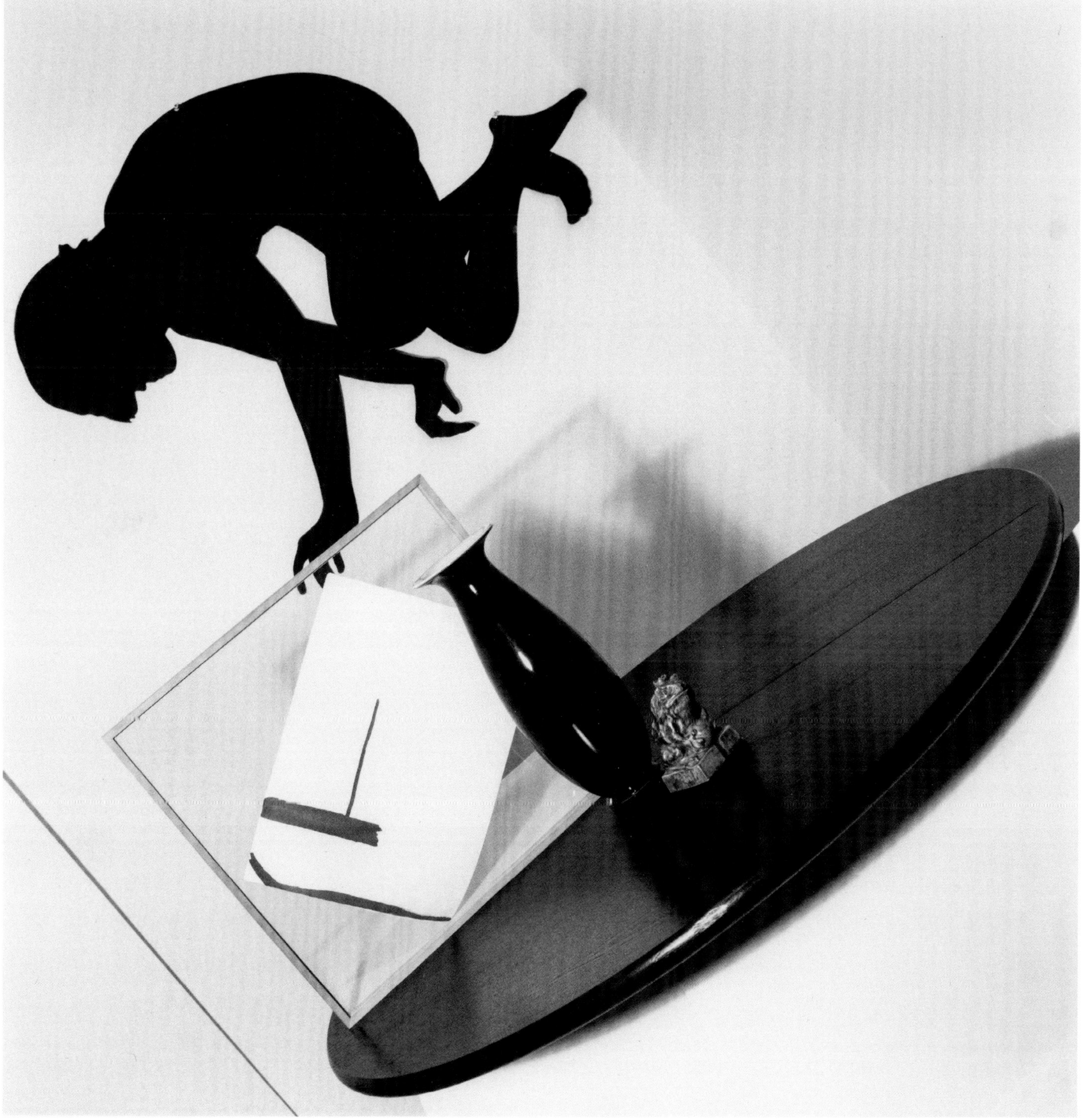

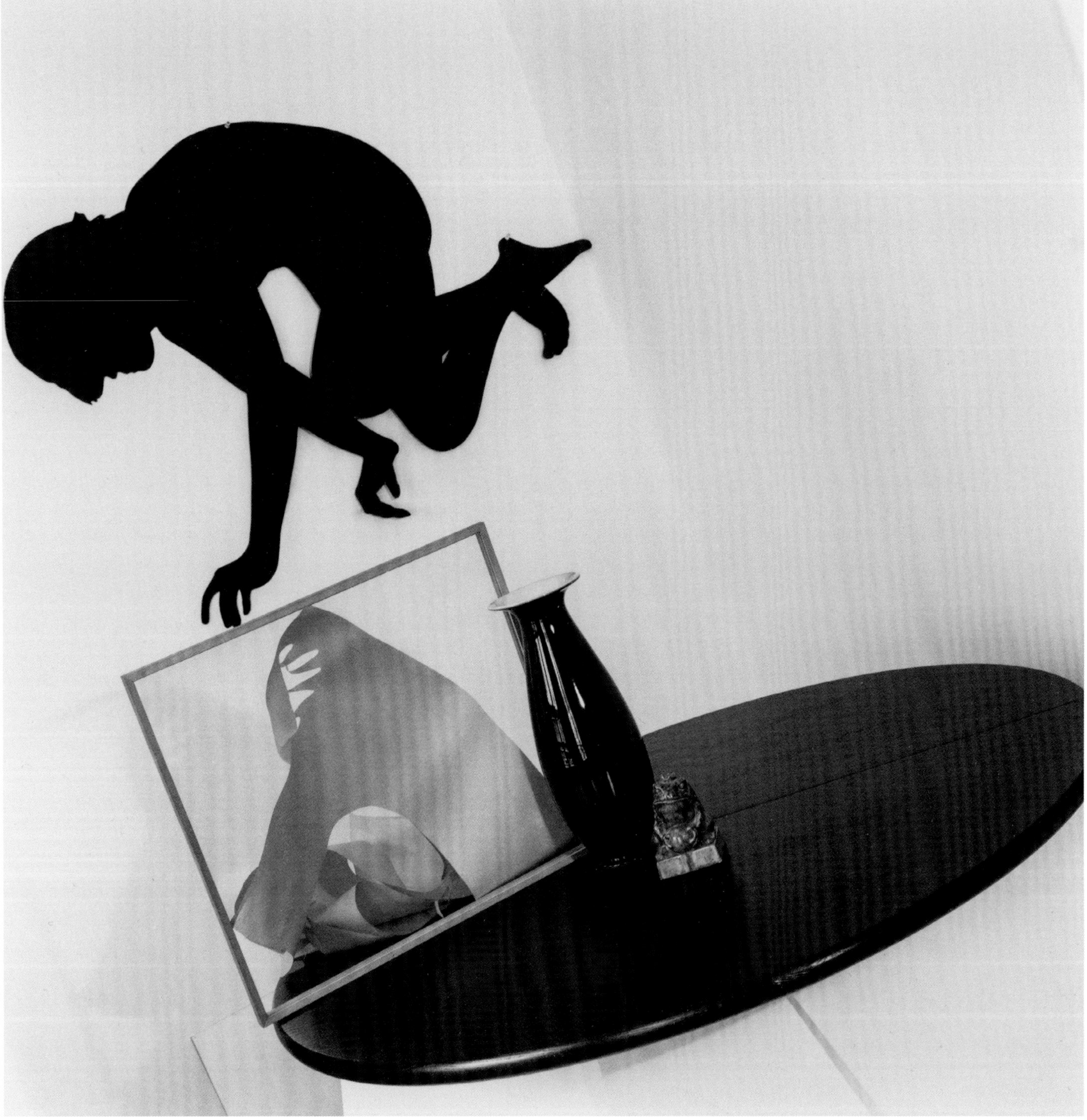

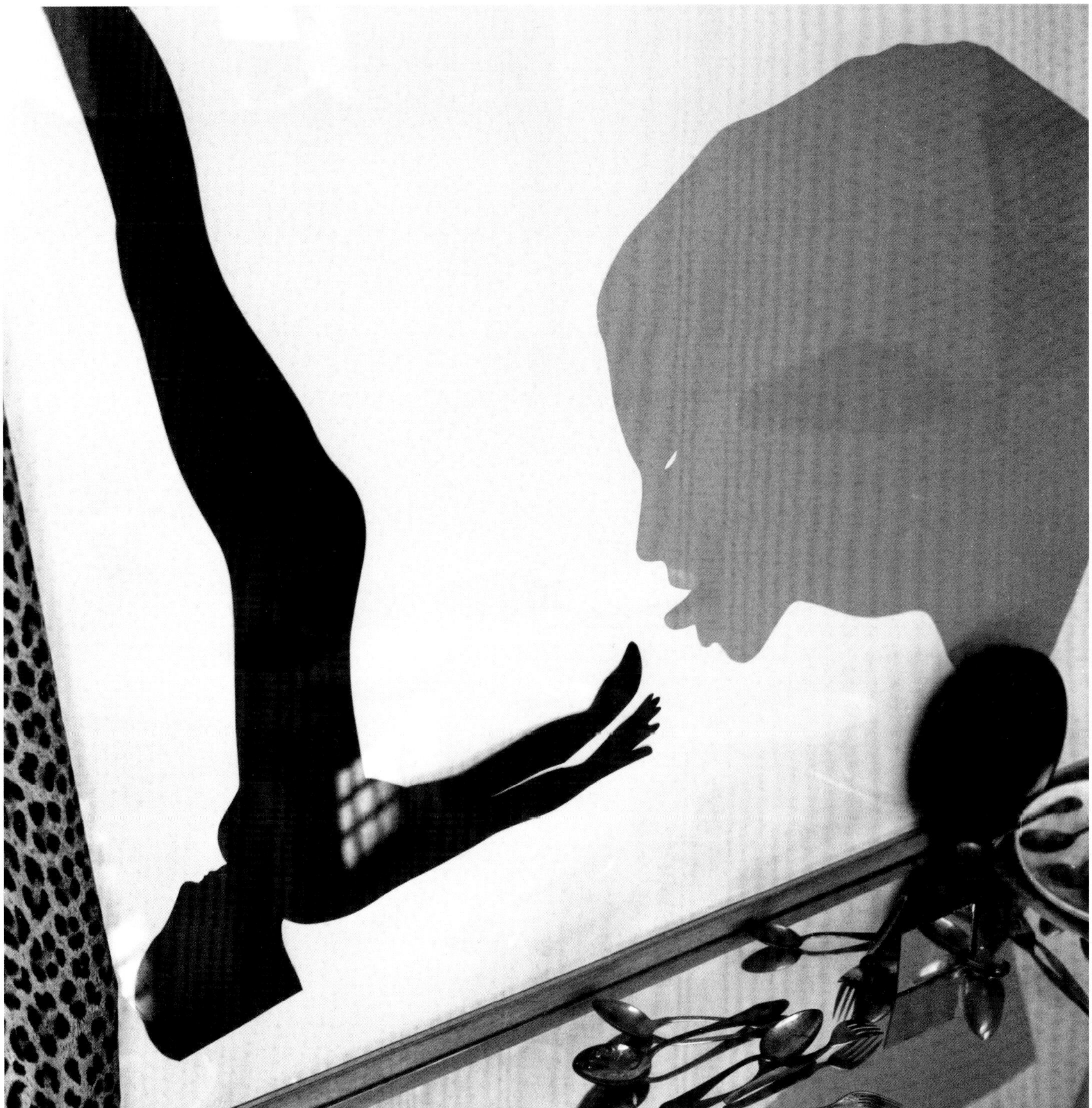

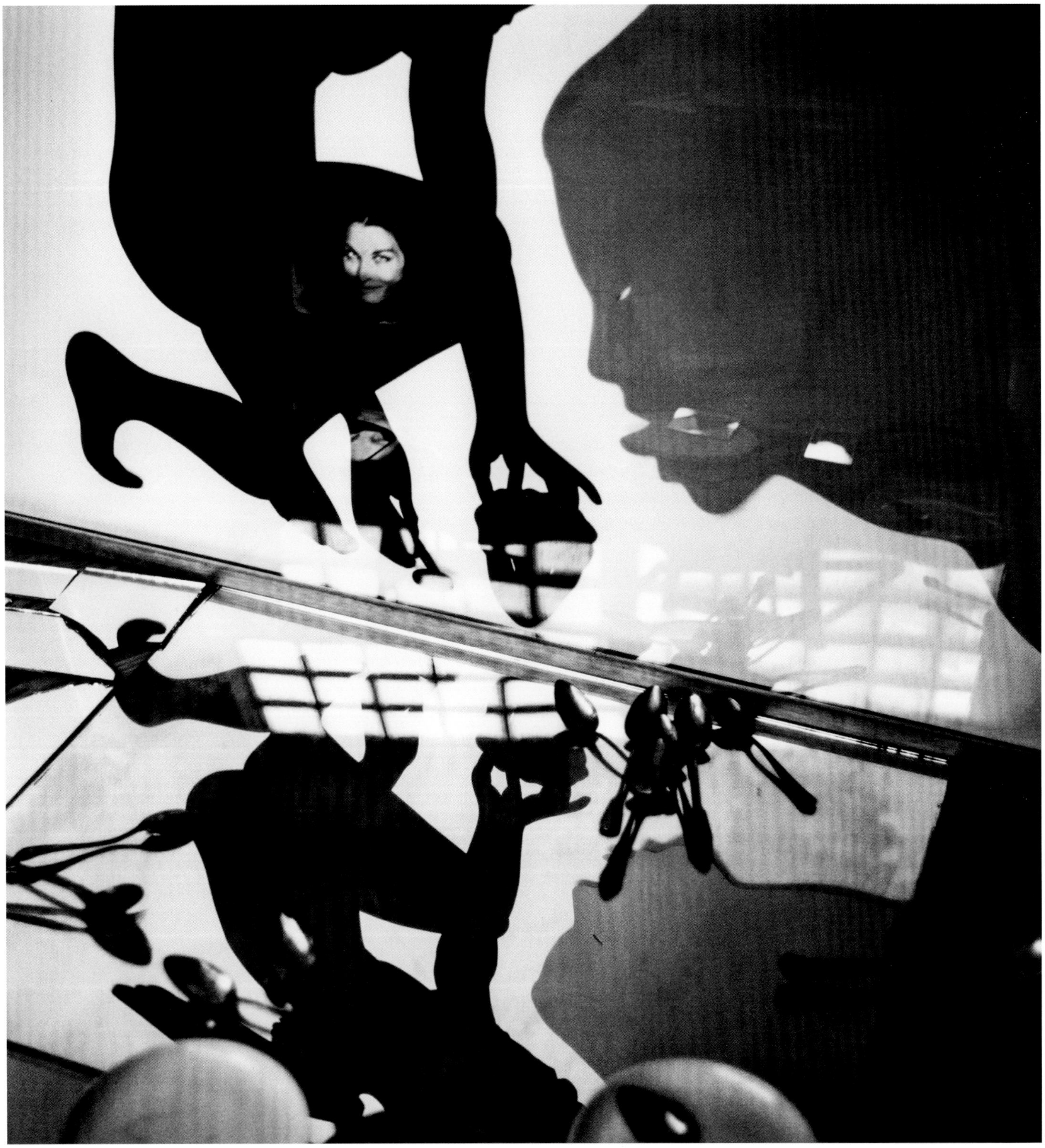

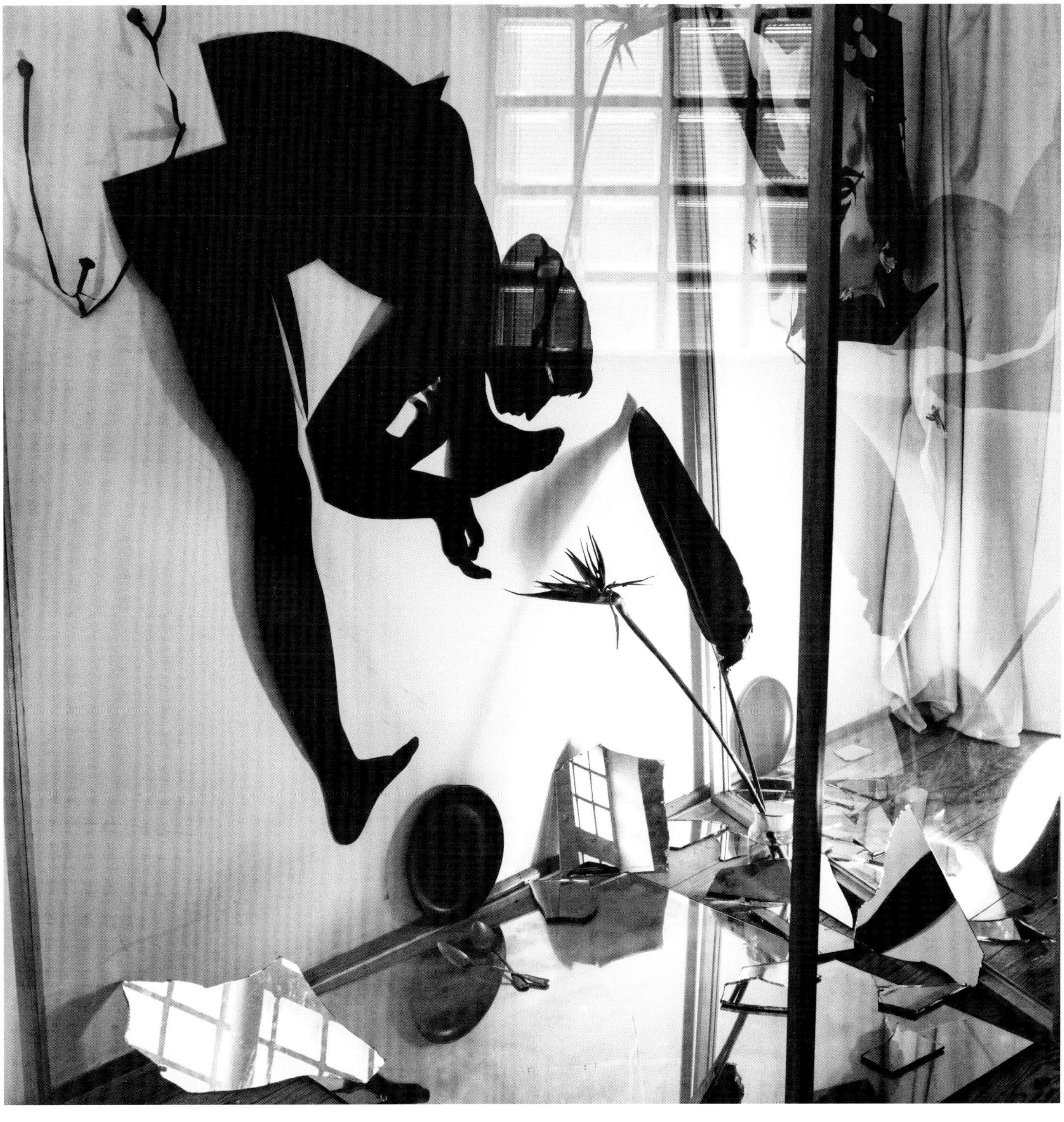

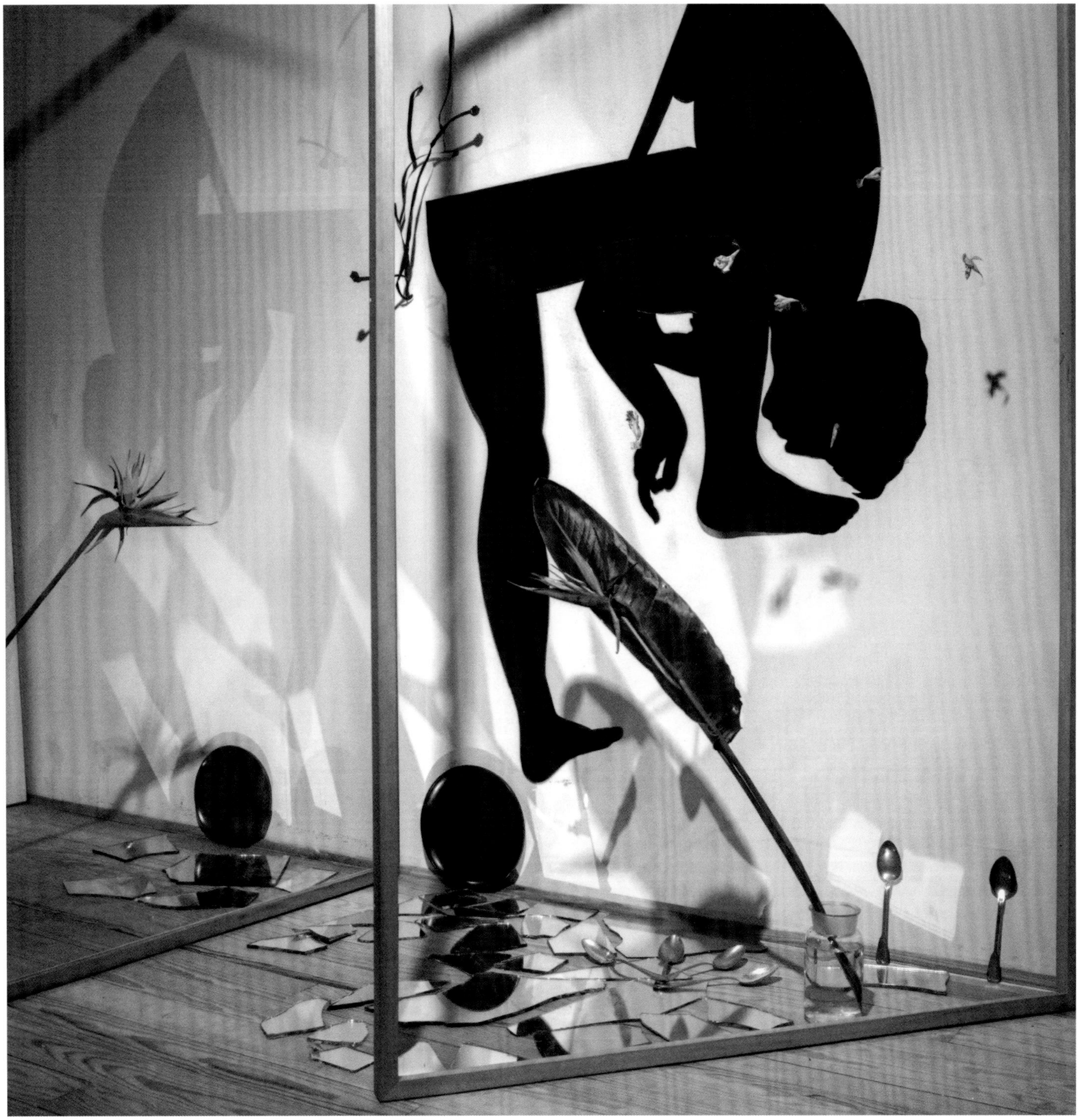

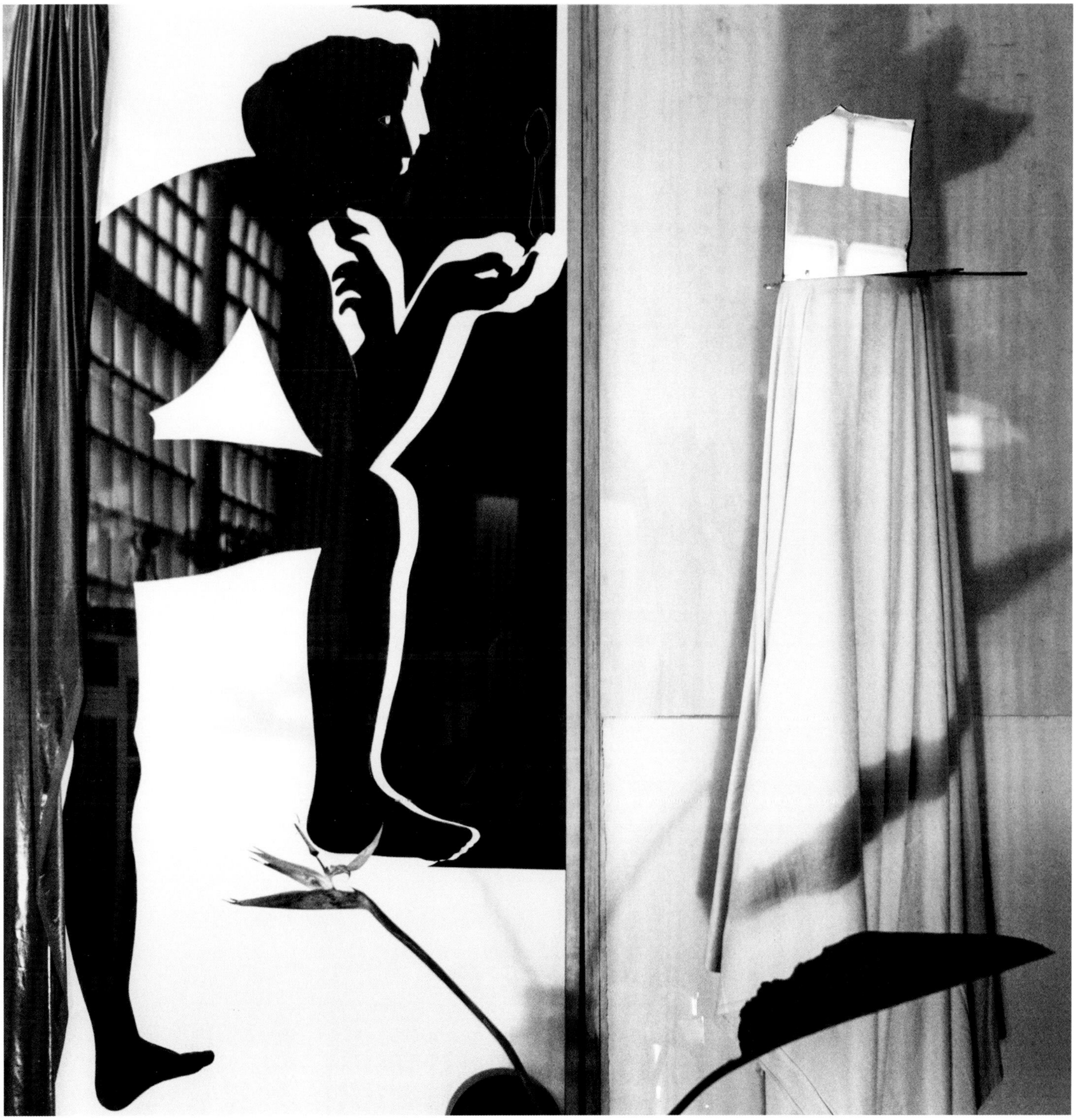

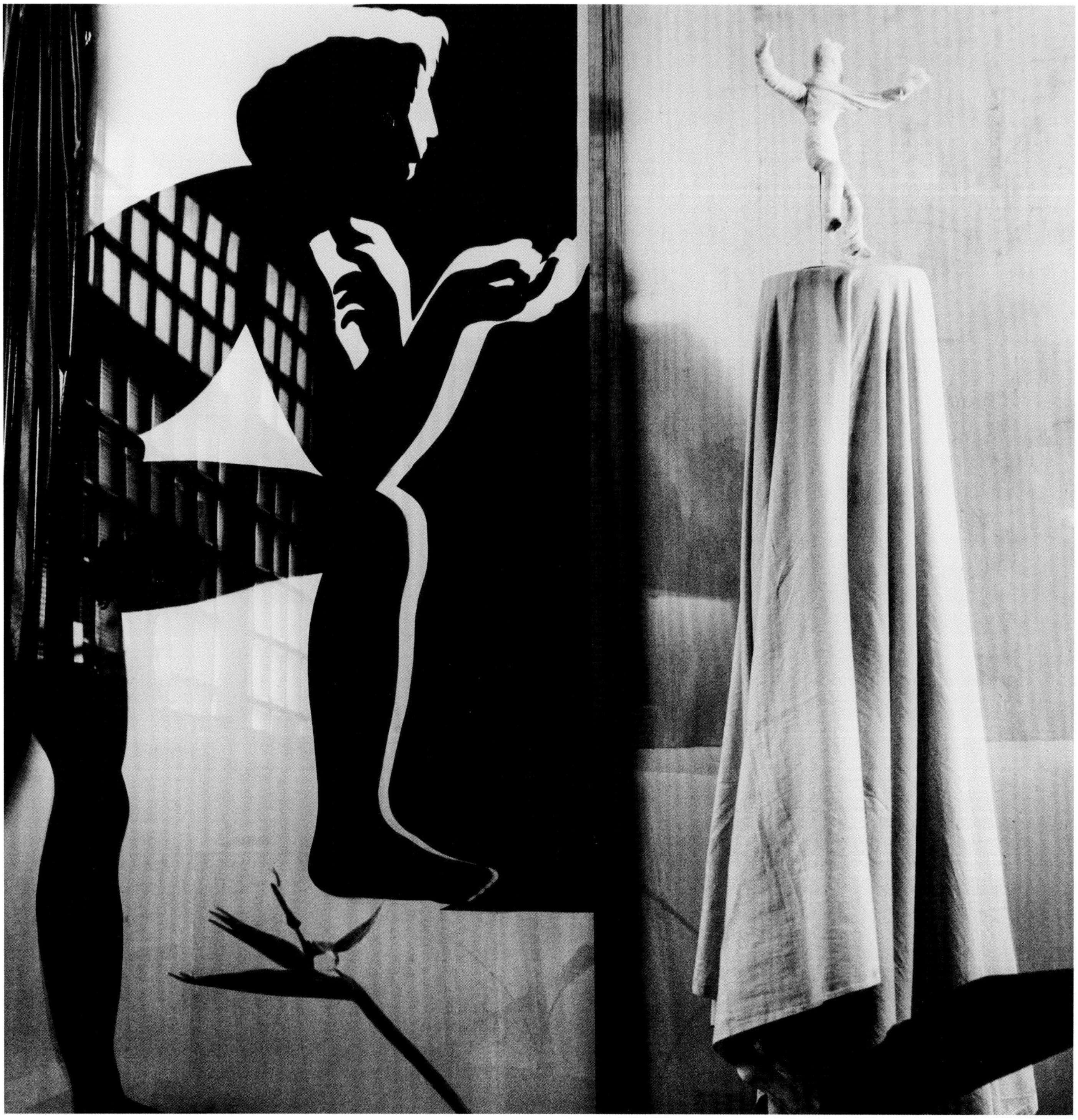

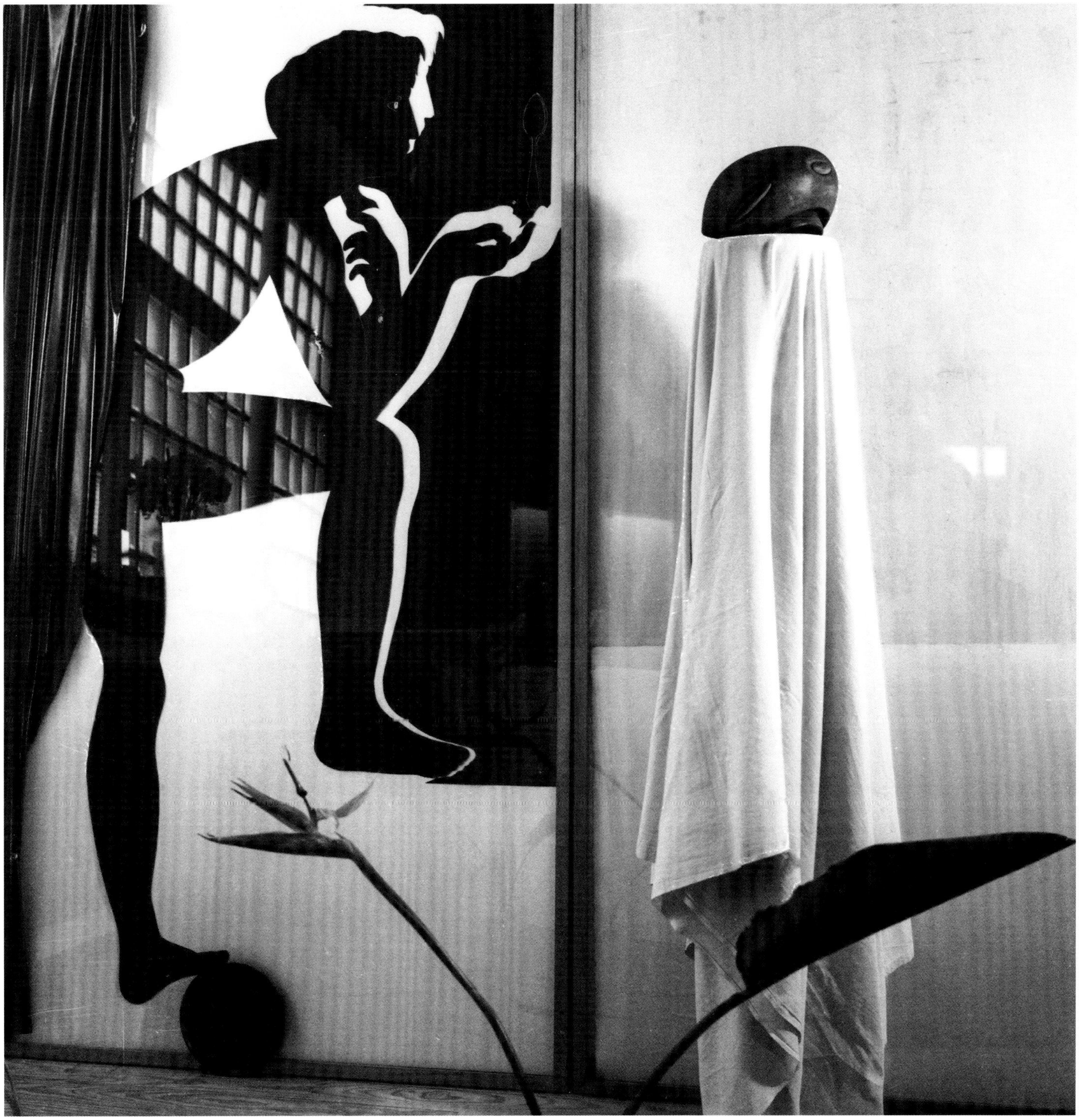

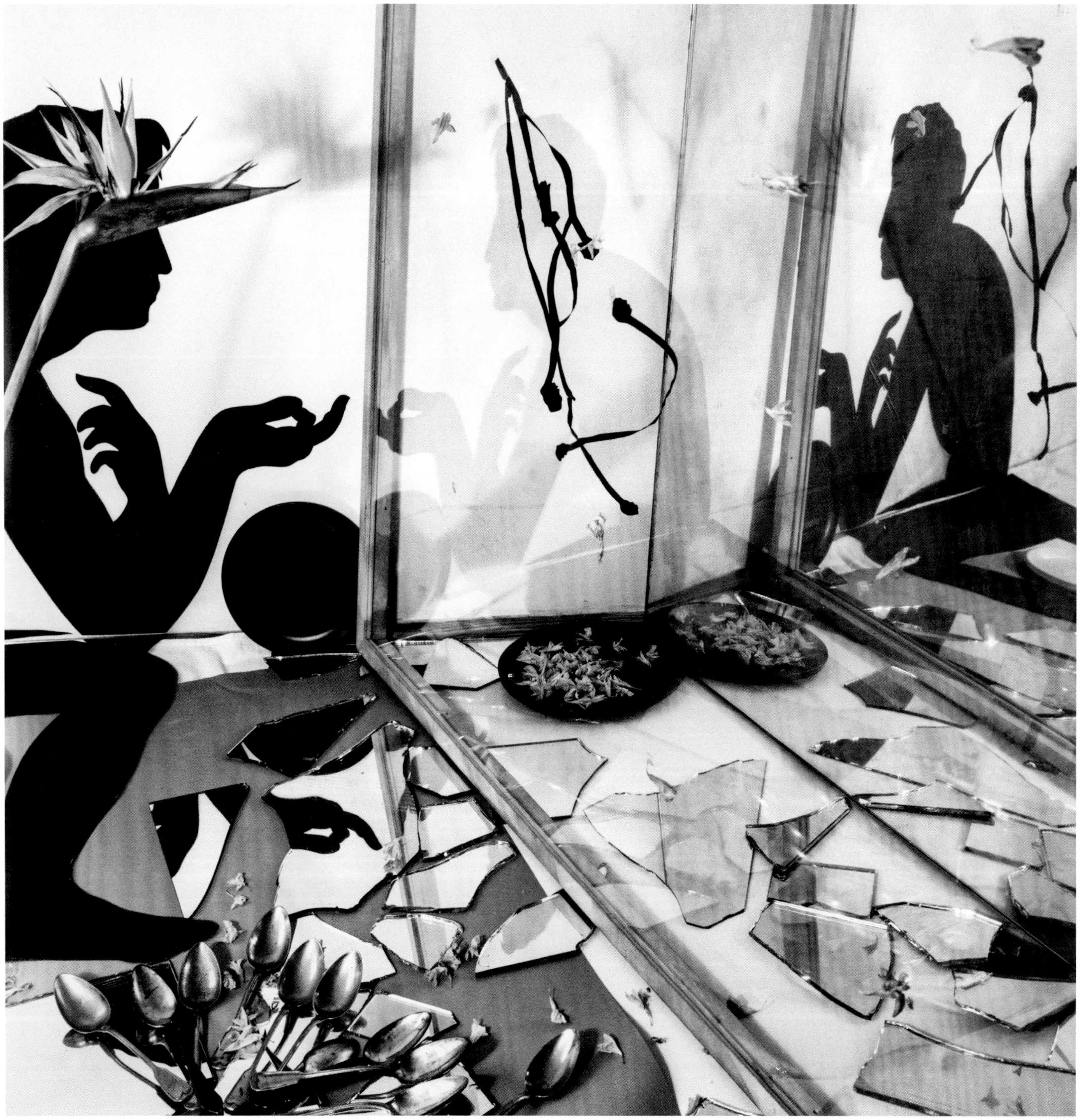

(F)

Photographies. Chiffres. Capsules de temps Christian Gögger

L'œuvre photographique de Wolfgang Gäfgen

Ce n'est que tard que s'ouvre l'armoire commémorative de l'atelier de Bad Cannstatt de Wolfgang Gäfgen. À l'intérieur, une œuvre photographique complète de ses débuts à l'entrée des années 1970, dont la première apparition publique lors d'une exposition thématique à la Villa Merkel du Kunstverein d'Esslingen fut sur le mode homéopathique. Les photographies exposées, sept en tout, en grand et moyen format, n'étaient qu'un début. Pour Wolfgang Gäfgen, l'appareil – un exquis Hasselblad, raison pour laquelle la grande majorité des photographies sont carrées – à côté du crayon, du couteau et de la spatule. La diffusion tardive de ses photographies a deux raisons. La première est que de toute évidence ces photos servaient en tout premier lieu au dessinateur et graphiste de référence et de modèle, en particulier en ce qui concerne les motifs réalistes dans ses travaux. Parmi les sujets de ses prises de vue des années soixante-dix se trouvent notamment des débris de murs, des sous-bois, des morceaux de crépi, des poutres en bois trempées d'eau ou posées sur du sable (voir 058 et 059). La rugosité, l'imperfection donne un nombre considérablement plus grand de formes de qualité graphique que les constructions lisses d'une géométrie plane. L'intérêt de Wolfang Gäfgen pour les surfaces morbides recouvre les canons des artistes de l'Arte Povera. Et comme nul autre, il les transpose dans ses travaux avec une grande précision. Ses dessins de la Documenta 6 de Kassel en 1977 en sont une preuve indéniable.

Une autre raison qui devait retarder la publication de ses photographies est la reconnaissance tardive de la photographie en tant qu'art et ce jusque dans les années 1990, même si Walter Peterhans et László Moholy-Nagy ont révélé les nouvelles possibilités techniques de la photographie et du film, le travail sur la lumière, sa réfraction, sa fixation et sa rélexion dès le milieu des années 1920 au Bauhaus. Cependant, la photographie, aussi la photographie d'art, demeure documentaire et là, elle sert avant tout la représentation de l'histoire humaine. Les photographies d'objets comme discipline esthétique est extrêmement rare. Entretemps – depuis le Bauhaus jusqu'à quasiment la fin du siècle – le photographe est considéré comme un artiste, mais la photographie n'est pas nécessairement un art.

Et aujourd'hui ? La photographie s'est émancipée. Dans de nombreuses expositions et publications actuelles elle semble être devenue une forme

(D)

Fotografien. Chiffren. Zeitkapseln Christian Gögger

Zum fotografischen Werk von Wolfgang Gäfgen

Erst spät öffnen sich die Schubladen des Planschranks in Wolfgang Gäfgens Bad Cannstatter Atelier. Darin ein komplettes fotografisches Werk, das seine Anfänge in den frühen 1970-er Jahren genommen hat. Der erste öffentliche Auftritt, 2016 im Rahmen einer Themenausstellung des Esslinger Kunstvereins in der Esslinger Villa Merkel, fiel homöopathisch aus. Die dort gezeigten Fotografien, sieben an der Zahl, im mittleren und großen Format, waren ein Anfang. Für Wolfgang Gäfgen war die Kamera – übrigens eine exquisite Hasselblad, weshalb die überwiegende Mehrheit der Fotografien quadratisch ist – neben dem Stift, dem Messer und der Rakel immer schon ein künstlerisches Medium, keine beiläufige Beschäftigung. Das verspätete ‚coming out', das seinen Fotografien zuteilwird, mag wohl zwei Gründe haben. Zum einen liegt es auf der Hand, dass dem Zeichner und Grafiker die Fotografie zunächst als Reverenz und Vorlage diente, insbesondere für die fotorealistischen Motive seiner Arbeiten, die es anschaulich auf eine fotografische Vorlage anlegen. Unter den Sujets seiner Aufnahmen in den 1970-er Jahren sind u.a. Mauerreste, Unterholz, brüchiger Verputz, Holzbalken im Wasser oder auf sandigem Grund (vgl. Abb. 058 und 059). Das Raue, Imperfekte gewährt eine deutlich größere Vielfalt an Formen und gestalterischer Qualität als glatte Konstruktion und tote Geometrie. Wolfgang Gäfgens Interesse für morbide Oberflächen deckt sich zu dieser Zeit mit dem Materialkanon der Künstler der Arte Povera. Und wie kaum ein anderer vermag er diese, mit feiner Präzision in seinen Arbeiten umzusetzen. Seine Zeichnungen auf der Documenta 6, 1977 in Kassel, sind eindrucksvoller Beleg dafür.

Ein anderes retardierendes Moment, das seine Fotografien noch lange Zeit unter Verschluss halten sollte, ist die Rezeption von Fotografie als Kunst allgemein, und das bis in die 1990-er Jahre hinein. Zwar haben Walter Peterhans und László Moholy-Nagy die neuen technischen Möglichkeiten aus Fotografie und Film, die Arbeit mit Licht, dessen Brechung, Fixierung und Reflexion, schon Mitte der 1920-er Jahre am Bauhaus als künstlerisches Medium manifestiert. Aber dennoch bleibt der Fotografie, auch der künstlerischen, wesentlich das Dokumentarische vorbehalten und hierin ist sie zum überwiegenden Teil der Darstellung des Menschen gewidmet. Das Fotografieren von Dingen

(E)

Photographs. Cyphers. Time Capsules Christian Gögger

The photographic work of Wolfgang Gäfgen

Late in life, Wolfgang Gäfgen opens the drawers of the plan cabinet in his Bad Cannstatt studio. They contain his entire photographic work, dating back to its beginnings in the early 1970s. His first public appearance in 2016 as part of a themed exhibition held by the Esslingen Art Society in the town's Villa Merkel was homeopathic in proportion. The medium- and large-format photographs displayed there – seven in all – did at least constitute a beginning. For Wolfgang Gäfgen, the camera – an exquisite Hasselblad, incidentally, which means that most of the images are in square format – was always an artistic medium and, alongside the pencil, knife and squeegee, never part of a casual pursuit. The late 'coming out' of his photographic work may well have two reasons. First, it is quite obvious that as an illustrator and graphic artist, he initially used photography as a reference and model, especially for the photo-realistic motifs in his works which are vivid manifestations of a photographic template. The subjects of his photographs during the 1970s include wall remnants, undergrowth, crumbling plaster and wooden beams in water or on sandy ground (see 058 and 059). The raw and the imperfect offer much more artistic quality and a greater variety of shape than smooth constructions and lifeless geometry. Wolfgang Gäfgen's interest in morbid surfaces coincided with the canon of materials employed by the artists of the Arte Povera movement at that time. And his ability to implement them with the utmost precision in his work is virtually unparalleled, as the drawings he exhibited at Documenta 6 in Kassel in 1977 impressively demonstrate.

The second reason why his photographs were to remain under lock and key for so long was the perception of photography as an art form, which continued into the 1990s. Already in the mid-1920s, Walter Peterhans and László Moholy-Nagy at the Bauhaus had shown the new technical possibilities of photography and film as an artistic medium working with light and its refraction, fixation and reflection. However, photography, even of the artistic kind, remained a documentary medium that was mostly used for the depiction of people. The photography of objects as an aesthetic discipline was a rare exception. In the meantime – from the Bauhaus almost to the turn of the century – the photographer came to be seen as an artist, but photography not necessarily as art.

(F) d'expression dominante, ce qui s'explique surtout par les possibilités de la production digitale d'images. Un fait qui certes joue une grand rôle dans la valeur de la photographie mais les nouveaux paramètres ne présentent aucun intérêt pour la production d'images de Wolfgang Gäfgen. Au contraire.

Du reflet à l'opaque jusqu'au translucide

Ce n'est pas toujours ce que c'est vraiment. Ou, dit autrement, on nous demande, dans les mises en scène photographiques, de découvrir autre chose, le nouveau. Les objets sont éclairés de face ou de derrière ou encore radiographiés. Ce faisant, ils sont aveuglés, ombragés ou radiographiés jusqu'à devenir un nouvel objet. Les artifices optiques d'ombre et de lumière suppriment la matérialité originelle des choses et les libèrent ici et là de leurs relations et dimensions naturelles. De cette manière naît une chimère que le spectateur doit déceler. Une particularité des photographies de Wolfgang Gäfgen est de jouer avec ce qui trompe et ce qui semble être. Il emploie de manière presque programmatique la façon de « mettre en lumière » des options visuelles alternatives contre l'exigence de réalité de la photographie. Ses mises en scène sont des pièces de théâtre intime, en réalité des pièces souterraines (sic !) et la caméra gèle la scénographie de ce *piccolo theatro*, comme justement une *nature morte*.

Exemplaire de ce qui a été dit, deux dessins qui se trouvent illustrés dans le livre côte à côte. Le même motif, par son éclairage, donne au premier une tout autre image.

Les photographies, illustrées aux pages 032 et 033, montrent des feuilles de plastique formant un triangle, la pointe dirigée vers le haut, sur un fond clair. Dans l'une des prises, la lumière vient d'en haut et la feuille de plastique se dissout en fines traînées. Le mot « Oeuvres » positionné sous la feuille à la base du triangle apparaît en contraste, les lettres foncées semblent placées librement, recouvertes d'une matière plastique transparente et translucide. Sur l'autre image, la lumière arrive de devant depuis la droite. Une ombre marquée se dessine à l'arrière, avec une évidence qu'on n'aurait pas cru possible d'une fine feuille de plastique. Le dessin de la feuille est ainsi plus marqué, ses contours sont accentués. Les reflets de la lumière confèrent à sa surface une sorte de flamboiement, pour dévorer le mot « Oeuvres » au-dessous, n'en faire plus qu'un résidu illisible.

Une autre paire de photos doit être mentionnée : sur la première on voit des objets nobles ressemblant à des jouets, de petites obélisques au reflet métallique d'un contour net, qui se détachent sur un cercle lumineux, sans qu'on puisse vraiment définir leur véritable format. Dans la deuxième photo, les mêmes objets éclairés directement d'en haut. Ici, on voit clairement leur matérialité : ce sont des pieds cassés de verres à vin ou à liqueur. L'ombre d'une main tendue pour s'en emparer crée une certaine certitude de la grandeur des objets, mais semble très dangereuse et les fait disparaître – c'est en tout cas l'impression que ressent le spectateur – sous une coupole de verre. On peut le voir ainsi ou non. Ce qui est sûr, c'est que la réception de ces photos dépasse

(D) und Sachen als ästhetische Disziplin ist ausnehmend selten. In der Zwischenzeit – vom Bauhaus bis fast zum Fin-de-siècle – wird aus dem Fotografen zwar ein Künstler, aber aus der Fotografie noch nicht unbedingt Kunst.

Und heute? Die Fotografie hat sich unter den künstlerischen Medien mehr als emanzipiert. In vielen aktuellen Ausstellungen und Publikationen scheint sie als Ausdrucksform zu dominieren, was vor allem mit den Möglichkeiten digitaler Bildproduktion zu tun hat. Ein Umstand, der zwar für den Stellenwert der Fotografie eine große Rolle spielt, dessen neue und neueste Parameter aber für Wolfgang Gäfgens Bildproduktion nicht von Interesse sind. Im Gegenteil!

Von spiegelnd über opak bis transluzent

Nicht immer ist das, was es ist wirklich ist, auch als solches in seinen Fotografien unmittelbar auszumachen. Oder noch anders: man wird aufgefordert, in den fotografischen Inszenierungen das Andere, das Neue zu entdecken. Die Gegenstände werden ausgeleuchtet, hinterleuchtet oder durchleuchtet. Dabei werden sie geblendet, Schatten provoziert, hinters Licht ge- und überführt, hin zu einem möglichen anderen Zustand. Die optischen Kniffe aus Licht und Schatten heben die ursprüngliche Materialität der Dinge auf und entlassen sie hie und da aus ihren natürlichen Relationen und Dimensionen. Auf diese Weise gebiert das Bild eine Schimäre, die es für den Betrachter zu enträtseln gilt. Eine Besonderheit der Fotografien Wolfgang Gäfgens ist das Spiel mit dem was trügt und dem was scheint. Seine Arbeitsweise des – im wahren Wortsinn – „Ausleuchtens" alternativer, visueller Optionen wendet er beinahe programmatisch gegen den Realitätsanspruch von Fotografie an. Seine Inszenierungen sind in der Regel Kammerspiele, eigentlich Kellerspiele (sic!), und die Kamera friert die Szenografie dieses piccolo teatros ein. Wie das still von einem Film eben – ein Stillleben.

Bezeichnend für das Beschriebene, zwei Arbeiten, die im Buch gegenüberliegend abgebildet sind. Im ersten Beispiel ist es das identische Motiv, welches allein durch die Ausleuchtung ein völlig anderes Bild ergibt.

Die Fotografien, abgebildet auf Seite 032 und 033, zeigen Plastikfolie, eine dreieckige Form bildend mit der Spitze oben, vor einem hellen Hintergrund. In der einen Aufnahme, das Licht kommt von oben, löst sich der Plastikschleier in zarte, feine Schlieren und Binnenflächen, mit einigen wenigen weißen Höhungen auf. Das an der Basis des Dreiecks, unter der Folie positionierte Wortmodell „Oeuvres" tritt kontrastreich und mächtig hervor, die dunklen Buchstaben erscheinen wie freigestellt, vom transluzenten, maximal durchsichtigen Kunststoff übergossen. Auf dem anderen Bild kommt das gebündelte Licht in dieser Aufnahme von rechts vorne. Ein markanter kegelförmiger Schatten bildet sich auf der Rückwand ab, so kräftig und deutlich, wie man es für das dünne Plastikmaterial nicht hätte vermuten würde. Die Folie selbst gewinnt in dieser Ausleuchtung eine kräftigere Zeichnung, sie wirkt konturierter. Die Lichtreflexe bewirken auf ihrer Oberfläche eine Art lodern, um darunter das Wort „Oeuvres" zu verzehren, es als unleserliche Schlacke zurückzulassen.

(E) And today? Among the artistic media, photography has more than emancipated itself. In many current exhibitions and publications photography as now the dominant expressive medium, which has a great deal to do with the possibilities offered by digital image production. Although this situation played a major role in the status of photography, these new and latest parameters are of little interest with regard to Wolfgang Gäfgen's photographic output. On the contrary!

From Reflective, to Opaque, to Translucent

In Wolfgang Gäfgen's photography, things do not always appear as they really are. Or to put it another way: the viewer is invited to discover something new in his photographic mise-en-scènes. Objects are illuminated, backlit, or shone through. They are exposed to dazzling light, obscured by light and transformed by it into what may be an altered state. The optical tricks of light and shadow cancel out the original materiality of the objects and remove them here and there from their own natural relations and dimensions. Thus, the image becomes an illusion that the viewer has to puzzle out. One characteristic of Wolfgang Gäfgen's photography is the interplay of that which is deceptive and that which is apparent. He uses his method of – quite literally – throwing light on alternative visual options in an almost programmatic manner in contradiction of photography's claim to realism. His mise-en-scènes are usually chamber pieces, or rather, cellar pieces, with the camera freezing the scenography of this piccolo teatro. Just like a still from a film – a still life.

Two works that are typical of those described above are juxtaposed on opposite pages in the book. Although the motif is identical, the image produced solely by the lighting in the first example is completely different to the second.

The photographs printed on pages 032 and 033 show a triangular piece of plastic foil, with the apex at the top, against a brightly lit background. In one photograph, the light comes from above and the plastic film dissolves into fine streaks and inner surfaces, with a few white heightenings. Under the film at the base of the triangle, the typeset word "Oeuvres" stands out, forming a strong contrast, its dark letters appearing to float and the translucent, maximally transparent plastic seeming to have been poured over them. In the second image, the light is focused and comes from the front-right. A striking coniform shadow is cast on the wall behind and is of an intensity and clarity that one could barely expect of such a thin plastic material. The lighting gives the plastic film a much stronger, more contoured outline. The reflections give the film's surface the appearance of flames that will engulf the word "Oeuvres" beneath them and leaving only illegible cinders behind.

In another pair of photographs, the first shows a low-angle view of what appear to be precious objects, like pieces from a board game, or small, clearly contoured obelisks with a metallic sheen that stand out against a bright circle of light, without allowing the viewer to determine their true format with any certainty. In the adjacent photograph, the same

(F) l'orientation formelle de la perception et se transforme en mirage. Quand la première image montre les débris de verre comme piédestal élégant, avec la deuxième image on pénètre dans une scène qui cherche son récit. Nulle référence ni allusion à l'histoire de l'art.

Dans le livre, ces photographies sont souvent présentées les unes à côté des autres non sans intention didactique. L'autre point de vue, l'autre situation, les passages apparents de qualités matérielles à des qualités immatérielles sous l'influence de l'éclairage deviennent ainsi parfaitement explicites. Les descriptions des images placées en tête expriment en mots quelle sorte de transformation/dissolution subissent les objets selon leur intensité, leur orientation ou encore le nombre de sources de lumière. La lumière est dans les travaux de Wolfgang Gäfgen la condition sine qua non, le fondement de tout, et considérée en soi, surtout si nous parlons exclusivement de photographies, un truisme. D'où la référence aux objets devant la caméra. Ces objets ont deux propriétés : ils agissent selon la lumière qui les éclaire et ils proviennent d'un fundus pas si important mais tout à fait spécial, qui éclaire aussi l'artiste lui-même. Ils ne reflètent pas seulement la lumière mais aussi son auteur.

C'est une fois la nappe en dentelle de sa mère, qui avec son dessin réticulé filigrane réapparaît souvent dans ses scénarios au cours des ans. Surtout des étoffes : soit de la soie qui, bien éclairée, brille de manière raffinée comme une cascade ou des textiles imprimés aux dessins au graphisme voyant ou qui jettent des plis intéressants. Puis tous les objets qui reflètent ou réfractent la lumière : couverts en argent, ciseaux et boîtes en tôle, pieds cassés de verres (dont paraît-il il possède une pleine caisse), des billes et débris de miroirs, des feuilles transparentes ou laquées, vases de diverses formes, jouets, petites lames de couteau et papier d'aluminium de chocolats et friandises, une tapette à tapis. Ces objets et accessoires ne sont pas tous des objets trouvés. Certains d'entre eux ont été fabriqués spécialement pour ces séances de photo, par exemple les boules de cristal massives de diverses grandeurs, les tampons d'impression en bois, les collages (l'œil), les silhouettes et, bien sûr, les modèles de mots comme « Oeuvres » ou « Immortel », dont il existe des photos par séries entières.

Paris s'éveille

A partir du milieu des années 1970 commencent des mises en scène indépendantes, seulement destinées à la caméra. Le lieu est son atelier de Paris, dans le 14ème arrondissement qui comporte une haute fenêtre en brique de verre. Cette source de lumière est intéressante graphiquement par sa trame pour ses photographies, mais aussi comme source de lumière diffuse pour les mises en scène qui sont produites dans ce local généreux. Le manque de place pour le travail avec la caméra n'est nullement un argument contraignant. La plupart du temps, la scène pour la scénographie est de la taille d'une table et trouve suffisamment de place dans une cave de l'immeuble d'Esslingen. La possibilité de se réfugier dans de vastes espaces a cependant toujours

(D) Noch ein weiteres Bildpaar soll angeführt werden: auf der ersten Fotografie sieht man aus leichter Untersicht edel anmutende Objekte, Spielfiguren ähnelnd, kleine klar konturierte Obeliske, metallisch glänzend, die sich vor einem hellen Lichtkreis abheben, ohne dass man mit Sicherheit ihr wahres Format bestimmen könnte. Im Foto daneben dieselben Objekte in direktem Licht von oben. Man erkennt jetzt deutlich ihre gläserne Materialität: es sind abgebrochene Füße von Wein- oder Likörgläsern. Der Schatten einer greifenden Hand auf dem Hintergrund schafft zum einen Gewissheit über die Größenverhältnisse, zum anderen wirkt sie auf die Figurengruppe äußerst bedrohlich und lässt diese – das ist jetzt schon in hohem Maße die Einbildung des Betrachters – vermeintlich sich unter den Schutz einer Kuppel aus Glas flüchten. Das mag man so sehen oder auch nicht. Fest steht aber, dass die Rezeption dieser Fotografien sich aufspannt von der formal offenen Ausrichtung der Wahrnehmung bis hin zu einem unterstellten Trugbild. Zeigt das erste Bild die Glasstümpfe als elegante Piedestale, taucht man im zweiten Bild in eine Szene ein, die nach einer Erzählung sucht. Von kunstgeschichtlichen Verweisen und Anspielungen ganz zu schweigen.

Im Buch werden solche Fotografien – nicht ohne didaktische Intention – häufig nebeneinander abgebildet. Die andere Sicht, der andere Zustand, die scheinbaren Übergänge von materiellen Eigenschaften zum Immateriellen unter dem Einfluss des Lichtes werden dadurch überdeutlich. Die vorangestellten Bildbeschreibungen fassen in Worte, welche Art der Veränderung/Auflösung die Gegenstände nehmen, je nach Intensität, Richtung oder auch Anzahl der Lichtquellen. Das Licht ist in den Arbeiten von Wolfgang Gäfgen die conditio sine qua non, Grundlage von allem, und für sich allein betrachtet, zumal wir ausschließlich über Fotografie sprechen, schon eine rechte Binsenweisheit. Deshalb sei auch gleich der Verweis auf die Gegenstände vor der Kamera nachgelegt. Diese Dinge haben zwei Eigenschaften: sie machen etwas mit dem Licht, das auf sie fällt und sie sind aus einem gar nicht mal so großen, aber sehr besonderen Fundus, der auch eine Spur zum Künstler selbst legt. Nicht nur das Licht spiegeln sie, sondern auch ihren Autor.

Da ist die Spitzendecke seiner Mutter, die mit ihrer filigranen, netzartigen Zeichnung über die Jahre des Öfteren in den Inszenierungen auftaucht. Überhaupt Stoffe: entweder Samt, der, gut angestrahlt, raffiniert wie ein Wasserfall zu schimmern vermag, oder Textilien mit auffälligen Dessins, wie z.B. das Leopardenmuster und Tücher, die grafisch auffällig sind, oder interessante Falten werfen können. Dann all die Objekte, die Licht reflektieren oder brechen: die Silberbestecke, Scheren und Blechdosen, die abgebrochenen Stiele von kaputten Weingläsern (wovon es eine ganze Kiste geben soll), die Glasmurmeln und Spiegelscherben, Folien durchsichtig und aus Lack, Vasen in diversen Form und mit unterschiedlichen Oberflächeneigenschaften, Spielfiguren, Messerbänklein und Silberpapier von Schokolade und Konfekt, der Teppichklopfer. Nicht alle diese Gegenstände und Accessoires sind objets

(E) object appears with the light coming directly from above. Now, the glassy materiality of the objects is clearly identifiable: they are the broken stems of wine or liqueur glasses. The shadow of a hand reaching for them in the background does offer certainty as to the proportions, but also appears extremely threatening for the group of figures, presumably causing them – and this is largely in the imagination of the viewer – to flee beneath the protection of a glass dome. Some may see it that way; some may not. However, one thing is certain: the manner in which these photographs are perceived ranges from taking them at face value to assuming an illusion. While the first photograph presents the glass stumps as elegant pedestals, the second immerses the viewer in a scene that is in search of a story. To say nothing of art-historical references and allusions.

The book often juxtaposes such photographs – not without didactic intention. The different perspective, the different state and the apparent transitions from material to immaterial through the influence of light thus become abundantly clear. These above descriptions put into words the type of change/dissolution that objects undergo depending upon the intensity, direction and number of sources of the light to which they are exposed. In Wolfgang Gäfgen's work, light is the sine qua non, the basis for everything, which, considered in isolation – as we are referring exclusively to photography – is in itself a truism. For this reason, additional reference to the objects photographed is required. These objects have two characteristics: they affect the light that falls on them and they are taken from a store of objects that is not very large, but is very special and also leaves a trail to the artist himself. They reflect not only the light but their author, too.

They include his mother's lace spread, with its filigree, net-like structure, that has often appeared in his works over the years. Fabrics in general: either velvet that when well illuminated subtly shimmers like a waterfall, or textiles with striking patterns, such as a leopard print, and scarves that have eye-catching graphic designs or that can cast interesting folds. Then there are all the objects that can reflect or refract light: the silverware, scissors and tin cans, the broken stems of wine glasses (an entire box of which is said to exist), the glass marbles and shards of mirrors, transparent and coated foils, vases in various shapes and with different surface characteristics, board-game pieces, knife rests, silver-paper chocolate and confectionary wrappers and the carpet beater. Not all of these objects and accessories are *objets trouvés*. Some of the principal characters were specially made for these photo sessions: for example, the solid glass balls in various sizes, woodprint stencils, collage materials (the eye), the paper-cut silhouette and, of course, the typeset words such as "Oeuvres" and "Immortel" which feature in an entire series of photographs.

Paris s'éveille

From the mid-1970s onwards, Wolfgang Gäfgen increasingly created his own mise-en-scènes exclusively for the camera. He did this in his Paris studio

(F) été là, tout d'abord dans la Stuttgarter Akademie, plus tard dans le studio de son ami photographe de Stuttgart, Uwe Seyl. C'est là que naissent les photographies avec de grandes vitrines, les séries de chaises attachées avec pince-étau, les accumulations de tréteaux de tables, les plaques de tables et de miroirs et surtout ses propres mises en scène des dernières années.

Paris est dans l'après-guerre la capitale européenne de l'art par excellence. Otto Dix n'avait pas eu tort quand il recommanda à son étudiant Wolfgang Gäfgen de ne pas retourner à Hambourg mais lui indiqua le chemin vers la capitale française. C'est là qu'au début des années 1960 se retrouve l'élite des arts : des artistes européens importants se sont installés dans cette ville. C'est de Paris que de nombreuses galeries opèrent. Paris est le centre européen du commerce de l'art. Une offre importante d'œuvres de haute valeur se constitue. Avec la demande, les meilleurs lithographes, graveurs et imprimeurs se sont retrouvés à Paris. L'apogée du Surréalisme est passée depuis longtemps, même si le mouvement résonne encore. Certains de ses représentants – André Breton, Man Ray, Max Ernst ou encore Marcel Duchamp – sont encore vivants et travaillent au legs et au mythe du mouvement. Les grands protagonistes de ce mouvement artistique font leurs adieux, portant sur leurs épaules une nouvelle génération. L'artiste et auteur Guy Debord pose la première pierre du mouvement de mai 1968 avec son livre *La Société du Spectacle.* À Paris, la photographie a une tradition de plus d'un siècle. L'arc se tend des expositions des catacombes de Paris de Nadar (dans les années 1860) à Ernst Maywald photos de mode de la haute couture (années 1950) et à la création de la Fondation et des Archives Henri Cartier-Bresson (2003) dans le quartier de Montparnasse, au 2 impasse Lebouis. En 1961, Wolfgang Gäfgen quitte le Neckar pour la Seine.

Immortel et donc hors du temps

Les héros de la photographie susnommés n'ont pas une pertinence immédiate pour la production photographique de Wolfgang Gäfgen. Ils posent cependant un critère général, un poids, une évaluation. Au départ, Wolfgang Gäfgen ne prend pas des photos de situations, pas de portraits, pas de paysages ou de *Street photography*, il n'établit pas des témoignages, il n'est guidé par une intention ni documentaire ni démoscopique. Ce qui est important pour la réception, comme pour la production sont les photographes d'autrefois déjà nommés du Bauhaus László Moholy-Nagy et Walter Peterhans et leur développement et méthodologie d'aspects optiques-physiques dans le medium de la photographie, au sens d'une utilisation artistique. Ce faisant, Moholy-Nagy s'intéresse à des innovations techniques dans l'éclairage, le développement et le traitement des photos. Ce qui est intéressant chez Peterhans, qui tend plus à l'expérimentation qu'à la perfection, sont ses natures mortes, qu'il aménage au millimètre près. Les objets et matériaux qu'il met en scène sont choisis en raison de leur effet lumineux particulier et subissent pour l'esthétique photographique des déformations acribiques.

(D) trouvés. Bestimmte Hauptdarsteller wurden eigens für diese Fotosessions hergestellt, zum Beispiel die massiven Glaskugeln in verschiedenen Größen, Schablonen aus den Holzdrucken, collagiertes Material (das Auge), das Scherenschnittprofil und natürlich die Wortmodelle, wie „Oeuvres" oder „Immortel", zu denen ganze Serien an Aufnahmen existieren.

Paris s'éveille

Ab Mitte der 1970-er Jahre beginnt Wolfgang Gäfgen mehr und mehr mit eigenständigen, ausschließlich für die Kamera bestimmten Inszenierungen. Ort dafür ist sein Pariser Atelier in der Rue de l'Aude im 14. Arrondissement, das über ein hohes Fenster aus Glasbausteinen verfügt. Diese Lichtquelle wird für seine Fotografie zum einen durch seine rasterartige Einteilung grafisch interessant, darüber hinaus auch als diffuse Lichtquelle für die Mises en Scène, die in dem großzügigen Raum zur Aufführung kommen. Der Platzbedarf stellt zu keiner Zeit ein zwingendes Argument für die Arbeit mit der Kamera dar. In den allermeisten Fällen macht die Bühne für die Szenografie die Größe eines Tisches aus, findet genügend Platz in einem Kellerraum des Esslinger Hauses. Die Möglichkeit, in große Räume auszuweichen, war immer gegeben, zunächst in der Stuttgarter Akademie, später im Fotostudio des befreundeten Stuttgarter Fotografen Uwe Seyl. Hier entstehen die Fotografien mit den großen Vitrinen, die Serien des mit Schraubzwingen gefesselten Stuhls, die Konglomerate aus Tischböcken, Holz- und Spiegelplatten und vor allem die Selbstinszenierungen aus den letzten Jahren.

Paris ist in der Nachkriegszeit die europäische Kunstkapitale schlechthin. Otto Dix lag nicht falsch, als er dem Kunststudenten Wolfgang Gäfgen empfahl, nicht nach Hamburg zurückzukehren, sondern ihm den Weg in die französische Hauptstadt wies. Zu Beginn der 1960-er Jahre trifft sich die Künstlerelite hier, bedeutende europäische Künstler haben sich in der Stadt gar niedergelassen. Viele Galerien operieren von Paris aus, der Kunsthandel hat seine europäische Zentrale hier. Um die bildende Kunst herum bildet sich ein dichtes Angebot an hochwertigem Kunsthandwerk aus. Durch die rege Nachfrage haben sich die besten Lithographen, Radieranstalten und Drucker in Paris eingefunden. Die hohe Zeit des Surrealismus ist schon geraume Zeit vorüber, wiewohl er noch immer nachklingt. Einige seiner bedeutenden Vertreter – André Breton, Man Ray, Max Ernst und auch Marcel Duchamp – sind noch am Leben und arbeiten am Vermächtnis und am Mythos der Bewegung. Die großen Protagonisten der Kunstentwicklung ab der Mitte des 20. Jahrhunderts nehmen ihren Abschied und auf ihren Schultern steht eine nächste Generation. Der Künstler und Autor Guy Debord legt mit seinem Buch *Die Gesellschaft des Spektakels* einen Grundstein für den Mai 1968. In dieser Stadt hat die Fotografie auch eine lange, über hundertjährige Tradition. Der Bogen lässt sich spannen von Nadars berühmten Langzeitbelichtungen der Pariser Katakomben (1860-er Jahre) über Ernst Maywalds stilbildende Modeaufnahmen der Haute Couture (1950-er Jahre) oder die Gründung von Stiftung

(E) in Rue de l'Aude in the 14th arrondissement which had a tall window made of glass bricks. This light source was graphically interesting for his photography due to its grid-like divisions and due to the diffuse light it provided for his mise-en-scènes that were created in the spacious room. Lack of space was never a compelling concern for his work with the camera. The stage for his scenography was usually about the size of a table, for which there was enough space in a cellar room in his house in Esslingen. He always had the option of using larger rooms: initially in the Stuttgart Academy and then later in the photographic studio of a friend, the Stuttgart-based photographer Uwe Seyl. This was where the photographs with the large cabinets were created, as well as the series with the clamped chair, the conglomerates featuring trestles, wooden panels and mirror plates and, especially, the self-portraits of his later years.

In the post-war era, Paris is the European art capital per se. Otto Dix was not wrong when he advised Wolfgang Gäfgen as an art student to make his way to the French capital, instead of returning to Hamburg. In the early 1960s, this is where the elite of the art world congregates, and renowned European artists have even made the city their home. Numerous galleries operate out of Paris, and it is the European art-dealing centre. A huge range of high-quality artistic craftwork is to be found in the city. The high demand has brought the best lithographers, etching companies and printers to Paris. The heyday of Surrealism has long since passed, but it still lingers. Some of Surrealism's most renowned exponents – André Breton, Man Ray, Max Ernst and Marcel Duchamp, too – are still alive and working on the legacy and myth of the movement. The great protagonists of artistic development from the mid-20th century are bidding farewell and the next generation is standing on their shoulders. With his book *The Society of the Spectacle*, artist and author Guy Debord lays the foundation for the events of May 1968. Photography also has a more than a century-long tradition in this city. The arc can be traced from Nadar's famous time exposures in the Paris catacombs (1860s), to Willy Maywald's style-influencing haute couture fashion photography (1950s), through to the Henri Cartier-Bresson Foundation and archive (from 2003) at 2 Impasse Lebouis in the city's Quartier du Montparnasse. In 1961, Wolfgang Gäfgen leaves the River Neckar for the River Seine, to be right in the thick of things.

Immortel and Therefore Timeless

The heroes of photography referred to above are not immediately relevant for Wolfgang Gäfgen's photographic output. However, they do provide a general standard, a priming charge, a weighting. His photographic approach is not oriented towards situational shots, portraits, landscapes or street photography; nor does he aim at creating contemporary witness photography or have documentary or demoscopic intentions. Of importance for the perception and also for the production are the above-mentioned early Bauhaus photographers, László Moholy-Nagy and Walter Peterhans. They both represent the development and methodisation

(F) Pour une classification approfondie des travaux de Wolfgang Gäfgen, il faut encore nommer deux autres artistes, un peu plus jeunes que ceux précédemment nommés : Man Ray et WOLS. Tous deux sont peintres et se font tout d'abord un nom comme portraitistes, principalement dans le milieu de l'art. Ce qui est intéressant dans ce contexte au sujet de Man Ray, c'est son style de photographe abstrait et ses arrangements plus tardifs surréalistes, en particulier ses endoscopies et doubles éclairages. Les photographies de WOLS touchent aussi au surréel et au fantastique, comme les motifs de poupées de mode, dont les parties du corps et les torses qu'il accumule prennent en perspective un aspect dramatique. Mais aussi les séries des natures mortes, qui ne semblent survenir que comme des arrangements du hasard, car leur position, leur combinaison, leur éclairage et le choix des arrière-plans renvoient en grande partie à des mises en scène.

Les photographies qui s'intéressent avec une certaine exclusivité aux objets ne datent pas seulement des surréalistes. Mais sous leur égide se sont développées une sensibilité et une attention particulières, à condition de considérer les choses dans leur apparence et non selon leur fonction. C'est pourquoi le dictat du poète français Lautréamont, flambeau des premiers Surréalistes, *belle est la rencontre inattendue d'une machine à coudre et d'un parapluie sur une table de dissection*, est encore quelque peu valable pour les natures mortes de Wolfgang Gäfgen.

Ce livre donne un aperçu de l'œuvre photographique de Wolfgang Gäfgen. La photographie est en rapport direct avec ses autres activités artistiques : dessins, impressions sur bois, silhouettes et graphiques. Son traitement de l'espace et des surfaces, dans des perspectives honorées ou ignorées, dans l'illusoire et le mimétique, s'étire comme un fil rouge à travers tous ces media.

L'occupation quasi exclusive avec la photographie a ses raisons. Des techniques élaborées avec un fort travail corporel, comme le réclament les impressions sur bois en grand format et gravures à l'eau-forte d'une extrême intensité, ne sont plus possibles à son âge. D'autre part, l'œuvre entière coule dans le medium de la photographie, tout ce qui importe à l'artiste Wolfgang Gäfgen. Les objets qui apparaissent de manière récurrente dans ses mises en scène sont les accessoires et les justificatifs de toute une vie d'artiste. Les photographies sont de petites vitrines dans lesquelles tout semble avoir été conservé. À commencer par les modèles de lettres de l'alphabet, qui peuvent être la traduction des années d'apprentissage, les napperons en dentelle et la tapette à tapis, une fête de la forme et le souvenir de la maison des parents. De prime abord.

Dans une série de photographies qui ne sont pas reproduites dans le livre, l'artiste fait son propre portrait. Enroulé dans un carton grisâtre ou avec une étoffe argentée sur les épaules, dans d'autres variantes habillé comme dans la rue avec une veste ou un imperméable, il est assis par terre, les semelles de ses chaussures usées étendues à hauteur d'yeux des passants. Dans quelques photos de la série, Gäfgen porte un masque de guérillero qui cache son identité,

(D) und Archiv von Henri Cartier-Bresson (seit 2003) im Stadtteil Montparnasse, 2 Impasse Lebouis. Wolfgang Gäfgen zieht 1961 vom Neckar an die Seine, er ist mittendrin.

Immortel und deshalb zeitlos

Die zuletzt genannten Fotoheroen sind für Wolfgang Gäfgens fotografische Produktion zwar nicht von unmittelbarer Relevanz. Sie setzen jedoch einen allgemeinen Maßstab, eine Aufladung, eine Gewichtung. Sein fotografischer Ansatz orientiert sich nicht an situativen Aufnahmen, an Porträt, an Landschaft oder Street Photography, er legt es nicht auf Zeitzeugenschaft an, weder leiten ihn eine dokumentarische noch eine demoskopische Absicht. Wichtig für die Rezeption und wohl auch für seine Produktion sind die schon genannten frühen Fotografen am Bauhaus László Moholy-Nagy und Walter Peterhans. Beide stehen für die Entwicklung und Methodisierung optisch-physikalischer Aspekte im Medium der Fotografie, im Sinn einer künstlerischen Anwendung. Dabei gehört Moholy-Nagys Interesse den technischen Innovationen, beim Belichten, beim Entwickeln und der Fotobearbeitung. Interessant bei Peterhans, der weniger zum Experiment als zur Perfektion neigt, sind dessen Stillleben, die er millimetergenau einrichtet. Die dabei in Szene gesetzten Gegenstände und Materialien sind auf ihre je besondere Lichtwirkung ausgewählt und erfahren für die fotografische Ästhetik akribische Zurichtung.

Für eine weitere Einordnung der Arbeiten Wolfgang Gäfgens seien noch zwei andere Künstler, etwas jünger als die vorgenannten, hinzugezogen: Man Ray und WOLS. Beide sind sie Maler und machen sich zunächst als Porträtfotografen vor allem im französischen Künstlerumfeld einen Namen. Interessant in unserem Kontext ist bei Man Ray sein früher abstrakter Fotogramm-Stil und die späteren surreal-traumhaften Arrangements, insbesondere unter Einbeziehung von Spiegelungen und Doppelbelichtungen. Auch WOLS' Aufnahmen rühren an das Surreal-Phantastische, wie die Motive von Modepuppen, deren Körperteile und Torsi, die er akkumuliert, perspektivisch und in dramatischer Ausleuchtung aufnimmt. Aber auch die Serien der Stillleben, die nur scheinbar als zufällige Arrangements daherkommen, da deren Platzierung, Kombination, die Beleuchtung und die Wahl der Untergründe auf ein hohes Maß an Inszenierung verweisen.

Fotografie, die sich künstlerisch mit einer gewissen Ausschließlichkeit mit Gegenständen befasst, gibt es nicht erst seit dem Surrealismus. Aber unter ihrer Ägide entwickelt sich eine besondere Sensibilität und Aufmerksamkeit, mit der Bedingung, die Dinge auf ihre Erscheinung und weniger auf ihre Funktion hin anzusehen. Insofern behält das Diktum des französischen Dichters Lautréamont, das den frühen Surrealisten als Fanal galt, schön sei *die unerwartete Begegnung einer Nähmaschine und eines Regenschirms auf einem Seziertisch*, auch für die Stillleben Wolfgang Gäfgens noch ein wenig Gültigkeit.

Das vorliegende Buch gewährt einen Einblick in das fotografische Werk Wolfgang Gäfgens. Die Fotografie steht in unmittelbarem Zusammenhang

(E) of optical-physical aspects in the medium of photography in the sense of an artistic application. Moholy-Nagy was interested in technical innovations concerning lighting, developing and photographic processing. What is interesting about Walter Peterhans, who tended away from experiments and more towards perfection, is his still-life photographs which he staged with millimetre precision. The objects and materials photographed were selected for their reaction to light and were positioned meticulously in order to achieve the best photographic aesthetic.

Two other artists, somewhat younger than the aforementioned, are worth mentioning in order to further classify Wolfgang Gäfgen's works: Man Ray and WOLS. Both were painters and initially made names for themselves in the French art scene as portrait photographers. Of interest in our context is Man Ray's early abstract photograms and, later, his dreamlike surrealistic arrangements, especially with the use of reflections and double exposures. WOLS' photographs touch upon the surreal-fantastical in his fashion mannequin motifs, for example, in which the limbs and torsos he accumulated are photographed with an emphasis on perspective and in dramatic lighting. This also applies to his still-life images which only appear to be of coincidental arrangements, but in which the positioning, combination, lighting and backgrounds point to a high degree of staging.

Photography that artistically and almost exclusively deals with objects predates the Surrealist movement. But it was under its aegis that a special sensibility and interest developed, with the condition that objects should be observed with their appearance and not their function in mind. In this respect, the dictum of the French poet Lautréamont, who was considered a torchbearer by early Surrealists, also applies to the still life photography of Wolfgang Gäfgen, when he claimed that beauty was *the chance meeting, on a dissecting table, of a sewing machine and an umbrella.*

This book provides an insight into the photographic work of Wolfgang Gäfgen. His photography is directly connected to his other artistic activities: drawing, wood printing, paper cutting and graphics. His use of space and surfaces, with visible and removed perspective, with the apparent and the mimetic, constitute the common thread that runs through all of these media.

His almost exclusive engagement with photography has its reasons. Complicated work techniques that require a great deal of physical effort, as is the case with large-format wood printing and its extremely intensive etching techniques, are no longer possible in old age. On the other hand, the medium of photography allows the convergence of the entire œuvre and everything that is important to Wolfgang Gäfgen as an artist. The objects that appear repeatedly in his images are the accessories and evidence from an entire lifetime in art. The photographs are small showcases in which everything appears to have been stored, starting with the typeset words that may stand for the

(F) feuillette un livre d'art ou dirige sa main en jurant sous serment vers la caméra. Nous reconnaissons le matériau de ses natures mortes : les mots « Oeuvres » et « Immortel », des billes et des débris de miroirs. Il s'agit de nouvelles mises en scène ironiques de motifs iconiques de l'histoire de l'art : le peintre espagnol Diego Velázquez (1599 – 1660) a peint une série de portraits de nains et de fous, condamnés à amuser la cour d'Espagne ou à servir de jouets aux enfants. Velázquez montrait par exemple le Fou du roi Pablo de Valladolid dans l'attitude déclamatoire de l'acteur, le Fou du roi Don Diego de Acedo, un nain nommé el Primo, assis avec un grand folio sur les genoux, tandis que les Fous du roi Sebastián de Morra et Juan de Calabazas sont montrés assis par terre avec – comme dans l'hommage photographique de Gäfgen – une écharpe sur les épaules ou des objets au sol se reflétant en miroir.

Quelles possibilités d'interprétation suggère cette série de photos impressionnante de Wolfgang Gäfgen ? L'artiste d'aujourd'hui comme le prestataire de services du XVIIème siècle semble servir des plaisanteries et des frasques sans importance, mais tous deux utilisent leur couverture sociale pour jouer le rôle du marginal insensé, leurs attitudes esthétiques pour habiller en formes et en mots des vérités souvent insolites ou explicatives, que l'on peut déchiffrer à sa guise après réflexion.

(D) mit seiner sonstigen künstlerischen Beschäftigung: den Zeichnungen, den Holzdrucken, den Scherenschnitten und Grafiken. Sein Umgang mit Raum und Fläche, mit eingelöster und verweigerter Perspektive, mit dem Scheinbaren und dem Mimetischen zieht sich als roter Faden durch all diese Medien.

Die fast ausschließliche Beschäftigung mit der Fotografie hat ihre Gründe. Aufwändige Arbeitstechniken, mit großer körperlicher Belastung, wie es die großformatigen Holzdrucke und die mitunter extrem intensiven Radiertechniken abverlangen, sind im Alter nicht mehr möglich. Andererseits fließt im Medium der Fotografie das gesamte Œuvre zusammen, alles worauf es dem Künstler Wolfgang Gäfgen ankommt. Die in den Inszenierungen wiederkehrend auftauchenden Gegenstände sind die Accessoires und Belege eines gesamten Künstlerlebens. Die Fotografien sind kleine Vitrinen, in denen alles aufgehoben scheint. Angefangen bei den Buchstabenmodellen, die für die Lehrjahre als Schriftsetzer stehen mögen, die Spitzendecke und der Teppichklopfer, eine Feier der Form und Erinnerung ans Elternhaus. So weit, so vordergründig.

In einer Serie von Fotografien, die nicht im Buch abgebildet sind, porträtiert sich der Künstler selbst. Eingewickelt in graue Pappe oder mit Silbertuch über der Schulter, in anderen Varianten in Straßenkleidung mit Jackett oder Regenjacke sitzt er am Boden, die Sohlen seiner abgetragenen Schuhe den Betrachtern, gleichsam auf Augenhöhe, weit entgegengestreckt. In einigen Fotos der Serie trägt Gäfgen eine schwarze Guerillamaske, die seine Identität verschleiert, blättert in einem Kunstbuch oder greift beschwörend mit der Hand in Richtung Kamera. Wir erkennen das materiale Inventar seiner Stillleben wieder: die Wortobjekte „Oeuvres" und „Immortel", Glaskugel und Spiegelscherben.

Es handelt sich um selbstironische Re-Inszenierungen ikonischer Motive der Kunstgeschichte: der spanische Maler Diego Velázquez (1599–1660) hat in einer Reihe von Porträts Zwerge und Narren gemalt, die am spanischen Hof, zum Amüsement als Dienstleistung verdammt, die Regentschaft mit witzigen Einfällen zu unterhalten hatten oder den Kindern als Spielgefährten dienten. Den Hofnarr Pablo de Valladolid etwa zeigte Vélazquez in der deklamatorischen Pose des Schauspielers, der kleinwüchsige Narr Don Diego de Acedo, genannt el Primo, sitzt mit einem großen Folianten auf den Knien, während die Hofnarren Sebastián de Morra und Juan de Calabazas von Vélazquez aus leichter Untersicht am Boden sitzend gezeigt werden, mit – wie in Gäfgens fotografischer Hommage – Schultertuch oder spiegelnd reflektierenden Objekten am Boden.

Welche Deutungsmöglichkeiten legt diese eindrucksvolle Fotoserie von Wolfgang Gäfgen nahe? Der Künstler heute wie der höfische Dienstleister des 17. Jahrhunderts scheint Narrheiten und unverbindliche Torheiten anzubieten – aber beide nutzen doch vielmehr ihre gesellschaftliche Deckung in der Rolle des törichten Außenseiters, ihre ästhetischen Attitüden, um nicht selten unbequeme oder auch aufklärende Wahrheiten in Formen und Sprache einzukleiden, die uns zu nachdenklicher Dechiffrierung aufgegeben bleiben.

(E) apprentice years as a compositor and the lace spread and the carpet beater that celebrate shapes and memories of his family home. So much for the superficial.

The artist also took a series of self-portraits that are not to be found in the book. They show him wrapped in grey cardboard, or with a silver shawl over his shoulders, or, in other shots, sitting on the ground wearing street clothes and jacket or raincoat, the soles of his worn-out shoes stuck right out at eye level towards the beholder. In some of these photographs, Gäfgen is wearing a black guerrilla mask that makes him unidentifiable; he is thumbing through an art book or gesturing imploringly with his hand towards the camera. We recognise the objects from his still-life images again: the words "Oeuvres" and "Immortel", glass balls and mirror shards.

These are self-deprecating restagings of iconic motifs from art history: the Spanish painter Diego Velázquez (1599–1660) painted a series of portraits of dwarfs and jesters who were condemned to serve as entertainers at the Spanish court and to amuse the nobles with witty capers or play with the children. For example, Velázquez depicts court jester Pablo de Valladolid in the declamatory pose of an actor; the dwarf jester Don Diego de Acedo, known as El Primo, sits with a large tome on his knees, while court jesters Sebastián de Morra and Juan de Calabazas are depicted from a low vantage point in a sitting position – as in Gäfgen's photographic homage – the one with a shawl over his shoulders, the other with reflective objects on the ground around him.

How should this impressive series of photographs by Wolfgang Gäfgen be interpreted? The artist today, like the 17th-century court servant, seems to offer jests and noncommittal foolery – but in fact, on the contrary, both use their social cover as foolish outsiders and their aesthetic attitudes to clothe often uncomfortable or also enlightening truths in forms and words that they have left to us to contemplate and decipher.

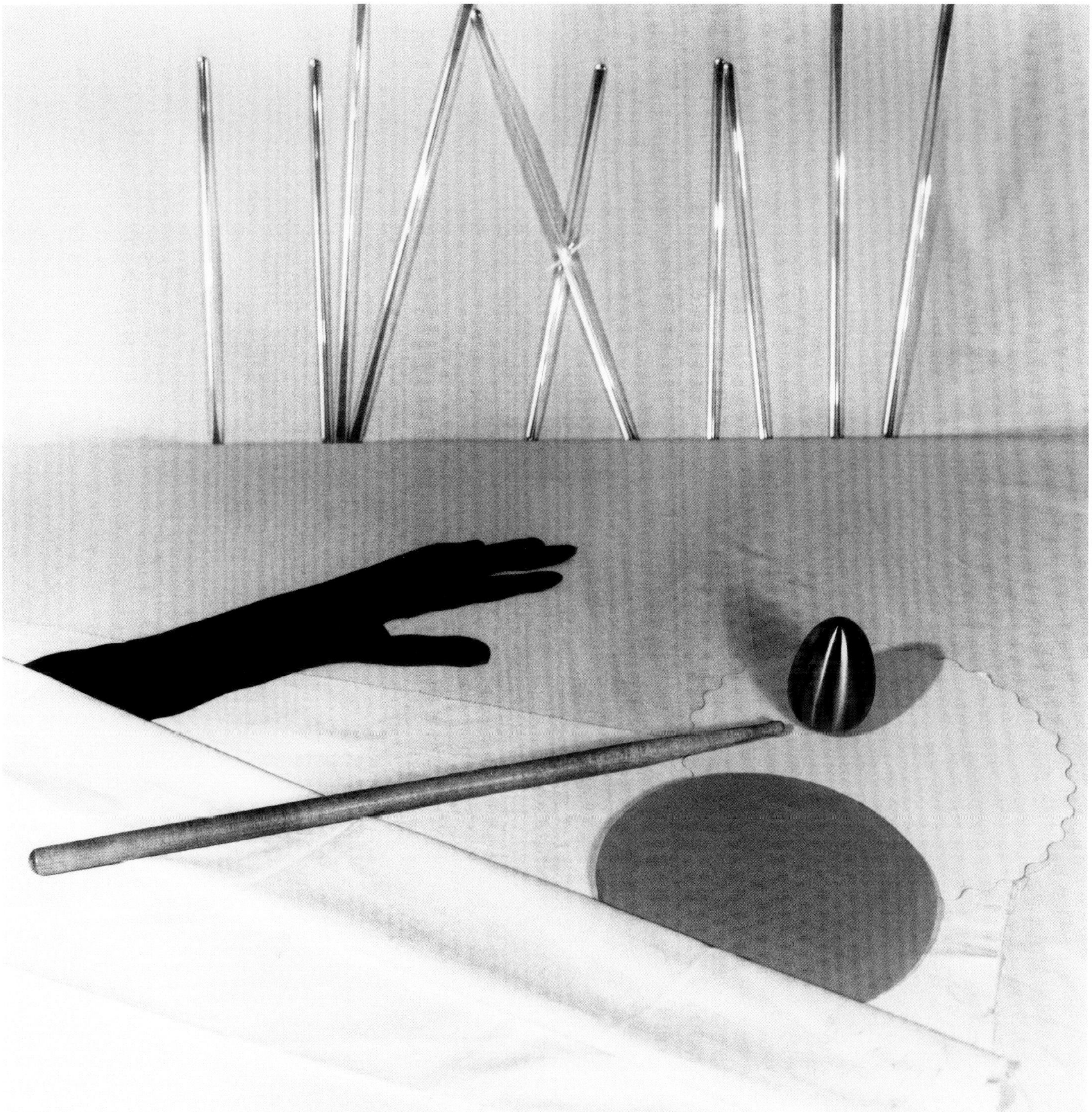

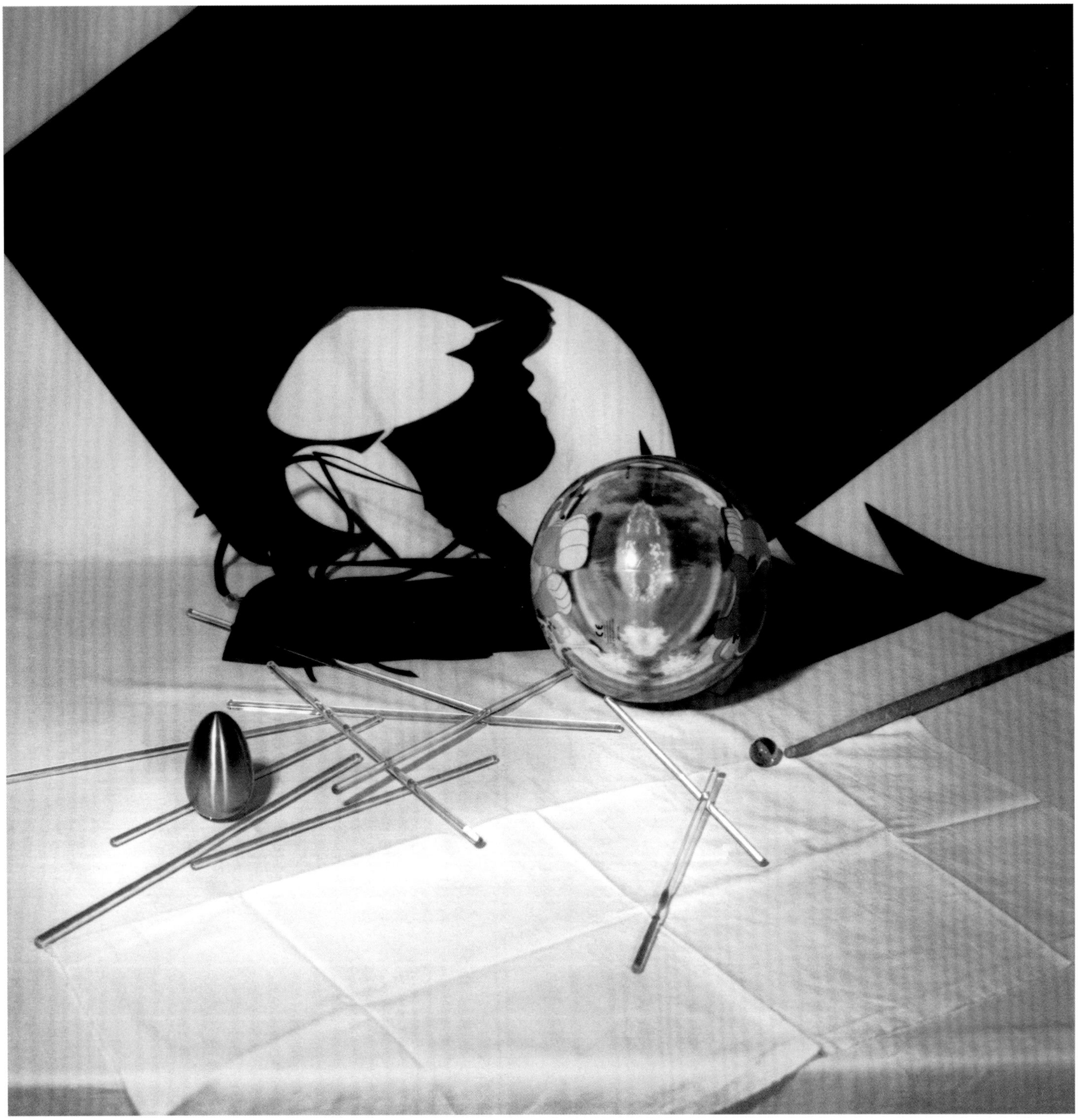

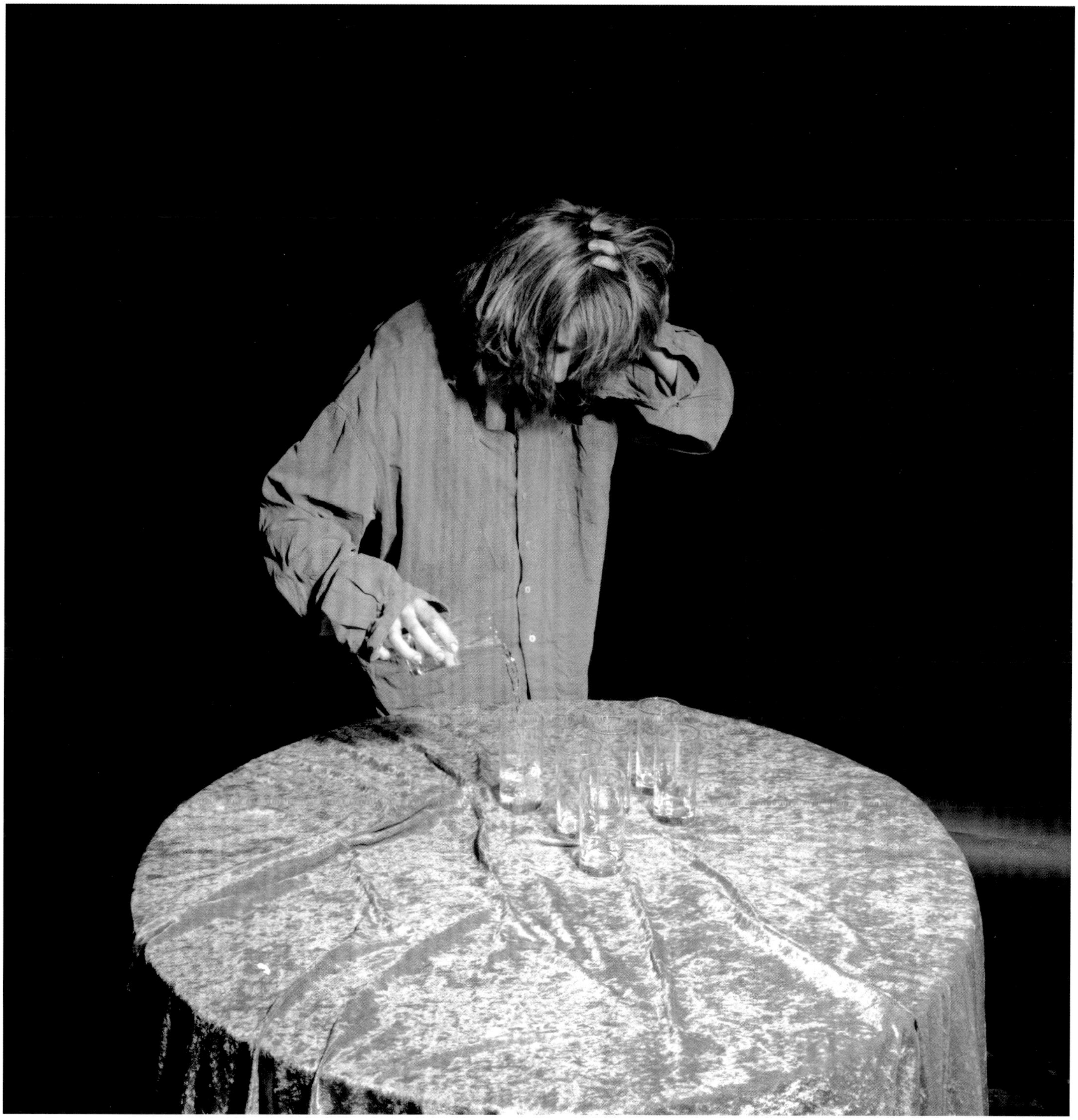

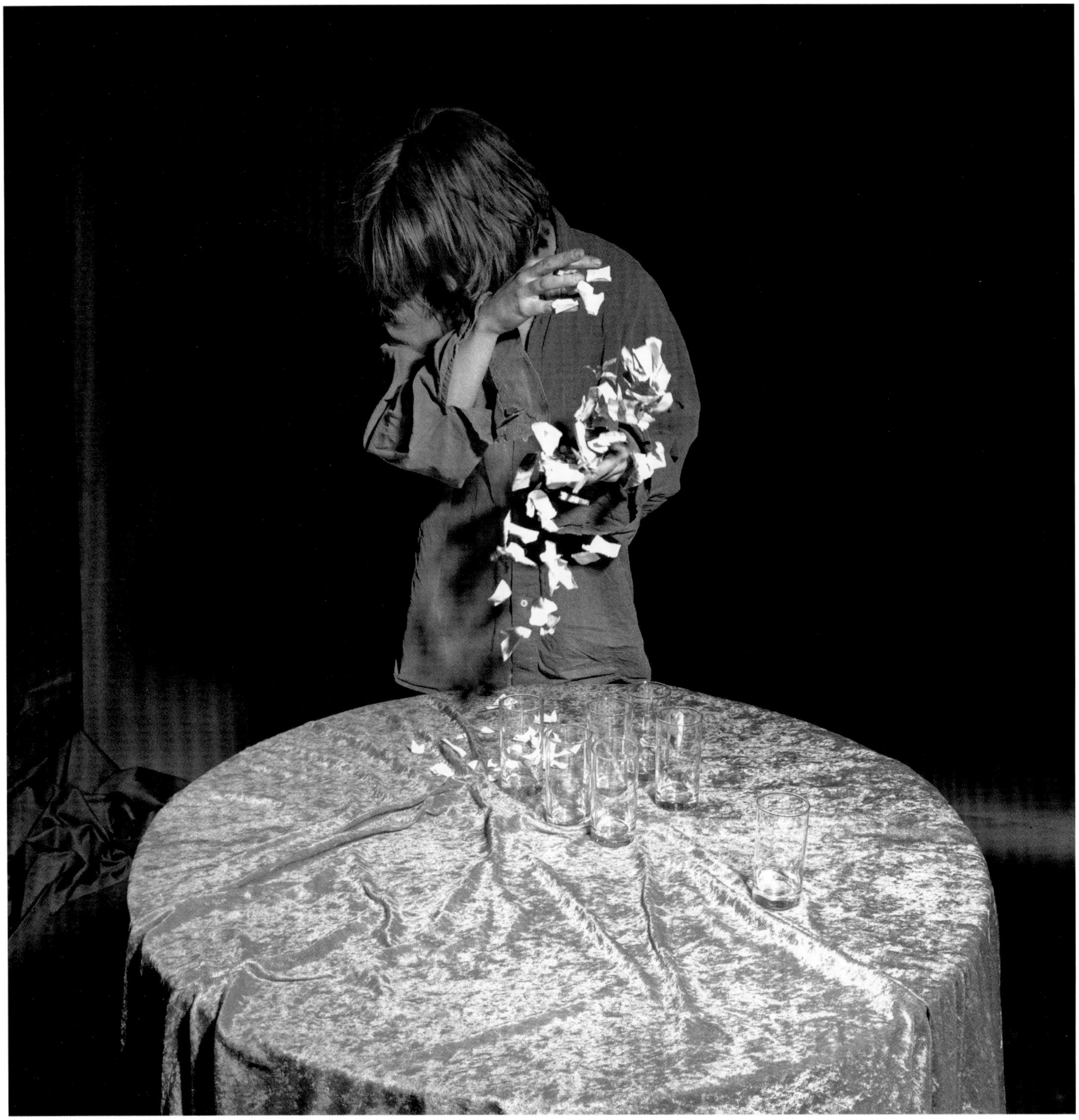

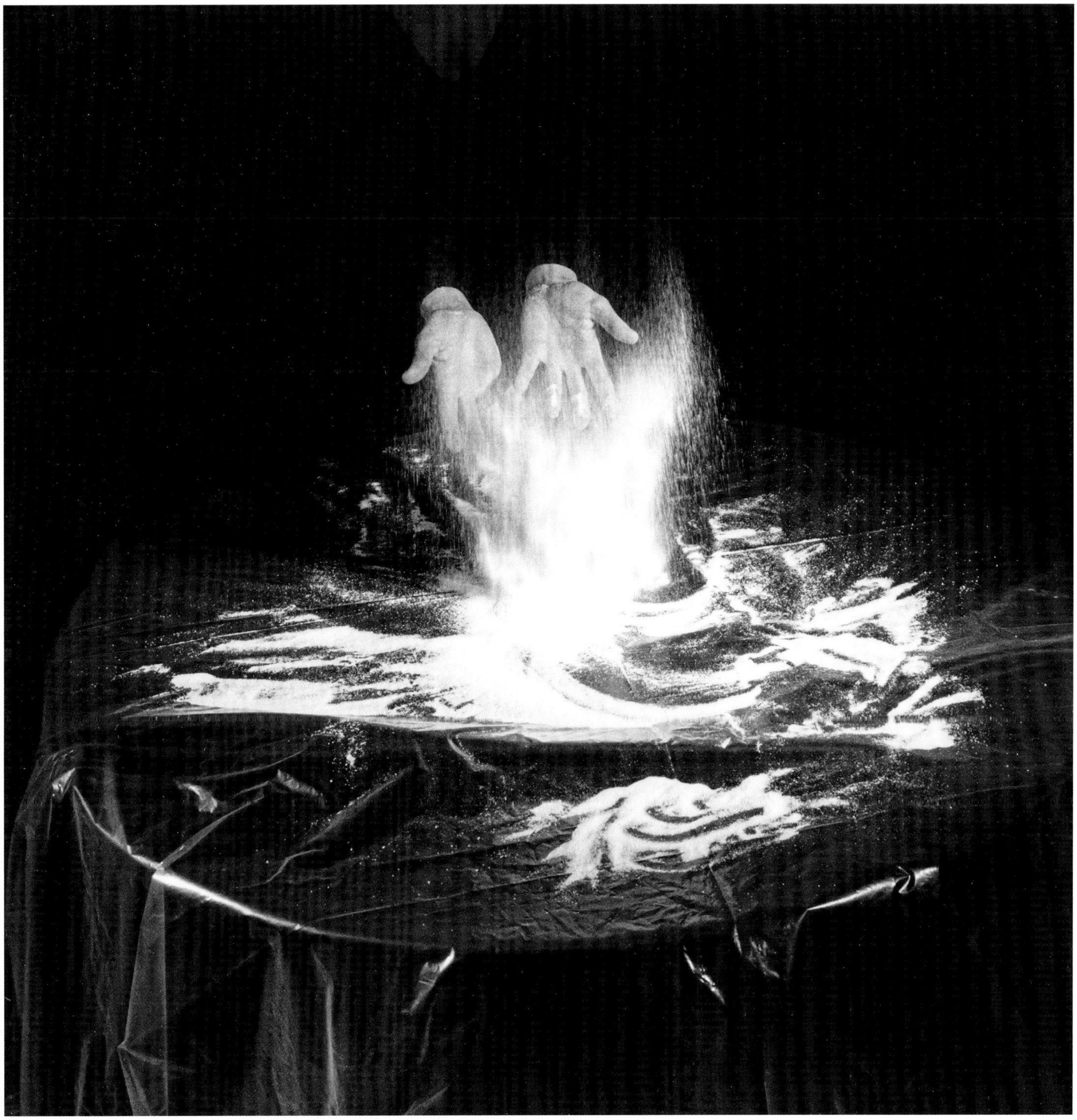

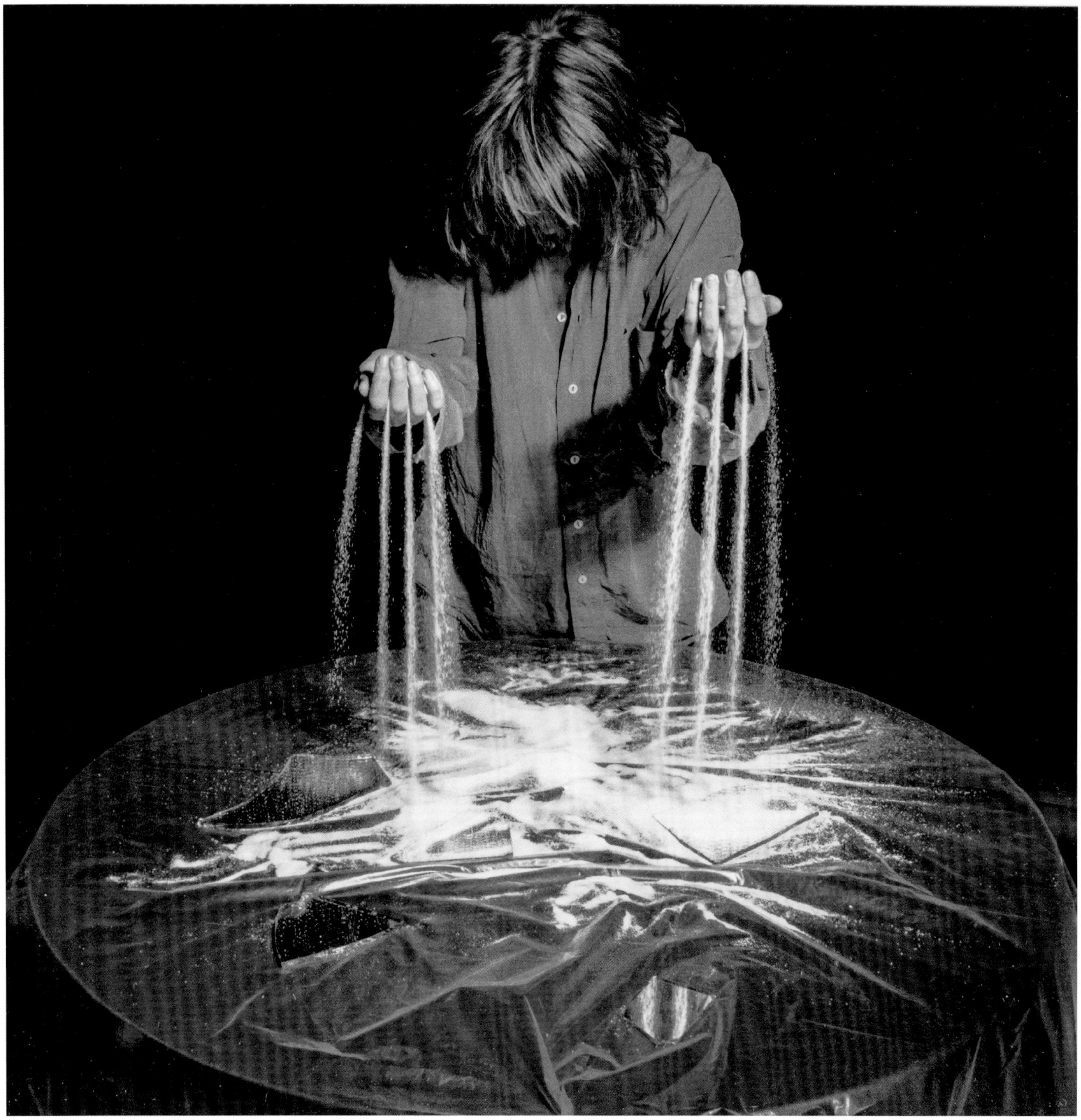

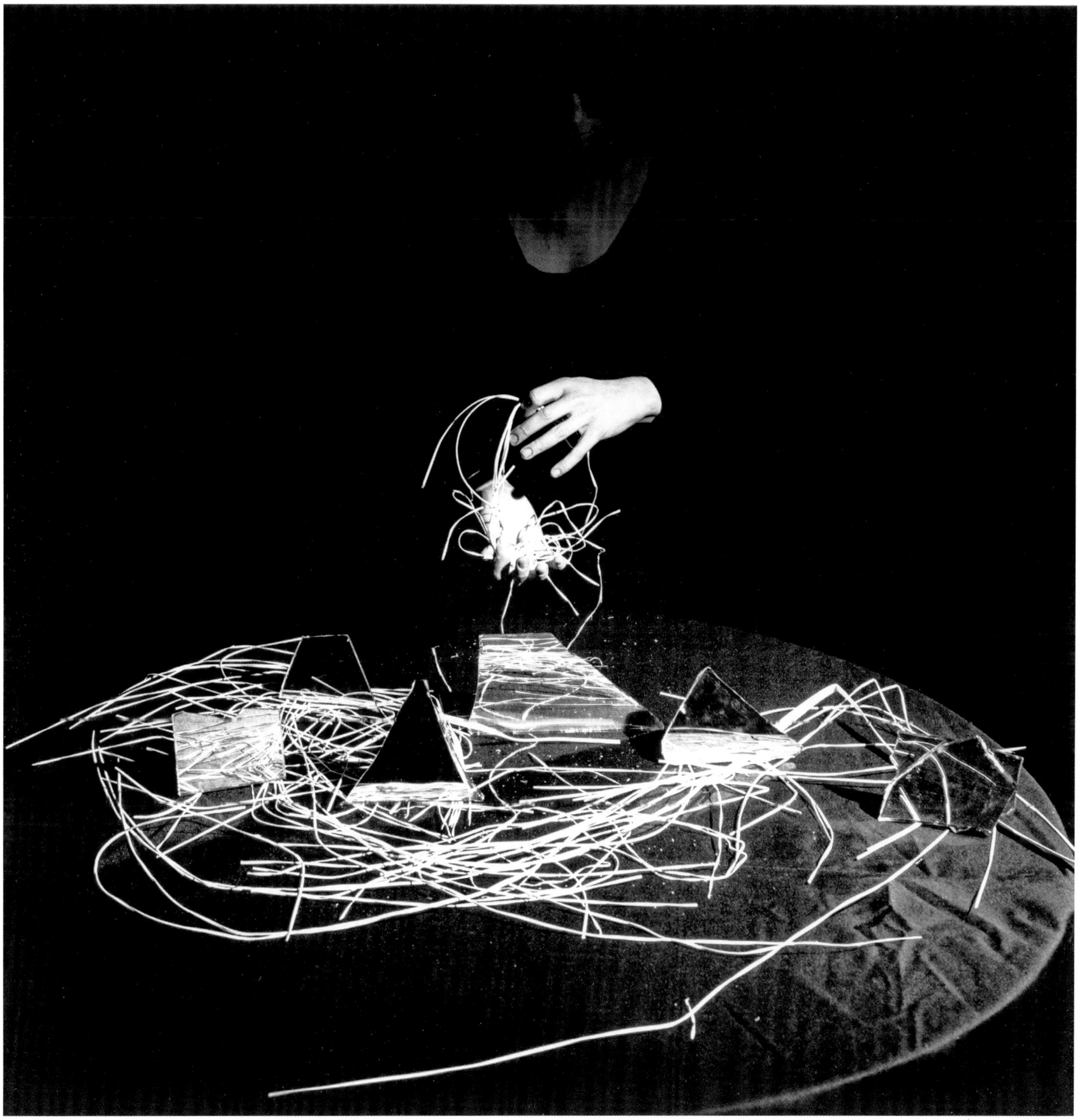

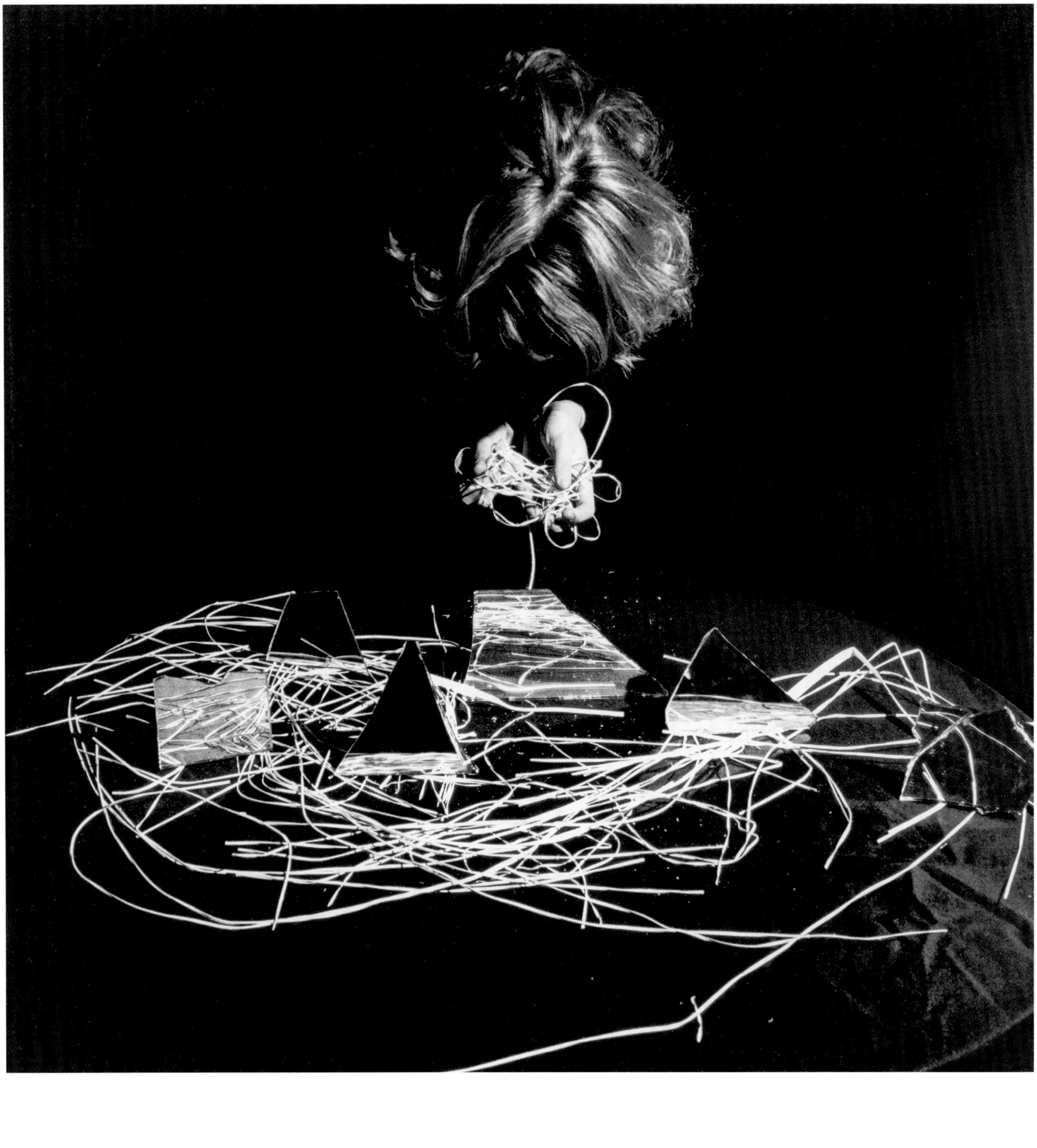

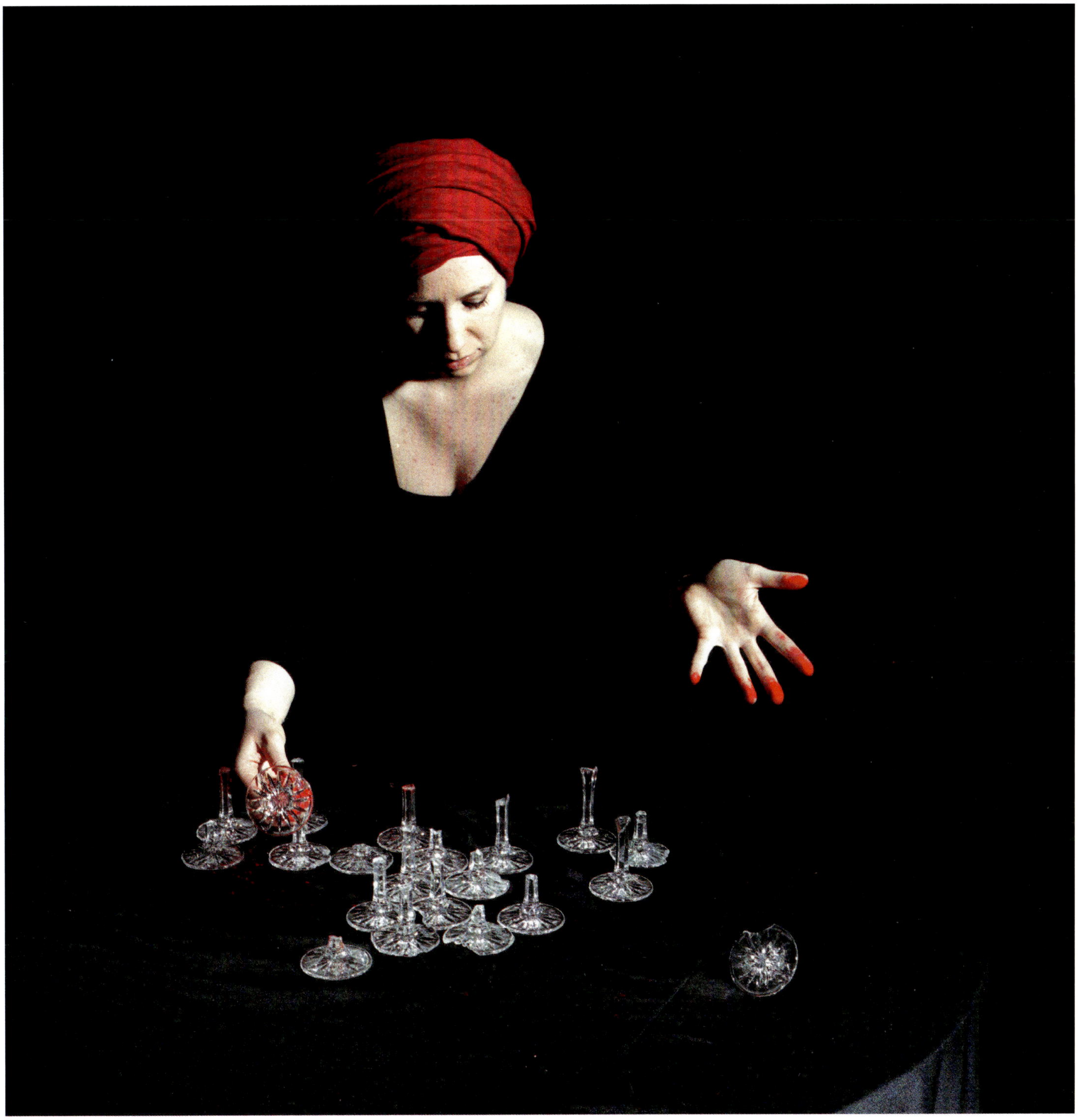

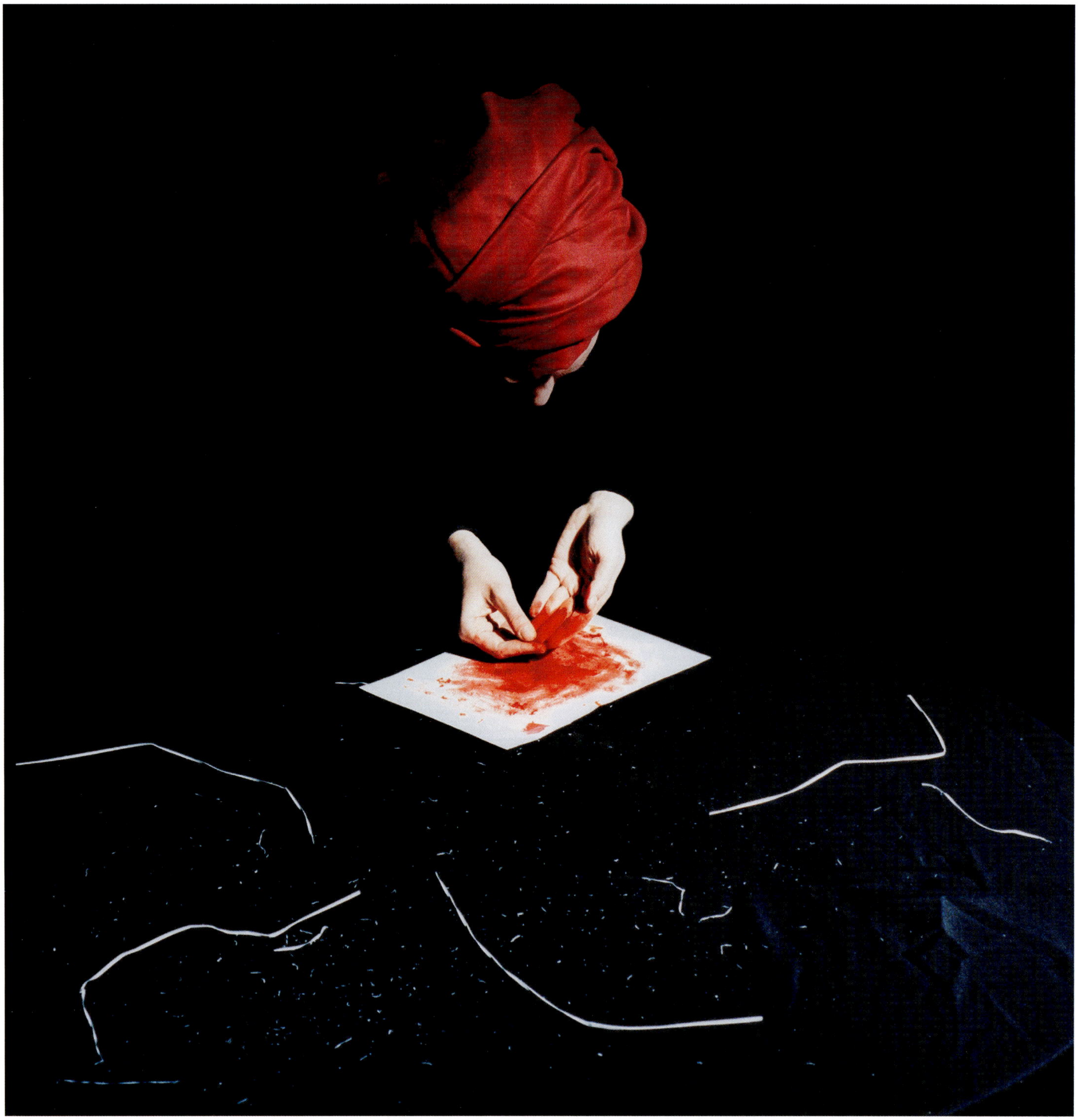

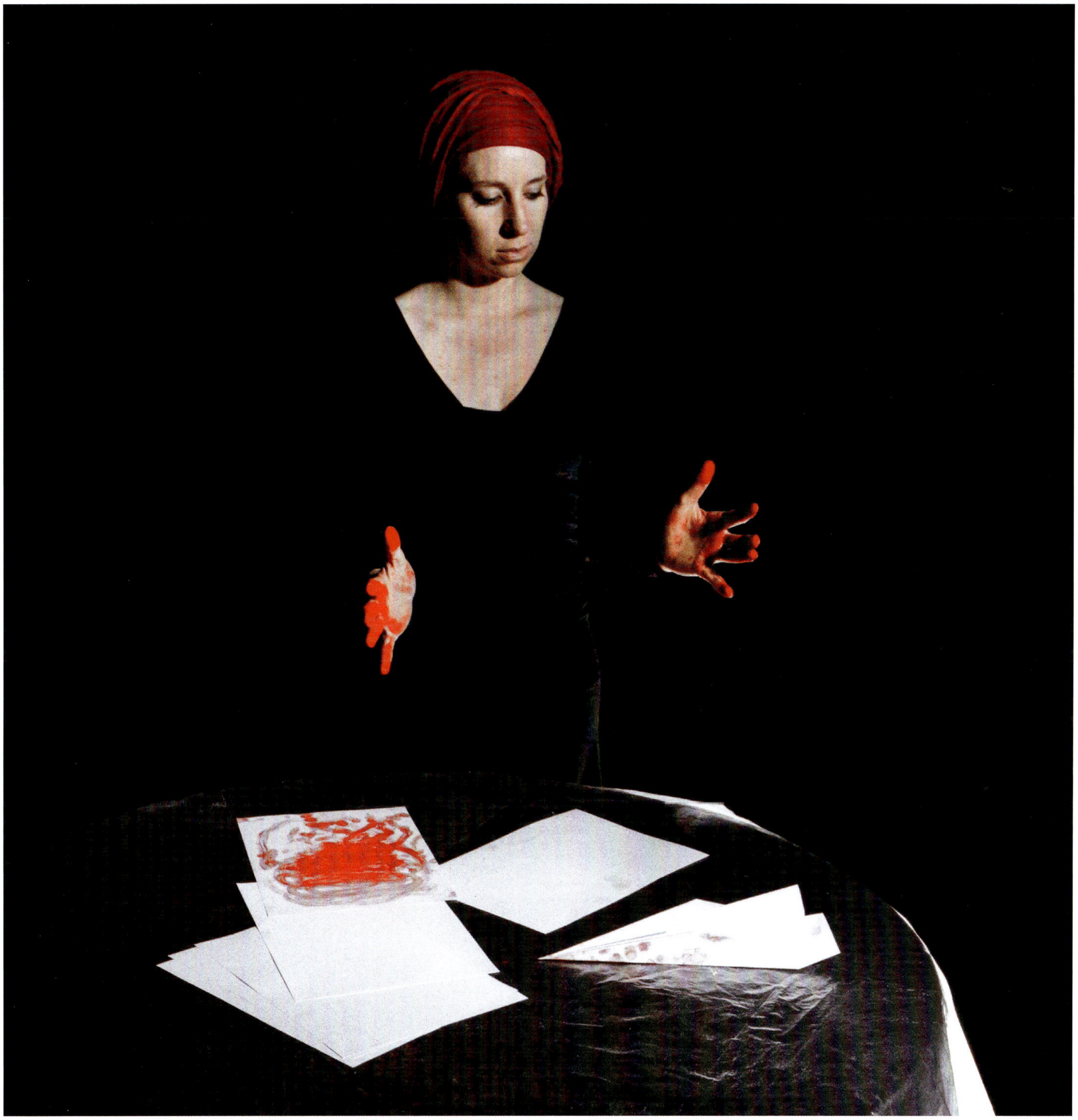

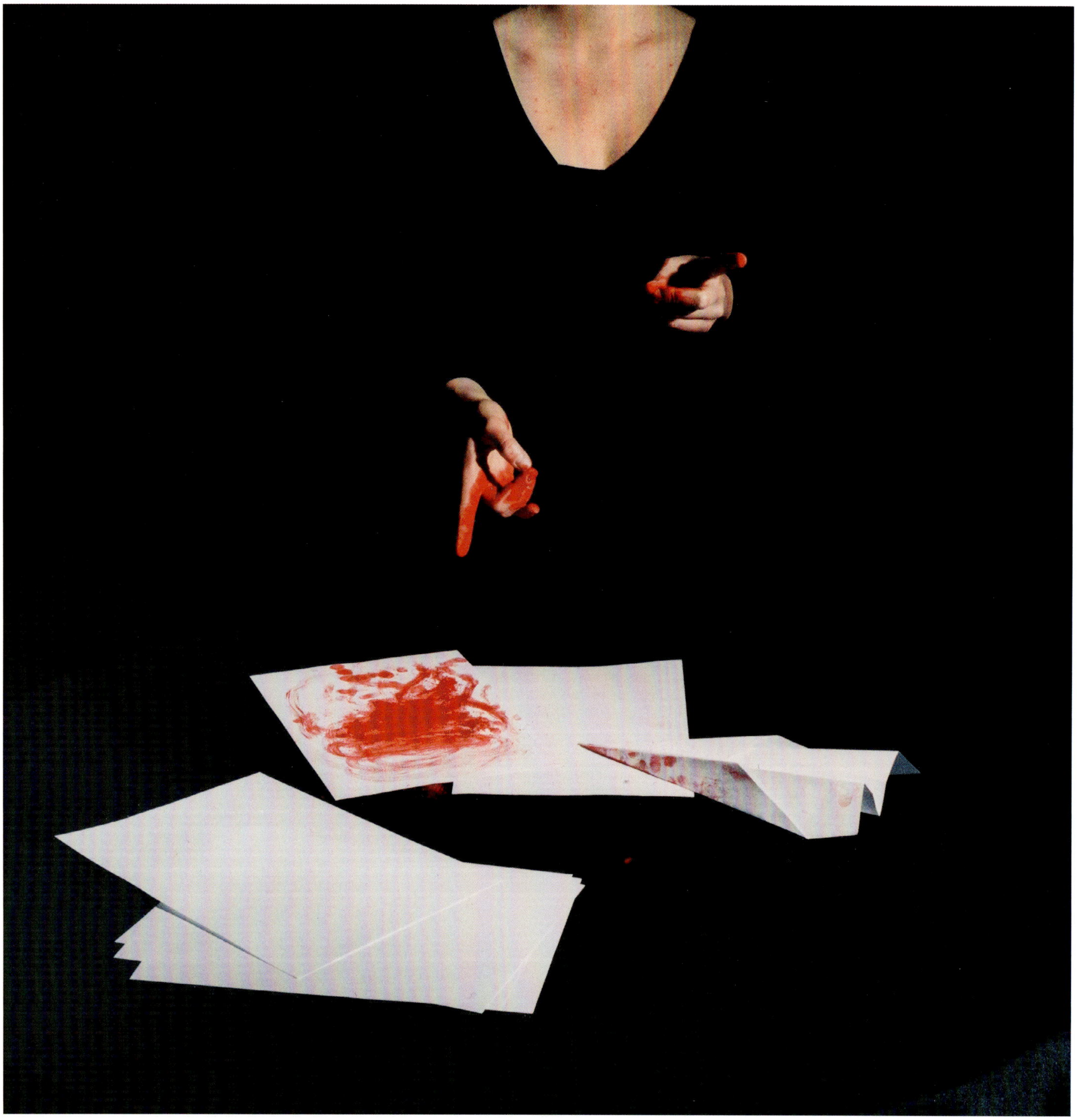

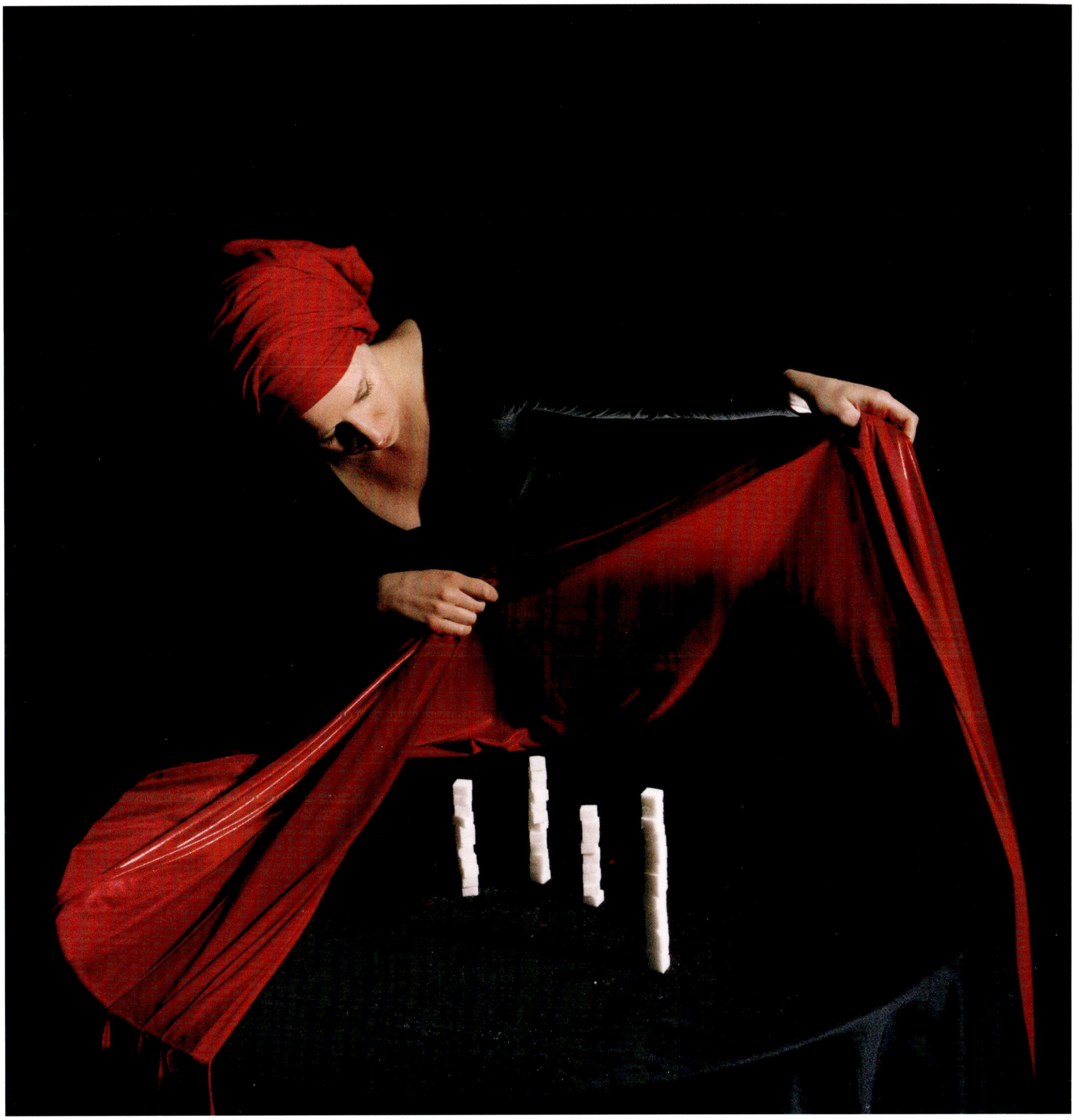

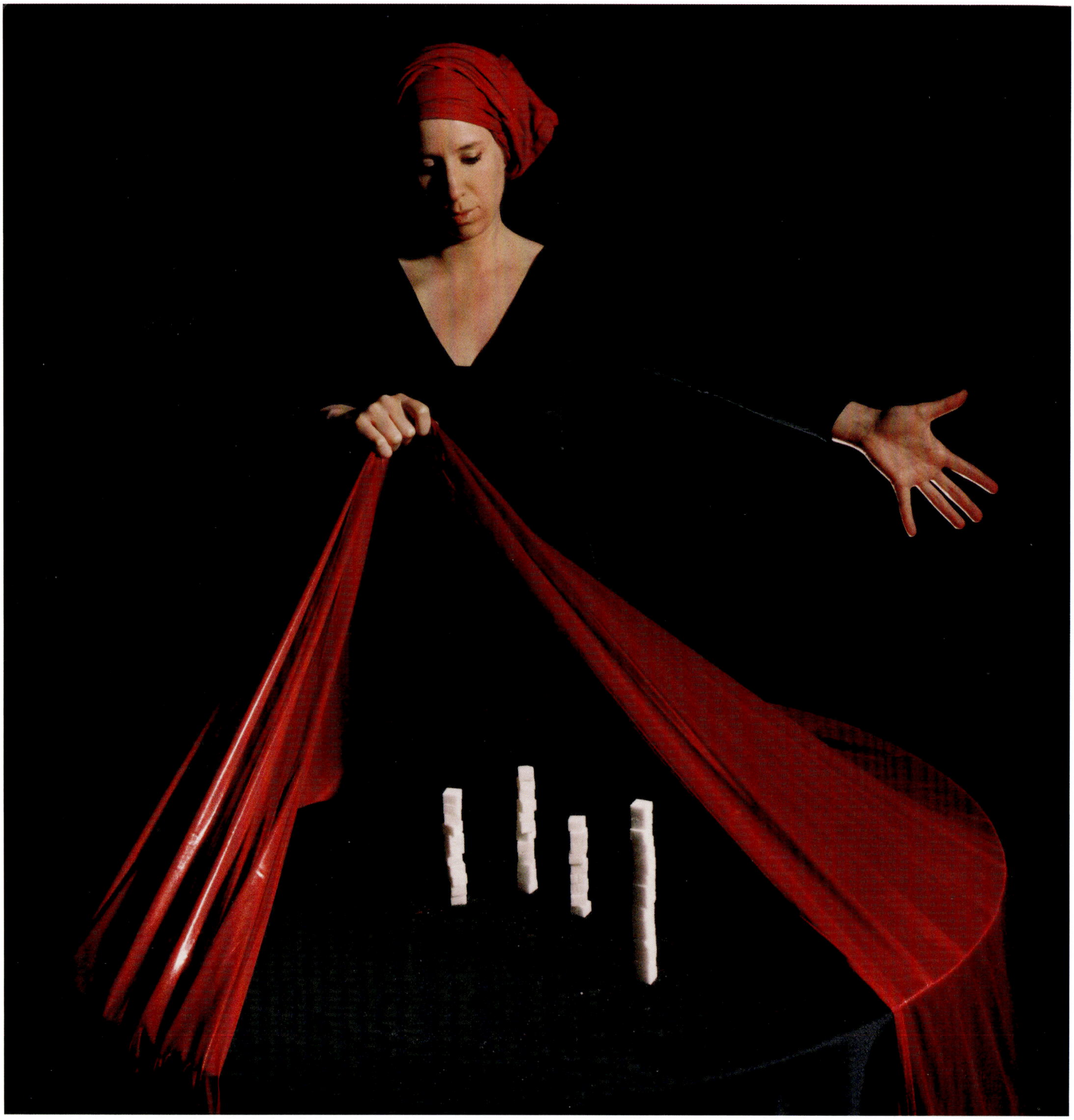

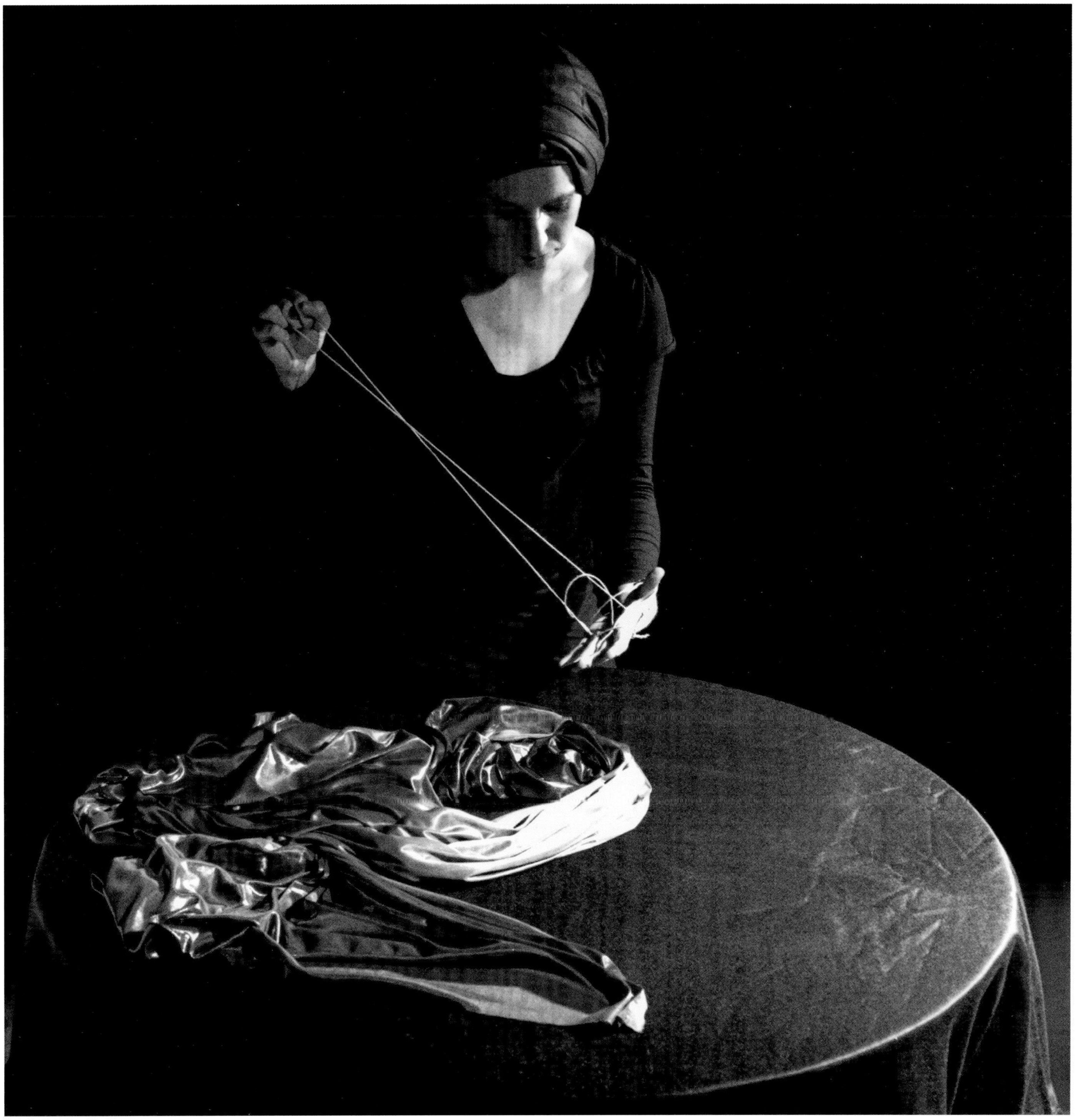

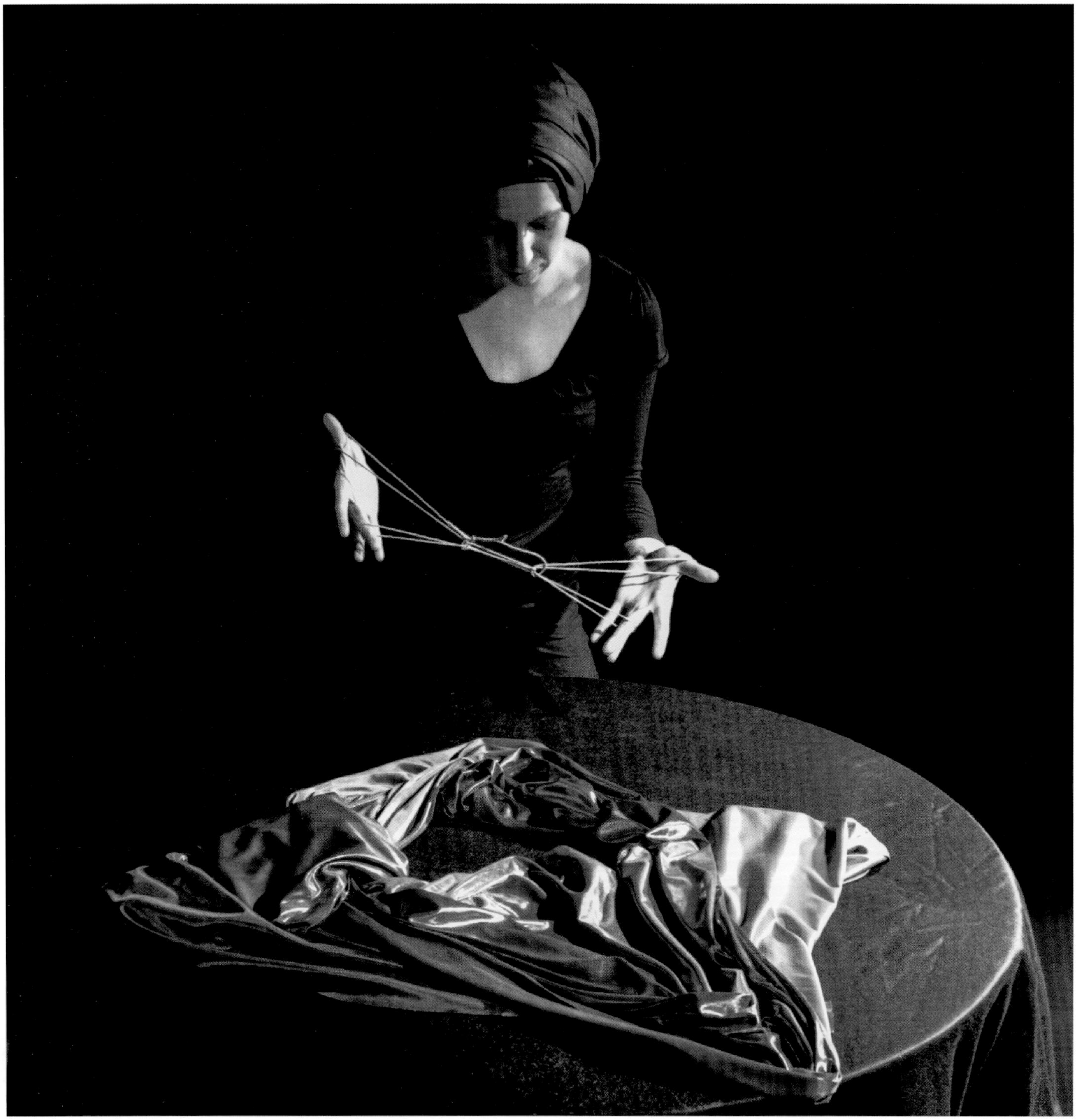

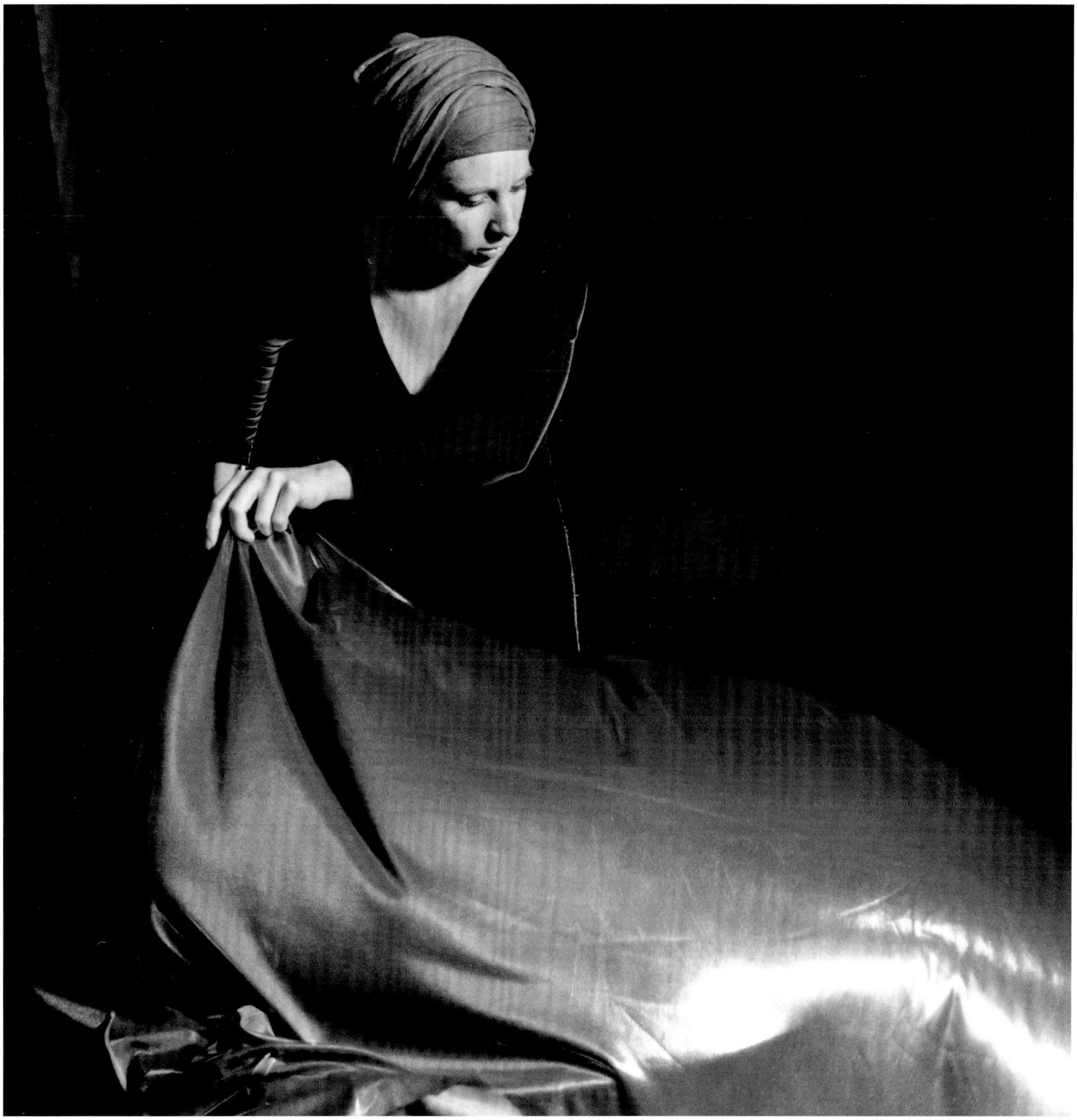

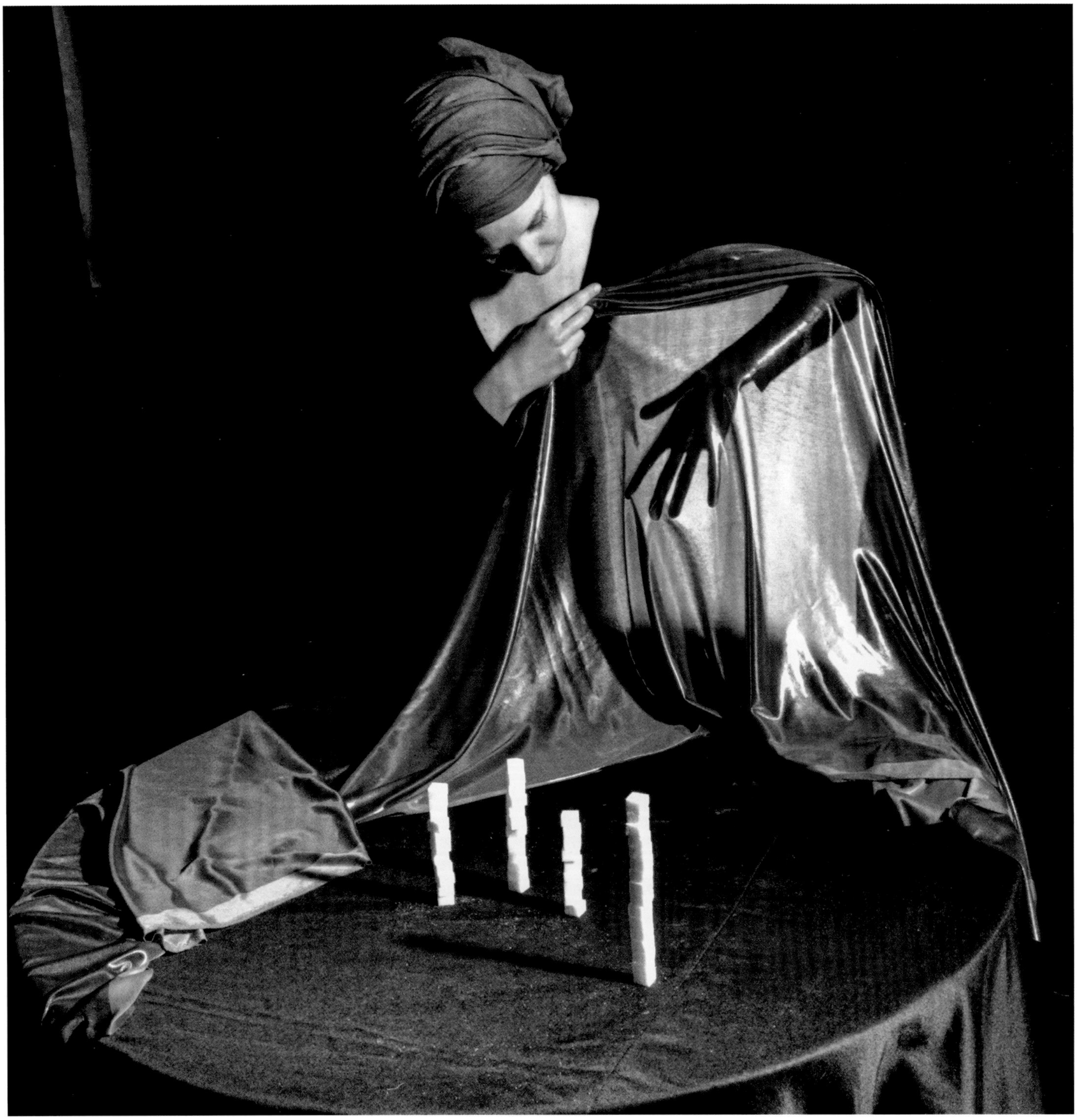

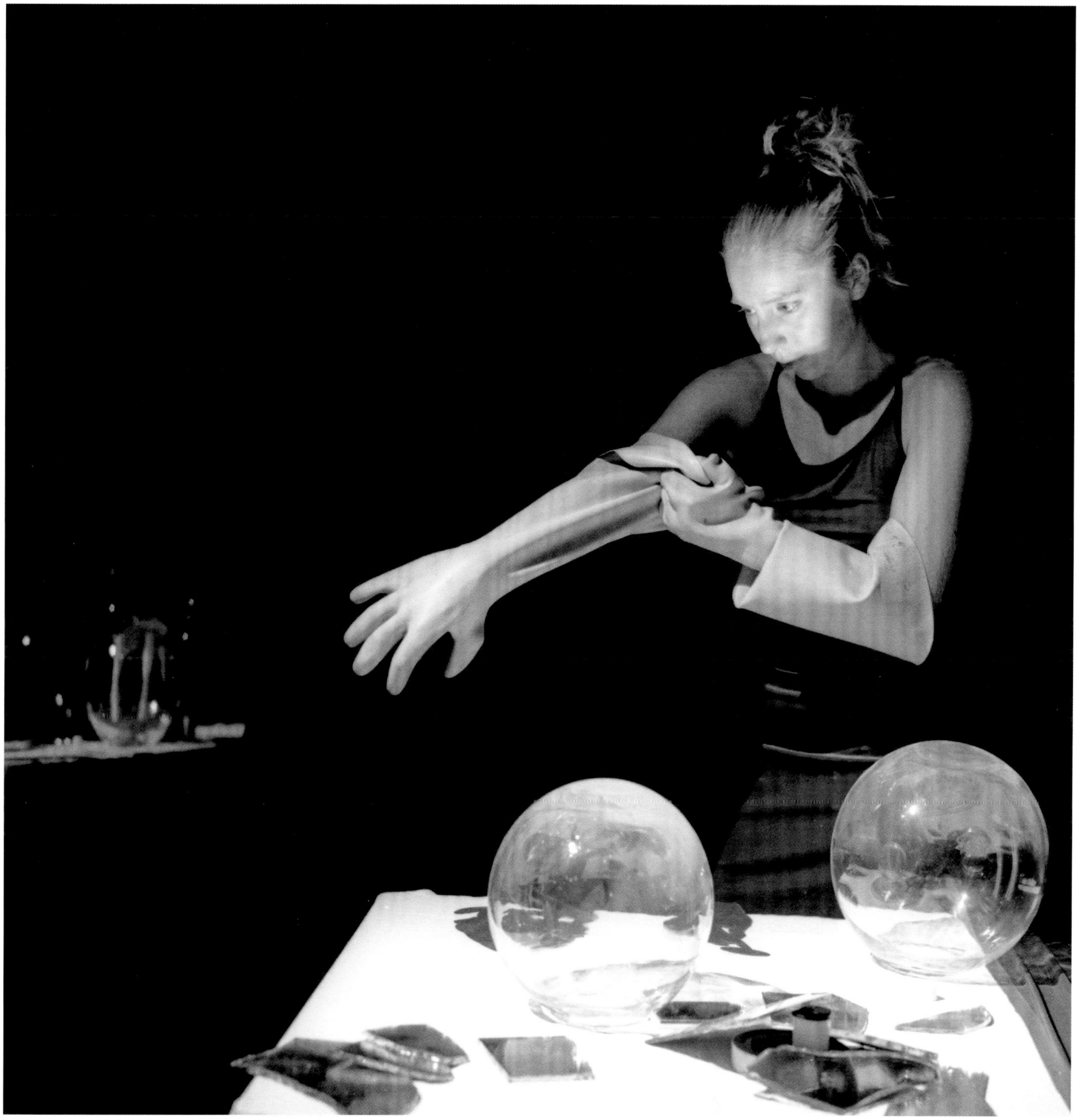

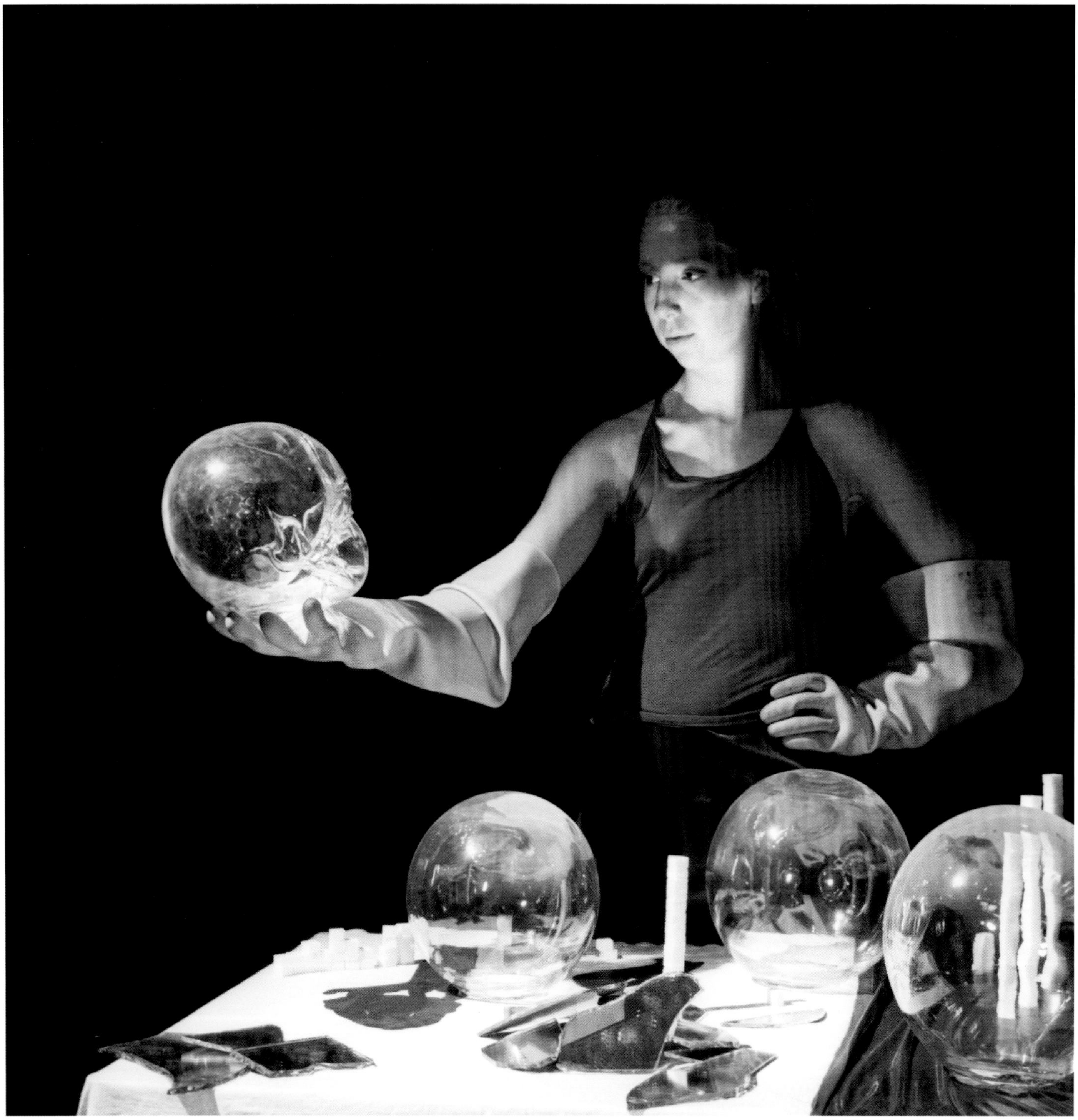

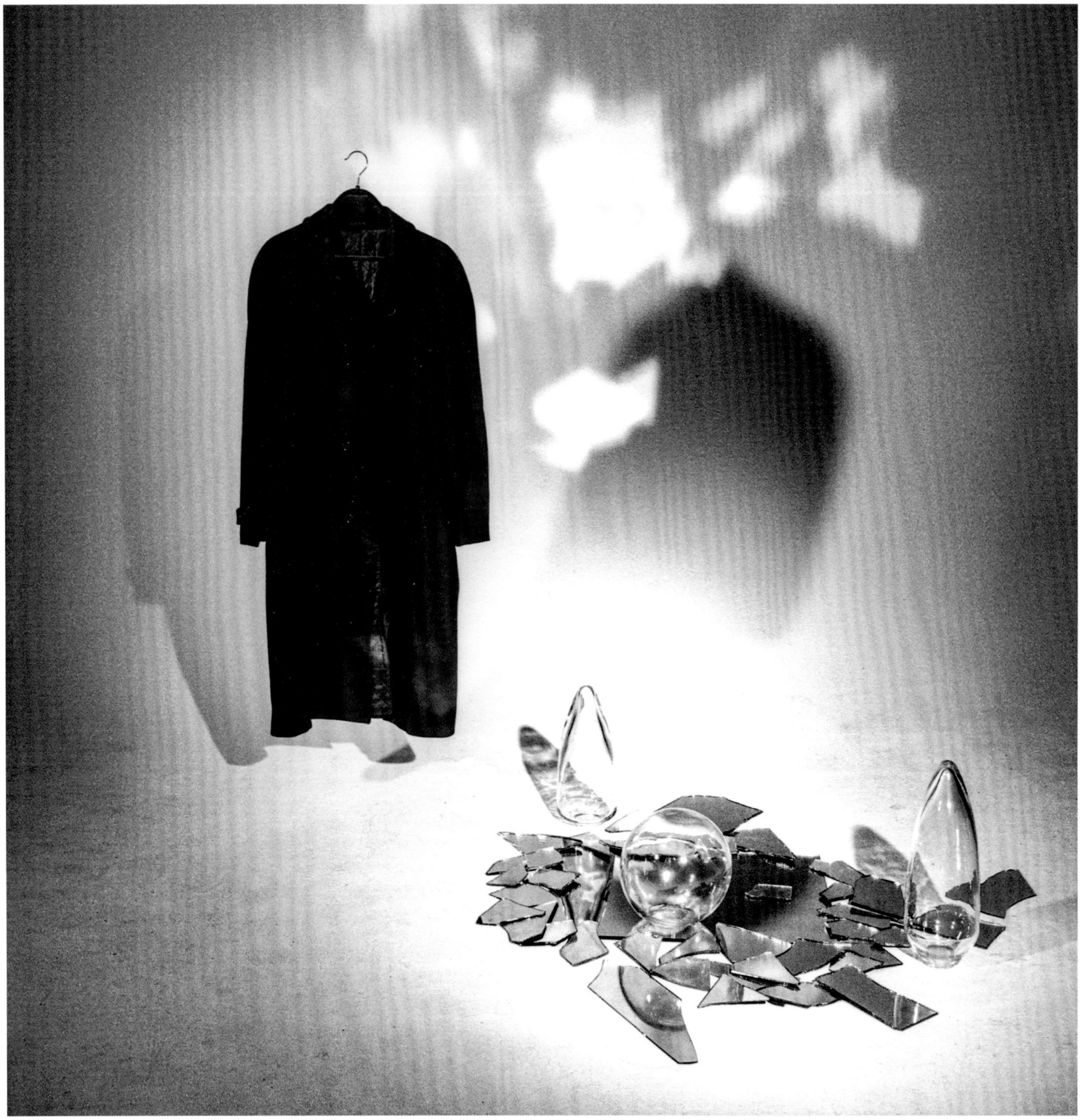

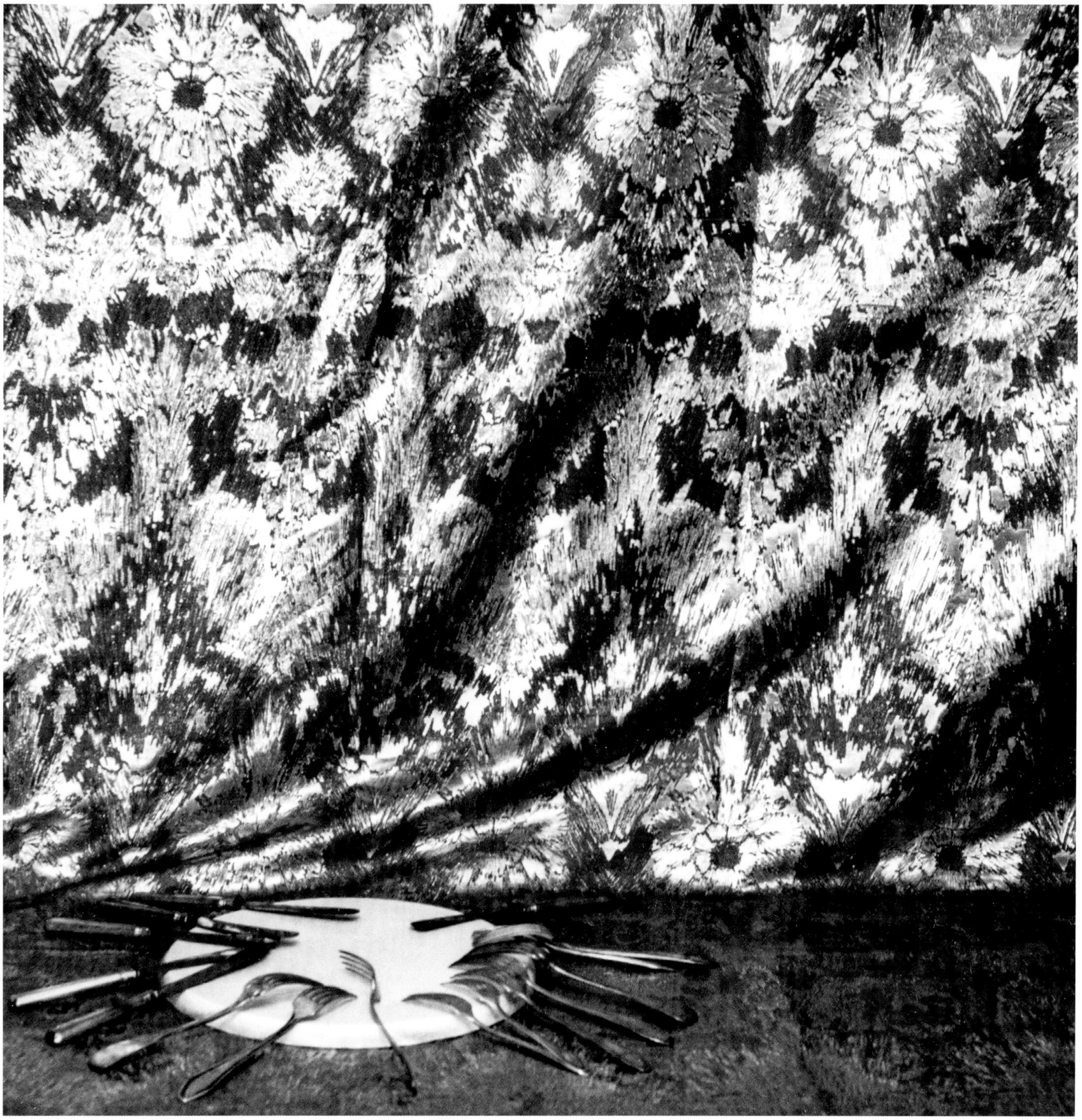

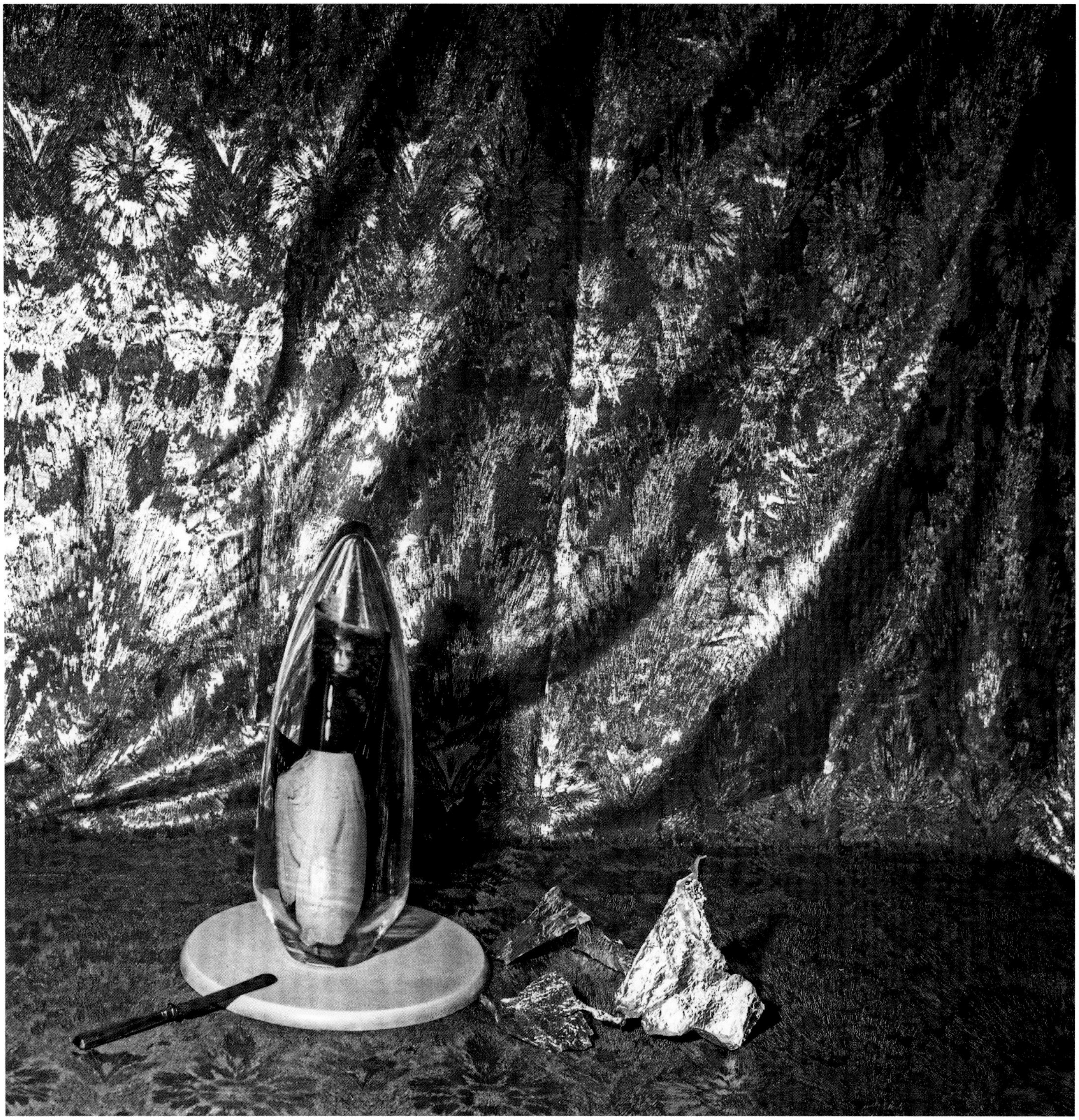

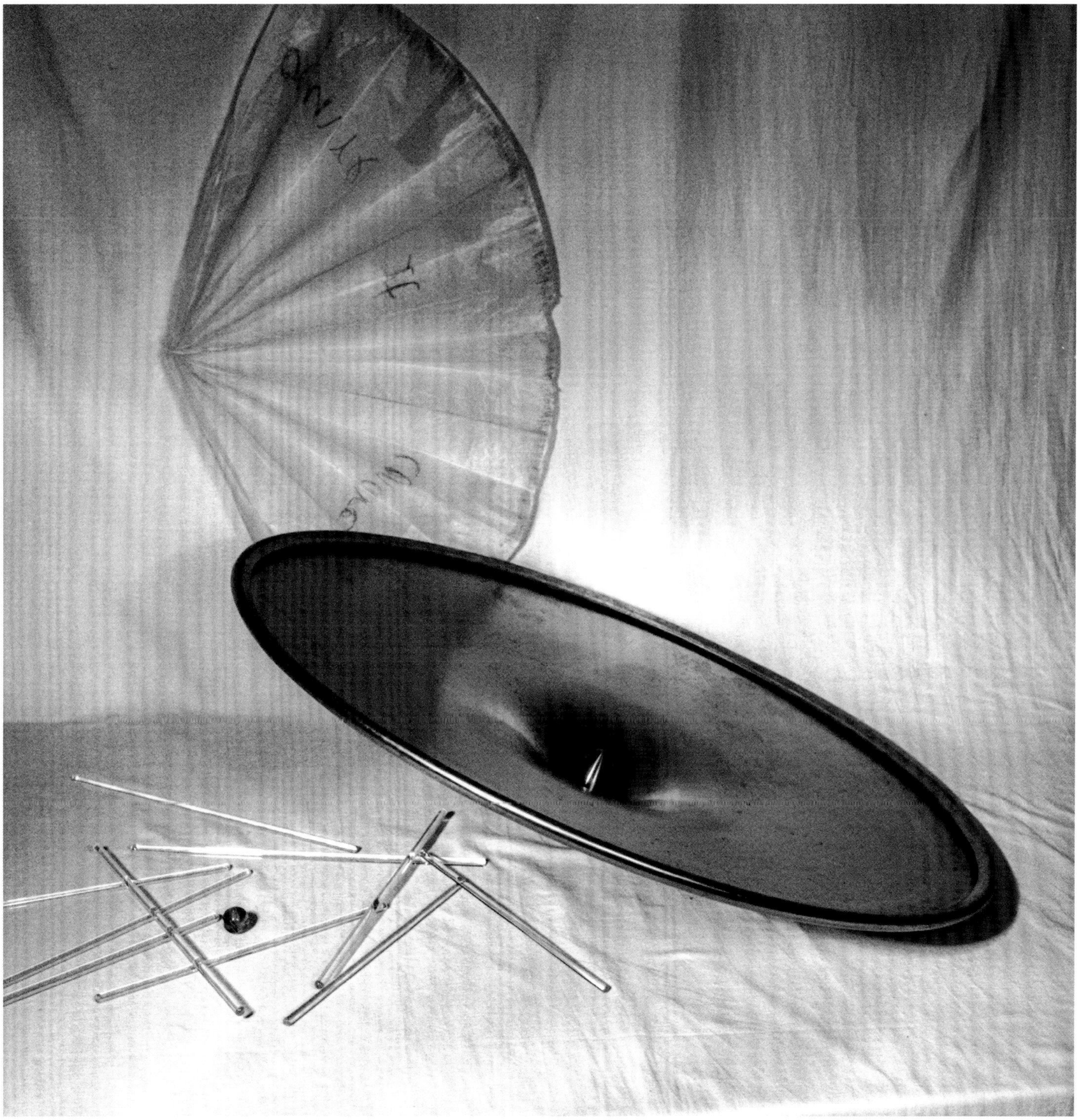

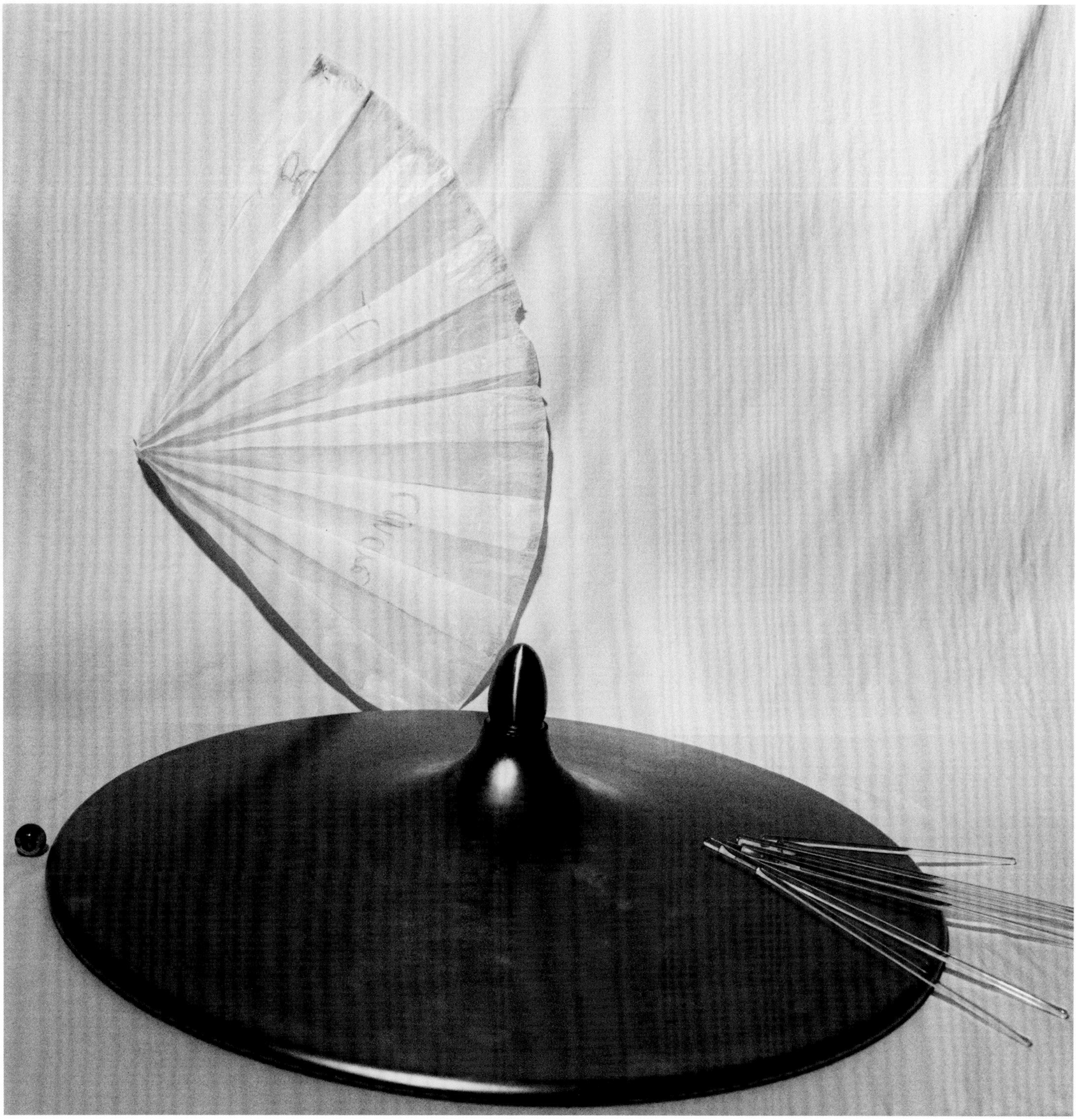

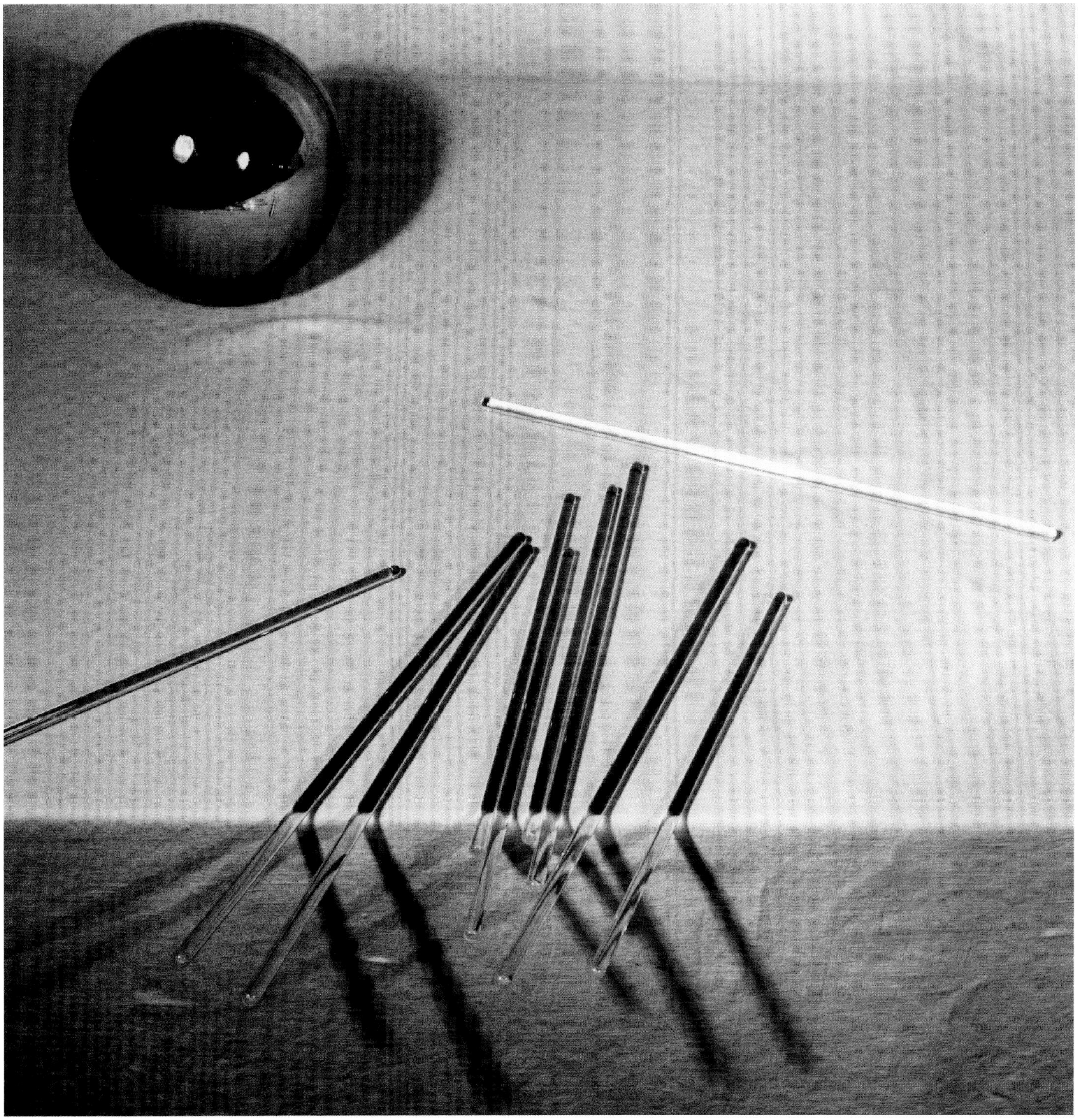

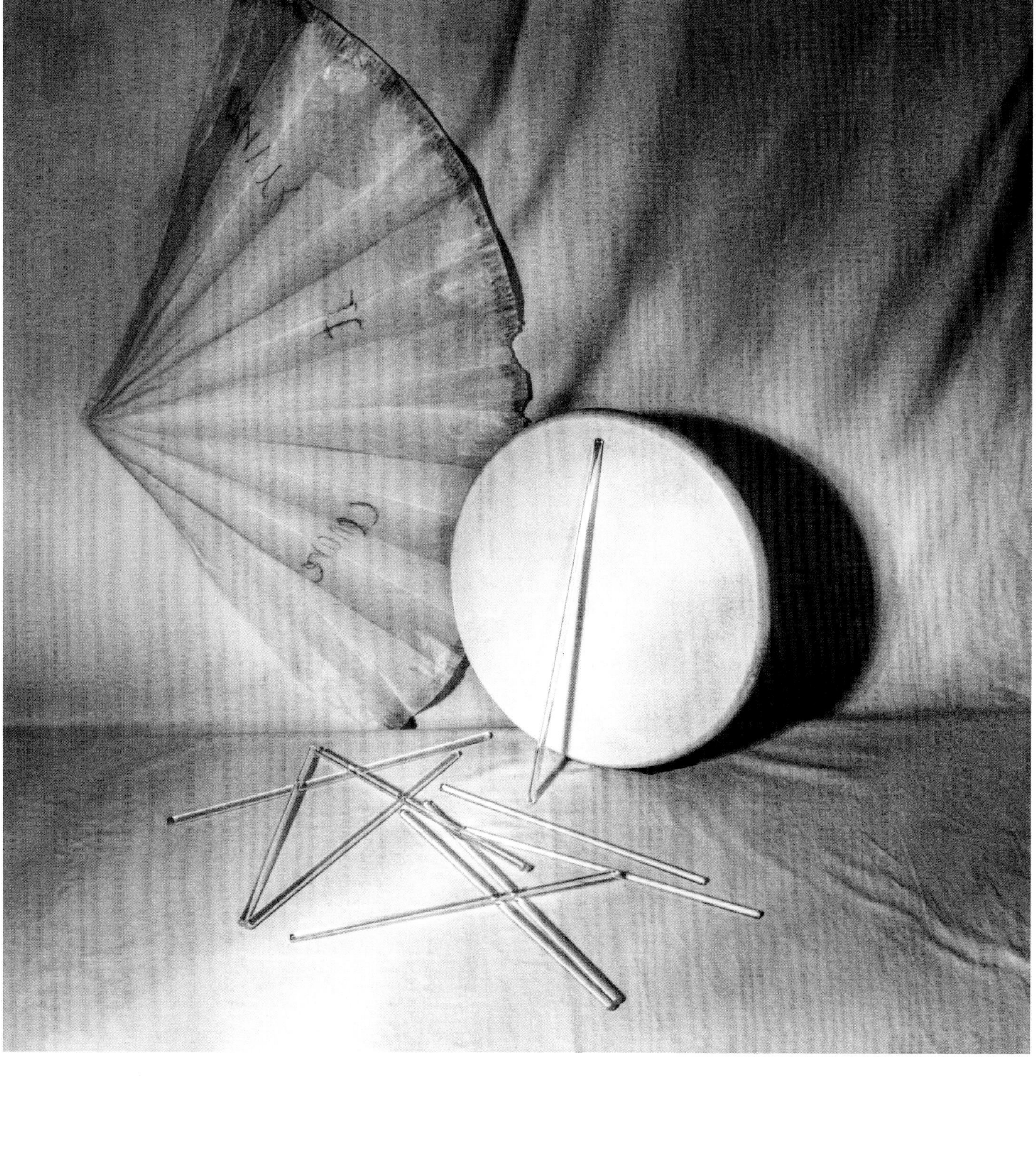

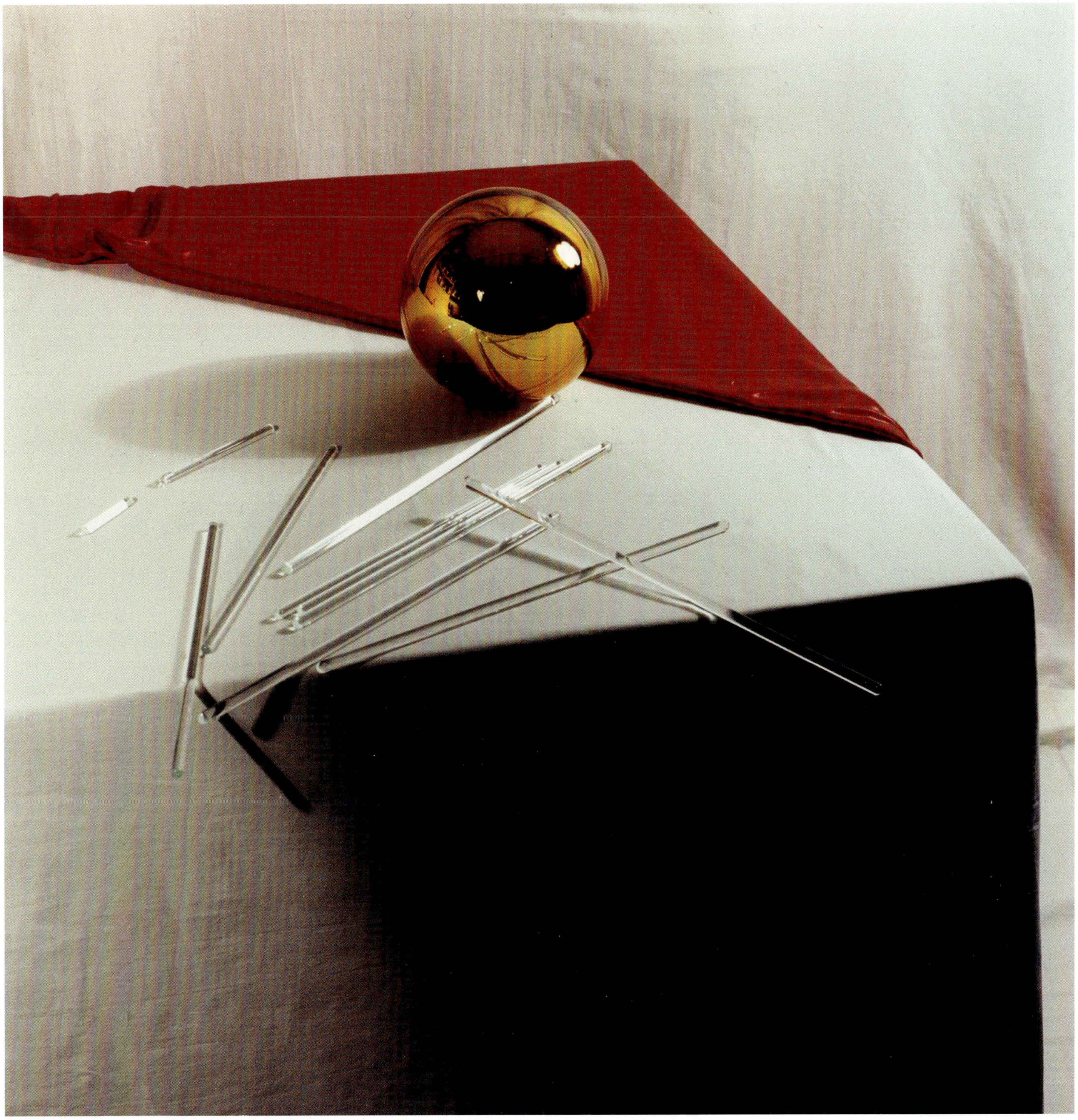

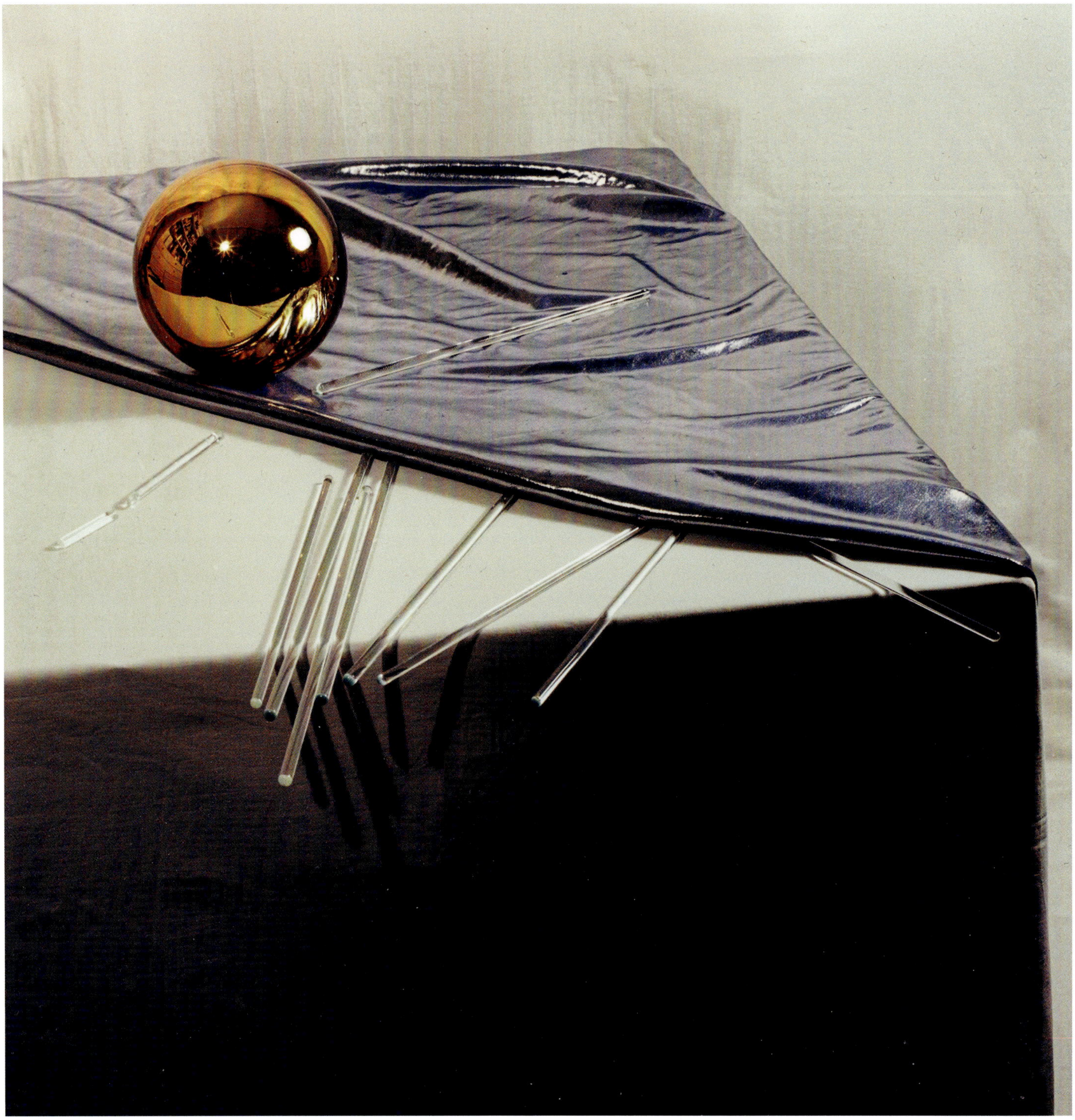

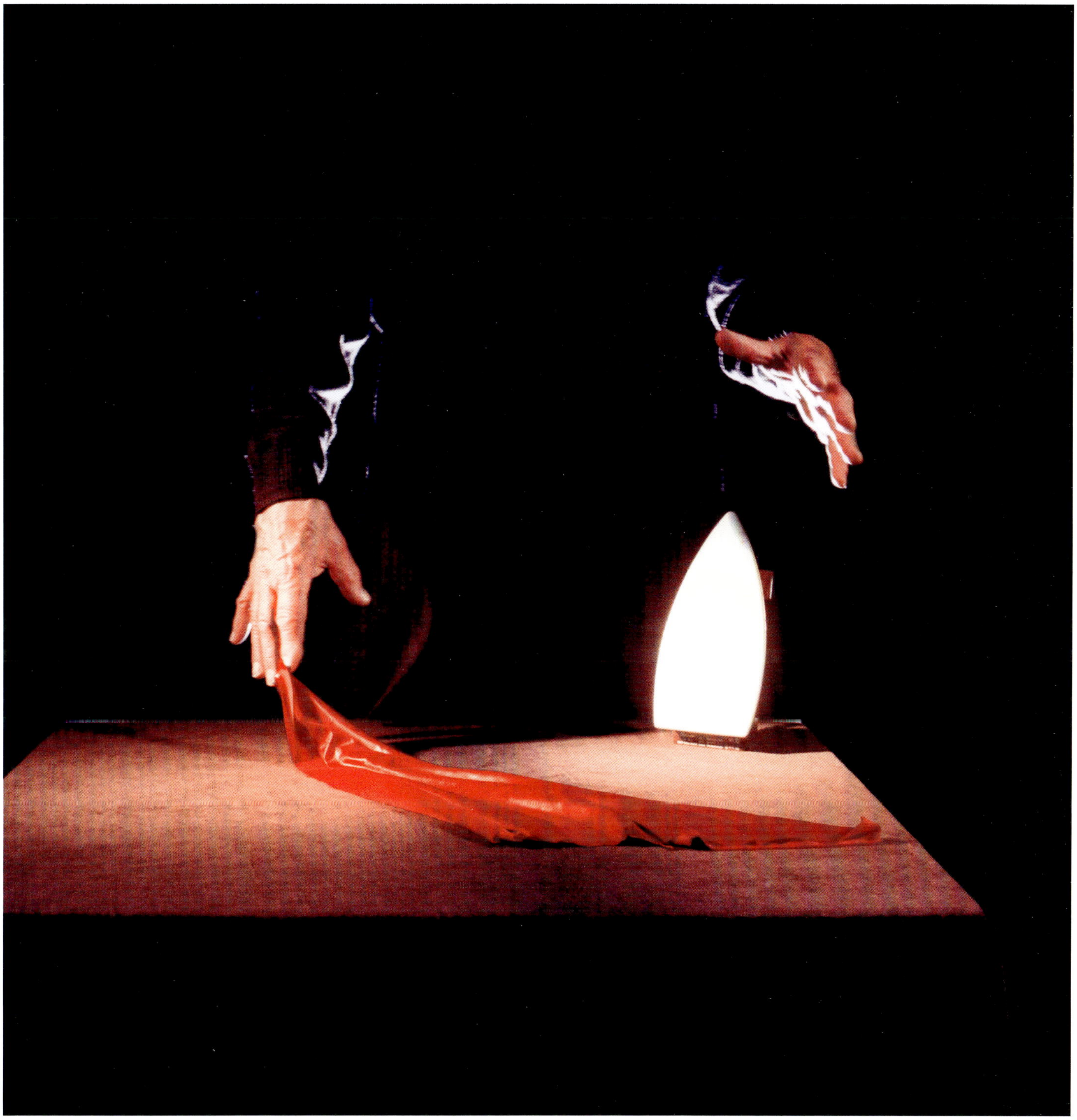

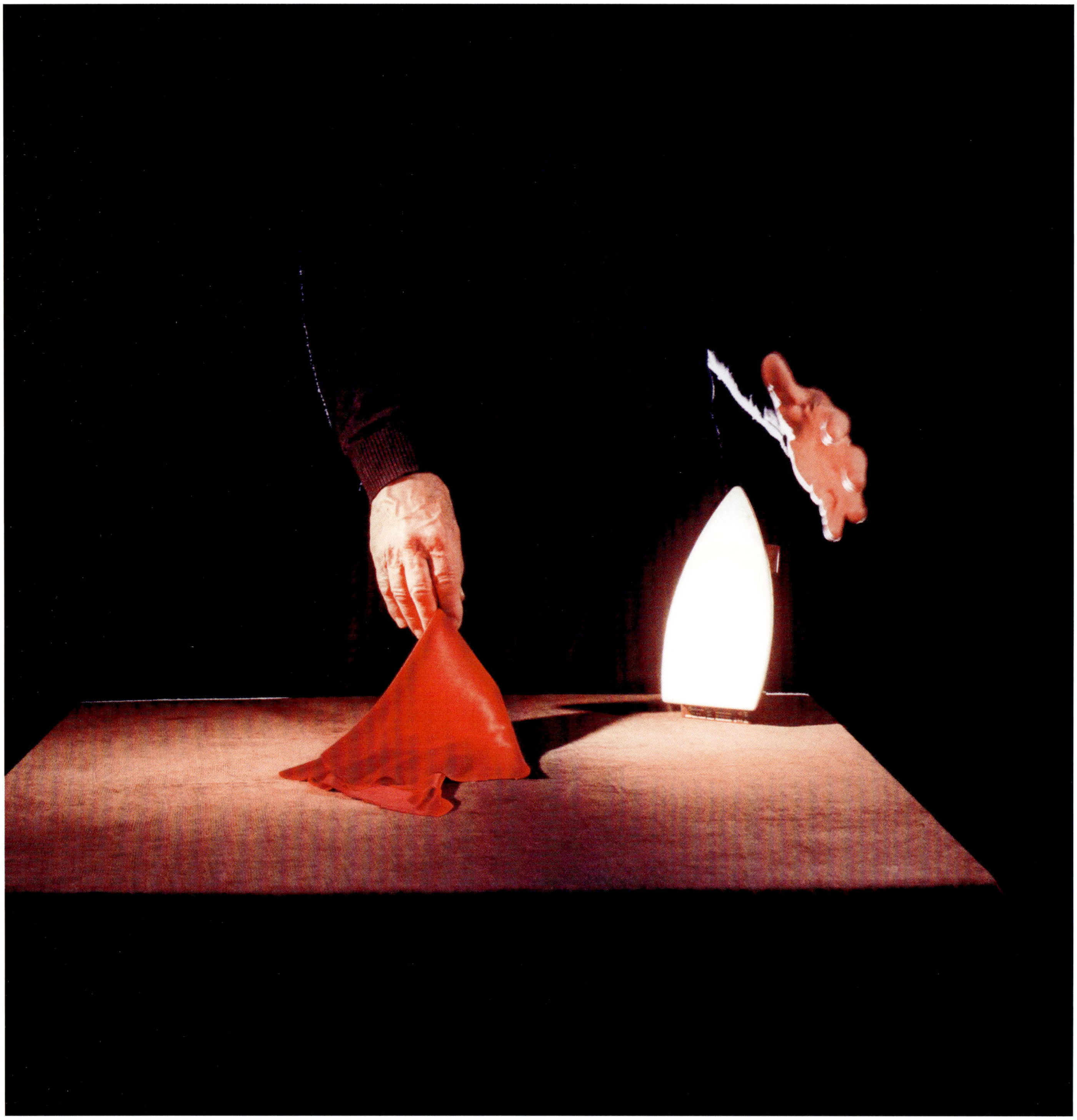

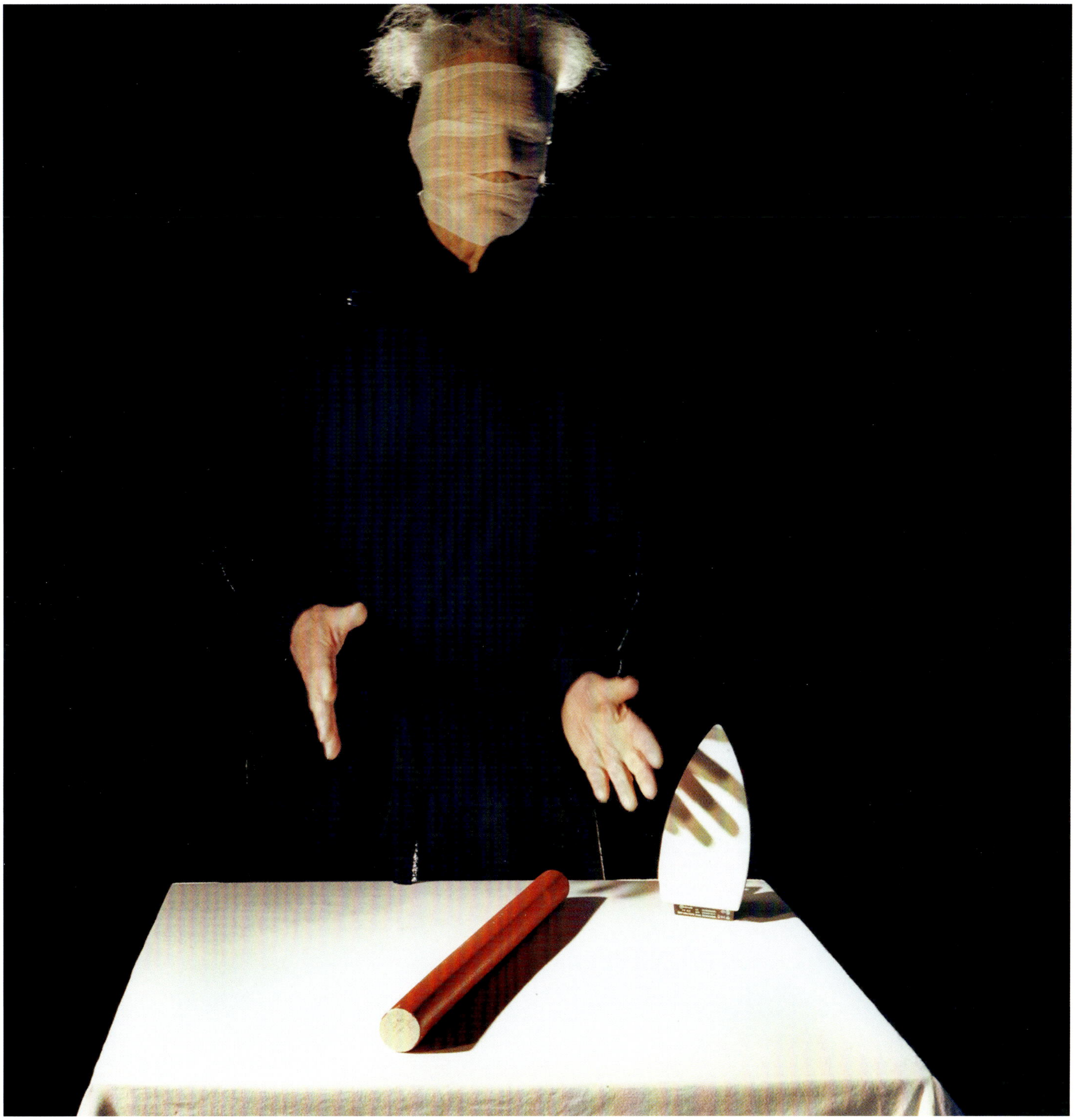

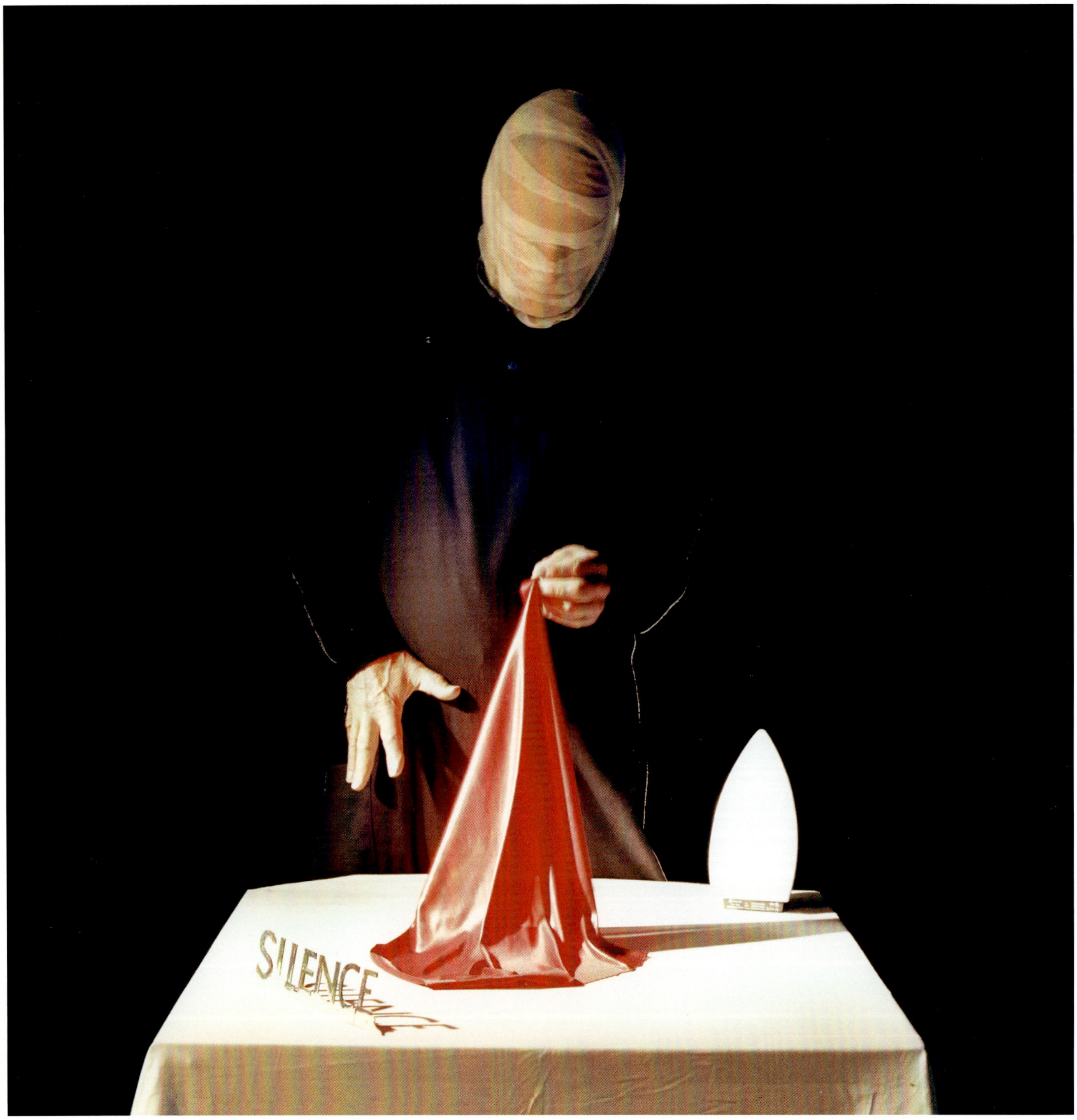
SILENCE

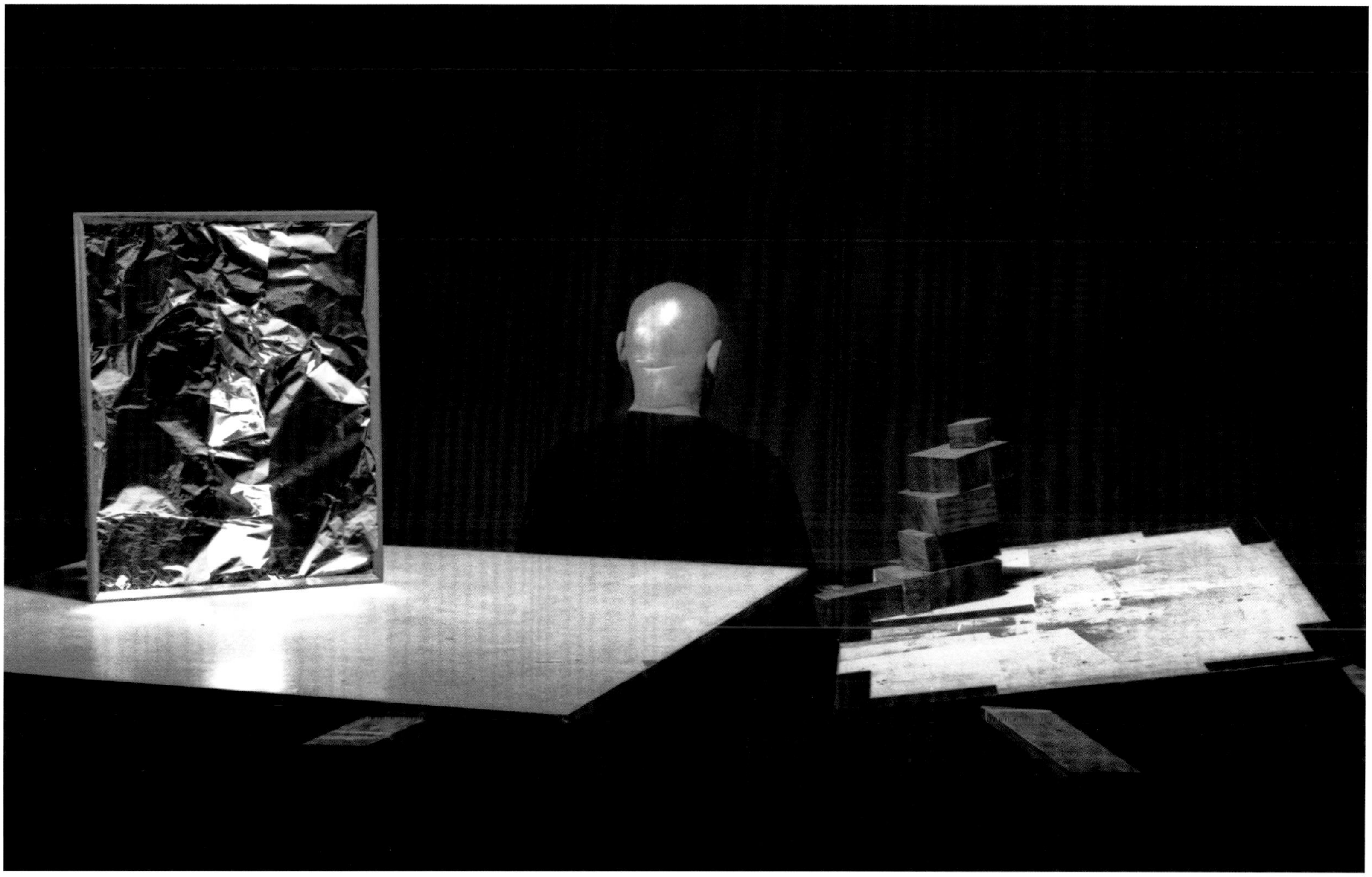

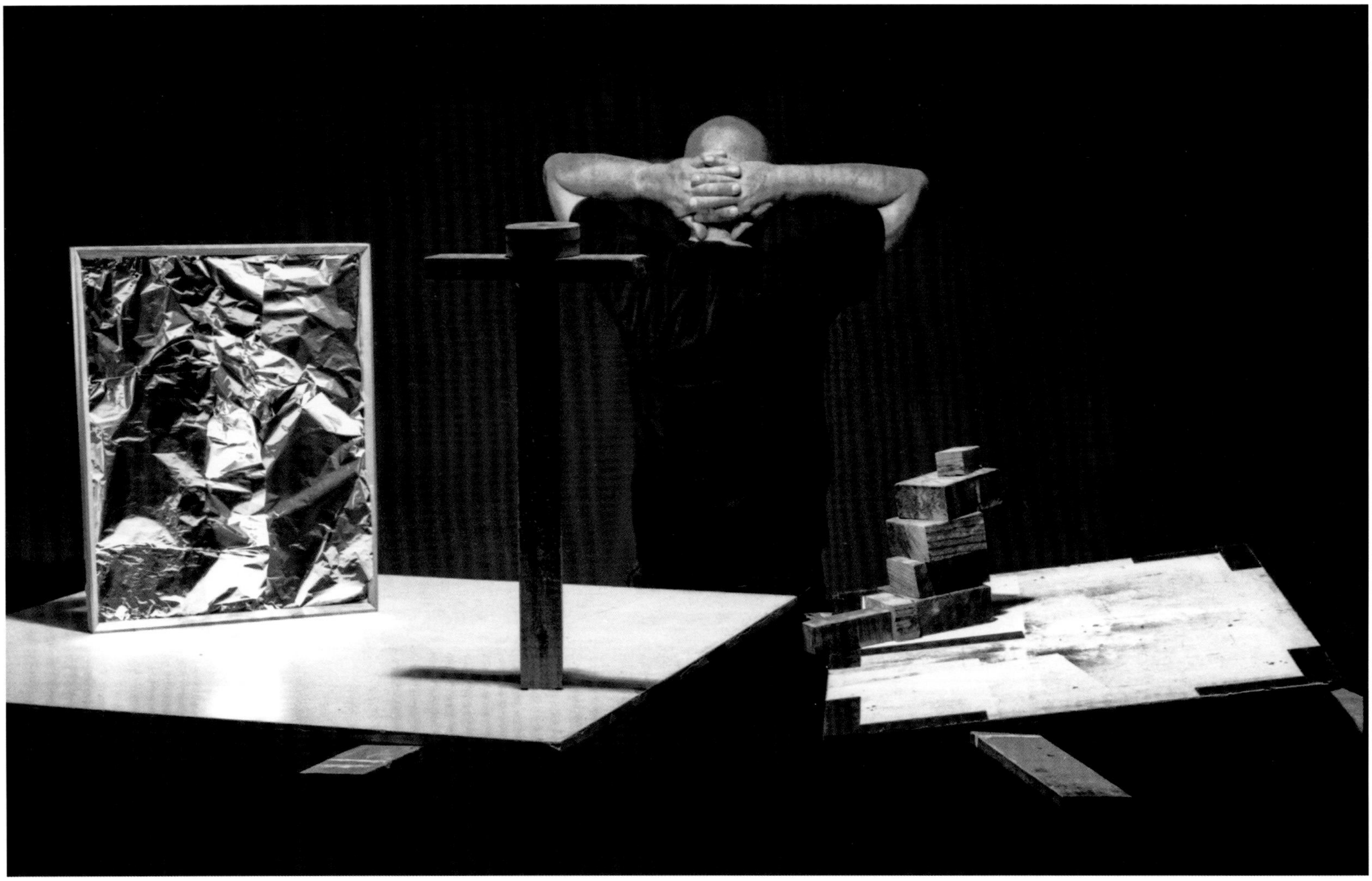

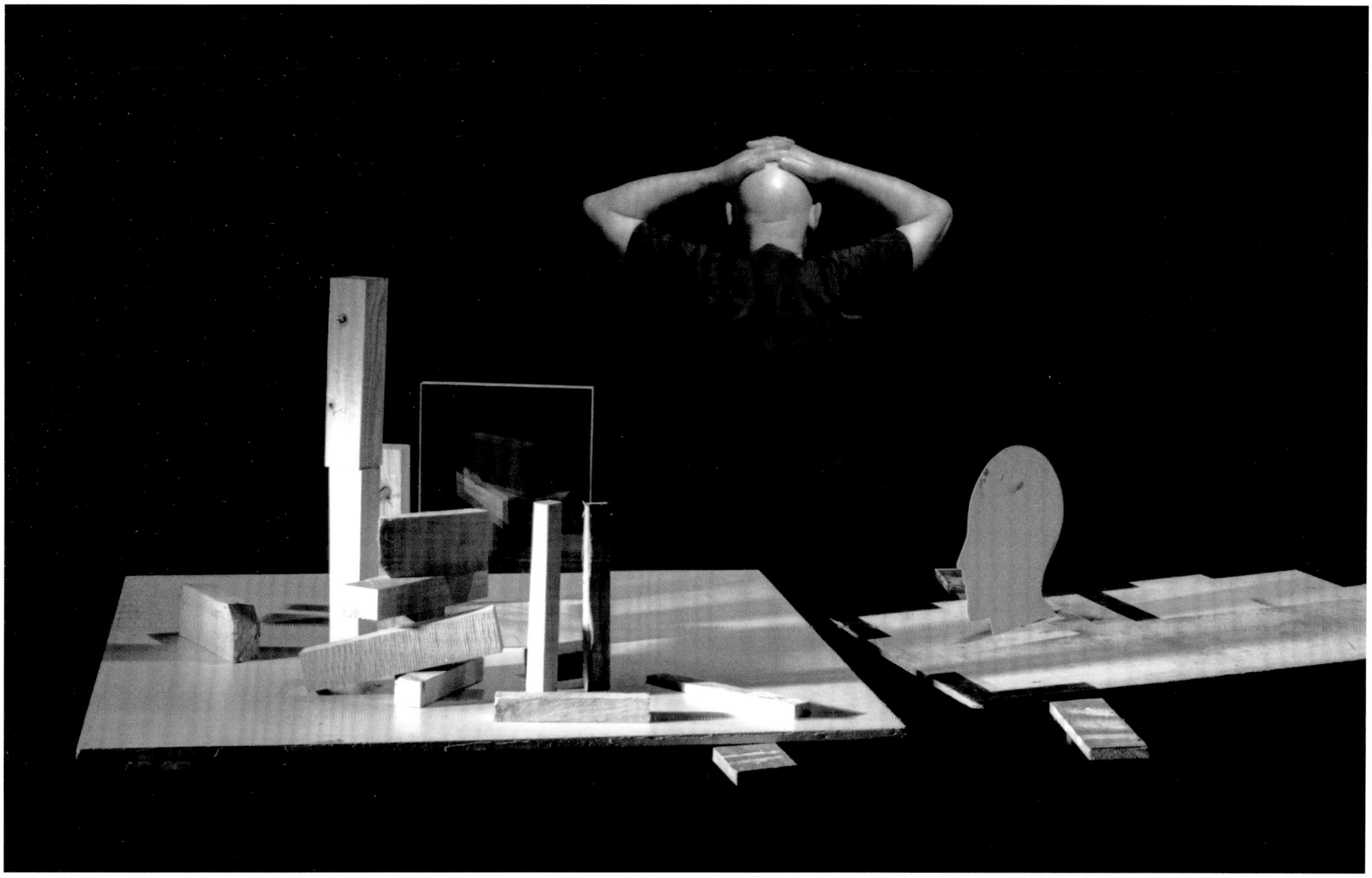

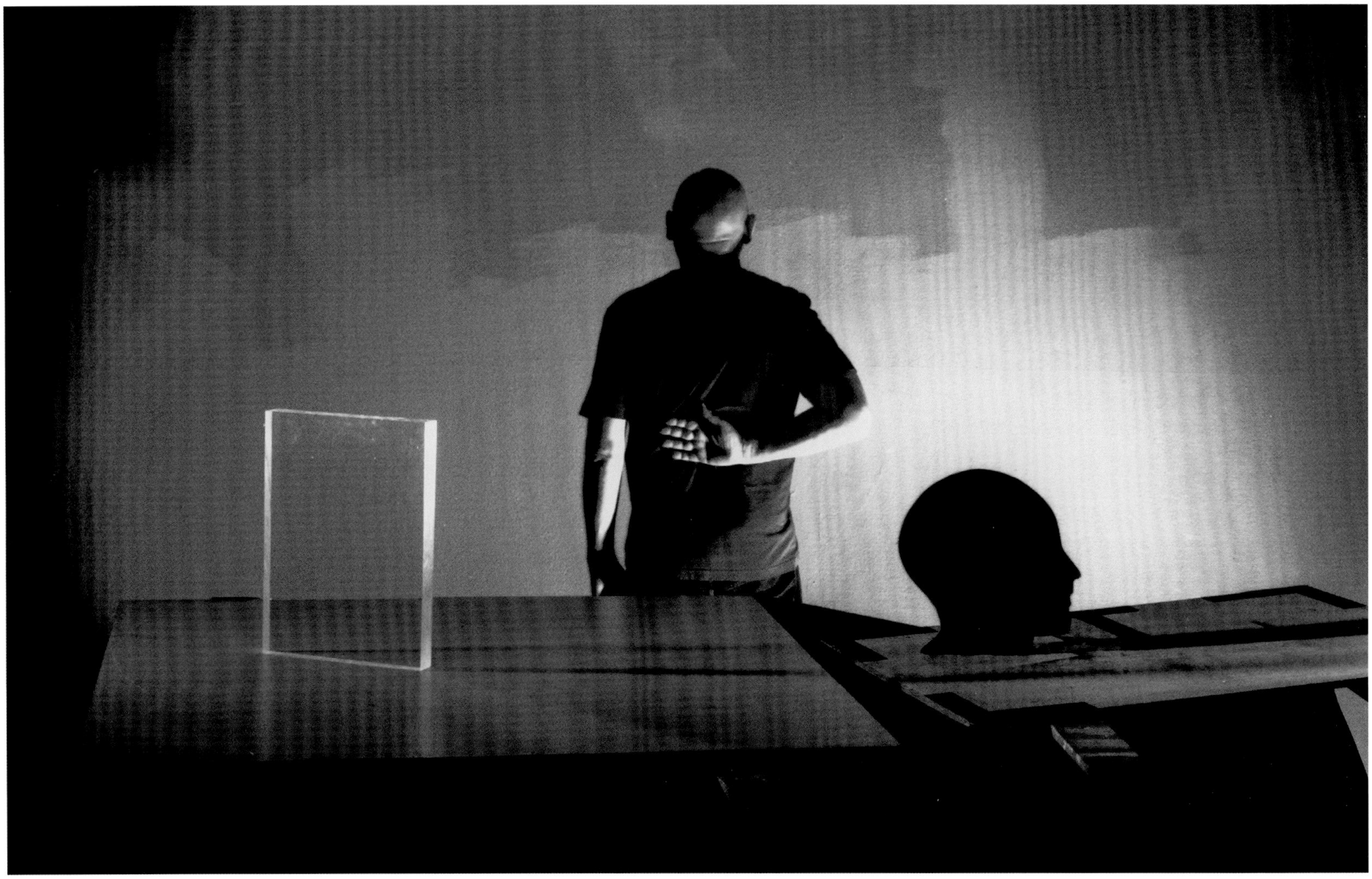

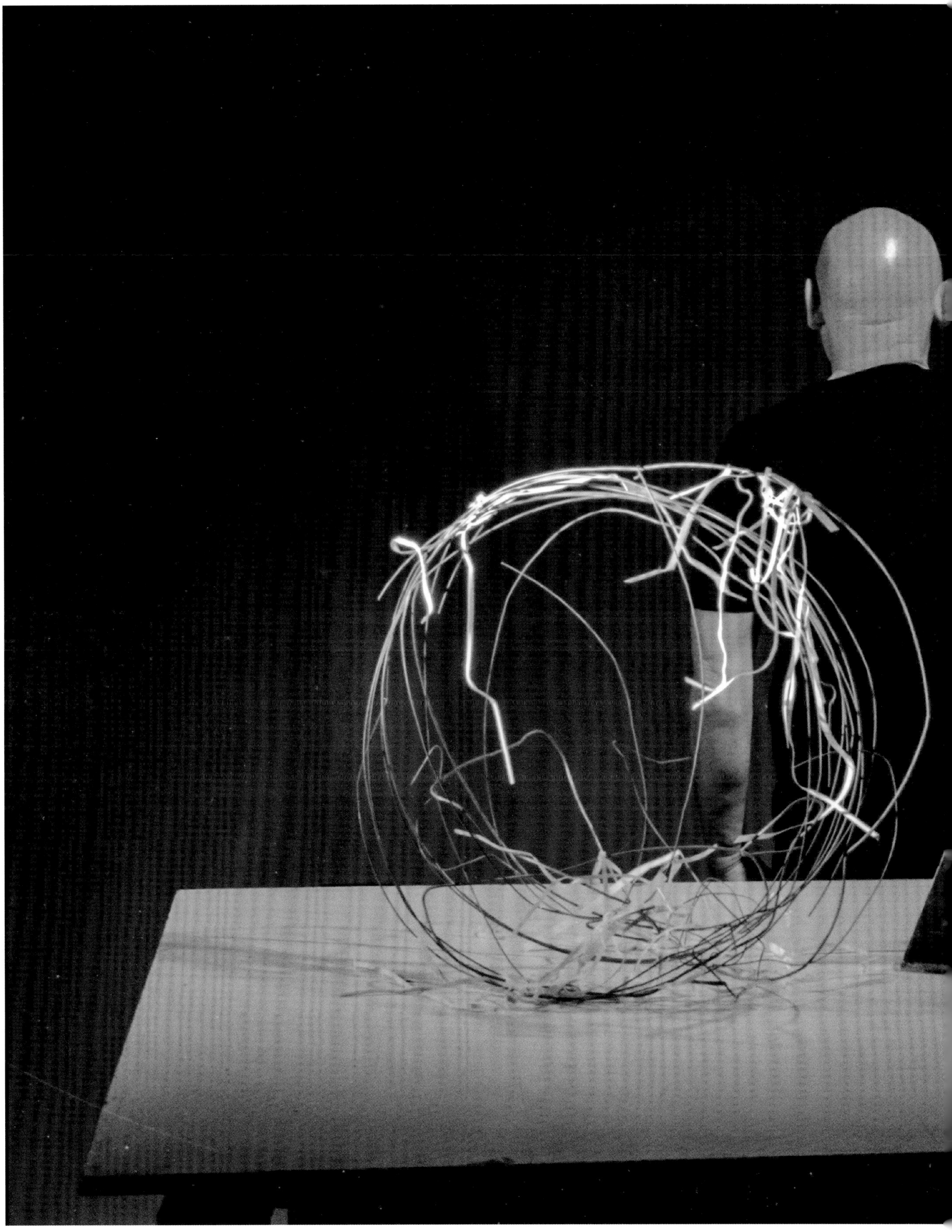

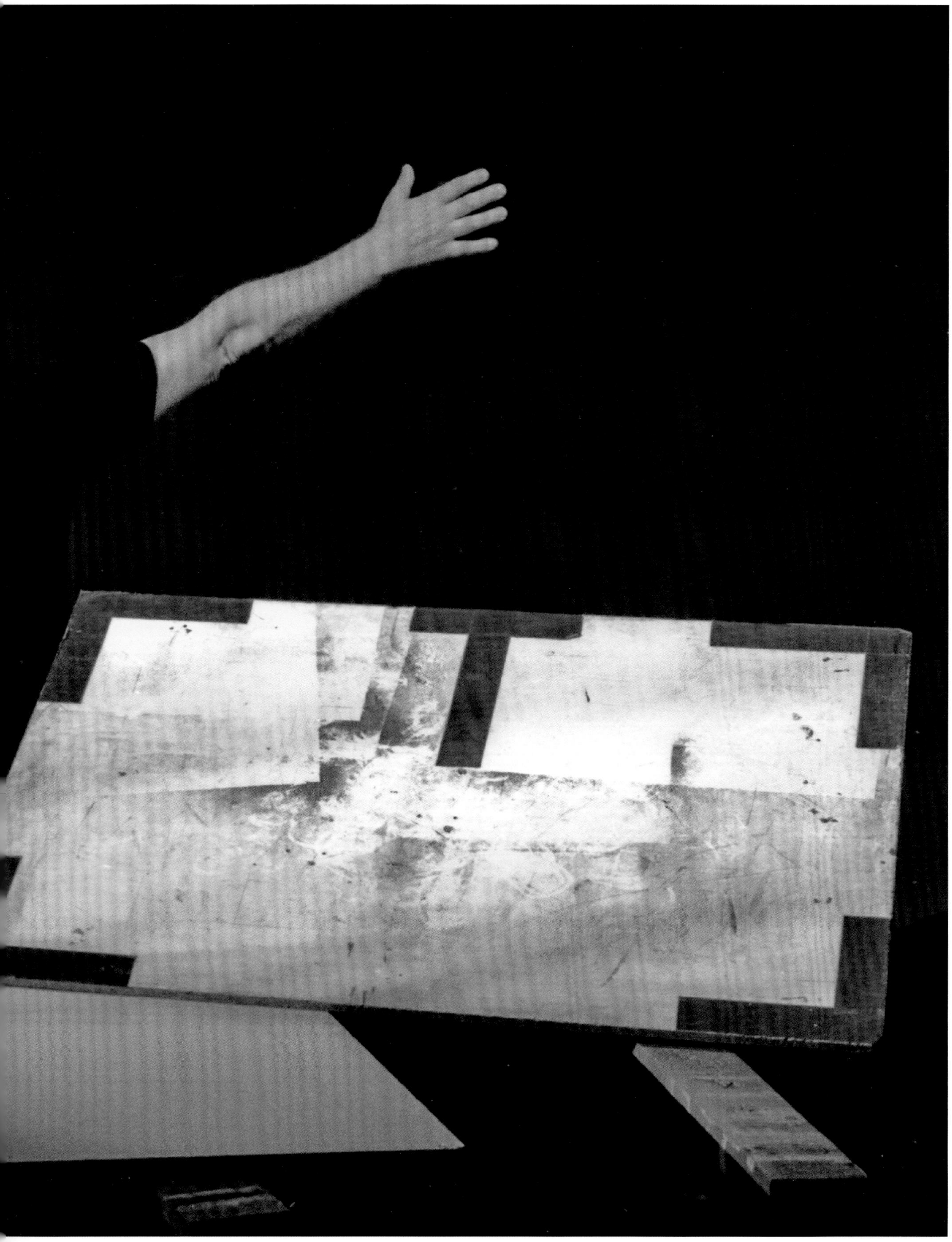

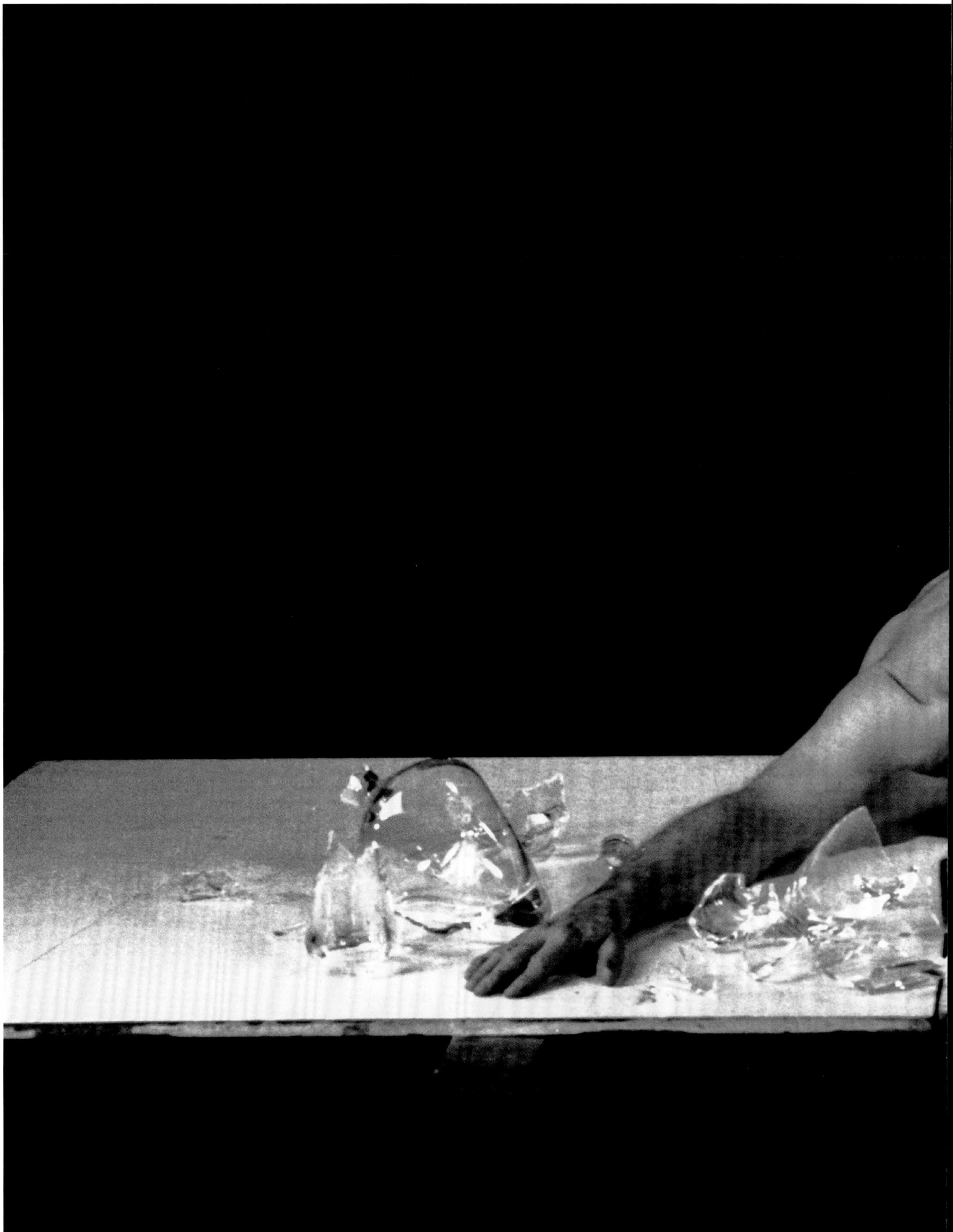

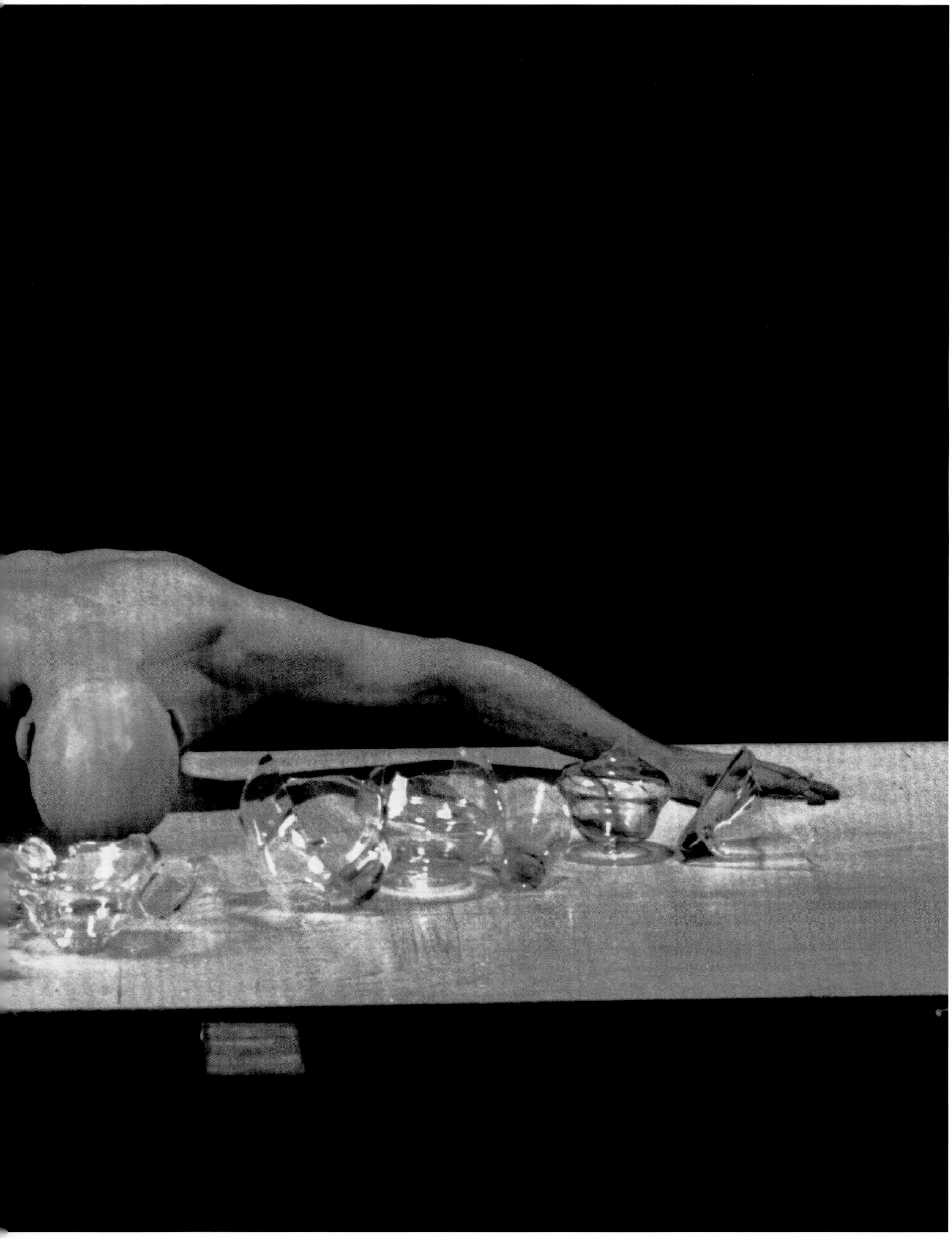

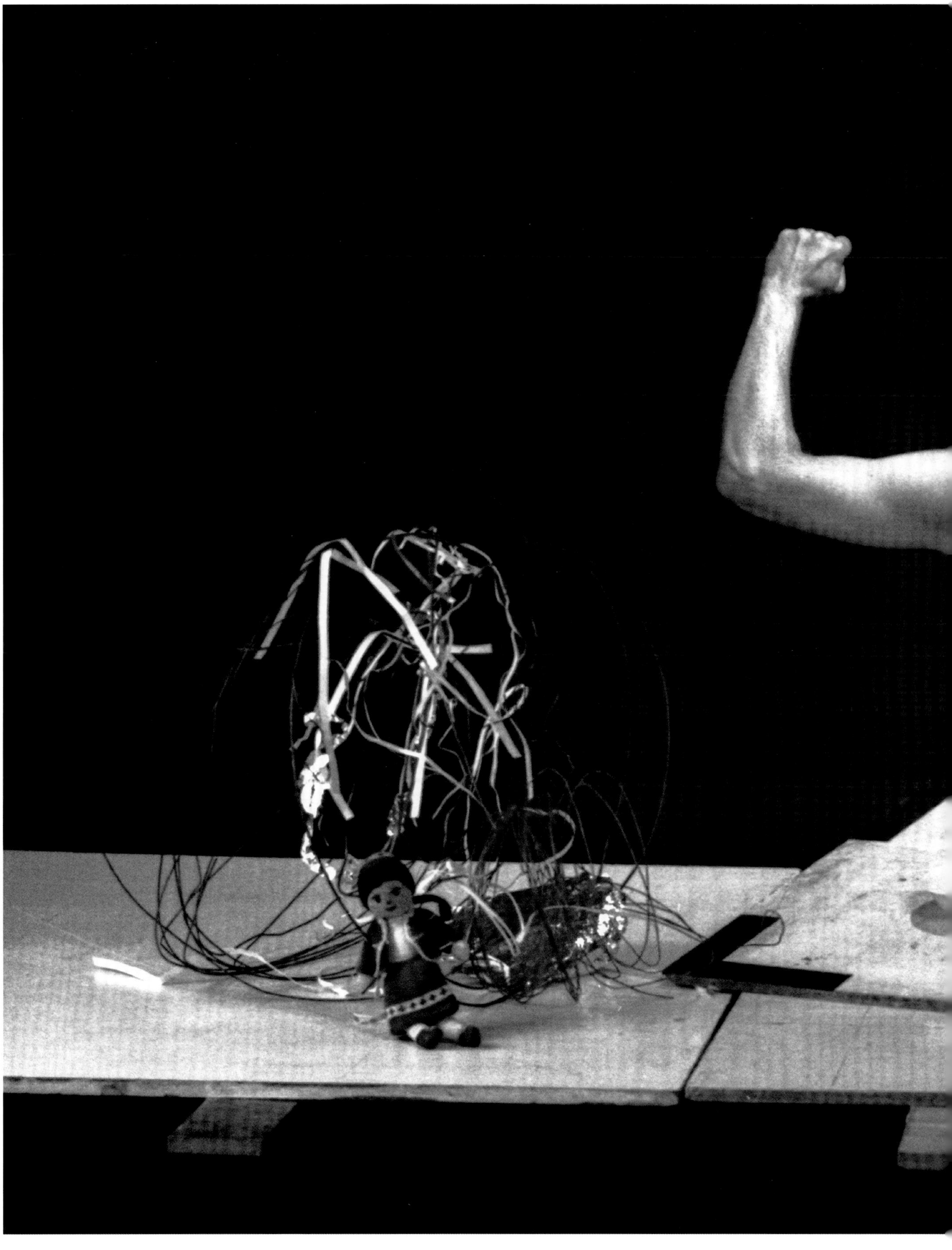

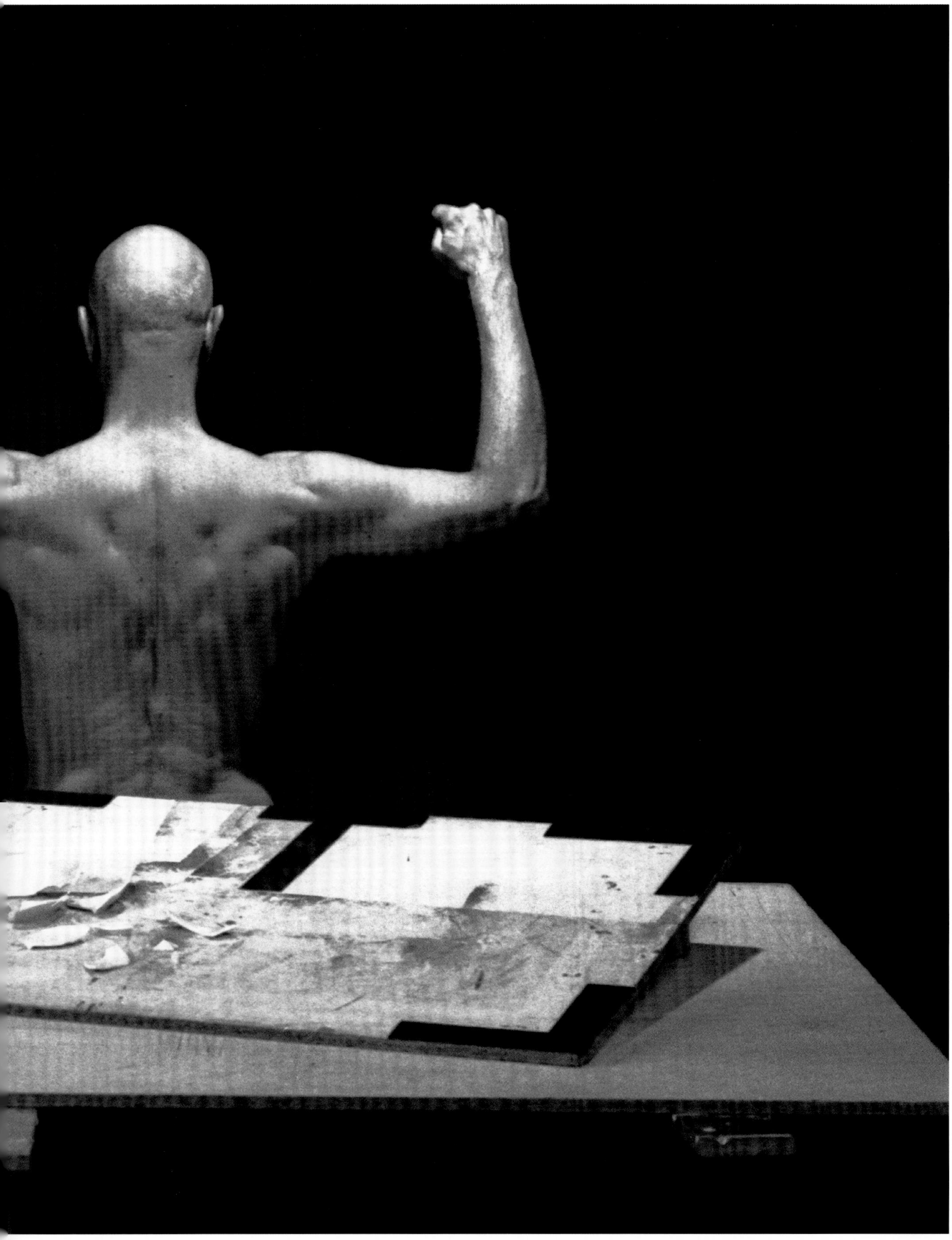

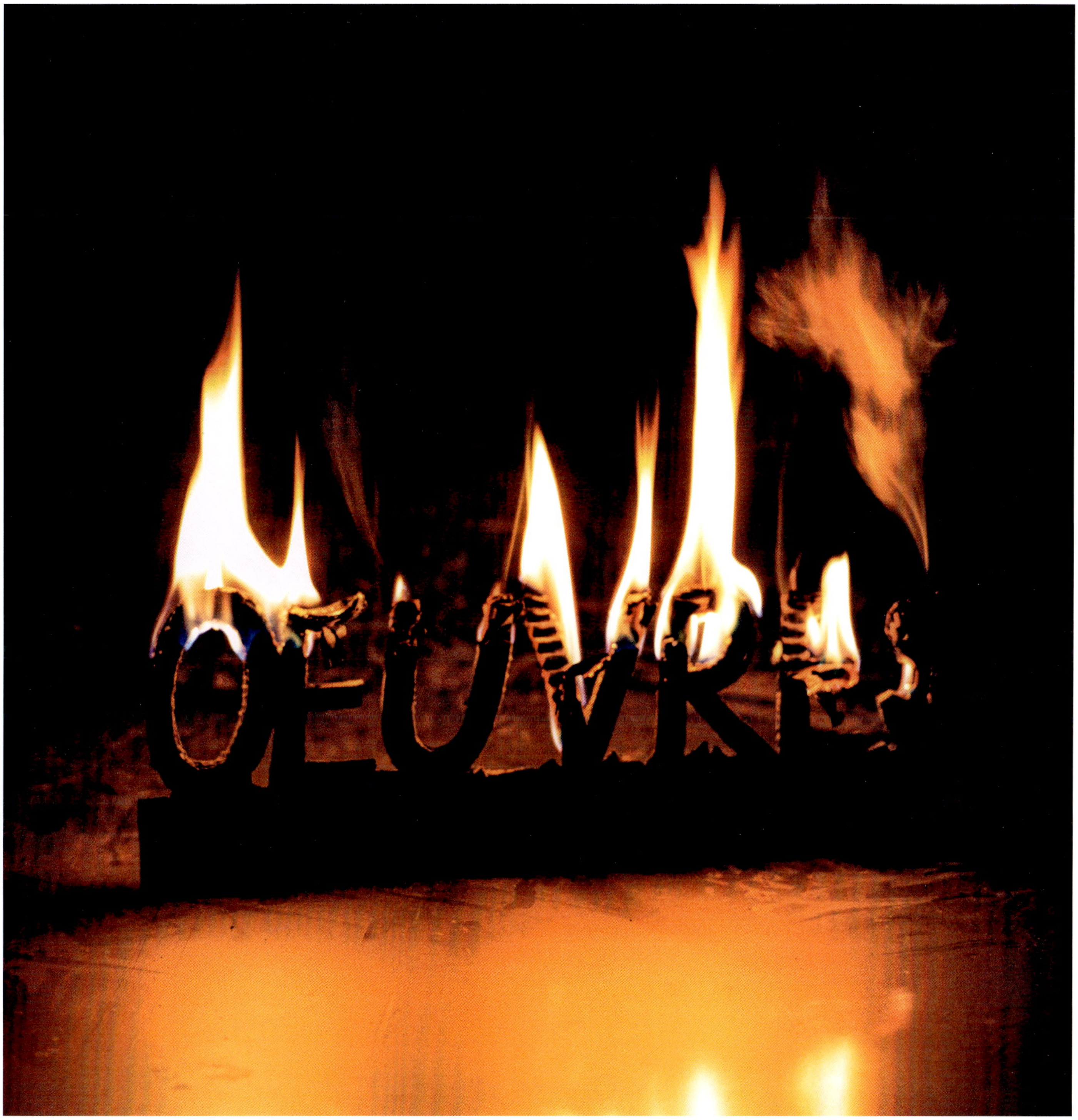

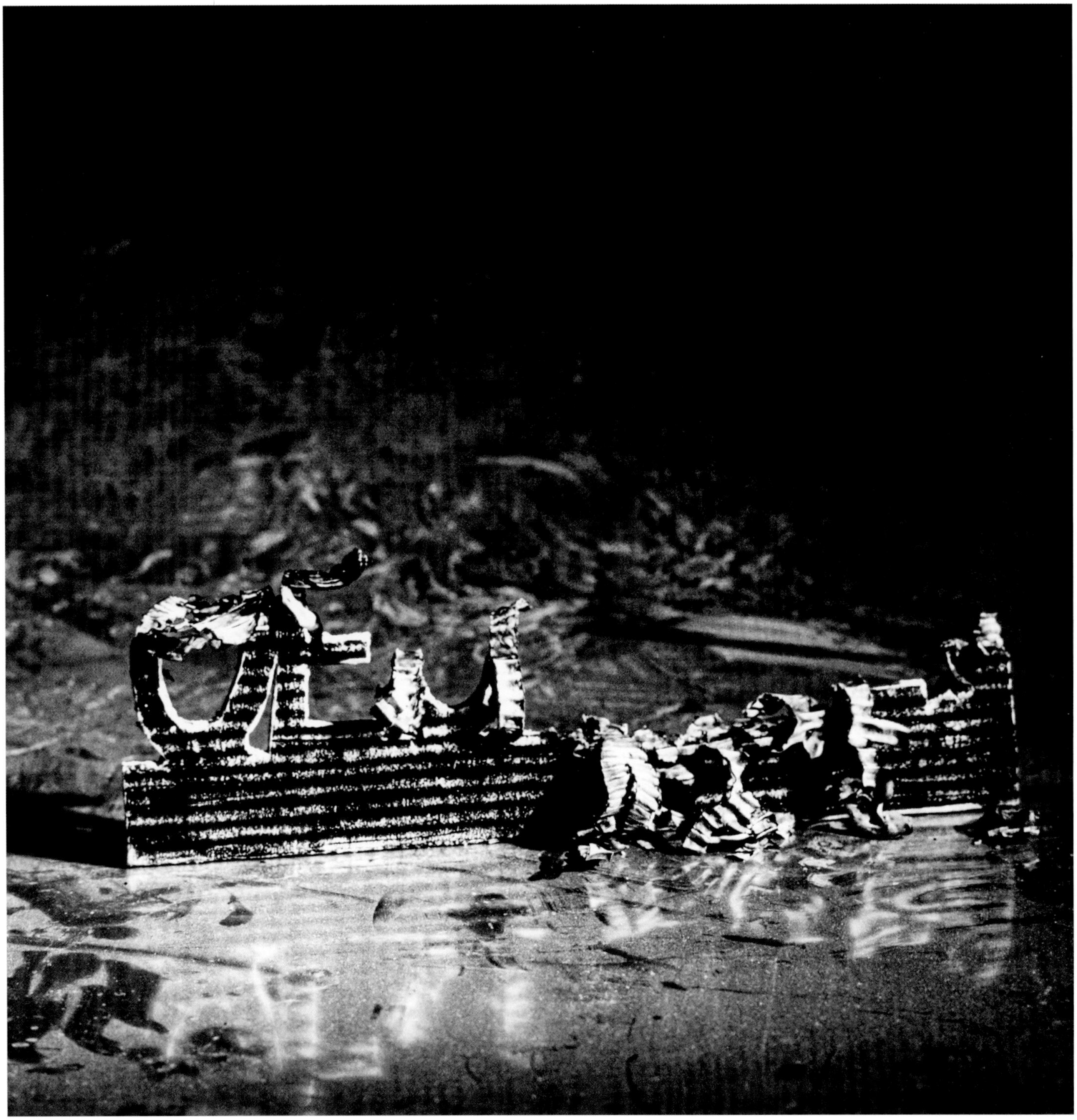

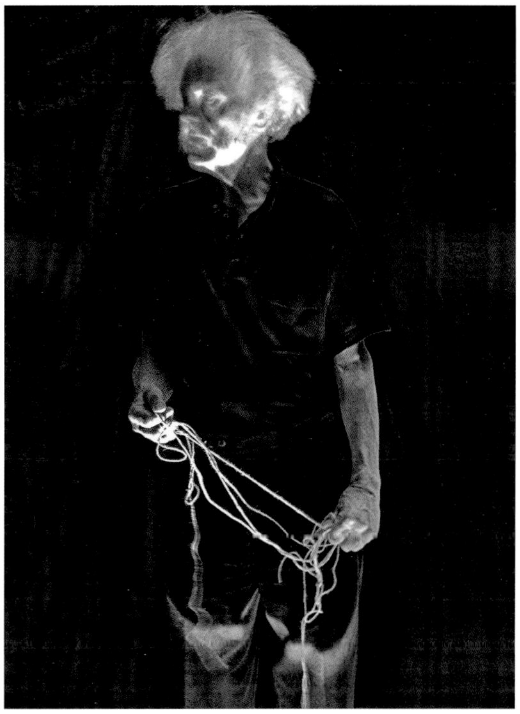

(F)

Données biographiques

1936	naissance à Hambourg
1956–1958	Études à l'École Supérieure des Beaux-Arts de Hambourg chez Theo Garvé et Kurt Kranz
1958–1961	Études à l'Académie d'État des Beaux-Arts de Stuttgart chez Walter Brudi et Karl Rössing
1961	Travaille dans l'atelier de Otto Dix à Hemmenhofen
1961–1964	Travaille dans l'atelier de Johnny Friedlaender à Paris
1981–1982	Professeur de dessin et de gravure à l'École Nationale Supérieure des Beaux-Arts de Paris
1961–2012	Atelier à Paris
1962–1964	Bourse du DAAD (Office allemand d'échanges universitaires)
1983–2002	Professeur de dessin et peinture à l'Académie d'État des Beaux-Arts à Stuttgart

vit et travaille à Esslingen

(D)

Biografische Daten

1936	geboren in Hamburg
1956–1958	Studium an der Hochschule für bildende Künste Hamburg bei Theo Garvé und Kurt Kranz
1958–1961	Studium an der Staatlichen Akademie der Bildenden Künste Stuttgart bei Walter Brudi und Karl Rössing
1961	Arbeitsaufenthalt im Atelier von Otto Dix, Hemmenhofen
1961–1964	Arbeit in der Druckwerkstatt von Johnny Friedlaender in Paris
1981–1982	Professur für Zeichnung und Druckgrafik an der École Nationale Supérieure des Beaux-Arts de Paris
1961–2012	Atelier in Paris
1962–1964	DAAD-Stipendium
1983–2002	Professur für Freie Grafik und Malerei an der Staatlichen Akademie der Bildenden Künste Stuttgart

lebt und arbeitet in Esslingen

(E)

Biographical Data

1936	Born in Hamburg
1956–1958	Studied at the Academy of Fine Arts Hamburg with Theo Garvé and Kurt Kranz
1958–1961	Studied at the State Academy of Art and Design Stuttgart with Walter Brudi and Karl Rössing
1961	Working stay in the studio of Otto Dix, Hemmenhofen
1961–1964	Working in the printing workshop of Johnny Friedlaender in Paris
1981–1982	Professor for Drawing and Printmaking at the State Academy of Fine Arts in Paris
1961–2012	Studio in Paris
1962–1964	DAAD Grant (German Academic Exchange Service)
1983–2002	Professor for Graphic Arts and Painting at the State Academy of Art and Design Stuttgart

Lives and works in Esslingen

(F/D/E)

Expositions personnelles *(sélection)*
Einzelausstellungen *(Auswahl)*
Solo Exhibitions *(Selection)*

→ 1964
Galerie Jacob, Paris (FR)
→ 1968
Overbeck-Gesellschaft, Lübeck (DE)
→ 1971
Goethe-Institut, Marseille (FR)
Kunsthalle Bielefeld (DE)
→ 1972
A. A. A., Paris (FR)
→ 1973
Galerie Karl Flinker, Paris (FR)
→ 1976
Staatliche Graphische Sammlung, München (DE)
Hamburger Kunsthalle (DE)
Galerie Hecate, Paris (FR)
Nancy Hoffmann Gallery, New York (US)
→ 1979
Galerie Karl Flinker, Paris (FR)
→ 1981
Galerie Meyer-Ellinger, Frankfurt am Main (DE)
Manus Presse, Stuttgart (DE)
→ 1982
Kunsthalle Nürnberg (DE)
Musée Cantonal des Beaux-Arts, Lausanne (CH)
→ 1984
Galerie Baudoin Lebon, Paris (FR)
Maison de la Culture, Saint-Étienne (FR)
→ 1985
Galerie Baudoin Lebon, Paris (FR)
→ 1986
Salle Saint-Ravy-Demangel, Montpellier (FR)
Atelier Alma, Lyon (FR)
→ 1987
Galerie Baudoin Lebon, Zürich (CH)
→ 1988
Galerie Baudoin Lebon, Paris (FR)
Kaneko Gallery, Tokio (JP)
→ 1990
Galerie Baudoin Lebon, Paris (FR)
Kunstmesse Düsseldorf (DE)
→ 1991
Galerie Heike Curtze, Düsseldorf (DE)
→ 1992
Städtische Galerie Albstadt (DE)
FIAC Foire Internationale d'Art Contemporain, Paris (FR)
→ 1994
Städtisches Kunstmuseum Singen (DE)
→ 1995
Galerie Baudoin Lebon, Paris (FR)
→ 1997
Galerie Hartl, Stuttgart (DE)
→ 1998
Galerie Hartl, Stuttgart (DE)
→ 2000
Musée du Château des Ducs de Wurtemberg, Montbéliard (FR)
Musée Baron Martin, Gray (FR)
→ 2001
Galerie Hartl, Stuttgart (DE)
→ 2003
Galerie der Stadt Backnang (DE)
→ 2006
Galerie Christian Franke, Stuttgart (DE)
→ 2007
Mary & Leigh Block Museum of Art, Evanston (US)
Kunstverein Reutlingen (DE)
→ 2010
Galerie Anja Rumig, Stuttgart (DE)
Städtisches Kunstmuseum Spendhaus Reutlingen (DE)
→ 2014
Kunstforum Weil der Stadt (DE)
→ 2018
Villa Merkel, Esslingen (DE)
→ 2021
AKKU Projektraum, Künstlerbund Baden-Württemberg, Stuttgart (DE)

(F/D/E)

Expositions collectives *(sélection)* Gruppenausstellungen *(Auswahl)* Group Exhibitions *(Selection)*

→ 1963
3. Biennale de Paris, Musée d'Art Moderne de la ville de Paris (FR)
Galerie de la Hune, Paris (FR)
Kunsthalle Bad en-Baden (DE)
→ 1965
Kunsthalle Recklinghausen, Kunstpreis Junger Westen (DE)
Alternative Attuali 2, Rom (IT)
Kunsthalle Bremen (DE)
→ 1967
Reed College, Portland (US)
Overbeck-Gesellschaft, Lübeck (DE)
Biennale de Paris (FR)
→ 1968
Musée d'Art Moderne de la Ville de Paris (FR)
Fondation Maeght, Saint-Paul de Vence (FR)
→ 1970
Galerie Withofs, Brüssel (BE)
Musée d'Art Moderne de la Ville de Paris (FR)
Mathildenhöhe Darmstadt (DE)
→ 1971
Haus der Kunst, München (DE)
Galerie Withofs, Brüssel BE)
MoMA Museum of Modern Art, New York (US)
→ 1972
Van-Abbe-Museum, Eindhoven (NL)
Palais des Beaux-Arts, Brüssel (BE)
Galeries nationales du Grand Palais, Paris (FR)
→ 1973
MoMA Museum of Modern Art, New York (US)
Musée des Beaux-Arts, Dijon (FR)
Richard Demarco Gallery, Edinburgh (GB)
Bibliothèque nationale de France, Paris (FR)
→ 1974
Ateneum Art Museum, Finnische Nationalgalerie, Helsinki (FI)
CNAC Centre national des arts du cirque, Paris (FR)
Kunstverein Hannover (DE)
Musée Boymans van Beuningen, Rotterdam (NL)
Städtische Kunsthalle München (DE)
Palazzo Reale, Madrid (ES)
V. International Print Biennale, Krakau (PL)
Palazzo Strozzi, Florenz (IT)
→ 1975
Galerie Karl Flinker, Paris (FR)
Kunsten Museum of Modern Art, Aalborg (DK)
Kunstverein Darmstadt (DE)
→ 1976
Kunsthalle Mannheim (DE)
MAC Musée d'art contemporain Montreal (CA)
→ 1977
Musée d'Art Moderne de la Ville de Paris (FR)
documenta 6, Kassel (DE)
The National Museum of Western Art, Tokyo (JP)
→ 1978
Nancy Hoffmann Gallery, New York (US)
→ 1979
Art Gallery of New South Wales, Sydney (AU)
→ 1980
Fondation Maeght, Saint-Paul de Vence (FR)
International Fair of Contemporary Art, New York (US)
→ 1981
Liljevalchs Konsthall, Stockholm (SE)
→ 1982
Druckgrafik-Triennale Grenchen (CH)
→ 1986
Musée des Beuax-Arts, Carcasonne (FR)
Centre d'Art Contemporain, Abbaye de Saint-André, Meymac (FR)
→ 1988
Galerie Baudoin Lebon, Paris (FR)
→ 1989
Buchmesse Frankfurt am Main (DE)
Galerie Baudoin Lebon, Paris (FR)
→ 1992
Musée National d'Art Moderne, Centre Georges Pompidou, Paris (FR)
→ 1997
Städtische Galerie Albstadt (DE)
Städtische Galerie Villa Zanders, Bergisch Gladbach (DE)
Städtische Galerie Bietigheim-Bissingen (DE)
Städtisches Museum Zwickau (DE)
→ 2009
Städtisches Kunstmuseum Spendhaus Reutlingen (DE)
Gutenberg-Museum Mainz (DE)
Galerie der Stadt Albstadt (DE)
→ 2012
Galerie Anja Rumig, Stuttgart (DE)
→ 2019
Fondation Maeght, Saint-Paul de Vence (FR)
FRAC Picardie, Amiens (FR)
KISS – Kunst im Schloss Untergröningen (DE)
→ 2021
Villa Merkel, Esslingen (DE)

(F/D/E)

Liste des collections publiques *(sélection)* Arbeiten im öffentlichen Besitz *(Auswahl)* Works in Public Collections *(Selection)*

Galerie der Stadt Albstadt (DE)
FRAC Picardie, Amiens (FR)
FRAC Poitou-Charentes, Angoulême (FR)
Artothèque de Caen, Caen (FR)
FRAC Basse-Normandie, Caen (FR)
FRAC Pays de la Loire, Carquefou (FR)
FRAC Auvergne, Clermont Ferrand (FR)
Block Museum of Art, Northwestern University, Evanston, Illinois (US)
Musée d'Art et d'Histoire, Genf (CH)
Hamburger Kunsthalle (DE)
Kiasma, Museum of Modern Art Helsinki (FI)
Musée des Beaux Arts, Lyon (FR)
Musée des Beaux Arts, Nantes (FR)
Städtische Galerie Neunkirchen (DE)
Museum of Modern Art, New York (US)
Bibliothèque nationale de France, Paris (FR)
FNAC, Paris (FR)
Manufacture des Gobelins, Paris (FR)
MNAM Centre Georges Pompidou, Paris (FR)
Artothèque de Poitiers (FR)
Städtisches Kunstmuseum Spendhaus Reutlingen (DE)
Manufacture de Sèvres (FR)
Staatsgalerie Stuttgart, Graphische Sammlung (DE)
Fondation Maeght, Saint Paul-de-Vence (FR)
NMWA National Museum of Western Art, Tokio (JP)
IAC Institut d'art contemporain Villeurbanne / Rhône-Alpes, Villeurbanne (FR)

(F/D/E)

Bibliographie *(sélection)*
Bibliografie *(Auswahl)*
Bibliography *(Selection)*

Christoph Bauer, „Man müsste Holzschnitt einmal anders machen“, in: *Wolfgang Gäfgen. Holzdrucke – Handzeichnungen 1992 – 1994*, Städtisches Kunstmuseum Singen 1994, 3 – 5.

Nils Büttner, Zu Wolfgang Gäfgens Zeichnungen, in: *Wolfgang Gäfgen. Zeichnungen – Dessins*, Arnoldsche Art Publishers, Stuttgart, 2017, 119 – 122.

Paul Cabon, Wolfgang Gäfgen, in: *Wolfgang Gäfgen,* Musée du Château des Ducs de Wurtemberg, Montbéliard / Musée Baron Martin, Gray, Montbéliard 2000, 42ff..

Heinrich Dilly, Ohne Titel, in: *Wolfgang Gäfgen. Holzdrucke – Handzeichnungen 1992 – 1994*, Städtisches Kunstmuseum Singen 1994, 6f..

Andreas Eberle, in: *Wolfgang Gäfgen. Ombre – Schatten*, Edition Taube, München / Stuttgart 2020, 2 – 3.

Herbert Eichhorn, Wolfgang Gäfgen, in: *Wolfgang Gäfgen. Gedankensplitter. Holzdrucke*, Städtisches Kunstmuseum Spendhaus Reutlingen, Stuttgart 2010, 4f..

Christian Gögger, Fotografien. Chiffren. Zeitkapseln, in: *Wolfgang Gäfgen. Miracles photographiques – Photographic Miracles – Mysterien der Fotografie*, Berlin 2022, 227 – 232.

Martin Hopkinson, Wolfgang Gäfgen, in: *Print Quarterly*, 28, 2, London 2011, 184 – 186.

Margarita Jonietz, Der Raum dazwischen, in: *Wolfgang Gäfgen. Holzdruck. Papierschnitt. Zeichnung 1988 – 1992*, Städtische Galerie Albstadt 1992, 9 – 18.

Olivier Kaeppelin, Dessiner, in: *Wolfgang Gäfgen. Holzdruck. Papierschnitt. Zeichnung 1988 – 1992*, Städtische Galerie Albstadt 1992, 20 – 37.

Olivier Kaeppelin, Die Hunde loslassen, in: *Wolfgang Gäfgen. Zeichnungen – Dessins*, Arnoldsche Art Publishers, Stuttgart, 2017, 51 – 53.

Olivier Kaeppelin, Le fantômes de la verité, in: *Wolfgang Gäfgen. Miracles photographiques – Photographic Miracles – Mysterien der Fotografie*, Berlin 2022, 11, 21, 97, 115, 177.

Martina Köser-Rudolph, Wolfgang Gäfgen, in: *Schatzhaus Spendhaus. Der Holzschnitt im 20. und 21. Jahrhundert*, Städtisches Kunstmuseum Spendhaus Reutlingen 2009, 212f..

Anette Michels, Form und Imagination in den Holzdrucken von Wolfgang Gäfgen, in: *Wolfgang Gäfgen. Gedankensplitter. Holzdrucke*, Städtisches Kunstmuseum Spendhaus Reutlingen, Stuttgart 2010, 7 – 14.

Clemens Ottnad, Szenarien – Handlungen, in: *Wolfgang Gäfgen. Photographien*, Galerie Franke, Stuttgart 2006, 2.

Clemens Ottnad, Zeichensprache, in: *Wolfgang Gäfgen. Zeichnungen – Dessins*, Arnoldsche Art Publishers, Stuttgart, 2017, 7 – 9.

Michel Poivert, Miracles photographiques, in: *Wolfgang Gäfgen. Miracles photographiques – Photographic Miracles – Mysterien der Fotografie*, Berlin 2022, 75 – 80.

Marko Schacher, „Hier wird weder gekritzelt noch telefoniert“, in: *Wolfgang Gäfgen*, Galerie der Stadt Backnang 2003, 5 – 11.

Pierre Léonard, in: *Wolfgang Gäfgen. Zeichnungen – Dessins 1970 – 1976*, Staatliche Graphische Sammlung München / Hamburger Kunsthalle, Paris / Hamburg 1976, 5 – 19.

Heinz Wismann, in: *W. Gäfgen. Dessins – Aquarelles 1977 – 1979*, Galerie Karl Flinker, Paris 1979, 3.

(F/D/E)

Liste des illustrations
Abbildungsverzeichnis
List of Illustrations

Tous les travaux ne sont pas titrés.
Alle Arbeiten sind nicht betitelt.
All works are untitled.

203	1990/2000, Baryt, 50 × 50 cm
204	1990/2000, C-Print, 50 × 50 cm
205	1990/2000, C-Print, 50 × 50 cm
206	1995/2000, Baryt, 50 × 50 cm
	1995/2000, Baryt, 50 × 50 cm
207	1995/2000, C-Print, 50 × 50 cm
208	2014, Baryt, 50 × 50 cm
209	2014, C-Print, 50 × 50 cm
210	2010, Baryt, 20 × 20 cm
211	2010, Baryt, 20 × 20 cm
212	2010, Baryt, 20 × 20 cm
213	2010, Baryt, 20 × 20 cm
214	2020, Baryt, 20 × 20 cm
215	2020, Baryt, 20 × 20 cm
216	1997, Baryt, 20 × 20 cm
217	1997, Baryt, 20 × 20 cm
218	1995/2000, Baryt, 20 × 20 cm
219	1995/2000, Baryt, 50 × 50 cm
220	1995/2000, Baryt, 50 × 50 cm
221	1995/2000, Baryt, 49 × 50 cm
222	1995/2000, Baryt, 50 × 48,5 cm
223	1995/2000, Baryt, 52 × 46 cm
224	1995/2000, Baryt, 50 × 49,5 cm
225	1995/2000, Baryt, 50 × 50 cm
234	2019, Baryt, 20 × 20 cm
235	2019, Baryt, 50 × 50 cm
236	1995/2000, Baryt, 50 × 50 cm
237	1995/2000, Baryt, 50 × 50 cm
238	1995/2000, Baryt, 50 × 50 cm
239	1995/2000, Baryt, 50 × 50 cm
240	1995/2000, Baryt, 50 × 50 cm
241	1995/2000, Baryt, 50 × 50 cm
242	1995/2000, C-Print, 21 × 21 cm
243	1995/2000, C-Print, 21 × 21 cm
244	1995/2000, C-Print, 21 × 21 cm
245	1995/2000, C-Print, 21 × 21 cm
246	≈ 1990, C-Print, 50 × 50 cm
247	≈ 1990, C-Print, 50 × 50 cm
248	≈ 1990, Baryt, 50 × 50 cm
249	≈ 1990, Baryt, 50 × 50 cm
250	≈ 1990, Baryt, 50 × 50 cm
251	≈ 1990, Baryt, 50 × 50 cm
252	≈ 1990, Baryt, 50 × 50 cm
253	≈ 1990, Baryt, 80 × 80 cm
255	2022, Baryt, 50 × 50 cm
256	2018, Baryt, 50 × 50 cm
257	2018, Baryt, 50 × 50 cm
258	2018, Baryt, 50 × 50 cm
259	2018, Baryt, 50 × 50 cm
260	2020, Baryt, 20 × 20 cm
261	2018, Baryt, 50 × 50 cm
262	2020, C-Print, 21 × 21 cm
263	2020, C-Print, 21 × 21 cm
264	2022, C-Print, 20 × 20 cm
265	2022, C-Print, 20 × 20 cm
266	2022, C-Print, 20 × 20 cm
267	2022, C-Print, 20 × 20 cm
268	2014, Baryt, 41,3 × 55 cm
269	2014, Baryt, 41,3 × 55 cm
270	2014, Baryt, 41,3 × 55 cm
271	2014, Baryt, 41,3 × 55 cm
272/273	2014, Baryt, 43,5 × 55 cm
274/275	2014, Baryt, 43,5 × 55 cm
276/277	2014, Baryt, 43,5 × 55 cm
278	1995/2000, C-Print, 50 × 50 cm
279	1995/2000, Baryt, 80 × 80 cm
280	2017, Digital (Uwe Seyl/Wolfgang Gäfgen)

Miracles photographiques
Mysterien der Fotografie
Photographic Miracles

Wolfgang Gäfgen